EL COLOR
DE LA LIBERTAD

Nelson Mandela y Mandla Langa
Prólogo de Graça Machel

EL COLOR
DE LA LIBERTAD

LOS AÑOS PRESIDENCIALES

Traducción de
Ma. del Mar López Gil

El color de la libertad
Los años presidenciales

Título original: *Dare Not Linger*

Primera edición en España: octubre, 2017
Primera edición en México: enero, 2018

D. R. © 2017, Nelson R. Mandela y la Fundación Nelson Mandela (Nelson Mandela Foundation)

D. R. © 2017, Penguin Random House Grupo Editorial, S. A. U.
Travessera de Gràcia, 47-49, 08021, Barcelona

D. R. © 2018, derechos de edición mundiales en lengua castellana:
Penguin Random House Grupo Editorial, S. A. de C. V.
Blvd. Miguel de Cervantes Saavedra núm. 301, 1er piso,
colonia Granada, delegación Miguel Hidalgo, C. P. 11520,
Ciudad de México

www.megustaleer.com.mx

D. R. © 2017, Blackwell and Ruth Limited, por el concepto y diseño
D. R. © Cameron Gibb, por el diseño del libro original
D. R. © Jillian Edelstein, Camera Press London, por la imagen de cubierta
D. R. © Paul Weinberg / South Photographs / Media Online, por la imagen de solapa
D. R. © 2017, Graça Machel, por el prólogo
D. R. © 2017, Ma. del Mar López, por la traducción

ISBN: 978-607-315-961-6

Impreso en México – *Printed in Mexico*

El papel utilizado para la impresión de este libro ha sido fabricado a partir de madera procedente
de bosques y plantaciones gestionadas con los más altos estándares ambientales, garantizando
una explotación de los recursos sostenible con el medio ambiente y beneficiosa para las personas.

Penguin
Random House
Grupo Editorial

CONTENIDOS

«Lo cierto es que aún no somos libres; tan solo hemos alcanzado la libertad de ser libres, el derecho a no estar oprimidos. No hemos dado el último paso, sino el primero de un camino aún más largo y difícil. Pues ser libre no consiste meramente en liberarse de las cadenas, sino en vivir de un modo que respete y fomente la libertad de los demás. La verdadera prueba de nuestra devoción por la libertad no ha hecho más que empezar.

»He recorrido un largo camino hacia la libertad. He intentado no titubear. He dado pasos en falso en mi recorrido, pero he descubierto el gran secreto. Tras subir a una colina, uno descubre que hay muchas más colinas detrás. Me he concedido aquí un momento de reposo, para lanzar una mirada hacia el glorioso panorama que me rodea, para volver la vista atrás hacia el trecho que he recorrido. Pero solo puedo descansar un instante, ya que la libertad trae consigo responsabilidades y no me atrevo a quedarme rezagado. Mi largo camino aún no ha terminado».

Nelson Mandela, *El largo camino hacia la libertad*

Prólogo

Habían pasado tres meses desde nuestra boda cuando Madiba se sentó a escribir el primer capítulo de lo que sería la secuela de su autobiografía, *El largo camino hacia la libertad.*

Un sentimiento de deber para con su organización política y la lucha por la liberación del sur de África en su conjunto motivaron su decisión de escribir *El largo camino.* Y fue un sentimiento de deber para con los sudafricanos y ciudadanos del mundo lo que le impulsó a comenzar la obra que hoy se publica, *El color de la libertad.*

Quiso contar la historia de sus años como primer presidente de una Sudáfrica democrática, reflexionar sobre los asuntos que les habían ocupado a él y a su gobierno, así como analizar los principios y las estrategias que habían tratado de adoptar a la hora de abordar los innumerables desafíos a los que se enfrentaba la nueva democracia. Por encima de todo, quiso escribir sobre la consolidación de un sistema democrático en Sudáfrica.

Durante unos cuatro años el proyecto ocupó un lugar preponderante en su vida y en la de su círculo más cercano. Escribía meticulosamente, con pluma estilográfica o bolígrafo, aguardaba los comentarios de sus colegas de confianza, y seguidamente reescribía una y otra vez hasta que consideraba que podía pasar al siguiente capítulo o sección. Cada paso que daba reflejaba su compromiso ante las consultas. Siento un especial agradecimiento hacia el profesor Jakes Gerwel y la secretaria personal de Madiba, Zelda la Grange, que tanto aliento le infundió y que apoyó el proyecto en infinidad de sentidos durante este periodo.

Las exigencias que el mundo le imponía, las distracciones de toda índole y el paso de los años dificultaron el proyecto. Perdió empuje y, con el tiempo, el manuscrito se quedó aparcado. A lo largo de los últimos años de su vida a menudo hablaba de ello, preocupado por haber dejado inconcluso el trabajo.

Este libro constituye un esfuerzo colectivo por completar el proyecto de Madiba. Relata la historia que quería compartir con el mundo. Completado y narrado por el escritor sudafricano Mandla Langa, los diez capítulos originales, junto con otros escritos y reflexiones de Madiba de ese periodo, han sido entretejidos con elegancia; la voz de Madiba se deja sentir con claridad a lo largo del relato.

Mandla ha realizado la extraordinaria tarea de escuchar a Madiba y hacerse eco de su sentir como autor. Joel Netshitenzhe y Tony Trew, asesores de confianza y miembros del equipo de Madiba durante su presidencia, realizaron una extensa y rica labor de investigación y análisis y la narración preliminar; la Fundación Nelson Mandela respaldó nuestra iniciativa a nivel institucional. Mi agradecimiento a todos ellos, así como a nuestros coeditores, por permitirnos materializar el sueño de Madiba.

Es mi deseo que la historia de Madiba sirva de acicate e inspiración a todos los lectores para trabajar en pro de soluciones sostenibles a la infinidad de problemas inextricables del mundo. El título del libro se extrae del último párrafo de *El largo camino,* donde Madiba menciona que sube a la cima de una colina y hace un breve descanso antes de reanudar su largo camino. Ojalá todos encontremos lugares para descansar pero nunca nos entretengamos demasiado en los caminos que emprendemos.

Graça Machel

Nota para los lectores

Una considerable proporción del contenido de esta obra se ha extraído de los escritos de Mandela, que abarcan textos de las memorias inconclusas de su mandato presidencial así como notas personales y discursos pronunciados en el Parlamento, en mítines políticos o en foros internacionales en calidad de defensor de los derechos humanos.

Las memorias que no finalizó, *The Presidential Years*, constan de un borrador de diez capítulos, la mayoría de los cuales incluyen varias versiones, además de notas preliminares de futuros capítulos. La secuencia de las versiones de estos capítulos no siempre se refleja de manera definida en los documentos de archivo. El texto de este libro ha sido extraído de entre los borradores de los capítulos y la recopilación de notas.

En un esfuerzo de fidelidad a la integridad histórica de los escritos de Mandela, se han realizado escasas labores de edición en el texto recopilado, salvo la introducción de comillas y de la fuente cursiva para los títulos de los libros o periódicos, y ocasionalmente se han insertado comas para matizar el sentido o se han corregido los contados casos de erratas en la escritura de los nombres. Las aclaraciones editoriales para el lector se acotan entre corchetes. Se ha dado uniformidad a las citas extraídas de entrevistas donde Mandela hablaba prescindiendo de notas para mantener la coherencia con el estilo editorial de la narración.

Para facilitar la lectura, se ha incluido un extenso glosario de personas, lugares y acontecimientos de relevancia en la página 315 del libro, junto con un listado de abreviaturas de organizaciones (p. 313), un mapa de Sudáfrica (p. 345) y una breve cronología del periodo de la vida de Mandela comprendido desde su liberación en 1990 hasta la investidura de su sucesor, Thabo Mbeki, en 1999 (p. 339).

Prefacio

Para muchos sudafricanos, la festividad del 16 de diciembre de 1997 será recordada como un relevante hito en el largo camino de Nelson Mandela más que por su conmovedor origen, que conmemora simultáneamente la victoria de los *voortrekkers* sobre las tropas amaZulu en 1838 y el establecimiento de Umkhonto we Sizwe (MK), el brazo armado del Congreso Nacional Africano (CNA) en 1961.* Tras haber sufrido diversas modificaciones en su denominación, finalmente fue rebautizado en 1994 como Día de la Reconciliación.

Aquel martes a mediodía, cuando las temperaturas en la ciudad de Mafikeng, en la provincia del Noroeste, ya rondaban los cuarenta grados, los más de tres mil delegados congregados para la 50ª Conferencia Nacional del CNA aguardaban embelesados en silencio a que el presidente Mandela pronunciara su discurso político. Minutos antes había estado sentado en el estrado entre la jefatura del saliente Comité Ejecutivo Nacional, con un esbozo de sonrisa en el rostro mientras escuchaba el fervoroso canto de consignas de liberación, que fue interrumpido por calurosos aplausos cuando él se dirigió hacia el podio.

A diferencia de la mayoría de la gente alta, Mandela no era consciente de su estatura y permaneció erguido mientras leía el discurso con una oratoria monocorde y prosaica. Creía en la trascendencia de sus palabras y por tanto no era dado al uso de recursos retóricos, tan del gusto de algunos de sus compatriotas. La nueva Sudáfrica, inmersa en el júbilo y las celebraciones de las primeras elecciones democráticas de 1994, ya estaba experimentando las traumáticas secuelas de un nacimiento difícil.

En lo referente al papel del CNA como partido gobernante, Mandela manifestó: «Durante estos tres últimos años, nuestro enfoque se ha regido por el principio básico de que, a pesar de los logros de nuestra gente en la consolidación del bienestar democrático, seguimos inmersos en el delicado proceso de cuidar a la criatura recién nacida hasta que alcance la mayoría de edad».

---

* Congreso Nacional Africano (ANC); Umkhonto we Sizwe (MK): *véase* Gente, lugares y acontecimientos.

Si bien el futuro era incuestionable, era el pasado lo que estaba resultando imprevisible. Los delitos con violencia —legado de iniquidades y desigualdades previas— ocupaban los titulares cada día. El desempleo, al que el gobierno trató de hacer frente mediante la discriminación positiva y políticas en pro del crecimiento, causó cierto descontento entre la mayoría, circunstancia que aprovecharon determinados elementos del National Party. Este partido, que había dirigido el estado del *apartheid,* se había retirado del gobierno de unidad nacional (GNU)* en 1996 alegando su incapacidad para ejercer influencia en la política gubernamental.

«Los más honestos de entre sus miembros —señaló Mandela acerca de los políticos del National Party—, los que ocupaban cargos ejecutivos y se movían por el deseo de proteger los intereses tanto de los afrikáners como del resto de la población, no apoyaron la decisión de escindirse del GNU».

Mientras Mandela hablaba en diciembre de 1997, se respiraba un ambiente de expectación. Los dramáticos acontecimientos del año anterior, tales como la expulsión del general Bantu Holomisa del CNA y la formación de un partido político disidente, el Movimiento Democrático Unido, debían de haber evocado el trauma del cisma que vio nacer el Congreso Panafricanista (CPA) en 1959.† Antaño un privilegiado compatriota con fama de no tener pelos en la lengua, a Holomisa se le atribuyó asimismo el auge de tendencias populistas en el seno del CNA, también fomentadas por Winnie Madikizela-Mandela y Peter Mokaba, el franco presidente de la Liga de la Juventud del CNA.‡

Luego estaba la cuestión de la sucesión. Mandela ya manifestó su intención de dimitir como presidente del CNA en esta conferencia. En un comunicado televisado el domingo 7 de julio de 1996, Mandela confirmó los rumores de que no se presentaría a las elecciones en 1999. Conforme a su promesa, realizada cuando juró el cargo de primer presidente democrático del país en 1994, sentía que, aunque podría haber prestado su servicio durante dos legislaturas tal y como estipulaba la Constitución,§ bastaba con una, puesto que ya había sentado las bases de un futuro mejor para todos.

Editoriales y analistas presentaron la conferencia como un escenario donde un héroe digno de confianza entregaría el bastón de mando a figuras como Thabo Mbeki o Cyril Ramaphosa.¶ Ambos poseían excelentes credenciales en la lucha; Ramaphosa por su destacado papel durante el foro

---

* Gobierno de unidad nacional (GNU): *véase* Gente, lugares y acontecimientos.
† Bantu Holomisa; Congreso Panafricanista (CPA): *véase* Gente, lugares y acontecimientos.
‡ Winnie Madikizela-Mandela; Peter Mokaba; Liga de la Juventud del Congreso Nacional Africano (ANCYL): *véase* Gente, lugares y acontecimientos.
§ Constitución de la República de Sudáfrica: *véase* Gente, lugares y acontecimientos.
¶ Thabo Mbeki; Cyril Ramaphosa: *véase* Gente, lugares y acontecimientos.

de negociación multipartidista de la Convención para una Sudáfrica Democrática (CODESA),* que se iniciaron en 1991 y concluyeron en 1993, culminando en la adopción de la Constitución el 8 de mayo de 1996; Mbeki era aclamado por muchos, dada su gestión de los asuntos del país, como mano derecha de Mandela.

Ansiosos por acallar las amplias críticas suscitadas por que el grupo de habla isiXhosa dominara el CNA, Mandela había propuesto a Ramaphosa en 1994, dejando la cuestión del relevo en manos de los tres restantes altos mandos del CNA: Walter Sisulu, Thomas Nkobi y Jacob Zuma.[†] Se le aconsejó que en vez de eso ungiera a Thabo Mbeki. Finalmente este fue elegido como presidente del CNA en 1997, colocándose así por delante de Ramaphosa como candidato a la presidencia del país.

La elección de los seis cargos de mayor responsabilidad del CNA, donde se disputaron solo dos, le dio un interesante tono al drama de la conferencia de cinco días. Mbeki fue elegido por unanimidad como presidente del CNA y Jacob Zuma asumió la vicepresidencia. Winnie Madikizela-Mandela había sopesado la idea de presentar su candidatura contra Zuma a la vicepresidencia, pero no logró suficiente apoyo de los delegados para secundarla y se vio obligada a renunciar. Muchos sentían que sus devaneos con las causas populistas y sus mordaces comentarios sobre los puntos flacos del gobierno, que a veces adolecían de desafío hacia su exmarido, habían alineado a la militancia y provocado su humillación. Kgalema Motlanthe, un antiguo sindicalista y, al igual que Mandela y Jacob Zuma, en su época un recluso en la isla de Robben,[‡] fue elegido secretario general y Mendi Msimang relevó a Arnold Stofile al frente de Tesorería. De los dos disputados cargos de presidente nacional y vicesecretario general, Mosiuoa «Terror» Lekota derrotó de forma aplastante a su antiguo compañero de celda en la isla de Robben, Steve Tshwete;[§] y Thenjiwe Mtintso se hizo por un escaso margen con el puesto de vicesecretario general frente a Mavivi Myakayaka-Manzini.

Al término de la conferencia, Mandela volvió a adoptar un tono serio al pronunciar su discurso de despedida la tarde del 20 de diciembre de 1997. Con las manos entrelazadas, prescindió del texto redactado para hablar

---

*   Convención para una Sudáfrica Democrática (CODESA): *véase* Gente, lugares y acontecimientos.
†   Walter Sisulu; Thomas Nkobi; Jacob Zuma: *véase* Gente, lugares y acontecimientos.
‡   Isla de Robben: *véase* Gente, lugares y acontecimientos.
§   Steve Tshwete: *véase* Gente, lugares y acontecimientos.

con el corazón en la mano. Sin mencionar nombres, advirtió al líder entrante de que no se rodease de aduladores:

«Un líder, en especial uno con tamaña responsabilidad, que ha sido elegido por unanimidad, tiene como primer deber disipar las preocupaciones de sus compañeros de la jefatura para permitirles debatir con libertad, sin temor, en el seno de la estructura interna del movimiento».

Mientras aguardaba a que los aplausos se apagaran, ahondó en la contradicción a la que se enfrentaba un dirigente que había de unir a la organización y al mismo tiempo permitir las discrepancias internas y la libertad de expresión.

«La gente debería incluso poder criticar al líder sin temor ni benevolencia; únicamente cabe la posibilidad de mantener unida la militancia en esas circunstancias. Existen numerosos ejemplos donde se permite la divergencia de opiniones siempre y cuando estas no supongan un desprestigio para la organización».

A modo ilustrativo, Mandela citó a un crítico con la política de Mao Zedong durante la revolución china. El dirigente chino «analizó si había hecho alguna declaración sin tener en cuenta las estructuras del movimiento o que pudiera desacreditarlo». Satisfecho de que no fuera el caso, el crítico ingresó en el comité central como presidente de la Cámara de Trabajadores china, el movimiento sindical.

Le «asignaron una responsabilidad por la que debía rendir cuentas —explicó Mandela entre las carcajadas del público— y se vio obligado a ser más comedido y responsable.

»Afortunadamente, sé que nuestro presidente se hace cargo. Me consta que en su trabajo se ha tomado las críticas con espíritu de camaradería y no me cabe la menor duda de que no [...] va a hacer el vacío a nadie porque sabe que [es importante] rodearse de personas fuertes e independientes en el seno de la estructura del movimiento que puedan criticar y mejorar tu propia aportación para que a la hora de aplicar las políticas las decisiones sean acertadas y no den lugar a críticas fundadas por parte de nadie. Nadie en esta organización entiende este principio mejor que el presidente, el camarada Thabo Mbeki».

Mandela continuó leyendo el discurso, reiterando que la vinculación de los líderes con «individuos poderosos e influyentes que disponen de muchos más recursos que todos nosotros juntos» podía llevarles a olvidar a «quienes estuvieron de nuestra parte cuando todos estábamos solos en los tiempos difíciles».

Tras otra salva de aplausos, Mandela prosiguió justificando el mantenimiento de las relaciones del CNA con países como Cuba, Libia e Irán, decisión contraria al criterio de gobiernos y mandatarios que habían apoyado el régimen del *apartheid*. Mandela expresó su gratitud a los invitados extranjeros presentes en el auditorio procedentes de todos esos países repudiados y al movimiento *antiapartheid* a nivel internacional. «Hicieron posible que ganásemos. Nuestra victoria es su victoria».

Hacia el final de su discurso, Mandela dedicó unos minutos a reconocer los errores y triunfos de la lucha. Pese a los notables éxitos, también había sufrido reveses.

«No hemos sido infalibles —dijo, dejando al margen el texto—. Tuvimos dificultades en el pasado, como toda organización.

»Teníamos un líder* elegido por unanimidad, pero fue arrestado junto con nosotros. Sin embargo, él era pudiente, teniendo en cuenta el contexto de aquellos tiempos, y nosotros muy pobres. Y las fuerzas de seguridad fueron en su busca con una copia de la Ley de Supresión del Comunismo† a decirle: "Vaya, posees granjas. Aquí tienes una disposición según la cual, si se te declara culpable, perderás las propiedades. Tus colegas son gente humilde, no tienen nada que perder". Entonces el líder optó por contratar a sus propios abogados y rehusó ser defendido junto con el resto de los acusados. Luego el abogado citó a su testigo y dijo al tribunal que existían numerosos documentos donde los acusados exigían la igualdad con los blancos. ¿Qué pensaba su testigo? ¿Cuál era su opinión al respecto?

»El líder —continuó Mandela, con una risita entre dientes al recordarlo—, dijo: "Jamás existirá tal cosa". Y el abogado replicó: "Pero ¿usted y sus colegas presentes aceptan eso?". Cuando el líder hizo amago de señalar a Walter Sisulu, el juez le amonestó y le dijo: "No, no; hable solo en su nombre". Sin embargo, aquella experiencia de ser arrestado le superó. —Hizo una pausa para reflexionar—. Con todo, apreciamos el papel que desempeñó antes de que nos arrestaran. Le fue muy bien».

Sin pararse a explicar la ambigüedad de esta última observación, la cual suscitó una gran hilaridad ante la duda de si «le fue muy bien» expresaba el reconocimiento del servicio prestado por el líder a la organización o una pulla debido a su fortuna, Mandela zanjó su espontáneo comentario.

«Digo esto —concluyó con un destello de picardía en la mirada— porque, si algún día yo mismo me derrumbase y dijese que me había dejado engañar por estos jovenzuelos, simplemente recordad que en otra época fui colega vuestro».

Volviendo a los apuntes, declaró que había llegado la hora de entregar el bastón de mando. «Y —continuó— yo personalmente saboreo el momen-

---

*   Mandela se refiere al doctor James Moroka (*véase* Gente, lugares y acontecimientos), un conservador expresidente del CNA que denunció a Mandela y a otros que fueron arrestados durante la Campaña de Desafío de las Leyes Injustas en 1952. Más tarde, Mandela lo perdonó y lo eligió como padrino de su nieto.

†   Ley de Supresión del Comunismo n.º 44, 1950: *véase* Gente, lugares y acontecimientos.

to en el que junto con mis compañeros veteranos aquí presentes pueda observar de cerca y juzgar de lejos. A medida que se acerque 1999, intentaré por todos los medios como presidente de la nación delegar cada vez más responsabilidades a fin de garantizar el buen curso de la transición a la nueva presidencia.

»Así, en mis últimos años tendré la oportunidad de malcriar a mis nietos y tratar de ayudar a todos los niños sudafricanos en distintos sentidos, especialmente a aquellos que han sido las desventuradas víctimas de un sistema que les ignoraba. También dispondré de más tiempo para continuar mis debates con Tyopho,* es decir, Walter Sisulu; el tío Govan† [Govan Mbeki] y otros, pues los 20 años de *umrabulo* [intenso debate político con fines pedagógicos] no fueron suficientes.

»Permitidme que os garantice [...] que modestamente continuaré prestando mi servicio en pro del cambio, así como al CNA, el único movimiento capaz de propiciar ese cambio. Como militante de base del CNA supongo que también disfrutaré de muchos privilegios de los que me he visto privado durante años: mostrarme tan crítico como desee; hacer frente a cualquier signo de "autocracia por parte de Shell House";‡ y ejercer presión a favor de mis candidatos predilectos desde las bases a la cúpula.

»Ahora, en un tono más serio, deseo reiterar que seguiré siendo un miembro disciplinado del CNA y, en mis últimos meses en mi cargo de presidente, me regiré en todo momento por la política del CNA y buscaré mecanismos que os permitan darme un tirón de orejas por cualquier imprudencia [...].

»Nuestra generación ha vivido un siglo caracterizado por el conflicto, el derramamiento de sangre, el odio y la intolerancia; un siglo donde se intentó sin éxito resolver del todo los problemas de desigualdad entre ricos y pobres, entre los países en vías de desarrollo y los desarrollados.

»Albergo la esperanza de que nuestros esfuerzos desde el CNA hayan contribuido y sigan contribuyendo a esta búsqueda de un orden mundial equitativo.

»El día de hoy señala la consecución de una vuelta más en esa carrera de relevos —que habrá de continuar durante muchas más décadas—, el momento en el que nos retiramos para que la generación de competentes abogados, informáticos, economistas, financieros, industriales, médicos, ingenieros y, sobre todo, todos los obreros y campesinos puedan conducir al CNA al nuevo milenio.

---

* Tyopho era el nombre de cian de Walter Sisulu.
† Govan Mbeki: *véase* Gente, lugares y acontecimientos.
‡ Shell House fue la sede del CNA de 1990 a 1997.

»Anhelo esa etapa en la que tendré la oportunidad de despertar al alba; de recorrer las colinas y valles de mi aldea natal, Qunu,* en paz y tranquilidad. Y tengo la plena confianza de que así será porque, cuando lo haga y observe los rostros sonrientes de los niños que reflejan los rayos de sol en sus corazones, sabré, camarada Thabo y equipo, que vais por buen camino, que estáis triunfando.

»Sabré que el CNA está vivo […] ¡y que continúa al frente!».[1]

Al unísono, los delegados e invitados extranjeros presentes en la conferencia se pusieron en pie y comenzaron a entonar, a aplaudir y a bambolearse con un popurrí de canciones hasta corear una que fue la despedida de un extraordinario hijo de la nación y al mismo tiempo el triste reconocimiento de que, pasase lo que pasase, Sudáfrica nunca volvería a ser la misma.

«Nelson Mandela —decía la canción—, no hay otro como él».

---

* Qunu: *véase* Gente, lugares y acontecimientos.

CAPÍTULO UNO

El reto de la libertad

Nelson Mandela había escuchado este canto libertario y sus numerosas versiones mucho antes de su salida de la prisión de Victor Verster* en 1990. Los esfuerzos coordinados del aparato de seguridad del Estado y de las autoridades penitenciarias por aislarlo del drama de la lucha imperante —y de su evocador himno— no lograron impedir el flujo de información entre el preciado prisionero y sus numerosos interlocutores. El ingreso en prisión, incluida la de la isla de Robben, de recién llegados a finales de los años ochenta, principalmente de jóvenes de diversas afiliaciones políticas —y previamente, en 1976, la avalancha de activistas estudiantiles a raíz de las revueltas en Soweto y otros lugares— marcó la escalada de la lucha y trajo consigo nuevas canciones donde cada estrofa representaba un comentario en clave sobre los progresos o los reveses, las tragedias o las sátiras que se desarrollaban en las calles. El estribillo recurrente de los temas decía que el régimen sudafricano se encontraba en el lado equivocado de la historia.

Como la mayoría de las personas que asumen que la historia les ha reservado un lugar especial y probablemente conociendo la mordaz máxima de Emerson —«Ser grande es ser incomprendido»—,[1] Mandela sabía que su propio legado dependía de la estrategia por la que había abogado: las conversaciones entre el gobierno y el CNA. Dichas conversaciones ha-

---

* Prisión de Victor Verster: *véase* Gente, lugares y acontecimientos.

bían comenzado cinco años antes de su liberación, cuando recién salido de una intervención quirúrgica en el Hospital Volks, donde lo visitó Kobie Coetsee,* el ministro de Justicia, Mandela había sacado a colación la cuestión del diálogo entre el CNA y el gobierno. La presencia de Coetsee supuso una chispa de esperanza en la más absoluta oscuridad. El año 1985 señaló el periodo más sangriento de la lucha, una época caracterizada por la irrevocabilidad de una meta y el enconamiento de posiciones entre los bandos enfrentados, que se observaban mutuamente desde ambos lados de un gran abismo.

Oliver Tambo,† presidente del CNA y compatriota de Mandela, acababa de hacer un llamamiento a los sudafricanos para desestabilizar el país.[2] Mandela, sin embargo, tenía presente que el peaje sería mayor sobre la población desarmada, enfrentada a un enemigo que utilizaba la panoplia del poder del Estado. Pero él era un preso —un preso político— que, al igual que un prisionero de guerra, tenía una única obligación: huir. Solo que huir de su inmediato confinamiento estaba inexorablemente ligado a la necesidad de la huida a gran escala, o liberación, del pueblo de Sudáfrica frente al yugo de un orden injusto. Tras haber estudiado durante largo tiempo a su enemigo e investigado en su bibliografía sobre historia, jurisprudencia, filosofía, lengua y cultura, Mandela llegó a la conclusión de que los blancos estaban predestinados a descubrir que el racismo les perjudicaba tanto como a los negros. El sistema que les había infundido un falso sentimiento de superioridad a los primeros, basado en mentiras, resultaría ser pernicioso para ellos y para sus futuras generaciones, y los incapacitaría ante el conjunto de la humanidad.

Separado de sus compañeros de prisión en Pollsmoor‡ a su regreso del hospital, lo que Mandela denominó un «espléndido aislamiento», se dio cuenta de que era preciso hacer concesiones. Concluyó que «sencillamente no tenía sentido que ambos bandos perdiesen miles, si no millones, de vidas en un conflicto innecesario».[3] Había llegado el momento de dialogar.

Consciente de las repercusiones de sus actos en la lucha por la liberación en general y el CNA en particular, se resignó a su destino: si las cosas se torcieran, reflexionó, el CNA salvaría su imagen atribuyéndolo al comportamiento errático de un individuo aislado, no a su representante.

«Los grandes hombres hacen historia —escribió el influyente historiador afrotrinitense C. L. R. James—, pero solo la historia que les es posible hacer. La libertad para alcanzar sus logros se ve limitada por las exigencias de su entorno».[4]

* Kobie Coetsee: *véase* Gente, lugares y acontecimientos.
† Oliver Tambo: *véase* Gente, lugares y acontecimientos.
‡ Prisión de Pollsmoor: *véase* Gente, lugares y acontecimientos.

Durante casi tres décadas de encarcelamiento, Mandela dedicó el tiempo a analizar el país que estaba destinado a gobernar. En aquellos momentos de espera de una palabra por parte de sus captores o una señal clandestina por parte de sus camaradas, reflexionaba sobre la naturaleza de la sociedad, sus virtudes y males. Aun estando en prisión, con la libertad para la consecución de sus logros coartada por las restricciones del entorno, fue paulatinamente accediendo a los más altos escalafones de poder del *apartheid* hasta reunirse finalmente con un renqueante presidente P. W. Botha y posteriormente con su sucesor, F. W. de Klerk.*

Fuera, las víctimas se multiplicaban y los escuadrones de la muerte se recrudecían; la sucesión de funerales desencadenaba más ciclos de matanzas y asesinatos, entre ellos de académicos. En las calles se articuló un nuevo lenguaje y la gente acabó habituándose a las cuadrillas de defensa civil y a métodos de ejecución más truculentos, tales como el brutal «collar»,†	que se utilizaba con los presuntos colaboradores del *apartheid*.

En todos los encuentros que Mandela mantuvo con representantes del gobierno su prioridad era buscar una solución a la tragedia sudafricana. Desde De Klerk hasta el policía de diecinueve años pertrechado con un chaleco antibalas que intentaba contener a multitudes enardecidas, se trataba de hombres y mujeres de carne y hueso que, como un niño jugando con una granada de mano, parecían ignorar el hecho de que se precipitaban a la ruina, llevándose por delante a millones de personas.

Mandela confiaba en que el sentido común se impusiera antes de que fuese demasiado tarde. A punto de cumplir los setenta, era consciente de su propia mortalidad. Tal vez fuera casualidad que escribiera lo que, mucho más tarde, se convertiría en una profecía.

«Hombres y mujeres de todo el mundo, a lo largo de los siglos, vienen y van. Algunos sin dejar rastro, ni siquiera sus nombres. Nadie diría que en algún momento llegaron a existir. Otros dejan algo a su paso: el inquietante recuerdo de los viles actos que cometieron contra otros seres humanos; el abuso de poder de una minoría blanca contra una mayoría de africanos negros, mestizos e indios, la privación de los derechos humanos fundamentales a esa mayoría, el racismo a ultranza en todos los ámbitos de la sociedad, las detenciones sin juicio, las brutales agresiones dentro y fuera de prisión, la ruptura de familias, obligando a la gente a exiliarse, a pasar a la clandestinidad y a permanecer largos años confinada en prisiones».[5]

Como la inmensa mayoría de los sudafricanos negros, Mandela tenía experiencia de primera mano en cada violación de derechos humanos que

---

*	P. W. Botha; F. W. de Klerk: *véase* Gente, lugares y acontecimientos.
†	Macabro método de ejecución que consiste en colocar alrededor del cuello de la víctima un neumático al que se prende de fuego tras rociarlo con gasolina.

citaba o bien conocía a personas de su círculo cercano que habían sufrido terriblemente en manos de las autoridades. Este fue el periodo de la muerte súbita, cuyos incidentes recordaban a los títulos de las películas de serie B norteamericanas: los Siete de Gugulethu; los Cuatro de Cradock; la Masacre del Caballo de Troya.* En todos estos casos, donde jóvenes líderes y activistas fueron brutalmente asesinados cuando la represión estatal alcanzó sus cotas más drásticas a mediados de los años ochenta, las agencias de seguridad del Estado negaban su involucración o bien argumentaban que habían sufrido ataques.

Recordando el caso de Sharpeville† y otras masacres perpetradas por las fuerzas de seguridad del *apartheid,* donde infinidad de personas habían sido mutiladas o asesinadas en actuaciones policiales, Mandela evoca perturbadoras imágenes de «fuerzas policiales que disparaban a la menor provocación y que masacraban a miles de personas inocentes e indefensas», y que blasfemaban utilizando «el nombre de Dios [...] para justificar el ejercicio del mal contra la mayoría. En sus vidas cotidianas, estos hombres y mujeres cuyo régimen cometía semejantes atrocidades vestían trajes caros y acudían asiduamente a la iglesia. Lo cierto es que representaban la encarnación del mal. Por mucho que reivindicasen ser una comunidad de fieles devotos, sus políticas fueron denunciadas como crímenes contra la humanidad por la práctica totalidad del mundo civilizado. Fueron expulsados de las Naciones Unidas y de innumerables organizaciones internacionales y regionales [y] se convirtieron en la escoria del mundo».[6]

La caída del muro de Berlín en noviembre de 1989 tuvo tal repercusión internacional que en cierto modo eclipsó un hito nacional de primer orden que había ocurrido un mes antes. El 15 de octubre de 1989, Walter Sisulu fue puesto en libertad junto con Raymond Mhlaba, Wilton Mkwayi, Oscar Mpetha, Ahmed Kathrada, Andrew Mlangeni y Elias Motsoaledi.‡ Cinco de ellos se encontraban junto con Mandela entre los diez acusados que habían sido procesados en el juicio de Rivonia§ en 1963-1964 y pertenecían a su estrecho círculo de camaradas.¶ También fue excarcelado Jafta Kgalabi Masemola, cofundador del Congreso Panafricanista (CPA) con Robert

---

*   Los Siete de Gugulethu fueron siete jóvenes activistas *antiapartheid* asesinados a tiros por la policía el 3 de marzo de 1986 en Gugulethu, cerca de Ciudad del Cabo; los Cuatro de Cradock fueron cuatro activistas *antiapartheid* que cuando viajaban de Port Elizabeth a Cradock, en la provincia oriental del Cabo, el 27 de junio de 1985, fueron secuestrados, torturados y asesinados por las fuerzas de seguridad; la Masacre del Caballo de Troya se produjo el 15 de octubre de 1985, cuando las fuerzas de seguridad de Athlone, en Ciudad del Cabo, ocultas detrás de cajas de madera junto a una vía férrea, abrieron fuego contra manifestantes contra el *apartheid,* donde murieron tres jóvenes, uno de ellos de once años.

†   Masacre de Sharpeville: *véase* Gente, lugares y acontecimientos.

‡   Para reseñas biográficas de estos individuos: *véase* Gente, lugares y acontecimientos.

§   Juicio de Rivonia: *véase* Gente, lugares y acontecimientos.

¶   Wilton Mkwayi y Oscar Mpetha no fueron procesados en el juicio de Rivonia. Mkwayi fue sentenciado a cadena perpetua en enero de 1965 y Oscar Mpetha a cinco años de prisión en 1983.

Sobukwe.* Masemola moriría cinco meses más tarde en un accidente de tráfico, lo cual aún continúa siendo motivo de sospecha entre algunos miembros del CPA.

Mandela había persuadido a las autoridades para que pusieran en libertad a los internos de Pollsmoor y la isla de Robben como gesto de buena fe. Las negociaciones para su liberación comenzaron entre Mandela y Botha, y llegaron a un punto muerto. Según Niël Barnard,[†] antiguo responsable del Servicio Nacional de Inteligencia, «el fuerte antagonismo en el SSC [Consejo de Seguridad del Estado] hizo que estos planes [la puesta en libertad de Sisulu en marzo de 1989] quedaran aplazados hasta nueva orden».[7] Su excarcelación produjo emociones encontradas en Mandela: euforia por la liberación de sus camaradas y tristeza ante su propia soledad. No obstante, sabía que su hora llegaría al cabo de unos meses.

Kathrada recordó que la última vez que el «preso Kathrada» vio al «preso Mandela» en la prisión de Victor Verster fue el 10 de octubre de 1989, cuando, acompañado por otros camaradas, fue a visitarle a la casa donde Mandela pasó los últimos catorce meses de condena.

Mandela les dijo: «Amigos, esto es un adiós», a lo que Kathrada *et al.* respondieron: «Hasta que no lo veamos, no lo creeremos». Mandela insistió en que acababa de reunirse con dos ministros del gabinete que le habían garantizado que sus camaradas serían puestos en libertad. Aquella noche, en lugar de conducirlos de regreso a Pollsmoor, les sirvieron la cena en el comedor de la prisión de Victor Verster. Y a continuación, justo a tiempo de los informativos de la noche, llevaron un televisor a la sala y se anunció que el presidente F. W. de Klerk había decidido poner en libertad a los ocho presos: Kathrada, Sisulu, Mhlaba, Mlangeni, Motsoaledi, Mkwayi, Mpetha y Masemola.

El grupo fue conducido de vuelta a la prisión de Pollsmoor y al cabo de tres días fue trasladado: Kathrada, Sisulu, Mlangeni, Motsoaledi, Mkwayi y Masemola en avión a Johannesburgo, en cuya prisión fueron internados. Mhlaba fue a Port Elizabeth, su ciudad natal, y Mpetha, oriundo de Ciudad del Cabo, siguió ingresado en el Hospital Groote Schuur y durante su convalecencia permaneció bajo custodia policial. Después, la noche del sábado 14 de octubre, el oficial a cargo de la prisión de Johannesburgo se acercó a los reclusos y anunció: «Acabamos de recibir un fax de la central comunicándonos que vais a ser puestos en libertad mañana».

«¿Qué es un fax?», preguntó Kathrada. Había pasado en prisión más de 26 años.[8]

---

*   Jafta Masemola; Robert Sobukwe: *véase* Gente, lugares y acontecimientos.
†   Niël Barnard: *véase* Gente, lugares y acontecimientos.

El 2 de febrero de 1990, F. W. de Klerk compareció ante el Parlamento para anunciar la legalización del CNA, el CPA, el Partido Comunista Sudafricano (SACP)* y en torno a una treintena de organizaciones políticas ilegales. Asimismo, anunció la puesta en libertad de presos políticos encarcelados por delitos no violentos, la abolición de la pena capital y la derogación de infinidad de proscripciones vigentes bajo el estado de emergencia.† Para muchos sudafricanos castigados bajo el yugo del *apartheid*, este sería el proverbial primer día del resto de sus vidas.

Al igual que la inmensa mayoría de los presos políticos a quienes la historia asignaría la misión de prestar servicio al conjunto de la humanidad, entre ellos Mahatma Gandhi, Antonio Gramsci, Václav Havel y Milovan Djilas, Mandela logró imponer su voluntad sobre sí mismo y, hasta cierto punto, sobre sus captores. Había leído todo lo que había tenido a su alcance sobre la infinita paciencia de líderes de la talla de Ahmed Ben Bella, Jomo Kenyatta y Sékou Touré, quienes habían perseverado bajo el yugo impuesto por administradores coloniales y resurgido con fuerza, con más fuerza si cabe, dado que habían demostrado que el encarcelamiento no pudo desmoralizarles. Pero Mandela era consciente de los cambios que llevaba aparejados la realidad de la vida fuera de prisión: el atractivo del cargo y la irresistible seducción del poder. Había sido testigo de ello a lo largo de su vida, en ciertos casos con personas con las que había mantenido una estrecha relación, de las cuales escribe:

«También existieron aquellos que en su momento lideraron ejércitos de liberación invencibles, que padecieron penurias indecibles y que sin embargo a la larga lograron salir victoriosos no solo a la hora de liberar a su gente, sino también en lo concerniente a la mejora de sus condiciones de vida. Se granjearon respeto y admiración por doquier, e inspiraron a millones de personas de todos los continentes a rebelarse contra la opresión y la explotación».

A Mandela le entristecía ver a algunos de estos líderes, viejos activistas en pro de la libertad, descarriarse. Su crítica ante la nefasta arrogancia de estos era un intento de definir la magnitud de la consiguiente traición a la causa. Cuando relata situaciones donde la libertad «y la instauración de un gobierno democrático saca del anonimato a veteranos activistas para colocarlos en los pasillos del poder, donde ahora conviven codo con codo con los ricos y poderosos», tal vez también estuviera confesando sus propios temores sobre el porvenir.

Añade que es en «situaciones de esta naturaleza donde algunos veteranos activistas en pro de la libertad corren el riesgo de olvidar sus principios

---

* Partido Comunista Sudafricano (SACP): *véase* Gente, lugares y acontecimientos.
† Estado de emergencia, 1960: *véase* Gente, lugares y acontecimientos.

y a aquellos que están sumidos en la pobreza, la ignorancia y las enfermedades; algunos de ellos empiezan a aspirar a disfrutar del estilo de vida de
los opresores que antaño detestaban y a quienes derrocaron».[9]

La génesis de dichas observaciones puede apreciarse en el modo en el
que Mandela condujo su propia vida, regida por el lema de la disciplina.
Seguía un estricto régimen de ejercicio y se mantenía en buena forma física. Tenía por costumbre hacer las cosas por sí mismo; en una ocasión
desconcertó al cocinero que le había sido asignado, el suboficial Swart, al
empeñarse en que él mismo se ocuparía de lavar los platos y prepararse la
comida.

Mandela escribe: «Un día, después de una deliciosa comida preparada
por el señor Swart, fui a la cocina a lavar los platos. "No —me dijo—, eso
es tarea mía. Usted vuelva al salón". Insistí en que debía hacer algo y que
si él cocinaba, lo menos que yo podía hacer era lavar los platos. El señor
Swart protestó, pero finalmente cedió. También puso objeciones a que me
hiciese la cama por la mañana, aduciendo que era parte de su trabajo. Sin
embargo, yo llevaba haciendo la cama tanto tiempo que ya era un acto
reflejo».[10]

Mandela se había regido en gran medida por el código de conducta de
un soldado desde mucho antes de su arresto en 1962. Confiaba en que sus
camaradas, miembros de una selecta fraternidad de comprometidos luchadores, fueran intachables; la maquinaria del *apartheid* era rígida y regla-
mentada, y exigía una fuerza igualmente disciplinada para resistir y finalmente derrocarla.

«A menos que la organización política permanezca fuerte y mantenga
sus principios, imponiendo una estricta disciplina a los líderes y en la misma medida a los militantes de base, e inspire a sus miembros a desarrollar,
al margen de los programas gubernamentales, iniciativas sociales para el
bienestar de la comunidad, acabarán sucumbiendo a la tentación de abandonar a los pobres y empezar a amasar ingentes fortunas».[11]

Mandela se había mantenido al tanto de los asuntos mundiales durante su condena, observando con consternación que no pocos dirigentes del
continente africano habían caído en las garras de la megalomanía. Desde
el punto más septentrional hasta el extremo meridional del continente,
dirigentes autoproclamados con uniformes tachonados de medallas infligían
padecimientos indecibles a sus súbditos en países donde el expolio de los
recursos nacionales estaba a la orden del día. El pueblo padecía hambrunas,
violencia, pestilencia y penurias extremas. Mandela comenta al respecto:
«Llegan a creer que son dirigentes indispensables. En los casos donde las
constituciones les amparan, se convierten en presidentes vitalicios. En aquellos casos en los que la Constitución del país establece limitaciones, gene-

ralmente la enmiendan con el fin de tener potestad para ostentar el poder de por vida».[12]

Mientras meditaba sobre cómo iba a dirigir su país, llegó el momento de su puesta en libertad. La realidad de fuera presagiaba complicaciones de mucha más envergadura que las negociaciones que había mantenido con sus captores, entre ellas cuando se mantuvo firme frente a las autoridades penitenciarias respecto a la fecha y el lugar de su liberación. El gobierno de De Klerk tenía intención de ponerlo en libertad mucho antes, y desde luego sin ceremonias, en su lugar de residencia, Soweto, pero Mandela se negó. Él deseaba ser puesto en libertad en Ciudad del Cabo, donde tendría ocasión de dar las gracias a la gente de la ciudad antes de regresar a casa.

«Dije que quería que me pusieran en libertad en la puerta de la prisión de Victor Verster. A partir de ahí me las apañaría por mi cuenta. Sostuve que no tenían derecho a decidir que me trasladasen a Johannesburgo. Al final cedieron y me liberaron en la puerta de Victor Verster». Además, Mandela pidió que su puesta en libertad se aplazara siete días para que la gente «se preparara».[13]

Fue en prisión donde Mandela pulió lo que más tarde se convertiría en una de sus mejores bazas: su capacidad de empatía con la persona que tuviera delante, fuera amigo o enemigo, el entender que se trataba de un complejo ser humano con una personalidad de múltiples facetas. Uno de sus pesares mientras las cámaras disparaban y se producía una multitudinaria explosión de júbilo por su liberación la tarde del 11 de febrero de 1990 fue el no haber podido despedirse del personal penitenciario. Para él se trataba de algo más que de un puñado de funcionarios uniformados que trabajaban en primera línea de un régimen injusto; eran personas con familia y, como todo el mundo, tenían inquietudes en su vida.

Esto, por supuesto, no significaba que Mandela eximiera de culpa al diablo ni que fuese deliberadamente ajeno a los excesos del régimen del *apartheid* blanco. En su fijación por preparar el futuro, la cual comenzó con el cierre de las puertas de la prisión tras de sí, sabía que debía superar el cúmulo de rencor y concentrarse en lo que tenía por delante. Pese a haber cumplido condena como individuo, Mandela formaba parte de una fraternidad de hombres y mujeres comprometidos que habían sido llamados por imperativo de la lucha a sacrificar los mejores años de sus vidas en aras de un bien mayor.

Sabía que, tras haber sido puestos en libertad los restantes imputados y compañeros de prisión de Rivonia anteriormente, al salir en solitario millones de ojos lo observarían para ver en qué se había convertido. Mandela llevaba meses manteniendo encuentros y conversaciones telefónicas con diversas personas del CNA y el Frente Democrático Unido (UDF), una organización global con un amplia diversidad de afiliados, incluidos centenares de organizaciones juveniles, innumerables asociaciones cívicas y colectivos de estudiantes. Horas antes de su inminente liberación, consultó a miembros del Comité Nacional de Recepción, una selección de activistas y líderes curtidos en batallas en pro del movimiento democrático de masas, entre ellos Cyril Ramaphosa, Valli Moosa, Jay Naidoo y Trevor Manuel, los cuales desempeñarían importantes cometidos en el futuro gobierno.* La inmensa mayoría de los presos con largas condenas agudizan su percepción de las situaciones y las asimilan con mayor rapidez que otros por la sencilla razón de que su supervivencia depende de ello. Por consiguiente, si bien emocionado ante la perspectiva de su liberación, Mandela percibió la inquietud de los representantes del CNA, quienes habían recibido con muy poca antelación la noticia del cambio de lugar de su puesta en libertad de Soweto a Ciudad del Cabo.

«El aviso se dio con menos de veinticuatro horas de antelación —señala Valli Moosa—. Nuestro asombro fue mayúsculo, pero ninguno de nosotros cayó en la tentación de solicitar que se demorara su puesta en libertad, por mucho que fuera nuestro deseo».[14]

Mandela entendió el dilema que su puesta en libertad planteaba tanto para el gobierno como para el CNA en vista de la envergadura del camino que tenía por delante. Durante el trayecto de salida de Victor Verster, se dijo a sí mismo que su misión en la vida era «liberar tanto al opresor como al oprimido».[15] Esto significaba salvar el abismo existente entre el opresor —representado por el gobierno que le había encarcelado— y el oprimido: la mayoría de la población sudafricana en toda su diversidad. Asumió lo que conllevaría cumplir ese cometido. Era el cometido que le había encomendado el destino.

«La prueba de fuego para un hombre —escribió Václav Havel— no es desempeñar el papel que desea para sí mismo, sino el que le asigna el destino».[16]

Mucho más tarde, Barbara Masekela,† una célebre escritora y diplomática que estuvo al frente del gabinete durante el mandato de Mandela, se haría eco de este sentimiento. «Mandela —dijo— sabía que ser presidente significaba desempeñar un papel y estaba decidido a estar a la altura».[17]

No obstante, no era fácil estar a la altura, tarea a la que Mandela se había adelantado mucho antes. A mediados de los años ochenta, Mandela había cogido el toro por los cuernos y decidido entablar conversaciones

---

* El cometido del Comité Nacional de Recepción, integrado por cuatrocientos destacados activistas *antiapartheid*, fue preparar y organizar la puesta en libertad de Mandela y las actividades posteriores. Cyril Ramaphosa; Valli Moosa; Jay Naidoo; Trevor Manuel: *véase* Gente, lugares y acontecimientos.

† Barbara Masekela: *véase* Gente, lugares y acontecimientos.

entre el CNA y el gobierno del National Party* del predecesor de De Klerk, el presidente P. W. Botha. Aficionado a las tiras cómicas, su semblante ceñudo y amonestador adornaba los periódicos de tirada nacional; el presidente Botha fue uno de los últimos pesos pesados, un halcón, cuya intransigente postura le hizo ganarse el apodo de *die Groot Krokodil* («el Gran Cocodrilo»), que consideraba la fuerza bruta como la respuesta al conflicto. Pero incluso él había aprendido de sus generales de la línea más dura que la solución de la pesadilla sudafricana no podía lograrse exclusivamente por medio de la fuerza militar.

Mandela tenía presente que el ciclo de violencia se estaba cebando en los sectores más pobres y marginados de la población. La mayoría negra, intranquila, tenía expectativas. Los partidarios del régimen del *apartheid* —muchos de ellos armados y dotados de una extraordinaria capacidad para causar estragos— también esperaban ansiosos una amenaza significativa del *statu quo*.

En esta coyuntura, Mandela tuvo que señalar la integridad de F. W. de Klerk, aunque solo fuera para desarmar a los partidarios de la línea dura, que se habrían regodeado de júbilo si el presidente sudafricano se hubiese visto más desacreditado si cabe por el rechazo del exconvicto. Conforme a la supuesta lógica de los simpatizantes derechistas, una cosa era que De Klerk pusiese en libertad al terrorista y otra que el mismísimo terrorista llevase la voz cantante y a la vez desdeñase a su liberador.

Para Mandela, entablar diálogo con el régimen de Pretoria equivalía a abrirse paso entre un tráfico volátil. Debía hacer de parachoques, por un lado entre el vehículo del grupo de negociadores de De Klerk y, por otro, entre dos vehículos procedentes de sentidos opuestos: uno impulsado por las expectativas de una mayoría de raza negra a la que se le había agotado la paciencia y el otro por los ultraderechistas, movidos por el miedo y por un inapropiado sentimiento de rectitud. Para Mandela, la mayor tragedia habría sido el fracaso de las negociaciones antes siquiera de iniciarlas. En este sentido, desoyó el consejo de los representantes de sus propias organizaciones, quienes discrepaban de la intención de este de calificar a De Klerk como un hombre íntegro. Cuando sus colegas pusieron el grito en el cielo por su actitud hacia De Klerk, en todo momento insistió en que continuaría dando por hecho la integridad de De Klerk hasta que se demostrase lo contrario. Hasta entonces, este sería su futuro interlocutor en las negociaciones.

Mandela era capaz de apreciar y distinguir entre De Klerk como persona y como representante, si no víctima de una maquinaria estatal repre-

---

* National Party: *véase* Gente, lugares y acontecimientos.

siva y todopoderosa. Tal vez el único deseo de Mandela fuese llevarse a su terreno a su homólogo frente a la influencia del partido político que defendía el sistema del *apartheid*, postura que le parecía absolutamente deleznable.

En este sentido, comentaría más tarde: «El régimen del *apartheid*, incluso durante el periodo de las negociaciones [...] continuaba creyendo que podía salvar la supremacía blanca con el consentimiento de la población negra. Aunque los negociadores del *apartheid* trataron de actuar con cautela, desde el inicio de las negociaciones estaba claro que la idea primordial era impedir que gobernásemos el país, incluso en el caso de que ganásemos unas elecciones democráticas».

Ya había tenido un anticipo de esta postura durante su condena en Victor Verster, donde mantuvo su primer encuentro con el presidente De Klerk, el 13 de diciembre de 1989. Así lo relata:

«Poco antes de aquel encuentro, leí un artículo redactado por el director del diario *Die Burger*, por entonces portavoz del National Party, escrito bajo el pseudónimo de Dawie, en el que se mostraba extremadamente crítico ante el concepto de derechos de grupo propugnado por ese partido como la mejor solución a los problemas del país. Esto significaba que, tras las primeras elecciones democráticas, cada grupo de población conservaría de manera permanente los derechos y privilegios adquiridos antes de dichas elecciones, al margen del partido político que resultase vencedor».

Este ardid significaría que la «minoría blanca continuaría monopolizando todos los derechos fundamentales de la ciudadanía. Los revolucionarios cambios demandados por el movimiento de liberación por los que mártires a lo largo de los siglos habían pagado el más alto de los precios serían sofocados. El nuevo gobierno sería incapaz de proporcionar techo al pueblo y una educación digna para sus hijos. Proliferarían la pobreza, el desempleo, el hambre, el analfabetismo y las enfermedades. *Die Burger* criticó esta pseudopolítica por ser una maniobra de instauración del *apartheid* por la puerta falsa.

Mandela señaló a De Klerk que «si su propio portavoz condenaba esa idea, bien podía imaginarse lo que nosotros opinábamos. La rechazaríamos de plano».[18]

«Llegados a este punto, el presidente me impresionó —escribe Mandela—. Reconoció que si nuestro movimiento no estaba dispuesto ni a considerar la idea, la descartaría. Acto seguido envié un mensaje al líder del CNA en Zambia describiendo al presidente como un hombre íntegro con el que podríamos negociar».[19]

Puede que Mandela quedase impresionado por De Klerk, pero vender la propuesta al CNA era otra cuestión. El CNA, tal y como se ha señalado en infinidad de ocasiones, era harina de otro costal, pues representaba al mismo tiempo una nutrida congregación, un movimiento de liberación y un modo de vida para millones de sudafricanos. Ha estado en el seno de ciertas familias a lo largo de sucesivas generaciones, pasando de una a otra como una reliquia familiar. Es inevitable que una organización semejante quede encorsetada en la tradición, de ahí que cualquier iniciativa novedosa se viera con recelo. Con setenta años de existencia cuando las conversaciones entre Mandela y los presidentes del *apartheid* alcanzaron su cénit en 1989, el tema de las negociaciones jamás había formado parte de su política. Sin embargo, en el exilio, el CNA había tenido que realizar una valoración realista de la situación y del equilibrio de fuerzas. El incesante ataque por parte de la maquinaria militar sudafricana contra la FSL, una alianza de países del sur de África unidos contra el *apartheid* desde 1960 hasta principios de 1990, por respaldar al CNA, cambió el carácter geopolítico del sur del continente.

La circunstancia más determinante fue la retirada forzosa del CNA de diversas zonas estratégicas; el caso más significativo fue el de Mozambique a raíz de que el presidente Samora Machel firmase el pacto de no agresión con Sudáfrica, el Acuerdo de Nkomati, el 16 de marzo de 1984. Esto supuso que el CNA se viera obligado a proseguir su lucha armada sin la baza de disponer de bases en Estados vecinos, ante lo cual el alto mando no tuvo más remedio que empezar a plantearse el futuro de los miles de cuadros militares destacados en Zambia y Tanzania. Ese mismo año, el motín que estalló en los campamentos de la MK en Angola asestó un golpe a la jefatura, especialmente porque su razón de ser fue la impaciencia de los soldados de la MK por volver a su país a combatir al enemigo en vez de verse envueltos en el conflicto interno existente entre tropas del Movimiento Popular de Libertação de Angola (Movimiento Popular para la Liberación de Angola, MPLA) y guerrilleros de la União Nacional para a Independência Total de Angola (Unión Nacional para la Independencia Total de Angola, UNITA), respaldados por Sudáfrica.* Por presiones similares el CNA se había visto obligado a asignar el destacamento Luthuli de Umkhonto we Sizwe a las campañas de Wankie y Sipolilo, en la antigua Rodesia, a partir de 1967.† En los campamentos, en la mayoría de las zonas donde existía una significativa comunidad de exiliados, se entonaban canciones que invocaban a infinidad de héroes y mártires, entre ellos Nelson Man-

---

* El MPLA proporcionó al CNA instalaciones de entrenamiento militar para la MK. Durante la guerra civil, a raíz de la llegada al poder del MPLA en 1975, la SADF respaldó a la UNITA en su campaña para desestabilizar Angola y frustrar la independencia namibia.

† La Campaña de Wankie (hoy Hwange) de 1967 fue la primera operación militar conjunta realizada por las fuerzas de Umkhonto we Sizwe (a través del destacamento Luthuli) y el Ejército Revolucionario del Pueblo Zimbabuense para infiltrar a milicianos en Sudáfrica desde la antigua Rodesia. Wankie era conocido como el Frente Occidental. Más tarde otra unidad de la MK denominada Sipolilo fue enviada a Rodesia para atacar desde el este, en dirección a Sipolilo, con el fin de abrir una segunda ruta.

dela u Oliver Tambo. Cantaban, entregándose a la lucha y a cómo marcharían sobre Pretoria. A veces los himnos revolucionarios versaban sobre la perfidia de agentes del régimen sudafricano, en algunos casos antiguos camaradas que se habían pasado al otro bando. Por encima de todo, las figuras más vilipendiadas que se cernían en el imaginario colectivo de estos fervientes coros conformaban una retahíla de dirigentes del *apartheid*, especialmente Botha y De Klerk. Botha era detestado por su belicismo y De Klerk por su pasividad en el transcurso de la masacre de estudiantes de raza negra en 1976 mientras estaba al frente del Ministerio de Educación.*

Mucho antes de que se materializara el contacto de Mandela con Botha y De Klerk circularon rumores sobre las conversaciones y la inminente puesta en libertad de Mandela. A principios de julio de 1989, un grupo de escritores exiliados pertenecientes al CNA que se encontraban de camino a un encuentro con escritores y académicos afrikáners en las cataratas Victoria se tropezaron con un contingente de periodistas sudafricanos y extranjeros con los ojos enrojecidos y equipos de televisión acampados a las puertas del Pamodzi Hotel de Lusaka. Los medios de comunicación, alertados por lo que obviamente se trataba de una filfa informativa, hacían guardia en la entrada del aeropuerto y de la sede central del CNA en la céntrica Chachacha Road con la expectativa de conseguir una primicia si, tal y como tenían entendido, Nelson Mandela era entregado bajo custodia del CNA en Zambia. Con todo, lo más alarmante fueron las acusaciones formuladas por algunos jóvenes activistas tanto en el interior del país como en el exilio de que «el viejo se había vendido». Incluso se rumoreó que pesaban amenazas sobre la vida de Mandela.

A pesar de ello, el CNA siempre se ha caracterizado por su infalible olfato político y ha procurado, a lo largo de los años, encontrar soluciones a sus problemas. Hasta los hombres y mujeres prestos al combate en los campamentos u operando clandestinamente en el interior del país se regían por principios políticos. Había miembros del Comité Ejecutivo Nacional, el máximo órgano decisorio en el intervalo entre las conferencias, que se mostraban extremadamente remisos ante la posibilidad de un acercamiento con Pretoria. Pero también estaba Oliver Tambo, el presidente, cuyo criterio era decisorio por consenso, que insistía en que cada aspecto de un problema delicado fuese debatido y analizado, por mucho que se tardase, hasta alcanzar un acuerdo.

---

* El 16 de junio de 1976 la policía abrió fuego contra una concentración de unos 10.000-20.000 estudiantes en Soweto cuando iban de camino a una manifestación en el estadio de Orlando en protesta por el decreto del uso del afrikáans en la enseñanza, que exigía a todas las escuelas negras el empleo del afrikáans y el inglés en un porcentaje del cincuenta por ciento en clase y en algunas asignaturas el uso exclusivo del afrikáans. Fue el detonante del alzamiento de Soweto, que se prolongó durante varios meses hasta que el gobierno revocó el decreto, periodo durante el cual se calcula que perdieron la vida unos 700 estudiantes.

Todo movimiento de liberación conduce, inevitablemente, a una encrucijada donde es preciso tomar decisiones cruciales que inciden en la vida del pueblo. O. R., como se conocía cariñosamente a Oliver Tambo, las tomaba. Infatigable y meticuloso hasta la saciedad, consultaba a los líderes de su propio partido y se cercioraba de que sus homólogos de los países de la alianza fueran informados sobre los avances.

Al final, todo el mundo asumió que había llegado la hora de dialogar con el enemigo. Para afianzar esta iniciativa, representantes de diversos sindicatos y organizaciones políticas y cívicas volaron a Lusaka para deliberar con el CNA con el fin de comenzar a planificar estrategias para abordar el panorama que se avecinaba. La llegada a Lusaka de las figuras veteranas —Walter Sisulu, Govan Mbeki (que había sido puesto en libertad dos años antes), Wilton Mkwayi, Raymond Mhlaba, Elias Motsoaledi y Ahmed Kathrada— y la interacción de estos con la militancia hizo que todo se materializara. También sirvió como válvula de escape para las emociones reprimidas de camaradas de la MK, principalmente de los miembros del servicio de operaciones especiales que trabajaban en la clandestinidad, quienes se sentían resentidos por el aumento del saldo de víctimas entre los militantes de la MK que se infiltraban en el país. Fue Walter Sisulu quien comunicó a los miembros del CNA congregados en Mulungushi Hall, en Lusaka, que se prepararan para volver a casa.[20]

CAPÍTULO DOS

La negociación de la democracia

El 11 de febrero de 1990 por fin llegó la hora de que Nelson Mandela volviera a casa. Un considerable porcentaje de la población mundial presenció en directo por televisión la salida de Mandela por las puertas de la prisión de Victor Verster aquella tarde.

Casi dos años antes, el 11 de junio de 1988, se calcula que una audiencia de seiscientos millones de telespectadores de sesenta y siete países había visto la emisión de un concierto de música pop en homenaje al septuagésimo cumpleaños de Mandela en el estadio londinense de Wembley. Descrito por el presentador de la BBC Robin Denselow en 1989 como el «mayor y más espectacular evento político-pop de todos los tiempos», fue organizado por el Movimiento Antiapartheid (AAM) británico bajo el patrocinio de su presidente, el arzobispo Trevor Huddleston.[1] Una vez más, con el concierto se puso en evidencia hasta qué punto Mandela estaba presente a pesar de su ausencia.

Pero ahí estaba: la personificación palpable del fracaso del encarcelamiento y del régimen del *apartheid*, saliendo al sol de la provincia occidental del Cabo, saludando a la multitud de tanto en tanto, sonriente.

El hecho de formar parte de la nueva y emergente Sudáfrica significaba que Mandela debía adentrarse en el bullicio —y la confusión— reinante en el país y entre la gente a la que aspiraba a liderar. El trayecto de Mandela desde las puertas de la prisión hasta Grand Parade, en Ciudad del Cabo, donde miles de simpatizantes aguardaban en pie su discurso, se vio marcado por desvíos y temor, augurios, tal vez, de los vaivenes que el país estaba predestinado a experimentar en su camino hacia la democracia. Se produjo cierta tensión cuando el chófer de Mandela, intimidado por la muchedumbre que flanqueaba la calzada en las inmediaciones del ayuntamiento, se internó por el cercano barrio de Rondebosch, donde el convoy aguardó en una calle secundaria. Allí, Mandela vio a una mujer con dos bebés y le pidió que le dejara cogerlos en brazos. Después, uno de los activistas que estaban presentes, Saleem Mowzer, sugirió ir a su casa, al este de Rondebosch. Más tarde, el arzobispo Desmond Tutu,* preocupado, dio con el paradero de Mandela e instó a la comitiva a dirigirse al ayuntamiento para evitar disturbios.

Finalmente, a media tarde, Mandela pudo dirigirse al pueblo. Saludó a la multitud expectante en nombre de la paz, la democracia y la libertad para todos.

«Me presento ante vosotros no como un profeta, sino como vuestro humilde servidor, como un servidor del pueblo —dijo—. Vuestro incansable y heroico sacrificio ha hecho posible que hoy me encuentre aquí. Por ello, pongo en vuestras manos los días de vida que puedan quedarme».[2]

Zoë Wicomb, periodista de *The New Yorker*, capta bien ese momento: «Mandela no se asemejaba en nada a las interpretaciones artísticas de un boxeador envejecido que habían estado circulando. Ese día, un alto y apuesto desconocido salió al mundo con paso resuelto. Su rostro se había transfigurado con rasgos que evocaban a sus ancestros xhosa-koi y la desmañada raya del pelo había desaparecido. Supermodelos y filósofos suspiraron por igual».[3]

Si bien Mandela mantenía el liderazgo entre sus filas, en ese momento era tan consciente del peligro como el resto. También tenía presente la violencia que asolaba el país. Cada provincia denunciaba sus dramas; Natal se llevaba la peor parte de la brutalidad. Aquí es donde el Inkatha Freedom Party (IFP),† respaldado por elementos encubiertos de las fuerzas policiales sudafricanas, les hacía la guerra al CNA y sus seguidores. La región central y numerosos núcleos urbanos de Natal se convirtieron en zonas restringidas para el cumplimiento de la ley y para el CNA.

Uno de los momentos más memorables y aleccionadores para Mandela fue cuando, a las dos semanas de su liberación, durante un intenso periodo de enfrentamientos en Natal, pronunció un discurso ante más de cien mil personas en el estadio Kings Park de Durban.

---

* Arzobispo Desmond Tutu: *véase* Gente, lugares y acontecimientos.
† Inkatha e Inkatha Freedom Party (IFP): *véase* Gente, lugares y acontecimientos.

«¡Coged vuestras armas de fuego, vuestros cuchillos y vuestros *pangas** y arrojadlos al mar! —rogó Mandela. Entre el gentío emergió un murmullo de desaprobación que fue *in crescendo* hasta convertirse en un clamor de abucheos. Mandela continuó estoicamente; tenía que transmitir su mensaje—. ¡Cerrad las fábricas de la muerte! ¡Poned fin a esta guerra inmediatamente!».[4]

La guerra que no tocó a su fin con la súplica de Mandela se enraizaba en el pasado y pretendía truncar el futuro. Lenta e inexorablemente, el sueño de la Sudáfrica democrática que Mandela perseguía se estaba haciendo realidad. Los últimos escollos estaban siendo derribados como si fueran bolos. El 13 de diciembre de 1990 se produjo un notable avance con el regreso de Oliver Tambo, que en 1960 había partido de Sudáfrica en misión secreta para rehacer el ilegalizado CNA desde el exilio. El presidente del CNA, al que se le brindó una tumultuosa bienvenida a la edad de setenta y tres años tras tres décadas como líder externo del movimiento de liberación, parecía débil pero feliz mientras saludaba a multitud de líderes del CNA, embajadores extranjeros y un grupo heterogéneo de dignatarios. De pie junto a su antiguo socio del bufete de abogados, Nelson Mandela, Tambo saludó desde la terraza del aeropuerto internacional Jan Smuts, cerca de Johannesburgo, a unos cinco mil simpatizantes que vitoreaban, cantaban y bailaban. Nelson Mandela, por entonces vicepresidente del CNA, dijo a la muchedumbre: «Damos la bienvenida con los brazos abiertos a uno de los mayores héroes de África».[5] Seguidamente ambos subieron a un sedán y la comitiva partió con escolta policial.

Al cabo de dos días, el CNA celebró su primera conferencia consultiva nacional en Nasrec, cerca de Soweto. Se vivió un emotivo momento durante la intervención de Tambo, que devolvió efectivamente el CNA al pueblo de Sudáfrica. Las canciones del exilio fueron electrizantes, en contraste con las cancioncillas y salmodias entonadas principalmente por jóvenes que se parapetarían tras las barricadas en agitados *townships* (asentamientos segregados) del este del Rand antes del anochecer del día siguiente. El espíritu festivo que reinaba entre los delegados aligeró de manera intermitente la solemnidad de la ocasión. Camaradas recién salidos de prisión, algunos de los cuales portaban petates carcelarios, se reencontraron con parientes y amigos tras largos años de separación. Alguien, señalando hacia la nutrida concentración de altos mandos del CNA —de Mandela a Tambo, viejas glorias de la isla de Robben, luminarias de pelo cano, veteranos y miembros del Comité Ejecutivo Nacional hasta los *kur-*

---

* Un *panga* es un machete africano.

santi* ataviados con falsos uniformes de campaña—, bromeó con la idea de que la conferencia consultiva no era más que una artimaña orquestada por el enemigo para eliminar al CNA de un plumazo.

Un momento del encuentro en el que incluso delegados curtidos en la lucha lloraron abiertamente fue el desfile de una docena de hombres que habían regresado de prisiones de Zimbabue. Habían permanecido encarcelados desde las valerosas —aunque desacertadas— campañas de acción conjunta de Wankie y Sipolilo entre la Unión del Pueblo Africano de Zimbabue y el CNA en 1967 y 1969 respectivamente, donde fueron capturados tras las escaramuzas con la policía británica de Sudáfrica del primer ministro de Rodesia, Ian Smith, y las fuerzas de seguridad sudafricanas. Todos los reclusos habían permanecido en el corredor de la muerte a la espera de ejecución hasta que fueron indultados cuando la Unión del Pueblo Africano de Zimbabue/Frente Patriótico de Robert Mugabe llegó al poder en abril de 1980.

Al celebrarse el encuentro coincidiendo con un periodo de violencia que rozaba una guerra encubierta, no es de extrañar que los delegados propugnaran el establecimiento de unidades de autodefensa.

De manera significativa, dos días después, el 18 de diciembre, el gobierno promulgó oficialmente una ley para permitir el regreso de los exiliados a Sudáfrica. Esta medida se tomó para salvar uno de los escollos que quedaban para el diálogo. Ante la pregunta formulada por los medios de comunicación a Mandela a los dos o tres días de su puesta en libertad acerca de si estaría de acuerdo en los términos propugnados por De Klerk en lo referente al levantamiento del estado de emergencia, había declarado: «La postura del CNA no deja lugar a dudas. No habrá negociación hasta que el gobierno satisfaga todas esas condiciones previas porque en estas circunstancias es imposible cumplir el mandato de nuestro pueblo, mientras no se levante el estado de emergencia, mientras no se ponga en libertad a los presos políticos y mientras no se garantice a los exiliados que su regreso se realizará en el marco de una amnistía y que no serán perseguidos».[6]

El entusiasmo y la diversidad de los más de «mil quinientos delegados de cuarenta y cinco países, tanto de Sudáfrica como del extranjero» hicieron que Mandela vislumbrara el complejo mosaico que integraba la comunidad del CNA.[7] Un porcentaje significativo de los asistentes, muchos de los cuales formaban parte de la misión diplomática del CNA, eran exiliados. El hecho de que estos individuos hubieran contribuido a que, como manifestó Mandela, «a su debido tiempo prácticamente todos los países excluyeran a Sudáfrica y [a que] el *apartheid* [fuera] condenado como un crimen

---

*   *Kursant*, pl. *kursanti;* del vocablo ruso *kurs*, programa de formación, significa «novato».

contra la humanidad era indicativo del éxito de su histórica campaña. Quienes vivieron en el exilio recorrieron los cinco continentes para informar a jefes de Estado y de gobierno acerca de nuestra situación, asistiendo a encuentros nacionales e internacionales, propagando a lo largo y ancho del mundo material que sacaba a la luz las atrocidades del *apartheid*. Fue esta campaña a nivel mundial la que consolidó al CNA y a sus líderes dentro y fuera del país como uno de los movimientos de liberación más conocidos del planeta».[8]

Si bien Mandela ya había asistido a un encuentro con el grueso de la militancia del CNA en Lusaka (Zambia) en marzo de ese mismo año, esta fue la primera ocasión en la que se celebró un encuentro de esa índole en suelo nacional. La realidad de la situación sudafricana, la amenaza de la violencia que se respiraba en el ambiente, significaba que el Estado debía mantenerse alerta ante posibles imprevistos y, por consiguiente, ante los excesos de sus propios extremistas, los cuales podían oponerse a la celebración de la conferencia del CNA en Nasrec. En consecuencia, el perímetro se plagó de antenas de sedanes de aspecto oficial con agentes de seguridad de gesto adusto al volante y, cada cierto tiempo, pasaba un vehículo policial blindado patrullando despacio por la calle, cuyos faros protegidos con rejilla de acero rastreaban las sombras que proyectaban los últimos rayos de sol de la tarde. El equipo de seguridad del CNA mantenía su propia vigilancia con patrullas de dos y tres miembros apostadas a escasa distancia de la carpa. El interior albergaba demasiadas personas cuya pérdida sumiría al país en el caos; eran el alma de la nueva administración que se estaba fraguando.

Fue aquí, bajo las marquesinas del recinto deportivo y a la salida durante los recesos del encuentro, donde Mandela vio la interacción de los delegados con los altos mandos, en particular la de miembros de la MK y sus comandantes. En calidad de miembro cofundador de Umkhonto we Sizwe, cabe destacar la alta consideración en la que tenía a sus militantes.

«Los luchadores de Umkhonto we Sizwe (MK) hicieron gala de un excepcional valor y se infiltraron en el país en multitud de ocasiones, atacaron instalaciones gubernamentales, se enfrentaron alguna que otra vez a las fuerzas del *apartheid* y, en varias escaramuzas, las obligaron a replegarse. Otros activistas en pro de la libertad trabajaron en el interior del país pública o clandestinamente para instar a las masas a rebelarse y oponer resistencia ante cualquier forma de opresión y explotación. Plantaron cara a la brutalidad del régimen sin tener en cuenta lo que pudiera ocurrirles. Estuvieron dispuestos a pagar con sus vidas la libertad. Aun así, otros languidecieron en prisiones del *apartheid* reivindicando sin temor su derecho a ser tratados como seres humanos en su propia patria. Se metieron literalmente en la boca del lobo, demostrando una vez más el principio universal de que la maldad del hombre no puede extinguir la llama de la libertad. Algunos de estos valerosos luchadores siguen vivos, ayudando a solventar problemas de índole nacional, y hoy por fin recogen el fruto de su labor. Aunque muchos de ellos se encuentran mayores, débiles y sin empleo, se animan cuando les recordamos sus históricos logros. Otros han fallecido y jamás regresarán. Nuestro tributo a todos estos hombres y mujeres por su decisiva contribución a nuestra liberación».[9]

❦

El año terminó, pero la violencia continuó. Esto, sin embargo, no frenó las primeras fases de las negociaciones en aras de un resultado democrático pese a los serios intentos de sabotear el proceso por parte de la derecha. Sydney Mufamadi,[*] el que fuera secretario general de la Confederación General de Sindicatos y más tarde miembro de la ejecutiva del CNA, recuerda los esfuerzos iniciales para promover la paz duradera en un país donde la espiral de violencia crecía de manera descontrolada:

> «Bueno, antes de la puesta en libertad de nuestros líderes políticos, que culminó con la liberación de Madiba, el UDF y el COSATU [Congreso de Sindicatos de Sudáfrica] establecieron los primeros contactos con Inkatha [...] a fin de buscar fórmulas para erradicar la violencia, especialmente en Pietermaritzburg [...], donde había alcanzado su grado más intenso. Nos [...] desplazamos a Lusaka para estudiar el asunto porque nuestros interlocutores en Inkatha —el doctor Mdlalose, el doctor Madide y el doctor Dhlomo— habían recibido instrucciones de Buthelezi[†] [el jefe Mangosuthu, presidente del IFP] para decirnos que seguirían dialogando con nosotros si [...] nuestros acuerdos con ellos contaban con el apoyo de Lusaka, [lo cual] facilitaría cualquier maniobra encaminada a instaurar la paz».[10]

Pero, indignados por «la brutalidad imperante», los activistas sobre el terreno «no se mostraron dispuestos a negociar». Para involucrar a Lusaka era condición indispensable «suministrarles armas para defenderse. De modo que nos encontramos en la coyuntura de tener que persuadir a nuestro bando de las ventajas de las negociaciones».[11]

---

*   Sydney Mufamadi: *véase* Gente, lugares y acontecimientos.
†   Mangosuthu Buthelezi: *véase* Gente, lugares y acontecimientos.

La confusión se acrecentó con la puesta en libertad de los altos mandos del CNA, especialmente la del legendario, exaltado e inflexible Harry Gwala* —quien se ganó el apropiado sobrenombre de León de las Midlands—, que «ponía en duda la utilidad de las negociaciones».[12] Gwala consideraba que cualquier encuentro del CNA con Buthelezi y el rey Goodwill Zwelithini,† cabeza de la familia real zulú, era un anatema. Gwala no era el único de esta opinión. Mandela le diría posteriormente a Richard Stengel,‡ colaborador de *El largo camino hacia la libertad*, que a la gente le dio ganas de «estrangularle» cuando mencionó a Buthelezi en su visita a Pietermaritzburg en 1990.[13]

«Esto —explica Mufamadi— empeoró las cosas, porque en cierta medida habíamos avanzado sobre el terreno a la hora de persuadir a los jóvenes camaradas» y este triunfo estaba siendo saboteado por «un camarada más veterano que cualquiera de nosotros». Madiba intervino con el fin de «hacer un llamamiento a la gente de KwaZulu-Natal para que depusiera las armas [...]. Al principio hubo cierta resistencia que tuvimos que salvar trabajando».[14]

Con las crecientes revelaciones de operaciones encubiertas estatales, lo cual obligó al gobierno a tomar medidas, se produjo un acusado declive en ciertas formas de violencia especialmente virulentas, tales como ataques a usuarios de trenes de cercanías. Estos asaltos habían menoscabado e intimidado considerablemente el apoyo popular al CNA. La creciente capacidad de los partidos de derechas para frenar el progreso con medios políticos se vio mermada cuando De Klerk convocó un referéndum para votantes de raza blanca a fin de refrendar «la continuidad de las negociaciones» y obtuvo el «Sí» de una amplia mayoría del electorado, casi el 69% de los votantes. Despechados a causa de esta derrota, los partidos de derechas pasaron de la resistencia al terrorismo e hicieron un llamamiento a la rebelión armada. Diversas corrientes derechistas afrikáners reivindicaron un Estado independiente haciendo gran ostentación de poder militar.

En una entrevista realizada por el mediador irlandés Padraig O'Malley en 1992, el líder del Partido Conservador (CP), Ferdinand Hartzenberg,§ manifestó que el CP ayudaría a otros partidos manteniéndose al margen «porque [Mandela] quiere que participemos y que admitamos que aceptaremos el resultado de las negociaciones, lo cual no estamos dispuestos a hacer. Nosotros propugnamos que si en este país llega a gobernar el CNA

---

* Harry Gwala: *véase* Gente, lugares y acontecimientos.
† Rey Goodwill Zwelithini kaBhekuzulu: *véase* Gente, lugares y acontecimientos.
‡ Richard Stengel: *véase* Gente, lugares y acontecimientos.
§ Ferdinand Hartzenberg: *véase* Gente, lugares y acontecimientos.

haremos lo mismo que hicimos a principios de siglo cuando Gran Bretaña intentó gobernar este país: oponer resistencia».[15]

Tres meses después del referéndum, el jueves 17 de junio de 1992, unos hombres de habla zulú procedentes de un albergue situado en las inmediaciones de Boipatong, al sur de Johannesburgo, masacraron cobardemente con fusiles AK-47 y *assegais* (azagayas) a cuarenta y cinco hombres, mujeres y niños e hirieron gravemente a veintisiete. Hubo una circunstancia especialmente espeluznante en los asesinatos: veinticuatro de las víctimas eran mujeres, una de ellas embarazada, junto a un bebé de nueve meses. Tras el suceso, la policía realizó varias detenciones. Como ocurría en muchos casos similares donde las víctimas eran partidarias del CNA, la investigación se vio enmarañada y quedó inconclusa, sin llevar aparejadas detenciones significativas. Respondiendo a la pregunta formulada por el escritor John Carlin sobre la masacre, Jessie Duarte,* la que fuera ayudante personal de Mandela y actualmente miembro del CNA, recuerda la reacción de Mandela: «Nunca olvidaré su cara [...]. Era un hombre al que le consternaba profundamente el hecho de que las personas pudieran hacerse eso las unas a las otras. En mi opinión, Madiba en realidad no se había enfrentado a la cruda violencia a lo largo de sus veintisiete años de condena».[16]

Tras la laxa respuesta por parte del presidente F. W. de Klerk con respecto a las medidas adoptadas para poner freno a la violencia y hacer que el peso de la ley recayera sobre los autores, Mandela anunció la decisión del CNA de suspender las conversaciones. La violencia estaba provocando un creciente descontento popular ante la postura del CNA en los diálogos. En la concentración de duelo por las víctimas organizada en Boipatong, la gente, enardecida, cantó: «Mandela, nos estás llevando como ovejas al matadero».

Ante la insistencia de Mandela, el CNA llevó el asunto ante las Naciones Unidas, a pesar de que inicialmente se había descartado la mediación internacional en las negociaciones.

No obstante, el proceso de diálogo se reanudó al cabo de unos meses de mediación, alcanzando un entendimiento sin precedentes resultado de una negociación indirecta —la discreta línea de diálogo anticrisis establecida entre Cyril Ramaphosa y su homólogo del National Party, Roelf Meyer— y auspiciada por el presidente de Tanzania, Julius Nyerere. Cuando Mandela explicó que la retirada de las conversaciones por parte del CNA se debía a la violencia orquestada por el estado del *apartheid*, Nyerere le recordó que los luchadores por la libertad sudafricanos siempre habían sostenido que el estado del *apartheid* era intrínsecamente violento. Entonces,

---

* Jessie Duarte: *véase* Gente, lugares y acontecimientos.

preguntó, ¿cómo era posible defender a ultranza que la violencia podía ser erradicada por completo si previamente no se abolía el estado del *apartheid?* Las objeciones, las disputas, el tira y afloja y los acuerdos que negociaban las partes se interrumpieron bruscamente a raíz del asesinato de Chris Hani,* sin duda uno de los líderes más populares de Sudáfrica, el 10 de abril de 1993, a manos de un inmigrante derechista polaco, Janusz Waluś, a instancias del diputado del Partido Conservador Clive Derby-Lewis.†

Mandela escribe que el asesinato de Hani, un hombre «que fácilmente podría haber alcanzado la posición de mayor peso en el gobierno», estuvo a punto de provocar una desastrosa crisis.[17] Los seguidores populares de Hani se escandalizaron. Decenas de miles de personas se echaron a la calle de manera espontánea a lo largo y ancho del país. Otros amplios sectores de sudafricanos se quedaron petrificados por el *shock.*

«Mientras el país se convulsionaba, se me concedió un tiempo de emisión en la SATV [televisión pública nacional] para dirigirme a la nación, apelando a la disciplina y a no ceder ante la provocación. Muchos comentaristas de nuestra transición negociada más tarde señalarían que la transferencia de poder efectiva del National Party de De Klerk al CNA no se produjo en las elecciones de abril de 1994, sino en esta semana crítica el año anterior».[18]

A Sudáfrica no le faltan ejemplos en los que estuvo al borde de la autodestrucción. Cabe citar el caso de Sharpeville el 21 de marzo de 1960; el de Soweto, Nyanga, Langa y Gugulethu a partir de junio de 1976; y, por supuesto, la infinidad de episodios demenciales perpetrados al amparo de sucesivos estados de emergencia. En ningún caso, sin embargo, hubo semejante cúmulo de rabia —y desesperación— colectiva, que lo único que necesitaba era una chispa para hacer estallar el polvorín, como en los días posteriores a aquel fatídico Sábado Santo en el que Hani fue asesinado.

La chispa fue sofocada por la oportuna intervención de Mandela en televisión el 13 de abril de 1993. Con un tono que reflejaba una mezcla de indignación y fortaleza moral en exactas proporciones, se dirigió al pueblo sudafricano.

«Esta noche me dirijo a todos y cada uno de los sudafricanos, negros y blancos, desde lo más profundo de mi corazón.

»Un hombre blanco, lleno de prejuicios y odio, ha venido a nuestro país y ha cometido un acto tan execrable que toda la nación se mece al borde del desastre.

---

* Chris Hani: *véase* Gente, lugares y acontecimientos.

† El descontento sigue latente hasta la fecha por que solo Waluś y Derby-Lewis fueran acusados del crimen, cuando se dice que la pistola procedía de un arsenal militar estatal, lo cual apunta a una serie de actividades en las que estaban implicadas otras personas para urdir el asesinato de Hani.

»Una mujer blanca de origen afrikáner ha arriesgado su vida para que pudiéramos identificar y llevar ante la justicia al asesino.*

»El asesinato a sangre fría de Chris Hani ha conmocionado al país y al mundo. El dolor y la rabia nos están desgarrando.

»Lo que ha ocurrido es una tragedia nacional que ha conmovido a millones de personas más allá de diferencias políticas y de raza.

»Nuestro dolor y nuestra legítima indignación colectiva encontrarán su expresión en conmemoraciones a nivel nacional coincidiendo con las exequias.

»Mañana se celebrarán servicios en numerosas ciudades y aldeas para rendir homenaje a uno de los mayores revolucionarios que jamás ha conocido este país. En cada acto se abrirá un libro en conmemoración de la libertad en el que todos aquellos que quieran paz y democracia den fe de ello con su compromiso.

»Ha llegado el momento de que todos los sudafricanos hagan frente común contra quienes, desde cualquier bando, pretenden destruir aquello por lo que Chris Hani ha entregado su vida: la libertad de todos nosotros.

»Ha llegado el momento de que nuestros compatriotas blancos, cuyos mensajes de condolencia continúan llegando, entiendan el alcance de esta dolorosa pérdida para nuestra nación y se sumen a los funerales y actos de homenaje.

»Ha llegado el momento de que la policía actúe con sensibilidad y mesura, como verdaderos hombres y mujeres al servicio de la comunidad que velan por el conjunto de la población. No ha de haber más pérdidas de vidas en estos trágicos momentos.

»Es un momento crucial para todos nosotros. Nuestras decisiones y actos determinarán si canalizamos nuestro pesar, nuestro dolor y nuestra indignación para avanzar hacia la única solución perdurable que le queda a nuestro país: un gobierno del pueblo, elegido por el pueblo y para el pueblo.

»No debemos permitir que hombres que idolatran la guerra, ávidos de sangre, cometan actos precipitados que suman a nuestro país en la situación de Angola.

»Chris Hani era un soldado. Creía en la disciplina férrea. Cumplía las instrucciones al pie de la letra. Predicaba con el ejemplo.

»Cualquier falta de disciplina quebrantará los valores que encarnaba Chris Hani. Quienes cometen tales actos únicamente sirven los intereses de los asesinos y profanan su memoria.

»Cuando nosotros, el pueblo unido, actuamos juntos con resolución, disciplina y determinación, nada puede detenernos.

---

* Mandela se refiere a la vecina de Hani, que apuntó el número de la matrícula del vehículo de Waluś y llamó a la policía.

»Honremos a este soldado en pro de la paz de manera digna. Volvamos a dedicarnos a instaurar la democracia por la que luchó a lo largo de toda su vida; una democracia que traiga consigo cambios reales y tangibles en la vida de los trabajadores, los pobres, los desempleados, los sin tierra.

»Chris Hani es una pérdida irreemplazable para nuestra nación y nuestro pueblo. Al regresar a Sudáfrica después de tres décadas en el exilio, dijo: "He convivido con la muerte durante la mayor parte de mi vida. Quiero vivir en una Sudáfrica libre aunque tenga que sacrificar mi vida por ello". El cuerpo de Chris Hani yacerá en una capilla ardiente en el estadio FNB de Soweto desde las doce del mediodía del domingo 18 de abril hasta el inicio de la vigilia a las seis de la tarde. El funeral comenzará a las nueve de la mañana el lunes 19 de abril. El cortejo fúnebre se desplazará al cementerio de Boksburg, donde se celebrará el entierro a la una.

»Las exequias y homenajes han de oficiarse con solemnidad. Expresaremos nuestras emociones con orden en las manifestaciones, plegarias y concentraciones, en nuestras casas, iglesias y escuelas. No nos dejaremos llevar por actos imprudentes.

»Nuestra nación está de duelo. Tenemos un mensaje especial para la juventud de Sudáfrica: habéis perdido a un gran héroe. Habéis demostrado en repetidas ocasiones que vuestro anhelo de libertad es mayor que el regalo más preciado, la propia vida. Sois los líderes del mañana. Vuestro país, vuestro pueblo, vuestra organización necesitan que actuéis con sentido común. Sobre vuestros hombros pesa una especial responsabilidad.

»Rendimos tributo a toda nuestra gente por el valor y la circunspección que ha mostrado ante tan extrema provocación. Estamos seguros de que precisamente este indomable espíritu nos guiará en el transcurso de los difíciles días venideros.

»Chris Hani ha realizado el sumo sacrificio. El mayor tributo que podemos rendir a la labor de su vida es asegurarnos de alcanzar esa libertad para todo nuestro pueblo».[19]

La hija de Hani, Nomakhwezi, de quince años, había presenciado el incidente. La espantosa tragedia del asesinato de Hani, que podría haber trastocado fácilmente la historia de Sudáfrica, fue contrarrestada por la rápida reacción de Retha Harmse, vecina afrikáans de este, que llamó a la policía para darle el número de la matrícula de Waluś, ayudando así a que este fuera detenido en posesión del arma.

Mandela sentía un especial aprecio hacia Chris Hani. Habrá quienes lo atribuyan a las ejemplares dotes de liderazgo del joven, que le hicieron granjearse la estima de los altos mandos, especialmente de la MK, quienes trataban de emularlo en la medida de lo posible. Era un líder valiente, carismático, de primera línea, que no vaciló a la hora de dirigir los cuadros de la MK que se infiltraban en Sudáfrica ni ante las autoridades del CNA cuando les redactó su famoso memorando.

Impaciente por la inactividad en el transcurso de su estancia en los campamentos tanzanos del CNA, Hani había vilipendiado a sus superiores en el exilio, acusándoles de haber abandonado su misión en pro de la liberación y de haber sucumbido a la corrupción, lo cual debilitaba las perspectivas de que la MK retomase la lucha en el interior de Sudáfrica. Junto con el resto de signatarios del memorando, fue acusado de traición y sentenciado a muerte. Se les conmutó la pena gracias a la intervención de Oliver Tambo. La labor de Hani contribuyó a la campaña librada por el destacamento Luthuli del CNA en Wankie y Sipolilo.

Del mismo modo, más de dos décadas antes, en 1944, Mandela figuró entre los pioneros de la Liga de la Juventud del CNA —antaño los Jóvenes Leones— que cuestionaron las posiciones ortodoxas con el fin de revitalizar el CNA. Uno de los veteranos de Wankie, el general de división Wilson Nqgose (hoy retirado), recuerda a Hani a finales de los años sesenta en un campamento tanzano llamado Kongwa, que el CNA compartía con el MPLA, el Frente de Libertação de Moçambique (Frente de Liberación de Mozambique, FRELIMO) y la Organización Popular del África del Sudoeste (SWAPO). El MPLA ya disponía de zonas liberadas en la Angola ocupada por los portugueses. Fue en Kongwa, comenta, donde el líder del MPLA, el doctor Agostinho Neto, invitó a Oliver Tambo a que enviara reclutas a los campamentos en vista de que el CNA se encontraba en apuros en Tanzania.[20] Ya por entonces un célebre poeta, la llamada a las armas de Neto en un poema titulado «Prisa» tal vez acentuara la impaciencia de Hani con los indolentes altos mandos de la época. También expresa el espíritu combativo que alentó a Mandela y a sus colegas de la Liga de la Juventud a desafiar a la cúpula del CNA, partidaria de peticiones y llamamientos a la conciencia de un régimen despiadado.

> Me impacienta esta histórica tibieza
> de demoras y lentitud.
> Cuando los justos son asesinados a toda prisa,
> cuando las prisiones rebosan de jóvenes
> aplastados hasta la muerte contra el muro de la violencia.

> Pongamos fin a esta templanza de palabras y gestos,
> de sonrisas ocultas bajo cubiertas de libros
> y al resignado gesto bíblico
> de poner la otra mejilla.

Entremos en acción, hombres vigorosos y audaces,
que responden ojo por ojo, diente por diente,
hombre por hombre.
Entremos en la acción vigorosa
del ejército del pueblo para la liberación del hombre.
Que las tempestades sacudan esta pasividad.[21]

Mucho más tarde, Mandela reconocería la deuda de gratitud que la Sudáfrica democrática había contraído con el pueblo angoleño. En el discurso pronunciado ante la Asamblea Nacional de Angola en Luanda en 1988, mencionó que la solidaridad del pueblo angoleño con los sudafricanos «que luchaban por su liberación fue de heroicas proporciones».

«Antes de tener vuestra propia libertad garantizada —dijo—, y aún al alcance del implacable enemigo, osasteis actuar bajo el principio de que la libertad en el sur de África era indivisible. Liderados por el fundador de la Angola libre, ese gran patriota e internacionalista africano, Agostinho Neto, defendisteis a toda costa que todo niño africano debía ser liberado del cautiverio».[22]

Mandela continúa escribiendo sobre el joven héroe Chris Hani: «En 1959 Hani se matriculó en la Universidad de Fort Hare [el alma máter de Mandela] y llamó la atención de Govan Mbeki, el padre de Thabo Mbeki. Govan desempeñó un papel pedagógico en el desarrollo de Hani. Aquí fue donde Hani conoció la ideología marxista y se afilió al Partido Comunista Sudafricano, ya por entonces ilegal. Siempre hacía hincapié en que su conversión al marxismo también acentuó sus principios no raciales.

»Hani era un joven audaz y franco que no dudaba en criticar incluso a su propia organización cuando consideraba que no se adoptaba la dirección correcta. Hani comentó: "Los que estábamos en los campamentos en los años sesenta no llegábamos a entender en profundidad los problemas. Casi todos éramos veinteañeros. Estábamos impacientes por entrar en acción. Solíamos decir: 'Que no nos digan que no hay vías. Para encontrar vías hemos de desplegarnos. Para eso nos entrenamos'."[23]

»Hani se convirtió en el cabecilla y portavoz de los soldados de la MK que opinaban que el alto mando era demasiado displicente. Tras presentar una petición oficial, Hani se encontró con el agua hasta el cuello frente al alto mando del campamento y fue arrestado durante un tiempo por su propia organización. No obstante, fue liberado cuando su situación llegó a oídos de los líderes más veteranos del CNA, en particular de Oliver Tambo y Joe Slovo.*

---

* Joe Slovo: *véase* Gente, lugares y acontecimientos.

»Hani regresó a Sudáfrica en agosto de 1990 como un héroe para una amplia mayoría de la población. Según diversos sondeos de la época, era, con diferencia, el segundo político más popular del país.[24] En diciembre de 1991 asumió el cargo de secretario general del SACP.

»Hani [pasó] los últimos años de su vida dando mítines sin descanso a lo largo y ancho de Sudáfrica, en reuniones en aldeas, con comerciantes, sindicatos, consejos municipales y foros populares. Prestó toda su autoridad y prestigio militar para defender las negociaciones, a menudo dialogando pacientemente con jóvenes muy escépticos o con las comunidades más castigadas por la violencia de la "tercera fuerza".*

»En su petición de amnistía ante la Comisión para la Verdad y la Reconciliación,† los dos asesinos convictos de Hani —Janusz Waluś y Clive Derby-Lewis— reconocieron que su intención había sido desbaratar las negociaciones para provocar una oleada de odio racial y una guerra civil. El hecho de que esta muerte, trágica pero objetivamente, por fin centrara el punto de mira y acelerara el establecimiento de un acuerdo es un tributo a la madurez de los sudafricanos de cualquier creencia y en particular a la memoria de Hani».[25]

Si bien los pasos dados en la negociación de un acuerdo acerca de la fecha de las elecciones habían sido onerosos y se habían saldado con víctimas, la consecución de un compromiso negociado estaba resultando ser un asunto más espinoso si cabe. En 1993, a medida que se acercaban las elecciones, la posibilidad de un peligroso levantamiento armado por parte de la derecha empezó a tomar forma. Pese a que se habían superado ingentes obstáculos, el riesgo de un nuevo brote de violencia y el desbaratamiento de las elecciones era más que patente. Acababa de establecerse el precario marco para las elecciones de un gobierno de unidad nacional (GNU) y era preciso cimentarlo.

La situación preocupaba enormemente a Mandela, que escribe: «Sobre Sudáfrica se cernía un nubarrón que amenazaba con frustrar e incluso revertir los logros que los sudafricanos habían alcanzado en lo que a la transformación pacífica se refiere».[26]

Casi un mes después del asesinato de Chris Hani, cuando apenas se había dado sepultura a su cuerpo, cuatro antiguos generales de las Fuerzas de Defensa de Sudáfrica (SADF), incluido el respetado exjefe del Ejército,

---

* Mandela y otros líderes del CNA sostenían que existía una «tercera fuerza» clandestina responsable del aumento de la violencia.
† Comisión para la Verdad y la Reconciliación (TRC): *véase* Gente, lugares y acontecimientos.

Constand Viljoen, establecieron un comité castrense, el Afrikaner Volksfront (AVF).* Esta iniciativa tal vez fuera una respuesta a los estragos generalizados que sucedieron al asesinato de Hani; los medios de comunicación habían informado de que entre las más de quince personas asesinadas el día del funeral había algunas de raza blanca. La intención que alegaban los generales era unificar a los elementos afrikáners decepcionados con el National Party de De Klerk e instarles a la creación de un *volkstaat*, un *homeland* afrikáner. La amplia mayoría de la prensa, más prolijamente el *Weekly Mail*, consideró esta iniciativa como parte de un plan encaminado a la secesión.[27]

Mandela recibió informes de los servicios de inteligencia «donde se advertía que los conservadores afrikáners habían decidido boicotear las inminentes elecciones por medio de la violencia. Para ir sobre seguro, el presidente de una organización debe cerciorarse cuidadosamente de la credibilidad de dichos informes. Así lo hice y, al averiguar que eran fidedignos, decidí actuar».[28]

Según el historiador Hermann Giliomee, Mandela estaba al corriente de que «Viljoen planeaba frustrar las elecciones, destituir a De Klerk y reanudar las negociaciones».[29] Había quienes pensaban que tenía capacidad para movilizar a 50.000 reservistas de la fuerza activa de la ciudadanía y a diversas unidades de las fuerzas de defensa. En su libro *The Afrikaners,* Giliomee comenta cómo dos destacados generales debatieron las consecuencias de la resistencia armada:

> «En una sesión informativa, el general Georg Meiring,† al frente de las fuerzas de defensa, advirtió al gobierno y al CNA de las nefastas consecuencias que conllevaría la oposición de Viljoen a las elecciones. Para disuadir a Viljoen, hacia quien profesaba el "máximo respeto", Meiring mantuvo diversos encuentros con él. En uno de ellos, Viljoen dijo: "Usted y yo, junto con nuestros hombres, podemos tomar este país en una tarde". A lo que Meiring repuso: "Sí, efectivamente, pero, ¿qué hacemos a la mañana siguiente del golpe?". El desequilibrio demográfico entre blancos y negros, las presiones del exterior a nivel interno y todos los problemas insolubles seguirían presentes».[30]

Mandela era lo bastante inteligente como para no subestimar a un adversario empeñado en sembrar el caos, especialmente a los que se creían

---

*   Afrikaner Volksfront: *véase* Gente, lugares y acontecimientos; Constand Viljoen: *véase* Gente, lugares y acontecimientos.
†   Georg Meiring: *véase* Gente, lugares y acontecimientos.

en el derecho de emprender una justificada cruzada para conservar glorias evanescentes. En su búsqueda de una solución tal vez barajara a algunos incondicionales, como el jefe Albert Luthuli,* galardonado con el Premio Nobel, cuya jefatura al frente del CNA había sufrido su periodo más crítico en los años sesenta. ¿Cómo habría actuado él en esa coyuntura? O bien su amigo y camarada Oliver Tambo, que había fallecido el 24 de abril, apenas dos semanas después del funeral de Chris Hani, ¿qué línea de acción habría propugnado? A la hora de tomar una decisión, no obstante, Mandela posiblemente se hiciera eco del discurso del doctor Martin-Luther King al recibir el Premio Nobel de la Paz en 1964.

«La violencia como instrumento para alcanzar la justicia racial es tan poco práctica como inmoral —dijo King—. No soy ajeno al hecho de que la violencia a menudo propicia resultados momentáneos. Las naciones con frecuencia han logrado su independencia por medio de batallas. No obstante, pese a las victorias puntuales, la violencia jamás propicia la paz duradera. No resuelve ningún problema social, sino que únicamente genera otros nuevos y más complejos. La violencia es poco práctica porque es una espiral descendente abocada a la destrucción generalizada».[31]

En previsión de esta destrucción, Mandela sabía que debía granjearse el apoyo de alguien a quien la derecha tuviese en alta estima. En los *townships* era conveniente negociar con los cabecillas de los avasalladores para conseguir cierta tregua.

«Tomé un vuelo a Wilderness —escribe Mandela—, donde residía el expresidente P. W. Botha desde su retiro, [y] le recordé el comunicado conjunto que habíamos emitido en julio de 1989 mientras yo seguía internado en prisión. En dicho comunicado prometimos trabajar codo con codo por la paz en nuestro país».[32]

Hay un hermoso trayecto de veinticinco minutos desde el aeropuerto de George hasta Wilderness. Hay playas, puertos de montaña, ríos prístinos y el famoso puente ferroviario que atraviesa el río Kaaimans, que desemboca en Wilderness. Esta pintoresca panorámica se ve interrumpida por la repentina aparición de un asentamiento ilegal que se extiende a lo largo de la autopista N2. Al ser sábado por la tarde, Mandela veía a la gente pululando junto al arcén y el incesante tráfico en la carretera.

La residencia adonde se había retirado P. W. Botha, llamada Die Anker (El Ancla) se ubica entre campos de labranza prácticamente lindantes con una valiosa reserva de humedales y mira a los lagos que se extienden desde Wilderness hasta Sedgefield. Este, posiblemente pensara Mandela, era precisamente el tipo de privilegio al que la derecha aspiraba a aferrarse y lu-

---

*   Albert Luthuli: *véase* Gente, lugares y acontecimientos.

charían con uñas y dientes para conservarlo como dominio exclusivo del *volk*. Tenía una tarea por delante. Tenía una reunión con P. W. Botha.

Mandela escribe: «Le informé de que en ese momento la paz se veía amenazada por la derecha y le pedí que tomara cartas en el asunto. Se mostró cooperativo y confirmó que los afrikáners estaban decididos a frustrar las elecciones. No obstante, añadió que prefería no tratar el asunto conmigo a solas y sugirió que se convocase al presidente F. W. de Klerk, a Ferdi Hartzenberg y al general.

»Yo propuse que también debía estar presente el líder de la ultraderecha afrikáner, Eugène Terre'Blanche,* con el argumento de que era un temerario demagogo que en aquel momento podía ganarse más simpatías que el presidente De Klerk. A este respecto, el expresidente se mostró tan rotundo que zanjé el asunto».[33]

Era de prever que el encuentro de Mandela con P. W. Botha en el jardín trasero de este se desarrollara con discrepancias sobre determinados temas. Sin embargo, la cordialidad que caracterizó el encuentro de dos horas, según informó la prensa, tuvo tanto que ver con la *realpolitik* como con la cultura, pues eran escasos años los que se llevaban ambos septuagenarios y habían vivido, si bien desde prismas divergentes, la historia del país. Por otro lado, Mandela era consciente de que el propio P. W. Botha había asumido el papel de reformador al inicio de su mandato, cuando hizo el famoso llamamiento a sus reaccionarios simpatizantes de renovarse o morir.[34] Con el tiempo, su postura se endurecería cuando las tres cámaras de su Parlamento se opusieron desacertadamente, lo cual dio lugar al nacimiento del UDF. Por entonces se había convertido en un hombre mayor, irascible y contumaz.

A propósito de su encuentro con Mandela, los comentaristas reconocieron que «pese a que el señor Botha pueda tener cierto rescoldo de influencia sobre la extrema derecha, su mayor influjo procede con diferencia de la SADF, a la cual dispensó a lo largo de sus muchos años en la presidencia una insólita indulgencia y algunos de cuyos generales, en activo o no, según consta, mantienen afectuosos lazos con él».[35]

«Al volver a Johannesburgo —escribe Mandela—, telefoneé inmediatamente al presidente De Klerk para comunicarle la invitación de Botha. Se mostró tan hostil ante la idea de reunirnos con el expresidente como este hacia Terre'Blanche. Seguidamente me puse en contacto con el profesor Johan Heyns, el teólogo progresista afrikáner, para que mediase a fin de fijar un encuentro entre el general, Hartzenberg, Terre'Blanche y yo mismo. Terre'Blanche se mostró inflexible y descartó cualquier tipo de encuentro conmigo, un comunista, según comentó».[36]

---

* Eugène Terre'Blanche: *véase* Gente, lugares y acontecimientos.

Mandela era consciente de la ironía de que un expresidiario actuara de mediador, no solo entre la descontenta población de mayoría negra y el gobierno, sino también entre De Klerk y la beligerante derecha, que parecía dispuesta a incendiar la totalidad del país. La reaccionaria política impuesta por el National Party a lo largo de décadas había sido un acicate subliminal a la que ahora estaban respondiendo los perros del odio en Ventersdorp, la ciudad natal de Terre'Blanche. Mandela había escuchado la retórica de desprecio que despotricaba Terre'Blanche y su Afrikaner Weerstandsbeweging (AWB). Había sido testigo de su asalto al World Trade Centre, en Kempton Park, Gauteng, a mediados de 1993, donde rompieron con estrépito las puertas de cristal mediante un alunizaje para interrumpir las conversaciones.

Pese a haber aceptado a De Klerk como mediador, a Mandela no le satisfizo su gestión de la amenaza derechista. En una profética entrevista concedida a la revista *Time* cinco días después de su puesta en libertad en febrero de 1990, le habían preguntado si los temores del presidente De Klerk ante la amenaza de la derecha estaban justificados: «No tiene motivos para temer una reacción violenta por parte de la derecha —respondió Mandela—. Alberga ese temor porque se centra en los afrikáners de este país. O en los blancos exclusivamente. No está sacando partido del apoyo potencial que podría obtener si adoptase la política de una Sudáfrica con equidad racial. Obtendría un apoyo aplastante. Ya cuenta con el setenta y cinco por ciento de la población blanca de este país. Por consiguiente, si se abstiene de centrarse únicamente en los afrikáners y piensa en los blancos, se asegurará el setenta y cinco por ciento del electorado blanco. No obstante, si amplía el ámbito de aplicación de esta iniciativa, conseguirá el aplastante apoyo de la población negra».[37]

Existe una consigna muy extendida en las movilizaciones políticas de la población negra sudafricana que se utiliza en prácticamente todas las lenguas tribales, sean nguni, sesotho o xitsonga. En la versión de los primeros, la gente dice *«Sihamba nabahambayo»*, que significa en isiZulu «Nos llevamos con nosotros a quienes están listos para el viaje». *«Ha e duma eyatsamaya»*, «Cuando el motor arranque, este vehículo se pondrá en marcha», dice el estribillo de una canción tradicional setswana, como advertencia a los indecisos para que espabilen. Para Mandela había llegado la hora de ponerse en marcha.

Ya había dado con las personas que le acompañarían en el trayecto. Mantenía una actitud favorable hacia el general Constand Viljoen. Esto también se debía a cuestiones de índole práctica, pues Mandela conocía el historial de Viljoen y el papel que había desempeñado en la desestabilización de naciones vecinas, especialmente contra la SWAPO, el movimiento de liberación nacional namibio y organización hermana del CNA; Mandela estaba al corriente de la masacre de refugiados namibios perpetrada por la SADF en Cassinga, Angola, el 4 de mayo de 1978.*

Pero, en línea con su actitud hacia De Klerk, Mandela consideraba al general como un antiguo soldado que también buscaba una solución.

Mandela escribe: «Se organizó un encuentro propiciado por el hermano gemelo del general, Braam, y el corredor de Bolsa Jürgen Kögl, entre, por un lado, el general y sus colegas, y, por otro, Joe Nhlanhla, Penuell Maduna, Jacob Zuma y Thabo Mbeki en representación del CNA. En este sentido estos líderes del CNA tenían una mayor amplitud de miras que sus camaradas. Eran plenamente conscientes de las nefastas consecuencias del desastre que se avecinaba».[38]

Se produjeron numerosos encuentros bilaterales de esta índole entre el CNA y la delegación de generales retirados de Constand Viljoen, que incluía a Ferdi Hartzenberg, Tienie Groenewald y Kobus Visser, los cuales se aglutinaban en el AVF. En algunos el interlocutor fue el propio Mandela; en otros, Mbeki y los dirigentes del CNA, entre ellos Joe Modise.† En el encuentro que Mandela mantuvo con el AVF en su casa, en el barrio residencial de Houghton, ejerció de perfecto anfitrión sirviendo té a sus invitados y granjeándose la simpatía del general Viljoen al dirigirse a él en afrikáans, la lengua materna de este.

Mandela preguntó a los generales Viljoen y Hartzenberg «si era cierto que estaban preparándose para impedir las elecciones con medios violentos. El general [Viljoen] reconoció honestamente que los afrikáners estaban haciendo acopio de armas y que una sangrienta guerra civil amenazaba al país. Me consternó, pero fingí que tenía plena confianza en la victoria del movimiento de liberación.

»Señalé —continúa Mandela— que llevábamos las de perder puesto que contaban con mayor entrenamiento militar que nosotros, estaban dotados de un devastador armamento y, dados sus recursos, tenían mayor conocimiento del país que nosotros. Pero les advertí de que, al final de aquel juego temerario, serían aplastados. Por entonces estábamos al borde de una victoria histórica que asestaría un golpe mortal a la supremacía blanca. Señalé que eso no sería gracias a su consentimiento, sino a pesar de su oposición».[39]

Mandela manifestó a los generales que el pueblo de Sudáfrica «tenía una causa justa, el apoyo de la mayoría del electorado y el respaldo de la comunidad internacional. Ellos carecían de todo ello. Les insté a que de-

---

* También conocida como la Batalla de Cassinga, la Masacre de Cassinga fue una operación a gran escala realizada en 1987 por los militares sudafricanos contra refugiados namibios y luchadores por la libertad en Angola. Las fuerzas aéreas sudafricanas bombardearon un campamento de la Organización Popular del África del Sudoeste (SWAPO) y su brazo militar, el Ejército Popular de Liberación de Namibia (PLAN). Tras el ataque aéreo, cientos de paracaidistas concluyeron la operación. Más de seiscientos namibios fueron asesinados.

† Joe Modise: *véase* Gente, lugares y acontecimientos.

sistieran de sus planes y a que participasen en las negociaciones en el World Trade Centre. Pasé un rato persuadiéndoles, pero se mantuvieron en sus trece y me resultó del todo imposible hacerles cambiar de parecer. Finalmente, cuando estaba a punto de desistir, el general se ablandó un poco y dijo que no podía dirigirse a su gente con las manos vacías cuando los preparativos se encontraban en tan avanzado estado».[40]

Mandela había dedicado mucho tiempo en prisión a reflexionar sobre el dilema en el que se encontraba Sudáfrica. Es más, consideraba su encarcelamiento como una oportunidad para conocerse a sí mismo. En una carta a su esposa Winnie fechada el 1 de febrero de 1975, que por entonces cumplía condena en Kroonstad, le dice que la prisión es un lugar idóneo para conocerse a uno mismo. «La celda —escribe— te brinda la posibilidad de analizar toda tu conducta a diario, superar lo malo y potenciar lo bueno que hay en ti».[41] Allí fue, también, donde profundizó en la comprensión de los aspectos relevantes de la historia y la cultura afrikáners. Practicaba el afrikáans con los funcionarios penitenciarios, aunque, años después, no lograría atenuar del todo en el habla la marcada inflexión del isiXhosa, cosa que hacía gracia tanto a los funcionarios del *apartheid* como a los miembros del CNA. Es un hecho universal que a las personas les encanta que se dirijan a ellas en su propio idioma; Mandela entendió esto mucho antes de que se convirtiera en una necesidad.

¿Qué sabían los generales de ese hombre negro que les había sobrevivido y que ahora parlamentaba con ellos? Posiblemente estuvieran al tanto del poder de su interlocutor y del respaldo con el que contaba, pero ¿qué sabían de él? Que era amable, paternalista y de sonrisa fácil —circunstancia que pudo haberles extrañado por lo que recordaban de los orígenes de este y de su defensa de la lucha armada—. También es un tópico que la gente de raza negra acaba sabiendo más sobre la gente de raza blanca que viceversa. Mandela se dio cuenta de que los generales representaban, en líneas generales, a un sector demográfico anclado en la tradición, en el respeto a la autoridad, la ley y el orden —un dogma calvinista— y cuya amplia mayoría se componía de personas de clase media y hombres y mujeres de a pie que simplemente querían que los dejasen tranquilos. Un considerable porcentaje ya había aceptado algún tipo de reforma, con miras al porvenir y en busca de soluciones en aras de un futuro llevadero (prueba de ello fue el apoyo a las alternativas de De Klerk en el referéndum). La conformidad con los valores tradicionales y el respeto por la ley y el orden estaban arraigados en los jóvenes afrikáners, un punto de vista suscrito por Niël Barnard, que escribe:

«En las escuelas y en los albergues, al igual que en el entorno doméstico, había normas; había orden y disciplina: sonaban los timbres cuando era hora de levantarse [...], la gente se congregaba para rezar [...] y para participar en juegos y bailes folclóricos tradicionales. Íbamos a la escuela en fila de a uno y se aplicaba la vara a la menor infracción [...]. Cualquier persona que desempeñase un cargo de autoridad era respetada; su palabra era la ley».[42]

Que la palabra de De Klerk —y, en gran medida, la de Mandela— era la ley había sido aceptado, si bien a regañadientes, por una significativa proporción de afrikáners. Las excepciones, tales como Terre'Blanche, que operaban al margen del código de conducta generalizado —establecido por las autoridades afrikáners— fueron en muchos casos motivo de vergüenza en vez de orgullo. ¿Estaría esta gente dispuesta a renunciar a las comodidades de sus fábricas, negocios, hogares, granjas y escuelas para tomar las armas en defensa de... qué?

Pese a todas estas consideraciones, Mandela había leído lo suficiente sobre la historia de los conflictos para saber que el idioma, la cultura y el nacionalismo habían originado conflictos devastadores en todo el planeta. La caída del muro de Berlín y la disolución de la antigua Unión Soviética ya habían abierto la caja de Pandora del resurgimiento étnico en la Europa del Este. El tono conciliador en el que el general expresó su renuncia a la hora de dirigirse a su gente con las «manos vacías» en la cuestión del *volkstaat* tocó la fibra sensible de Mandela. Sabía que, por mucha razón que tuviera, sería extremadamente desaconsejable granjearse opositores a su persona o a la causa de la república democrática.

«Hasta ese momento —escribe Mandela—, yo había insistido como presidente del CNA en que jamás habría un *volkstaat* en el país. Un *volkstaat* equivalía a un área autónoma para el afrikáner. Pero en esa coyuntura, ante semejante desafío, decidí recular, aunque de manera que ellos encontrasen casi inalcanzable la consecución de sus reivindicaciones».[43]

Más de treinta años antes, mientras operaba en la clandestinidad y a la fuga, Mandela vivió en el piso de Wolfie Kodesh, un activista del SACP. Este le sugirió leer *De la guerra*, el clásico del general prusiano Carl von Clausewitz.[44] A la hora de negociar con la derecha de la manera en que lo hizo, Mandela puso en práctica la teoría sobre la guerra y los conflictos del general prusiano.

En su ensayo *Mandela on War*, Jonathan Hyslop concluye que «[al] entender que el conflicto violento en Sudáfrica resultaba inevitable, pero que la persecución sin límite del conflicto ponía en peligro la viabilidad de una futura sociedad, Mandela tomó un rumbo inteligente y con principios. Y esto también puede entenderse como una notable concepción clausewitziana: Mandela comprendió que el liderazgo responsable exige un reconocimiento de las condiciones de la verdadera guerra, de los límites que esta puede alcanzar y de las secuelas que puede ocasionar, en vez de perseguir la quimera de la guerra a ultranza».[45]

Mandela informó a los generales Viljoen y Hartzenberg de que lo expondría al CNA para pedirle que «reconsiderase [su] postura respecto al *volkstaat* con tres condiciones». Ambos, así como Terre'Blanche, reivindicaban que representaban a la mayoría de los afrikáners que abogaban por un *volkstaat*. Por otro lado, el presidente De Klerk insistía en autoerigirse como único representante de la mayoría de los afrikáners, y todos rechazaron dicha reivindicación.

«La primera condición era, por consiguiente, que se convocara un referéndum para determinar si los afrikáners querían o no un *volkstaat*. La segunda, que el resultado del referéndum no vinculase necesariamente al CNA, aunque sería un factor importante que debería tenerse en cuenta a la hora de considerar la reivindicación. Por último, debían responder a la pregunta "¿Quién es afrikáner? ¿Es una persona blanca de habla afrikáans o cualquier persona de color —a saber, africana, mestiza o india— que habla esa lengua?". Previo cumplimiento de estas condiciones, yo informaría a mi organización y dejaría que los militantes estudiasen el asunto como estimasen oportuno.

»Al general —escribe Mandela— le satisfizo que le hubiese dado algo que presentar a sus fuerzas, pero Hartzenberg se opuso rotundamente e insistió en que en ese mismo instante me comprometiese firmemente *in situ* a garantizarles el *volkstaat*. Repuse que yo era un mero servidor del CNA, sometido a su autoridad y disciplina; que si actuaba unilateralmente en un asunto de tan crucial importancia, la organización me destituiría sumariamente, anulándome de cara a la derecha. Él repuso con firmeza que, si no aceptaba sus exigencias, el plan se llevaría a cabo. Yo respondí: "Que así sea", y así se zanjó la discusión.

»Ese mismo día, telefoneé al expresidente Botha y le comuniqué la decisión del general. Pedí al expresidente que persuadiera al general para que participase en las negociaciones del World Trade Centre.

»Al cabo de unos días —continúa Mandela—, el general [Viljoen] se desmarcó de la conspiración derechista y se unió a las partes negociadoras. Sus colegas arremetieron contra él crudamente por redimir a Sudáfrica de semejante calamidad. La capacidad militar de Hartzenberg era nula y Terre'Blanche contaba con un contingente de aficionados indisciplinados que no tenían absolutamente ni idea de lo que implicaba una guerra».[46]

El general Viljoen, que sabía de buena tinta lo que conllevaba la guerra, llegó a un acuerdo con los negociadores del CNA el 12 de abril de 1994 tras haber creado su propio partido político, el Freedom Front, el 4 de marzo de ese mismo año. Pero aún era precisa la firma de Mandela para asegurar la participación del Freedom Front en las inminentes elecciones. Con el paso de los días, Viljoen se impacientó y decidió tomar cartas en el asunto. Aunque era consciente de que la guerra no era una opción, estaba convencido de que su poder de movilización bastaría para desbaratar seriamente las elecciones, y tomó la determinación de hacerlo. Antes de tomar la decisión final, sin embargo, puso al corriente de sus planes al embajador de EE. UU., Princeton Lyman, que mantenía contactos con él y con Mandela desde finales de 1993.[47] Este había telefoneado al presidente Bill Clinton en febrero de 1994 para pedirle que persuadiera a Viljoen y a otros para que participasen en las elecciones.[48] Lyman informó de la situación al CNA y el acuerdo se firmó el 23 de abril de 1994, tres días antes del inicio de los comicios. El acuerdo de ocho puntos sobre la autodeterminación afrikáner fue suscrito entre el Freedom Front, el CNA y el National Party. Las partes acordaron «abordar, mediante un proceso negociador, la idea de la autodeterminación afrikáner, incluido el concepto de un *volkstaat*».[49]

La negativa a las demandas de la derecha precipitó el caos. Mandela escribe que «la noche de la víspera de las elecciones se detonaron bombas, especialmente en Johannesburgo, que se saldaron con una veintena de víctimas civiles inocentes. El asunto requirió acción policial y los culpables fueron arrestados y condenados. La situación habría entrañado tremendas dificultades si Viljoen hubiese seguido formando parte del complot».[50]

Los medios de comunicación nacionales e internacionales, que seguían con interés los avances de la inminente catástrofe, publicaron que los elementos de la derecha habían dado fe de su amenaza de intentar sabotear las elecciones. Las explosiones, según escribió Bill Keller en el *New York Times*,

> «[…] en su mayoría de escasa envergadura pero con un mensaje alarmante, sembraron el pánico entre algunos ciudadanos, que hicieron acopio de víveres, pero solamente parecieron afianzar la determinación de los votantes negros para ejercer su derecho al voto por primera vez.
>
> »Alentados por la condena unánime por parte de la clase política y por el derecho que se les había vetado a lo largo de sus vidas, hasta los negros de la línea más beligerante afirmaron que no se amilanarían a la hora de votar.
>
> »"Hay quienes intentan meternos miedo con las elecciones", dijo Zole Msenti, que estaba sentado al volante en su minibús celeste charlando con un amigo en Germiston cuando una repentina explosión hizo saltar el vehículo por los aires convirtiendo en añicos todos los cristales. En las paradas de

taxis de áreas suburbanas se concentran gran cantidad de vehículos cada mañana para trasladar a gente que va a trabajar a la ciudad.

»Maltrecho pero con el espíritu incólume, al salir del hospital fue a recuperar su vehículo y agradeció las muestras de solidaridad de las personas blancas que lo abordaron.

»"Están perdiendo el tiempo —comentó en alusión a los conspiradores—. Vamos a hacerlo"».[51]

Las tres palabras del señor Msenti —«Vamos a hacerlo»— casi con toda certeza significaban que él, los restantes taxistas y sus respectivas familias estaban decididos a votar a toda costa. Tal vez su determinación hubiese brillado por su ausencia unas cuantas décadas antes, pero a esas alturas el afianzamiento de la resistencia en todos los rincones del país había comenzado a convertirse en una realidad. Como taxista posiblemente habría trasladado a miles de pasajeros y escuchado sus trágicas historias, las cuales reflejaban la realidad que habían sufrido él y sus coetáneos. Y así, un día comenzó a vislumbrarse la posibilidad del cambio. En 1976, los estudiantes se rebelaron contra la imposición del afrikáans como lengua de enseñanza; en respuesta a ello, el régimen endureció la represión sobre el pueblo y declaró estados de emergencia. Para muchos fue una señal de que el régimen del *apartheid* estaba perdiendo el control. El escritor estadounidense James Baldwin declaró sobre el declive del régimen: «La fuerza no funciona tal y como creen sus partidarios. No revela a la víctima, por ejemplo, la fuerza de su adversario. Por el contrario, revela la debilidad, e incluso el pánico del adversario, y esta revelación infunde paciencia a la víctima. Es más, a la larga, granjearse demasiadas víctimas acarrea funestas consecuencias».[52]

La salida de ocho hombres de la prisión de Pollsmoor el 15 de octubre de 1989 presagió el fin de un sistema que había causado mucho dolor y supuso un indicio de que los muros se estaban derribando. Había llegado la hora de las víctimas. Y la posterior salida de Mandela el 11 de febrero de 1990, al cabo de casi ciento veinte días, propició que todo se hiciera realidad. Por fin se materializaba. Todos los cánticos que el pueblo entonaba en las iglesias, al borde de sepulturas abiertas y en los campamentos a miles de kilómetros del país cuajaron en una consigna: «Vamos a emitir nuestro voto», cinco simples palabras cuya trascendencia llevaban eludiendo durante décadas los arquitectos del *apartheid*.

La derecha afrikáner había fracasado.

CAPÍTULO TRES

Unas elecciones libres y justas

Tras salvar los obstáculos inmediatos, se allanó el terreno para unas elecciones que supondrían el paso culminante para el establecimiento de un gobierno elegido democráticamente. El Consejo Ejecutivo de Transición (TEC),* que había sido creado con el fin de sentar las bases para el cambio a un orden democrático, ya se había consolidado y podía crear las condiciones para una actividad política sin restricciones en la carrera electoral. Entre el 15 de abril y el 15 de mayo de 1994, en el país se produjo una movilización pacífica de las fuerzas de seguridad sin precedentes con el fin de salvaguardar el desarrollo de los comicios.[1] Los principales partidos políticos, incluido el Inkatha Freedom Party, que se había negado a participar hasta el último momento, disponían de potentes maquinarias de campaña. Dos años antes se habían emprendido amplias campañas de información sobre el derecho a voto entre la población que hasta entonces había sido vetada, coincidiendo con los preparativos preliminares del CNA para la asamblea constituyente electa. Asimismo, desde diciembre de 1993 existía la Comisión Electoral Independiente (IEC). Cuando la IEC fue creada, Mandela telefoneó a su responsable, el juez Johann Kriegler,† un magistrado duro y enérgico, para comunicarle que tanto él mismo como el CNA

---

*   Consejo Ejecutivo de Transición (TEC): *véase* Gente, lugares y acontecimientos.
†   Johann Kriegler: *véase* Gente, lugares y acontecimientos.

eran conscientes de las dificultades, pero le transmitió a Kriegler que este contaba con el apoyo y la confianza del partido.[2]

Lo que asombró al juez Kriegler fue la habilidad de Mandela para establecer contacto con personas de distintos signos. Kriegler señaló que cuando Mandela deseaba tratar un asunto «llamaba por teléfono personalmente, a diferencia de los típicos líderes ejecutivos cuyos portavoces te llaman para decirte que el líder tiene interés en hablar contigo y te dejan en espera».[3] A mediados de abril, durante la única reunión del Comité Ejecutivo Nacional en la que estuvo presente Mandela, Kriegler informó de un encuentro con el IFP:

> «En un momento dado hubo rumores de un boicot electoral por parte de la ZCC [Iglesia sionista cristiana]. En aquella época hubo varias amenazas de boicot: el IFP, el Noroeste, el Ciskei y la ultraderecha. Antes de Semana Santa concerté una reunión con el obispo Lekganyane* para ganarme su apoyo al proceso. Él comentó que había invitado a los líderes de todos los partidos a que asistiesen a las celebraciones de Pascua a fin de propiciar el marco adecuado para las elecciones, lo cual en principio daba a entender que abogaba por la participación. En la reunión de Semana Santa estuve sentado en la sala junto a Mandela durante dos horas. Fue la primera vez que conversé con él personalmente. Era como un abuelo. Reconocía a la gente conforme entraba, explicando que fulano estaba casado con la hermana de mengano; era capaz de identificar a personas de todo el país por parentescos familiares: conocía a fondo a sus electores».[4]

Fue el profesor keniano John S. Mbiti quien señaló en su fecundo estudio *African Religions and Philosophy* que los africanos son notoriamente conocidos por sus profundas convicciones religiosas; esto lo avala en gran medida la considerable cifra de fieles del sionismo cristiano, con su sincrética mezcolanza de credos cristianos y otras creencias religiosas africanas tradicionales.[5] Por lo tanto, no es de extrañar que Mandela, o cualquier dirigente político llegado el caso, adulara al obispo que les representaba, cuyo ámbito de influencia rebasaba las fronteras de Sudáfrica cuando centenares de miles de fieles realizaban a pie desde puntos remotos del sur de África la peregrinación hasta Moria, en el por entonces Transvaal del Norte. Tal vez acudiesen por su culto, pero para Mandela constituían potenciales votantes. La mayor preocupación de Mandela era garantizar

---

* El obispo Barnabas Lekganyane era el líder de la Iglesia sionista cristiana.

la integridad de las primeras elecciones, requisito esencial para una transición pacífica a la democracia.

Mandela escribe: «La formación del primer gobierno de Sudáfrica elegido democráticamente estuvo precedida por una campaña electoral a nivel nacional durante la cual líderes del CNA procedentes de todos los niveles de la organización peinaron sistemáticamente el país de cabo a rabo, visitaron áreas rurales y urbanas y conversaron con todos los sectores de la población.

»Fue este equipo de hombres y mujeres el que grabó a fuego el 27 de abril de 1994 en la memoria colectiva de la nación sudafricana como el día en el que nuestro pueblo hizo frente común en una acción simbólica.

»Ese día puso fin a los meses de expectación, aspiraciones y temores que sucedieron al término de las negociaciones en noviembre del año anterior.

»La fecha de los comicios se acordó en las negociaciones, de modo que la nación aguardó con inquietud durante cinco meses la llegada de tan histórico día en la vida de los sudafricanos.

»Para la mayoría negra supuso la materialización de un sueño que había sido motivo de inspiración para generaciones, a saber, que un día el pueblo gobernaría.

»Durante décadas, tras el fin de las guerras coloniales, se habían visto obligados a permanecer al margen de la esfera política mientras veían cómo sus compatriotas votaban para ejercer su dominio sobre ellos. Pero ya se acercaba el día en el que, junto con sus compatriotas, decidirían sobre la política de su país.

»Para una gran parte de la población blanca, la perspectiva de ese día obviamente era motivo de preocupación, temor e inseguridad. Para ellos significaba el fin del control y los privilegios de la minoría, pues creaba la aterradora perspectiva de tener que compartirlos con aquellos a quienes habían dominado durante largo tiempo y en muchos sentidos tan cruelmente.

»Por consiguiente, es comprensible que en el ambiente en aquellos meses previos al día de las elecciones se respirara una mezcla de emociones y expectativas contradictorias. Encontramos ese clima dispar en el transcurso de nuestro recorrido por el país haciendo campaña e instando a nuestra gente a salir a votar a favor del movimiento de liberación.

»Estaba claro que la ardua labor llevada a cabo por el movimiento de liberación a lo largo de décadas había dejado una huella indeleble en los patrones de votación previstos. En todo el país y en todas las comunidades fuimos recibidos con entusiasmo y abrumadoras muestras de apoyo.

»[En calidad de] presidente del CNA, me desplacé a prácticamente todos y cada uno de los rincones del país. En la carrera electoral de los últimos seis meses, me dirigí personalmente como mínimo a dos millones y medio de personas en mítines y concentraciones a lo largo y ancho de Sudáfrica. Resultaba emotivo comprobar hasta qué punto el nombre y la reputación del movimiento estaban presentes incluso en las áreas rurales más remotas.

»En virtud de la arraigada tradición de nuestra organización y de la política del Congreso, involucramos en nuestra campaña al más amplio abanico de personas posible. Tal y como habíamos hecho durante las negociaciones, cuando conseguimos llevarnos a nuestro terreno a distintos partidos que en principio parecían afines al régimen del *apartheid,* adoptamos un enfoque amplio de miras para que la gente incluso se uniera a la hora de hacer campaña. Utilizamos modernas técnicas y metodologías de investigación, entre ellas encuestas de opinión. Nuestro analista de sondeos era Stan Greenberg, que asesoró al [presidente] Clinton en su campaña de 1992.

»En la campaña organizamos foros populares y grupos de sondeo, e insertamos anuncios en prensa solicitando la colaboración del pueblo. Todas estas iniciativas obtuvieron una enorme respuesta. Nos comprometimos con el pueblo cara a cara».[6]

Mandela y el CNA tenían presente desde hacía tiempo que los medios de campaña de los que disponían eran insuficientes para estar a la altura de la impresionante maquinaria electoral del National Party, que contaba con la baza de ostentar el poder. Pese a que se le atribuye a Greenberg, en realidad el CNA ya había adoptado la estrategia nicaragüense de los foros populares adecuándolos al contexto sudafricano a través de un activista llamado Ketso Gordhan.

En el fecundo estudio *Launching Democracy in South Africa,* el periodista y analista político R. W. Johnson y el eminente sociólogo y analista político sudafricano Lawrence Schlemmer, así como Robert Mattes, Hermann Giliomee y Wilmot James, señalaron sin embargo que las posibilidades mediáticas «que ofrecían los foros eran importantes a fin de transmitir el verdadero mensaje simbólico de la responsabilidad, la representatividad y la accesibilidad del CNA y de renovar su imagen como "parlamento del pueblo"».[7] En ellos, los líderes no pronunciaban discursos, sino que respondían a las preguntas formuladas por los representantes del público en un marco que favorecía el intercambio democrático.

Johannes Rantete, en su crónica del CNA y el acuerdo negociado, observa que la campaña electoral fue muy personalista, «atrayéndose mucha atención sobre los líderes de los partidos. De Klerk se mostró elocuente e ingenioso, pero no pudo igualar la imagen heroica de Mandela que vieron los miles de personas que se congregaban en la mayoría de mítines que daba. Jóvenes y ancianos deseaban ver con sus propios ojos al hombre cuya reputación nadie superaba en la historia contemporánea mundial».[8]

Mandela, conocedor del problema del analfabetismo entre el electorado de mayoría negra, otra herencia del *apartheid,* buscó estrategias para contrarrestar esta traba, que podría suponer un revés para el CNA.

«También involucramos a las masas en una activa campaña de formación al electorado —escribe—. Dispuse que algunos expertos colaborasen en este sentido. Uno de ellos fue Leepile Taunyane, por entonces presidente de la Organización Nacional de Docentes Profesionales de Sudáfrica [NAPTOSA]. Este contestó que [yo] había llegado tarde, pues él y sus colegas de NAPTOSA ya habían lanzado la campaña de formación del electorado. Nos sentimos tremendamente motivados, pues encabezaba un fuerte y disciplinado movimiento que disponía de recursos suficientes para organizar una potente campaña. Habíamos hecho el mismo llamamiento al Sindicato Democrático de Docentes Sudafricanos [SADTU], que del mismo modo había tomado previamente la iniciativa. El CNA no pretendía hablar al pueblo, sino hablar con el pueblo.

»Dirigí la campaña en calidad de miembro y presidente del CNA; había sido elegido para asumir ese cargo en la primera Conferencia Nacional de la organización tras ser legalizada, la cual se celebró en Durban en 1991. Organizamos simulacros de comicios dentro de la campaña de formación del electorado. Participaron diez millones de personas. Esta iniciativa fue muy importante, pues en las elecciones reales hubo menos del uno por ciento de papeletas nulas. Este porcentaje es similar al del escrutinio electoral en democracias de países desarrollados con un alto nivel de alfabetización.

»El CNA llevó a cabo una campaña positiva centrada en la renovación, la reconstrucción y la mejora de la calidad de vida para todos sin olvidar el pasado. Evitamos hacer una campaña destructiva y nos abstuvimos de arremeter contra los partidos de la oposición. Si la memoria no me falla, en ningún momento insertamos un solo anuncio negativo en la prensa.* La oposición, por el contrario, fue fundamentalmente negativa, y no dejó de atacar al CNA y a sus socios de la alianza.

»Como siempre, en tiempos de tamaña transición, tuvimos presentes a las minorías en nuestras propuestas de futuro. Nuestro movimiento siempre se había preocupado por la totalidad del pueblo sudafricano y en el transcurso de la campaña transmitimos ese mensaje al país. El pueblo respondió con entusiasmo.

»Recordamos, por ejemplo, que una joven de la comunidad negra, Amy Kleynhans, por entonces Miss Sudáfrica, se unió a nosotros en el estrado durante la campaña en Ciudad del Cabo. Anteriormente había desatado la

---

* No hubo propaganda negativa más allá de lo que el equipo de campaña denominó «publicidad adversa».

cólera de F. W. de Klerk, por aquel entonces presidente del país, por su negativa a portar la bandera nacional del *apartheid* durante un concurso de belleza internacional, lo cual confirmó su lealtad hacia la nueva Sudáfrica que estaba a punto de nacer.

»Hubo otras demostraciones similares de apoyo entusiasta. Un joven de la comunidad negra renunció a su puesto de docente para dedicarse a cantar temas que había compuesto para la campaña. Este joven, John Pretorius, más tarde grabaría el tema *Sekunjalo,* que interpretó en infinidad de mítines en El Cabo durante la campaña electoral».

Enérgica y bailable, esta canción posee un ritmo urbano entretejido con la tradición gospel. La consigna *Free at last* («Por fin libres») y la letra celebran con júbilo el fin de la tiranía y el advenimiento de la libertad. Años después, durante la celebración del octogésimo cumpleaños de Mandela, John Pretorius la cantó a dúo con Jermaine Jackson ante un exultante público en un concierto en el estadio Ellis Park.

«Como he mencionado anteriormente, sin embargo —escribe Mandela—, no todo era positivo y motivo de júbilo. En KwaZulu-Natal tuvimos que hacer frente a la incesante violencia política que ensombreció y cuestionó las, por lo demás, emocionantes perspectivas de democracia. Dedicamos gran parte de nuestro tiempo a la situación política de esa provincia. Por un lado, teníamos que hacer campaña para que nuestra organización obtuviese la victoria en las urnas, pero al mismo tiempo era nuestro deber abordar de manera imparcial el destino de la totalidad de la población de la provincia. La violencia política, fueran quienes fueran sus autores, entrañaba un grave perjuicio para todos los sudafricanos. Y, como siempre ocurre en tales circunstancias, el mayor castigo se infligía sobre los inocentes, de ahí nuestra especial atención a la por entonces provincia de Natal.

»Nuestra campaña electoral no siempre estuvo exenta de contratiempos. Como he señalado anteriormente, el National Party de De Klerk mostró una actitud extremadamente negativa y, en ocasiones, manifiestamente inmoral durante su campaña.

»Cuando viajé a Los Ángeles a principios de los años noventa, me hice una foto junto a dos artistas de fama mundial, Elizabeth Taylor y Michael Jackson. En el periodo previo a las elecciones de abril de 1994, el National Party publicó un insidioso panfleto titulado *Winds of change* («Vientos de cambio») en el que se había recortado a Michael Jackson; Elizabeth Taylor y yo aparecíamos solos. Como agravante a esa fraudulenta práctica, se vertieron afirmaciones difamatorias contra ambos. La Comisión Electoral Independiente les obligó a retirar el panfleto.

»La campaña del National Party no solo fue inmoral, sino también racista. Se aprovecharon de los temores de las minorías raciales, especialmente de las comunidades mestiza e india, con el argumento de que una victoria del CNA llevaría aparejada la opresión de estas comunidades por parte de los africanos. Criticaron al doctor Allan Boesak, un destacado sacerdote de la comunidad mestiza, por hacer campaña a favor de todos los sectores de la población sudafricana en lugar de restringirse exclusivamente a los mestizos.

»Yo mismo fui nuevamente objeto de otro ejemplo de racismo. Heidi Dennis, una joven mestiza que trabajaba de profesora en el instituto de enseñanza secundaria Beacon Valley en la comunidad mestiza de Mitchell's Plain, me pidió que les ayudase a recaudar fondos para pintar el centro. Recurrí a Syd Muller de Woolworths, no solo para que realizase su aportación como solicitaba Heidi, sino para llevar a cabo mejoras en el centro dotándolo de más aulas y un laboratorio.

»Cuando Woolworths concluyó el proyecto —continúa Mandela—, fuimos a presentarlo. Un nutrido grupo de mujeres mestizas organizó una manifestación de protesta contra mí. Una de ellas gritó en afrikáans: *"Kaffer, gaan huis toe"* *("Fuera, kafir"),* un insulto. Todas estas maniobras racistas y deshonestas fueron cometidas por el partido de De Klerk, un líder al que yo había elogiado dentro y fuera del país como un hombre íntegro con quien podía negociarse.

»El CNA hizo cuanto estuvo en su mano por evitar rebajarse a la altura del National Party. Mantuvimos una actitud centrada y constructiva. Instamos a todos los sudafricanos, sin distinción de raza o credo, a que se unieran a la lucha en pro de una Sudáfrica democrática y unida sin discriminación de raza ni sexo. En esa campaña también nos enfrentamos a ciertas dificultades por parte de algunos de nuestros militantes, que hicieron incendiarias declaraciones contrarias a los fundamentos de nuestra política. De inmediato condenamos públicamente dicho comportamiento».[9]

En vista de tan arriesgada coyuntura, cabía esperar que la campaña electoral calibrase el temple de los principales adversarios. El National Party, que tenía tanto que perder, únicamente podía engrandecer su historial como motor propulsor del cambio, mientras que el CNA, aún por ver, tenía que prometer una nueva administración para todos. En el toma y daca de la carrera electoral era inevitable que la campaña, según un artículo de un periódico de la provincia occidental del Cabo, «se convirtiera en una tempestuosa guerra dialéctica entre el Congreso Nacional Africano y el National Party, que se intercambiaban acusaciones de "juego sucio" y de llevar a cabo una "campaña electoral fraudulenta"».[10] Ambos partidos presentaron sus quejas a la Comisión Electoral Independiente con respecto a la conducta del adversario en la campaña, carteles y panfletos.

En el bombardeo inicial de insultos, el CNA había presentado un panfleto donde aparecía el primer ministro y candidato regional del National Party, Hernus Kriel, con un trío de candidatos, dos negros y uno mestizo, tirando de ellos como si fuesen perros con correas al tiempo que dejaba caer billetes de cincuenta rands de su bolsillo. Para no ser menos, el National Party entró a degüello. «Está previsto que hoy —continúa la noticia— la IEC emita su dictamen definitivo sobre un libro de cómics publicado por el National Party que, según alega el CNA, es racista y se sirve de tácticas de *swart gevaar* ["peligro negro"] para captar a votantes mestizos. Se titula *Vientos de cambio soplan en Sudáfrica: ¿Conseguirás sobrevivir a la tormenta?*».[11]

La estrategia del *swart gevaar* —la supuesta devastación que sucedería con la llegada de un gobierno negro— del National Party iba en contra de los principios de Mandela, que veneraba la causa por la reconciliación. Con todo, Mandela reconoció que los blancos —en especial los afrikáners— debían ser partícipes de la nueva Sudáfrica que se estaba gestando. Thabo Mbeki se hace eco de este punto fundamental en la entrevista que mantuvo con Joel Netshitenzhe y Tony Trew en Johannesburgo en 2014:*

> «[El] tema de la reconciliación tenía que ver con [el sentir de Mandela al decir:] "Protejamos los logros democráticos de esta amenaza potencial" y por tanto esto se convirtió en una preocupación, no ya porque él fuera defensor de la reconciliación en sí, sino en tanto que esta servía al propósito de proteger nuestros logros hasta la fecha [...]. Se vio obligado a ocuparse de este asunto de los afrikáners y a demostrar que no era ningún monstruo, que no era una amenaza, etcétera, a fin de solucionar el problema. Porque [...] con respecto al tema de la reconciliación Mandela no difiere en absoluto del resto de los dirigentes del CNA; esta reconciliación, el hecho de abordar el asunto de los miedos de la población blanca, guardaba relación con la inquietud de Mandela ante la posibilidad de una contrarrevolución».[12]

«La derecha blanca —escribe Mandela— constituía otro potencial factor desestabilizador que afectó al clima general durante el periodo previo a las elecciones [...]. Circulaban multitud de historias sobre blancos que se anticipaban a un estado de sitio haciendo acopio de alimentos y otros víveres de emergencia en sus casas».[13]

---

* Joel Netshitenzhe; Tony Trew: *véase* Gente, lugares y acontecimientos.

Representantes de medios de comunicación y agencias de noticias nacionales e internacionales, periodistas y fotógrafos independientes se desplazaron a lo largo y ancho del país, la mayoría preparados para cubrir una zona de guerra. Se les había prometido una guerra. Portavoces de medios de comunicación de las numerosas delegaciones del CNA en el extranjero ofrecían comunicados sobre el terreno acerca de la situación que los visitantes podían encontrar en Sudáfrica, restando importancia a los rumores de caos. Los ciudadanos, provistos únicamente de sus documentos de identidad verdes, esperaban a las puertas de los colegios electorales.

Mandela se tomó con gran entusiasmo los preparativos. «Desde el punto de vista organizativo y logístico se generó interés en la misma medida. La Comisión Electoral Independiente llevó a cabo los preparativos para los comicios, habilitando oficinas en distintos puntos del país. Uno de sus cometidos era la supervisión del ambiente general, en la medida en que podía afectar al desarrollo de unas elecciones con libertad e imparcialidad.

»A uno le llenaba de orgullo —continúa— comprobar la cantidad de sudafricanos que calentaban motores para la mecánica de unas elecciones democráticas. Algunos comentaristas opinaban que el sistema de votación de ese día era demasiado complejo y enrevesado para el electorado, supuestamente sin formación. Habíamos optado por un sistema de representación proporcional: el electorado debía votar a sus candidatos a nivel nacional y provincial en un mismo día. Parece ser que todo eso podría crear confusión entre el electorado.

»A tenor de los hechos, por lo visto los votantes sudafricanos tenían una afinidad casi natural con el procedimiento de votación.

»Hubo un gran número de observadores extranjeros que también viajaron al país, entre ellos mi futura esposa, Graça Machel,* bien para apoyar la labor de formación del electorado o bien para supervisar el desarrollo del periodo de campaña, garantizando que se cumplieran las condiciones para unas elecciones libres e imparciales. Más tarde destacarían, casi sin excepción, el espíritu positivo que se respiraba en el país.

»Hubo otros mecanismos que ayudaron a los sudafricanos a regirse por el espíritu de una democracia abierta en la carrera electoral. Entre ellos se encontraba la Comisión Independiente de Medios de Comunicación, cuyo cometido era garantizar un trato justo a todos los partidos por parte de los medios de comunicación, tanto en reportajes como en coberturas informativas».[14]

Hay tantas opiniones sobre los días de los comicios como personas en pleno uso de sus facultades durante las elecciones; aquellos días fueron un

---

*   Graça Machel: *véase* Gente, lugares y acontecimientos.

foco de atención para reflexionar sobre la realidad de la democracia. Para los sudafricanos supuso un largo acontecimiento grabado a fuego en la memoria, del mismo modo que los estadounidenses recuerdan el asesinato de John F. Kennedy o —en el caso de generaciones más mayores y reducidas a nivel mundial— el fin de cualquiera de las dos guerras mundiales. Para la mayoría de los sudafricanos fue, por usar una frase trillada, una experiencia que recordarían durante el resto de sus vidas. Dada su trascendencia, las elecciones se repartirían en dos días.

El martes 26 de abril de 1994, una puesta a prueba para la jornada electoral del día siguiente, se reservó para la tercera edad, las personas con discapacidades y los sudafricanos residentes en el extranjero. Para muchas de estas personas, especialmente en el caso de algunos expatriados en climas foráneos, el ejercicio del voto despejó dudas subyacentes sobre sus orígenes —y lealtades—. Si para los religiosos la puesta en libertad de Mandela representó la liberación del yugo, las primeras elecciones democráticas simbolizaron la realidad de la existencia de la tierra prometida. Para el longevo arzobispo Trevor Huddleston, presidente del movimiento *antiapartheid* británico y defensor de la liberación de Mandela durante toda su vida, fue muy emotivo entrar por primera vez a South Africa House en Trafalgar Square, en Londres, con el fin de emitir su voto en las primeras elecciones democráticas de Sudáfrica. Ayudándose de unas muletas para caminar, se dirigió a los simpatizantes congregados «en la biblioteca, cargada de historia colonial, [para dar gracias a] Dios por poder participar en "algo indescriptiblemente maravilloso"».[15]

Un goteo de personas de toda condición procedentes de todas partes se desplazó y formó colas kilométricas para votar en los colegios electorales. Si había nerviosismo ante la amenaza de ataques ultraderechistas, la gente no lo puso de manifiesto. Lo único que había era determinación, lo cual se retransmitió por doquier.

«En algunos colegios electorales de áreas de población negra —según Paul Taylor en el *Washington Post*— las colas comenzaron a formarse a las cuatro de la madrugada. En otros, los votantes discapacitados fueron trasladados en carretillas o camillas a pie de urna. A escala nacional, el clima imperante no parecía tan de euforia como de silenciosa determinación. "Estoy cansada; me duele la espalda; no he probado bocado en todo el día. Pero me quedo hasta que vote", comentó la estoica Susan Ndhlovu, de 67 años, a un reportero sudafricano en una larga fila bajo el sol abrasador de Bloemfontein».[16]

Sobre la mañana del miércoles 27 de abril, Mandela señala: «Voté en el instituto Ohlange, en Inanda, un *township* de verdes colinas situado justo al norte de Durban, pues fue aquí donde se dio sepultura a John

[Langalibalele] Dube,* el primer presidente del CNA. Este patriota africano contribuyó a la fundación de la organización en 1912, y el emitir mi voto cerca de su tumba cerraba el círculo de la historia, pues la misión que este había emprendido ochenta y dos años antes estaba a punto de concluir».[17]

Mandela comenta que al amanecer de aquel día, que simbolizaba un nuevo comienzo, «millones de sudafricanos hicieron cola para votar por primera vez en democracia; los cimientos se habían puesto en los meses precedentes. Aquel memorable día culminó acorde al espíritu positivo de esperanza y expectativas que reinaba a pesar de las lágrimas y temores.

»El curso ordenado y sin contratiempos en el que se desarrollaron las elecciones y la posterior transformación exenta de violencia echaron por tierra completamente los agoreros vaticinios de los pájaros de mal agüero, entre los que se encontraban algunos conocidos y respetados analistas políticos. Habían pronosticado que la historia de Sudáfrica, en particular las cuatro décadas de régimen del *apartheid,* ponía de manifiesto de manera patente que la minoría blanca estaba decidida a aferrarse al poder en los siglos venideros. Un gran elenco de comentaristas subestimó el alcance de nuestra determinación y capacidad para convencer a líderes de opinión de ambos lados de la barrera racial de que asumieran que este país era su patria querida, y que la responsabilidad crucial era convertir el mes de abril de 1994 en un hito memorable de nuestra turbulenta historia.

»Este era el día por el que había luchado una larga serie de leyendas célebres desde 1652, cuando el extranjero Jan van Riebeeck desembarcó en nuestras orillas. Trabajaron incansablemente por la liberación de nuestro país: el líder koi Autshumao, Abdullah Abdurahman, Cissie Gool y Hettie September, Yusuf Dadoo y Monty Naicker, Bram Fischer y Michael Harmel, Khosi Tshivhase, Alpheus Madiba, la reina Manthatisi, Selope Thema, Moses Kotane, Albert Luthuli, Oliver Tambo, Chris Hani, Robert Sobukwe, Zeph Mothopeng, Steve Biko y muchísimos más».[†18]

Más tarde, reflexionando sobre la etapa posterior a los históricos comicios nacionales que legitimaron la democracia, Mandela no pudo evitar adoptar un tono sarcástico hacia los agoreros y medrosos que se habían abastecido de provisiones en previsión de una catástrofe.

«Tras las elecciones, cuando todo terminó y las cosas salieron de manera tan distinta a los pronósticos de los pájaros de mal agüero, se hicieron multitud de comentarios jactanciosos y frívolos sobre quienes se habían aprovisionado de semejante forma. Sin embargo, en su momento fue un asunto de suma importancia y de hecho afectó al ambiente generalizado».[19]

---

*   John Langalibalele Dube: *véase* Gente, lugares y acontecimientos.
†   Para reseñas biográficas de estos individuos: *véase* Gente, lugares y acontecimientos.

El CNA obtuvo una aplastante victoria, obteniendo el 62,6% del voto del electorado, cosa que Mandela también atribuyó a la ardua labor realizada por su partido y a la disciplina a rajatabla de este. Pese a las dificultades derivadas de la tardía incorporación del IFP, a la violencia que hacía peligrar la actividad política libre en zonas rurales de Natal o a los intentos de piratear el sistema de recuento de votos para favorecer al National Party, al Freedom Front y al IFP, los cuales fueron frustrados por la IEC, nadie puso en duda la legitimidad de las elecciones ni que habían sido «libres y justas de manera sustancial».[20]

Pero, como ocurre en cualquier tipo de votación —o de competición donde haya ganadores y perdedores—, era inevitable que se formulasen quejas sobre irregularidades, incluso por parte de individuos del seno del CNA. Por ejemplo, cuando una delegación de líderes provinciales del CNA en Natal presentó pruebas de anomalías que favorecían al IFP, Mandela insistió en aceptar que el CNA perdiese la provincia por un estrecho margen en lugar de plantar cara, lo cual podría haber costado la legitimidad de las elecciones y acarreado graves consecuencias para la estabilidad y la paz. En este sentido, De Klerk tampoco fue inmune a disensiones internas por parte de algunos líderes del National Party que exigieron la impugnación de los resultados ante los tribunales. Opinaba, dice en sus memorias, que «a pesar de todas las irregularidades, no nos quedó más remedio que aceptar el resultado de las elecciones en interés de Sudáfrica y de todo su pueblo».[21]

A pesar de su euforia, los resultados electorales obtenidos en ciertos sitios fueron motivo de preocupación para Mandela. El CNA había fracasado en la provincia occidental del Cabo y en la de KwaZulu-Natal; en la provincia del Norte obtuvo la mayoría con menos del cincuenta por ciento de los votos. El CNA debía abordar cuestiones que atañían a diversos sectores, concretamente a la clase trabajadora blanca, los tradicionalistas de Natal y las comunidades india y mestiza. Estos asuntos serían de primer orden en el mandato de Mandela durante la transición en los años posteriores.

La noche del 2 de mayo, después de que De Klerk admitiera su derrota en un discurso televisado, el partido lo celebró en el salón de baile del Carlton Hotel, junto al Carlton Centre, el rascacielos más alto de África, una torre de cincuenta plantas que domina el céntrico barrio financiero de Johannesburgo. Desoyendo los consejos del médico de guardar reposo por su catarro, Mandela no pudo dejar pasar la oportunidad de compartir el júbilo con sus compatriotas. Allí, ante un clamoroso gentío, explicó con todo lujo de detalles su misión y su mandato como presidente del primer gobierno elegido democráticamente en el país:

«He de pedir disculpas, he cogido un catarro y espero que mi voz esté a la altura de las presiones de esta noche. Mi médico me ha examinado a primera hora de la mañana y me ha aconsejado guardar reposo hoy y mañana y hablar lo menos posible. Y ha dicho que, si seguía sus indicaciones, el catarro remitiría en un par de días. Espero que no le digáis que he desobedecido sus recomendaciones.

»Compatriotas sudafricanos, esta es una noche de indudable dicha. Aunque aún no son definitivos, hemos recibido los resultados provisionales de las elecciones. Amigos, puedo deciros que estamos encantados con el abrumador apoyo que ha obtenido el Congreso Nacional Africano.

»En las últimas horas he recibido llamadas telefónicas del presidente De Klerk, del general Constand Viljoen, del doctor Zach de Beer* y del señor Johnson Mlambo, vicepresidente primero del CPA, quienes se han comprometido a prestar toda su colaboración y me han transmitido su sincera enhorabuena. Les he agradecido su apoyo a todos y espero que trabajemos juntos por nuestro querido país.

»Me gustaría asimismo expresar mi enhorabuena al presidente De Klerk por el gran apoyo que ha tenido el National Party en estas elecciones. También quiero felicitarle por los […] años que hemos trabajado juntos, discutido […] y por el hecho de que al término de nuestras acaloradas reuniones pudiéramos estrecharnos la mano y tomar un café.

»Mi enhorabuena también al doctor Zach de Beer, así como al general Constand Viljoen, con los cuales he mantenido multitud de debates y a quienes considero sudafricanos de valía que van a contribuir a la formación del gobierno de unidad nacional.

»También confío en dialogar con los líderes del movimiento de liberación que no han logrado rebasar el umbral. Tengo algunas ideas que expondré a mi organización. Ellos han sufrido al igual que nosotros. Yo estuve encarcelado con muchos de ellos. Sufrimos juntos en los frentes de batalla, y me duele en lo más hondo que no hayan logrado rebasar el umbral que otros partidos han alcanzado.

»Mi agradecimiento y respeto a todos los simpatizantes del Congreso Nacional Africano y del movimiento democrático que con tanto empeño han trabajado en estos últimos días y a lo largo de muchas décadas.

»Al pueblo sudafricano y al mundo que nos observa: esta es una noche de indudable dicha para el género humano. Esta victoria también es vuestra. Habéis contribuido a erradicar el *apartheid*, nos habéis respaldado en el transcurso de la transición.

---

*   Zach de Beer fue el último líder del Partido Federal Progresista y el primero del Partido Democrático.

»He sido testigo, junto con todos vosotros, de las decenas de miles de compatriotas que han aguardado pacientemente durante muchas horas en largas colas. Algunos han pasado la noche durmiendo al raso, a la espera de emitir este crucial voto [...]. Este es uno de los momentos más importantes de la historia de nuestro país. Estoy aquí ante vosotros rebosante de profundo orgullo y dicha; orgullo por la gente humilde de este país. Habéis dado muestras de empeño, serenidad y paciencia a la hora de reclamar este país como vuestro, y ahora podemos proclamar jubilosamente a voz en grito: "¡Al fin libres!'".

»Soy vuestro servidor; no me presento ante vosotros como un líder. Somos un gran equipo. Los líderes vienen y van, pero la organización y el colectivo de la ejecutiva que se ha ocupado de los logros y reveses de esta organización siempre estará ahí. Y las ideas que expreso no son fruto de mi propia cosecha. Emanan de [...] la *Carta de la Libertad*,* de las decisiones y resoluciones de la Conferencia Nacional y de las decisiones del Comité Ejecutivo Nacional [...]. No son los individuos los que importan, sino el liderazgo colectivo que ha dirigido nuestras organizaciones tan hábilmente.

»Por lo tanto, vuestro aleccionador valor me abruma y colma mi corazón de amor por todos vosotros. Considero un sumo honor encabezar el CNA en este momento de nuestra historia y que hayamos sido elegidos para dirigir nuestro país a las puertas del nuevo siglo.

»Me comprometo a hacer uso de toda mi fortaleza y capacidad para estar a la altura de las expectativas que habéis depositado en mí y en el CNA.

»Tengo una deuda personal y rindo tributo a algunos de los mayores líderes de Sudáfrica, entre ellos John [Langalibalele] Dube, Josiah Gumede, G. M. Naicker, el doctor Abdurahman, el jefe Luthuli, Lilian Ngoyi, Bram Fischer, Helen Joseph, Yusuf Dadoo, Moses Kotane, Chris Hani y Oliver Tambo.† Deberían estar presentes en esta celebración junto con nosotros, pues esta también es su victoria.

»Mañana, la totalidad de la dirección del CNA y yo mismo volveremos a nuestros despachos. Nos pondremos manos a la obra para comenzar a abordar los problemas a los que se enfrenta nuestro país. Os pedimos a todos que os suméis a nosotros y retoméis vuestro trabajo por la mañana. Pongamos en marcha Sudáfrica.

»Pues debemos, juntos y sin demora, comenzar a construir una vida mejor para todos los sudafricanos. Esto significa crear empleo, construir viviendas, proporcionar educación e instaurar la paz y seguridad para todos.

---

*   *Carta de la Libertad: véase* Gente, lugares y acontecimientos.
†   Para reseñas biográficas de estos individuos: *véase* Gente, lugares y acontecimientos.

»Esta va a ser la prueba de fuego para el gobierno de unidad nacional. Hemos surgido como el partido mayoritario con base en el proyecto de gobierno que figura en el Programa para la Reconstrucción y el Desarrollo.* En él hemos perfilado los pasos que vamos a dar con el fin de garantizar una vida mejor a todos los sudafricanos.

»La gran mayoría de las organizaciones que van a formar parte del gobierno de unidad nacional se ha comprometido a [...] contribuir a la mejora de vida de nuestro pueblo. Esa va a ser la piedra angular [...] sobre la que va a cimentarse el gobierno de unidad nacional. Y yo apelo a todos los líderes que van a formar parte de este gobierno a que honren ese programa. Y [a] que contribuyan a su inmediata ejecución.

»Si hubiese intentos por parte de cualquiera de menoscabar ese programa, se producirían graves tensiones en el gobierno de unidad nacional.

»Estamos aquí para cumplir nuestras promesas. El hecho de incumplir este programa traicionaría la confianza que el pueblo sudafricano ha depositado en nosotros. Es un programa que fue desarrollado por el propio pueblo conjuntamente en los foros populares. Ha sido aceptado por agencias del Estado, ministerios gubernamentales, empresas, académicos, líderes religiosos, movimientos juveniles y organizaciones de mujeres. Y nadie tendrá derecho a impugnarlo, a participar en el gobierno de unidad nacional para oponerse a dicho plan.

»Pero he de añadir que no vamos a hacer de este gobierno de unidad nacional un cascarón vacío. Queremos que cualquier organización política que forme parte de ese gobierno se sienta parte integrante de una maquinaria gubernamental capaz de aglutinar distintos puntos de vista en el marco del Programa para la Reconstrucción y el Desarrollo. No pretendemos reducirlos a meros avalistas para que refrenden la decisión de cualquier organización, sino decir que el programa ha de ser llevado a cabo sin reservas.

»El clima de tranquilidad y tolerancia imperante durante los comicios define el tipo de país que queremos construir. Ha marcado el rumbo del futuro. Por encima de las discrepancias, somos un solo pueblo con un destino común dentro de nuestra gran riqueza de culturas y tradiciones.

»Asimismo, elogiamos a las fuerzas de seguridad por la encomiable labor realizada. Con ello han cimentado sólidamente las bases de unas fuerzas de seguridad verdaderamente profesionales comprometidas con el servicio al pueblo y la lealtad a la nueva Constitución.

»El pueblo ha votado al partido de su elección y lo respetamos. Esto es democracia.

---

* Programa para la Reconstrucción y el Desarrollo: *véase* Gente, lugares y acontecimientos.

»Tiendo mi mano amistosamente a los líderes y militantes de todos los partidos, y les pido a todos que se unan a nosotros para trabajar conjuntamente a fin de abordar los problemas a los que nos enfrentamos como nación. El gobierno del CNA estará al servicio no solo de los miembros del CNA, sino de la totalidad del pueblo sudafricano.

»Estamos deseosos de trabajar conjuntamente en un gobierno de unidad nacional. Es un mandato para actuar. Para llevar a cabo un plan de creación de empleo, promover la paz y la reconciliación, y garantizar la libertad para todos los sudafricanos.

»Ha llegado la hora de la celebración, de que los sudafricanos se unan para celebrar el nacimiento de la democracia.

»Que nuestras celebraciones se desarrollen de acuerdo con la tónica reinante en las elecciones: de manera pacífica, respetuosa y ordenada, demostrando que somos un pueblo preparado para asumir las responsabilidades de gobierno.

»Prometo que haré lo posible por ser merecedor de la fe y confianza que habéis depositado en mí y en mi organización, el Congreso Nacional Africano. Construyamos juntos el futuro y brindemos por una vida mejor para todos los sudafricanos.

»Por último, solo quiero decir que en algunas zonas tal vez los resultados no hayan sido tan satisfactorios como esperábamos, pero así es como funciona la democracia. No deberían producirse tensiones en ninguna de las regiones en las que no hemos alcanzado la mayoría. Tendamos la mano a quienes nos han derrotado para decirles: todos somos sudafricanos; hemos peleado con uñas y dientes, pero ha llegado la hora de cicatrizar viejas heridas y construir una nueva Sudáfrica.

»También me gustaría añadir que hay equipos deportivos que tenían previsto venir a Sudáfrica. No lo han hecho debido al estado de emergencia. Les invito a todos a venir a Sudáfrica independientemente del estado de emergencia. Nosotros, el pueblo de Sudáfrica, os recibiremos con los brazos abiertos.

»Gracias».[22]

Más tarde, durante la velada, el presidente del Sindicato Nacional de Mineros, James Motlatsi, le hizo entrega de un obsequio. Entonces Mandela se dirigió hasta el micrófono y dijo: «Bueno, estoy seguro de que tendréis paciencia conmigo. Permitidme que dé las gracias al camarada James. He de decirte que solo puedo expresar mi vinculación con el sindicato minero desde lo más hondo porque mi primer trabajo, el primero de todos, fue el de guarda de una mina. De modo que aprecio este regalo, porque esos vínculos que mantuve con los mineros han perdurado y me han infundido fuerza y esperanza en el transcurso de todos estos años. Y te lo agradezco».[23]

❦

Como boxeador que antaño fue, Mandela concentró toda su energía en un golpe que derribaría las iniquidades e injusticias del pasado y crearía una Sudáfrica realmente democrática. Era una maravilla a ojos de los empleados de su oficina, una dinamo humana que aspiraba a conseguir todas las circunscripciones electorales. Jessie Duarte, por entonces la jefa de operaciones en la presidencia del CNA, recuerda que Mandela telefoneó a cada uno de los jefes de Estado que habían colaborado con el CNA en la campaña electoral.[24]

En los días previos a su investidura, transmitió el mensaje de que los comicios constituían un nuevo comienzo y un llamamiento a una colaboración nacional en aras del cambio. Cumpliendo una agenda de actos muy exigente para un hombre de su edad, el fin de semana anterior a su toma de posesión como presidente en el Parlamento Mandela se dirigió en Ciudad del Cabo a las congregaciones de la mezquita de Bo-Kaap, la sinagoga de Sea Point y a los fieles anglicanos y metodistas en sus respectivas iglesias.[25]

En un evento organizado por el Consejo Eclesiástico Sudafricano en agradecimiento al desarrollo pacífico de las elecciones, Mandela dio un discurso durante un servicio multiconfesional en el estadio FNB de Soweto donde expresó su gratitud a los líderes cristianos, musulmanes, hindúes y judíos por involucrarse en la lucha por la liberación.

«No encuentro palabras adecuadas para describir el suplicio de nuestro pueblo como resultado de esa represión —manifestó Mandela—, y ha llegado el día por el que tanto hemos luchado y que tanto hemos esperado. Ha llegado el momento de que hombres y mujeres, africanos, mestizos, indios y blancos de lengua afrikáans e inglesa proclamen que somos un único país, un único pueblo».[26]

Duarte recuerda que Mandela

«[...] también mantuvo encuentros con los responsables de inteligencia y del ejército. Se reunió con el general Meiring y el general Brown, de la policía, así como con Magnus Malan.* Esto se produjo después de las elecciones. Señaló que debían transferir las competencias decorosamente. Quería conocer el poder del ejército, los entresijos del aparato de inteligencia, las personas que allí trabajaban. Es obvio que se hacía a la idea de que las cosas habían cambiado y así lo manifestaba. Se tomó un gran interés en todos los cuerpos: policía, ejército, Minis-

---

* Magnus Malan: *véase* Gente, lugares y acontecimientos.

terio de Justicia... Creo que su motivación se debía no solo a su trayectoria, sino a su experiencia como preso, a circunstancias que había vivido y de las que [había salido] mal parado, a los temas relativos a la justicia propiamente dicha. Se puso en contacto con líderes bantúes para comunicarles que había llegado la hora de avanzar juntos».[27]

Anteriormente, durante su encarcelamiento, Mandela había tenido sentimientos encontrados respecto al sistema de los bantustanes.* Aunque «lo detestaba, consideraba que el CNA debía utilizar tanto el sistema como a sus integrantes de plataforma en beneficio de nuestras políticas, en particular dada la gran cantidad de líderes de nuestro bando que se encontraban en ese momento aislados cumpliendo condena, en la clandestinidad o en el exilio».[28]

Pero durante la carrera electoral Mandela quiso evitar que se cumpliese la mordaz profecía que Walter Sisulu había escrito en prisión en 1977 con respecto a la supuesta independencia de los bantustanes. «Con la "independencia" de los bantustanes, el Nats [National Party] avanzará un largo trecho en la división de nuestro pueblo en función de dinastías étnicas: es más, el Nats ha alimentado el germen que muy posiblemente se convierta en una bomba de relojería que nos explotará en las manos mucho después de que ellos y la minoría blanca hayan sido derrotados».[29]

Por lo tanto, en sus contactos con los líderes bantúes, la intención de Mandela era cerciorarse de que todos abogasen por la creación de un Estado unitario e independiente, así como desterrar el fantasma del tribalismo del que había advertido Pixley ka Isaka Seme,† uno de los fundadores y presidentes del CNA, en octubre de 1911. «El demonio de la segregación racial y las aberraciones del feudo xosa-fingo, la animadversión existente entre zulúes y tsongas, entre basutos y cualquier otro nativo, han de ser enterradas y olvidadas; ¡ya han derramado suficiente sangre entre nosotros! Somos un mismo pueblo. Estas divisiones, estas envidias, son la causa de todas nuestras calamidades, retraso e ignorancia actuales».[30]

Para Mandela, la seguridad era clave tanto para una transición estable como para el crecimiento y desarrollo que exigía el cambio socioeconómico.

Así lo relata: «Unas semanas antes de las elecciones generales de 1994, acompañado por Alfred Nzo y Joe Nhlanhla, que más tarde asumirían los cargos de ministro de Asuntos Exteriores y de Inteligencia respectivamente, mantuve conversaciones con el general Georg Meiring, responsable de

---

* El régimen del *apartheid* designó siete áreas en Sudáfrica para la ocupación de los distintos grupos africanos. Se les denominaba «bantustanes» o *homelands*.

† Pixley ka Isaka Seme: *véase* Gente, lugares y acontecimientos.

las fuerzas de defensa sudafricanas, y a partir de ahí con el general Johan van der Merwe, comisario nacional de la policía sudafricana, posteriormente conocida como SAPS.[*]

»Pregunté a cada uno de ellos si prestarían sus servicios en una legislatura del CNA en el caso de que ganásemos las elecciones. El general Meiring nos aseguró sin la menor vacilación que serviría con lealtad al nuevo gobierno y que le proporcionaría una seguridad adecuada, promesa que trató de cumplir en la medida de sus posibilidades. El hecho de que sucumbiera a las presiones por parte de la inteligencia militar para desacreditar al que lógicamente sería su sucesor, el general Siphiwe Nyanda,[†] y a otros oficiales negros de alto rango del ejército empañó de algún modo su imagen, por lo demás limpia.

»El encuentro con el general Van der Merwe no resultó tan fácil. Le acompañaba el general Basie Smit, su subalterno en el rango militar, y el general Johan Swart, excomisario de Soweto. El general Van der Merwe nos comunicó que iba a retirarse en breve y que tenía previsto que le relevase en el mando Basie Smit. Yo puntualicé que únicamente estaba interesado en él, que si no estaba disponible, yo mismo nombraría al sucesor de mi elección».[31]

Sydney Mufamadi recuerda las discusiones entre los generales y Mandela:

«Al general Meiring le habían pedido que se quedara al frente y, en un momento dado, presentó el presunto informe de inteligencia al presidente Mandela, donde se formulaban graves acusaciones contra miembros veteranos de antiguas fuerzas no reglamentarias, concretamente de la MK [...], que planeaban orquestar un golpe de Estado para derrocar al gobierno. El presidente Mandela se tomó bastante en serio dichas imputaciones y lo presentó al presidente del Tribunal Supremo, [Ismail] Mohamed; se concluyó que las imputaciones carecían de fundamento. A partir de ahí George Meiring no duró mucho porque [...] el presidente Mandela vio la necesidad estratégica de un acuerdo inclusivo a fin de construir la nueva Sudáfrica. Pero necesitaba tener la certeza de que sus interlocutores compartían su mismo criterio».[32]

La reticencia de Mandela a mantener al general Van der Merwe se basaba en un aspecto mucho más crucial: la violencia que asolaba el país

---

[*] Alfred Nzo; Johan van der Merwe: *véase* Gente, lugares y acontecimientos.
[†] Siphiwe Nyanda: *véase* Gente, lugares y acontecimientos.

y sus cabecillas. Mandela hizo su ofrecimiento a Van der Merwe para nombrarle comisario del nuevo servicio policial con el fin de asegurar a este y a sus cómplices que no serían perseguidos por delitos del pasado; pero ellos tenían que mostrar reciprocidad.

«Van der Merwe no fue el elegido —explica Mufamadi— porque, aun siendo inminentes las elecciones de 1994 [...], seguíamos padeciendo episodios muy graves de [...] violencia de motivación política en partes del Reef, en particular en el este del Rand, y en KwaZulu-Natal, lo cual apuntaba a que las estructuras creadas con el propósito de perpetrar actos violentos [...] no habían sido desmanteladas». Uno de ellos fue la «gran masacre en la zona de Port Shepstone» en 1995. «El presidente Mandela desconfiaba de que pudiésemos contar con el liderazgo del general Van der Merwe, que se mostraba muy renuente a formar parte de la Comisión para la Verdad [y la Reconciliación]».[33]

Con base en la promoción de la ley para la Unidad Nacional y la Reconciliación n.º 34 de 1995, la TRC fue creada por el gobierno de unidad nacional para ayudar a esclarecer lo que había ocurrido bajo el régimen del *apartheid*. Los conflictos durante dicho periodo llevaron aparejados violencia y abusos de los derechos humanos. En opinión de Mufamadi —y Mandela—, la TRC «no iba a limitarse a hablar de quién hizo qué en el pasado, sino de hecho a arrinconar a quienquiera que sopesase la posibilidad de continuar perpetrando actos de violencia y a instarles a que desistieran porque los integrantes de los escuadrones de la muerte saldrían a la luz [...]».[34]

Cuando el general Van der Merwe rehusó responder a las tentativas de acercamiento de Mandela, este retiró la oferta. Poco después, continúa Mufamadi, «creamos una unidad para investigar la infraestructura que a todas luces seguía operativa fomentando la violencia en KwaZulu-Natal [...], la cual fue asignada al por entonces superintendente Frank Dutton. Y lo bueno es que con la unidad cooperó un número de personas bastante significativo que anteriormente habían estado involucradas en los escuadrones de la muerte, pues se pusieron a disposición de la policía para facilitar información».[35]

En sus conversaciones y relaciones con el conjunto de la sociedad sudafricana, Mandela estaba afianzando su autoridad como líder tanto del CNA como del país. «Lo que mucha gente no tenía presente —señala Barbara Masekela— es que él no sería únicamente presidente del CNA, sino de la totalidad del pueblo de Sudáfrica. Consideré que era mi obligación propiciar su acercamiento al mayor abanico de personas posible a fin de que pudiera tener una visión más definida de la sociedad. Él lo valoró profundamente».[36]

El 9 de mayo, a raíz de su histórica y unánime elección como presidente en el Parlamento —y consciente del simbolismo de ello—, Mandela, acompañado por el arzobispo Desmond Tutu, De Klerk y Mbeki, pronunció un discurso ante los ciudadanos de Ciudad del Cabo desde el mismo balcón del ayuntamiento desde donde había saludado a los sudafricanos el día de su liberación en febrero de 1990.

«El pueblo ha hablado en estas elecciones —dijo—. Quiere el cambio. Y tendrá ese cambio.

»Nuestro plan es crear puestos de trabajo, promover la paz y la reconciliación, así como garantizar la seguridad a todos los sudafricanos. Haremos frente a la pobreza generalizada, tan acuciante entre la mayoría de nuestro pueblo. Mediante el fomento de las inversiones y el apoyo estatal a la creación de proyectos de empleo en los que la fabricación desempeñará un papel decisivo, intentaremos que nuestro país deje de ser un exportador neto de materias primas para convertirse en un exportador de productos manufacturados [...].

»Liberar a nuestro país y a su pueblo de la lacra del racismo y el *apartheid* nos exige determinación y empeño. Desde el gobierno, el CNA creará un marco legal que ayudará, en vez de obstaculizar, a la imponente tarea de reconstrucción y desarrollo de nuestra maltrecha sociedad.

»Al mismo tiempo que estamos y permaneceremos firmemente comprometidos con el espíritu de un gobierno de unidad nacional, estamos decididos a emprender y propiciar el cambio que el mandato del pueblo exige.

»Colocamos sobre la mesa nuestra visión de un nuevo orden constitucional para Sudáfrica no como conquistadores que dictan a los conquistados. Hablamos en calidad de compatriotas para curar las heridas del pasado con la intención de instaurar un nuevo orden basado en la justicia para todos.

»Este —concluyó— es el reto al que hoy se enfrentan todos los sudafricanos, un reto que tengo la certeza de que lograremos entre todos».[37]

Una de las importantes facetas de la grandeza de Mandela era su incapacidad para subestimar las cosas —o a las personas—. Tal vez el hecho de pasar más de un cuarto de siglo en prisión le enseñó, a la salida, que él mismo era una página en blanco, un sustrato sobre el que se sedimentaría la nueva realidad del país. En lo concerniente a los detalles, existía una gran brecha entre el mundo que lo había moldeado antes de su encarcelamiento y la transformación que había experimentado ese mundo tras su puesta en libertad. Duarte, ayudante personal de Mandela, lo describió como una persona que escuchaba mucho y hablaba poco. Barbara Masekela y ella mantuvieron una estrecha relación con él; Mandela, por ejemplo, se había procurado el asesoramiento de la política y miembro del CNA Frene Ginwala,* para el personal de su oficina.

Mandela ya había consultado al comité de trabajo del Comité Ejecutivo Nacional, responsable del funcionamiento diario del partido, acerca de la asignación de puestos al National Party y al IFP en el nuevo gobierno de unidad nacional. También tenía en mente la investidura.

Duarte recuerda que Mandela intervino en la elección de los asistentes, tanto de Sudáfrica como de otros países:

> «Durante la primera semana tras la cuenta atrás nos pusimos a preparar la investidura. Me conmovió ver a Madiba estudiando con Thabo Mbeki y Aziz Pahad[†] la lista de invitados internacionales.
>
> »Había personas cuya invitación era incuestionable para él; "Castro no puede faltar". Él siempre acudía a esas personas; eran sus amigos. También insistió en que Yasser Arafat estuviese presente en la investidura. Dijo: "No me importa cómo lo hagamos, pero mi hermano Yasser Arafat ha de estar en mi toma de posesión". Era un gran reto porque el pobre hombre no podía salir de Túnez; iba a ser arrestado. Era de la opinión de que debían ser invitados todos los dirigentes africanos que tuviesen la posibilidad de asistir. Dijo: "Es preciso que formemos parte de la futura África, en su configuración y construcción". Quería conocer los detalles. "¿Quiénes han dicho que no van a venir?". Y a continuación cogía el teléfono —"Oh, hermano, tengo entendido que no te es posible, pero sabes que me encantaría que me acompañases"— y no pudieron negarse; asistieron».[38]

La investidura de Mandela estuvo cargada de simbolismo y emoción. Retransmitida a una audiencia global de aproximadamente mil millones de telespectadores, casi ciento ochenta jefes de Estado y dignatarios extranjeros y más de cuarenta mil invitados sudafricanos de todas las razas se congregaron en el anfiteatro de Union Buildings, en Pretoria. Resplandecientes con sus uniformes de gala, las fuerzas del ejército y la policía, cuya histórica misión había sido precisamente frustrar este acontecimiento, garantizaban ahora las condiciones para una transición pacífica.

---

*   Frene Ginwala: *véase* Gente, lugares y acontecimientos.
†   Aziz Pahad: *véase* Gente, lugares y acontecimientos.

Tras el juramento del cargo ante el juez Michael Corbett,* Mandela se mantuvo atento con la mano sobre el pecho mientras sonaba el nuevo himno nacional. Los militares —incluidos algunos generales que lucían condecoraciones concedidas en guerras de agresión— saludaron y juraron lealtad al presidente. En el intervalo entre *Die Stem van Suid Afrika (La llamada de Sudáfrica,* en afrikáans), el himno de la antigua y desprestigiada Sudáfrica, y *Sikelel' iAfrika (Dios bendiga a África,* en isiXhosa), el himno de la liberación, se izó la nueva bandera del país.

Redactado por un equipo liderado por Mbeki —muy mañoso para los discursos— y dirigido al país y al mundo en general, el discurso de Mandela estuvo en sintonía con el simbolismo que impregnaba la investidura y su parafernalia. Alto de por sí, durante los breves instantes que permaneció en el estrado lo parecía más si cabe, más seguro de sí mismo mientras se dirigía a todos los sudafricanos y líderes representantes de diversos escalafones del poder, desde los más poderosos a los más abyectos del mundo.

Manifestó: «En el día de hoy, mediante nuestra presencia aquí y mediante celebraciones en otras partes de nuestro país y del mundo, conferimos esplendor y esperanza a nuestra recién nacida libertad. De la experiencia de una catástrofe humana sin precedentes que ha durado demasiado tiempo ha de nacer una sociedad de la que toda la humanidad se sienta orgullosa.

»Nuestros actos diarios como sudafricanos de a pie deben configurar una auténtica realidad sudafricana que reafirme la creencia de la humanidad en la justicia, fortalezca su confianza en la nobleza del ser humano y sustente nuestra esperanza en pro de una vida gloriosa para todos.

»Todo ello es una deuda que hemos contraído con nosotros mismos y con los pueblos del mundo que hoy se encuentran representados aquí. Afirmo sin ningún género de dudas a mis compatriotas que cada uno de nosotros está tan íntimamente ligado a este hermoso país como los famosos jacarandás de Pretoria y las mimosas del *bushveld.*

»Cada vez que alguno de nosotros toca el suelo de esta nación experimenta una sensación de renovación personal. El espíritu nacional cambia con las estaciones. Cuando la hierba se torna verde y las flores florecen nos mueve un sentimiento de alegría y júbilo.

»Esa unidad espiritual y física que todos compartimos con nuestra patria explica el profundo dolor que atenazó los corazones de todos al ver cómo nuestro país se hacía añicos en un terrible conflicto, al verlo desdeñado, condenado y aislado por los pueblos del mundo precisamente por

---

* Michael Corbett: *véase* Gente, lugares y acontecimientos.

haberse convertido en la sede universal de la ideología y la práctica perniciosas del racismo y de la opresión racial.

»A nosotros, al pueblo de Sudáfrica, nos congratula que la humanidad haya vuelto a acogernos en su seno y que, estando proscritos hasta fechas no muy lejanas, se nos haya concedido el extraordinario privilegio de acoger a las naciones del mundo sobre nuestro propio suelo.

»Damos gracias a nuestros distinguidos huéspedes internacionales por haber acudido a tomar posesión, junto con el pueblo sudafricano, de lo que es, en definitiva, una victoria conjunta de la justicia, la paz y la dignidad humana.

»Confiamos en que continúen prestándonos su apoyo a medida que nos enfrentemos a los retos de instauración de la paz, la prosperidad, la igualdad de sexos y razas y la democracia. Valoramos profundamente el papel que el pueblo llano, así como sus representantes democráticos —políticos, religiosos, femeninos, juveniles, empresariales y tradicionales, entre otros—, han desempeñado para propiciar este desenlace y muy especialmente el vicepresidente segundo, el honorable F. W. de Klerk.

»También es preciso rendir tributo a todos los escalafones de nuestras fuerzas de seguridad por el distinguido papel que han desempeñado en la salvaguarda de nuestras primeras elecciones democráticas y en la transición a la democracia, protegiéndonos de fuerzas sanguinarias que continúan negándose a ver la luz.

»Ha llegado el momento de sanar las heridas. Ha llegado el momento de salvar el abismo que nos divide. Nos ha llegado el momento de construir.

»Al fin hemos logrado la emancipación política. Nos comprometemos a liberar a nuestro pueblo de las cadenas de la pobreza, las privaciones, el sufrimiento, la discriminación de género y de cualquier otra índole.

»Hemos logrado dar los últimos pasos hacia la libertad en relativas condiciones de paz. Nos comprometemos a la instauración de una paz completa, justa y perdurable.

»Nuestro esfuerzo por infundir esperanza en los corazones de los millones de sudafricanos ha sido un triunfo. Contraemos el compromiso de construir una sociedad en la que todo sudafricano, sea blanco o negro, pueda caminar con la cabeza alta, sin albergar ningún temor, con la seguridad de su derecho inalienable a la dignidad humana: una nación irisada en paz consigo misma y con el mundo.

»Como muestra de este compromiso de renovación de nuestro país, el nuevo gobierno de unidad nacional provisional abordará, con carácter de urgencia, el asunto de la amnistía para varios colectivos de personas que se encuentran actualmente cumpliendo condena en prisión.

»Dedicamos el día de hoy a todos los héroes y heroínas de este país y del resto del mundo que se han sacrificado en muchos sentidos y entregado sus vidas para que seamos libres. Sus sueños se han hecho realidad. La libertad es su recompensa.

»Nos sentimos a la par humildes y enaltecidos por el honor y el privilegio que, como pueblo de Sudáfrica, nos habéis otorgado, para que, ejerciendo la primera presidencia de una Sudáfrica unida, democrática, no racista y no sexista, conduzcamos al país fuera del valle de la oscuridad.

»Entendemos que no hay camino fácil hacia la libertad. Nos consta que ninguno de nosotros puede triunfar en solitario. Por tanto, debemos actuar como un pueblo unido en aras de la reconciliación nacional, la construcción de la nación y el nacimiento de un nuevo mundo.

»Que haya justicia para todos. Que haya paz para todos. Que haya trabajo, pan, agua y sal para todos. Que cada uno de nosotros sepa que todo cuerpo, toda mente y toda alma han sido liberados para que puedan sentirse realizados. Que nunca, nunca jamás experimente de nuevo esta maravillosa tierra la opresión del hombre por el hombre ni sufra la humillación de ser la escoria del mundo.

»¡El sol jamás se pondrá sobre tan esplendoroso logro humano! ¡Que reine la libertad! ¡Dios bendiga a África! Gracias».[39]

Para personas coetáneas a Mandela, el simbolismo de la celebración debió de ser más emotivo si cabe; la investidura no solo se celebraba en el recinto de un edificio representativo del poder inefable, sino en Pretoria, relativamente cerca de la prisión central, donde muchos habían sido ejecutados por osar vislumbrar dicho momento. La segregación se había abolido recientemente en la estación central de la ciudad y en las aceras todavía resonaba el eco de viandantes negros que habían tenido que saltar a toda prisa a la calzada para dejar pasar a una persona blanca. Mandela se alejó a grandes zancadas de la formalidad del anfiteatro para cruzar Botha Lawns, los inmensos y pulcros jardines de Union Buildings donde se habían congregado decenas de miles de personas.

«Antes de comenzar su discurso de toma de posesión, Mandela bailó unos minutos al son de la música de los African Jazz Pioneers y la multitud se unió a él con entusiasmo. En un ambiente festivo, un grupo de jóvenes corrió por el césped delante de Union Buildings llevando a hombros un ataúd con la inscripción *"Hamba kahle apartheid"* ("Adiós al *apartheid"*) pintada en un lado».[40]

En el escenario presentó a los vicepresidentes Mbeki y De Klerk levantando sus manos como un árbitro que declara ganadores a los dos contendientes de un combate de boxeo.

«Siempre recordaré cuando me agarró de la mano para levantarla con la de Thabo Mbeki delante de todos —rememoró De Klerk años después—. Simbolizó que abordábamos el futuro juntos».[41] Aquí, Mandela describió a Mbeki como un luchador por la libertad que había sacrificado su juventud por la liberación y a De Klerk como un extraordinario reformista, uno de los hijos de la patria.

«Olvidemos el pasado —dijo Mandela—. Lo pasado, pasado está».[42]

Más tarde, en el almuerzo de investidura con sus invitados, utilizó un lenguaje diferente, desde el corazón, tal y como acostumbraba hacer cuando improvisaba un discurso.

«El día de hoy —manifestó— es resultado de esa otra fuerza de nuestro país, la de la persuasión, el debate, el diálogo, el amor y la lealtad a nuestra patria común.

»A partir de ahora esta es la fuerza en la que vamos a confiar. Aún tenemos por delante multitud de problemas. Así pues —concluyó—, el gobierno de unidad nacional ha de enfrentarse a todos estos problemas. Pero no me cabe duda de que contamos con los hombres y mujeres de este país, de todos los sectores de la población, que estarán a la altura del reto».[43]

CAPÍTULO CUATRO

Llegada a Union Buildings

Nelson Mandela pasó la noche de la investidura en la residencia oficial para invitados, en Pretoria, su alojamiento temporal durante los tres meses siguientes mientras F. W. de Klerk abandonaba Libertas, la residencia presidencial. Posteriormente Mandela la denominaría Mahlamba Ndlopfu («El nuevo amanecer» en xitsonga, que significa literalmente «el baño de los elefantes», puesto que estos se bañan al alba).

En torno a las diez de la mañana del 11 de mayo, el día siguiente a la toma de posesión, Mandela llegó a la entrada trasera del ala oeste de Union Buildings escoltado por unidades de la policía sudafricana y de Umkhonto we Sizwe, aún sin unificar. Dos extraordinarias mujeres —Barbara Masekela y Jessie Duarte— que integraban el eje de la administración de Mandela como presidente del CNA hicieron su entrada con porte resuelto y ataviadas con sus mejores galas para tomar posesión de sus cargos.

La temperatura en los pasillos, siempre a la sombra, era un par de grados inferior a la exterior, lo cual exigía el uso de un atuendo más bien discreto entre el personal y los oficiales. Anteriormente, cuando Mandela se reunió con De Klerk, los pasillos siempre olían a café. Esa mañana no era el caso y, salvo por las escasas personas que Mandela vio a la entrada del edificio, el lugar parecía prácticamente desierto y abandonado, desprovisto de calor humano. El vicepresidente segundo, De Klerk, se había llevado consigo a todo el equipo de su administración, dejando únicamente al personal funcional y administrativo.

Pero la cordialidad y la elegancia en el vestir era lo último que tenía en mente el equipo de Mandela, cuyo principal cometido el 11 de mayo era la clausura del gabinete del gobierno de unidad nacional (GNU) y el juramento de cargos de los ministros. Se trataba de un pequeño equipo, integrado por profesionales cuidadosamente seleccionados, que debía cumplir un mandato con urgencia. Como señaló Jessie Duarte, Mandela adoptó una actitud activa en la selección del personal. Recuerda que, antes de la incorporación del profesor Jakes Gerwel* como posible director general y secretario del gabinete, Mandela «quiso saber todo lo habido y por haber sobre Jakes. De hecho, consultó a Trevor [Manuel] antes de sentarse con Jakes y decirle: "Si ganamos, ¿formarías parte de mi equipo?"». También habló con bastantes activistas [sobre] quién era el tal Gerwel, sobre quién se uniría a su gobierno».[1] La necesidad de contar con un cuadro competente en la oficina del presidente compensaría el vacío dejado por las sesenta personas que formaban el equipo de De Klerk. Por otro lado, el encargo encomendado a una subcomisión de asuntos exteriores del Comité Ejecutivo de Transición (TEC) de diseñar una estructura para la oficina del nuevo presidente no había dado fruto, a excepción de la designación de un reducido equipo provisional para sacar del aprieto al nuevo presidente hasta poder definir un arreglo permanente. Por iniciativa de Thabo Mbeki, asumió la tarea un equipo dirigido por el doctor Chris Streeter, que pasó a ser el jefe de personal de la oficina de Mandela hasta el nombramiento del director general.

Mandela se apresuró a acallar los rumores de que prescindiría del antiguo personal. Aunque andaba escaso de tiempo, tuvo la deferencia de estrechar la mano a todos y cada uno de los miembros del equipo. Fanie Pretorius, por entonces directora de la oficina del presidente, recuerda dicha ocasión:

> «Comenzó por la izquierda a estrechar la mano a todos los miembros del equipo y, cuando llevaba aproximadamente una cuarta parte de la fila, se encontró a una señora que siempre tenía un gesto adusto, aunque era una persona agradable. Al estrecharle la mano, le dijo en afrikáans: *"Is jy kwaad vir my?"* ["¿Está enfadada conmigo?"]. Todo el mundo se echó a reír y se rompió el hielo. Continuó transmitiendo el mensaje al resto del equipo. No hubo nada más y todo el mundo respiró

---

* Jakes Gerwel: *véase* Gente, lugares y acontecimientos.

aliviado. En ese momento era el Nelson Mandela de siempre, con su calidez y aceptación. Se metió a todo el mundo en el bolsillo; después de eso en el equipo no hubo resquemor por parte de nadie, o, al menos, no fuimos conscientes del mismo».[2]

El talante afectuoso que Mandela mostraba con personas de cualquier condición, desde los empleados de jardinería y limpieza, pasando por los oficinistas y mecanógrafos hasta los altos cargos, no pasaba desapercibido. Todos los que lo conocieron a nivel profesional destacan su generosidad, humildad y simpatía, un hombre que sabía «cómo tener una actitud cercana», que hacía gala de su autenticidad «saludando a todo el mundo de la misma manera, hubiera o no una cámara delante», que nunca daba «la sensación de estar por encima de los demás».[3]

Mandela se mostraba respetuoso, pero no intimidado por el mundo en el que se encontraba. Como cualquier persona segura de sí misma que confía en su capacidad, tenía claro qué camino coger para afianzar la democracia en Sudáfrica. A lo largo de su trayectoria política, jamás había eludido la responsabilidad independientemente del peligro, como se pone de manifiesto en su papel de voluntario jefe de la Campaña de Desafío de las Leyes Injustas* de 1952. En aquella época el aparato del estado del *apartheid* estaba en pleno apogeo. Inspirado por el sentimiento latente en su poema favorito, *Invictus,* había permanecido «indemne» a «la amenaza del paso de los años».[4] Encarcelado durante más de un cuarto de siglo, Mandela se había convertido en el símbolo mundial por excelencia contra cualquier forma de injusticia. En un primer momento se mostró reacio a asumir el cargo de presidente, tal vez al sentir que había cumplido sus aspiraciones al gestionar el emocionante periodo que sucedió desde su puesta en libertad hasta las elecciones.

«Mi investidura como primer presidente de la República de Sudáfrica elegido democráticamente —escribe— se me impuso muy en contra de mi voluntad.

»Cuando se acercaba la fecha de las elecciones generales, tres líderes veteranos del CNA me informaron de que, tras una amplia consulta en el seno de la organización, se había decidido por unanimidad que debía asumir la presidencia si ganábamos las elecciones. Esta, comentaron, sería la propuesta de la primera reunión de nuestro grupo parlamentario. Desaconsejé dicha decisión aduciendo que ese año cumpliría setenta y seis años; sugerí que sería conveniente elegir a alguien, hombre o mujer, mucho más joven, que no hubiese estado en prisión, que se hubiera reunido con jefes

---

* Campaña de Desafío de las Leyes Injustas: *véase* Gente, lugares y acontecimientos.

de Estado y de gobierno, asistido a encuentros de organizaciones nacionales e internacionales, que estuviera al tanto de los avances nacionales e internacionales, que pudiera, en la medida de lo posible, prever el futuro curso de dichos avances.

»Señalé que siempre había admirado a los hombres y mujeres que usaban su talento en pro de la comunidad y que gozaban de gran respeto y admiración por su esfuerzo y sacrificio a pesar de no ostentar cargos de responsabilidad en el gobierno o en la sociedad.

»La combinación de talento y humildad, de ser capaz de comulgar tanto con los pobres como con los ricos, los débiles y los poderosos, la gente de a pie y la realeza, los jóvenes y los ancianos: hombres y mujeres con empatía que, al margen de su raza o condición, son dignos de admiración en el conjunto de la humanidad.

»El CNA siempre ha contado con una gran cantera de hombres y mujeres de valía que prefirieron permanecer en un segundo plano y elevar a jóvenes prometedores a cargos relevantes y de peso para exponerlos en los inicios de sus trayectorias políticas a los principios y problemas fundamentales del liderazgo y a cómo resolver dichos problemas. La condición de líder siempre ha calado profundamente en muchos de nosotros. El camarada Walter Sisulu es un ejemplo; por eso siempre ha estado muy por encima de todos nosotros, al margen de los cargos que ocupáramos en el movimiento o en el gobierno.

»Insistí a los tres líderes veteranos en que prefería prestar mi servicio sin ostentar ningún cargo en la organización ni en el gobierno. Uno de ellos, sin embargo, me cantó las cuarenta.

»Me recordó que yo siempre había abogado por la importancia crucial del liderazgo colectivo y que, siempre y cuando nos rigiésemos por ese principio, nunca nos equivocaríamos. Me preguntó sin rodeos si me iba a retractar de lo que con tanta coherencia había predicado a lo largo de los años. Aunque ese principio nunca se concibió para excluir la defensa a ultranza de las firmes convicciones personales, decidí aceptar su propuesta.

»No obstante, dejé claro que solamente prestaría mi servicio durante una legislatura. Aunque mi anuncio pareció cogerles desprevenidos —contestaron que debía dejar el asunto en manos de la organización—, no quise que quedase la menor duda sobre esa cuestión. Poco después de asumir la presidencia, anuncié públicamente que solamente ejercería el cargo durante una legislatura y que no volvería a presentarme como candidato.

»En las reuniones del CNA —continúa Mandela— a menudo incidía en que no deseaba que camaradas pusilánimes o títeres acatasen todo lo que dijese por el mero hecho de presidir la organización. Hice un llamamiento a una relación sana en la que pudiéramos plantear asuntos, no como amos y sirvientes, sino como iguales, donde cada camarada expresase su opinión con libertad y franqueza, sin temor a un trato discriminatorio o marginal.

»Una de mis propuestas, por ejemplo, que generó una gran polémica e indignación, fue cuando sugerí ampliar el derecho a voto a los catorce años, medida que había sido adoptada en diversos países del mundo.

»Esto se debía al hecho de que, en esos países, había jóvenes de más o menos esa edad al frente de la lucha revolucionaria. Fue esa contribución lo que impulsó a los gobiernos victoriosos a recompensarles otorgándoles el derecho al voto. La oposición a mi propuesta por parte del Comité Ejecutivo Nacional fue tan vehemente y abrumadora que me batí en retirada diligentemente. El periódico *The Sowetan* dramatizó el asunto en su tira cómica mostrando a un bebé votando en pañales. Fue una de las maneras más gráficas de ridiculizar mi idea. No tuve valor para insistir en el tema.

»Hubo, sin embargo, casos en los que me sentí constreñido por el principio del liderazgo colectivo. Ejemplo de ello fue cuando me opuse rotundamente a la decisión tomada en una conferencia política según la cual el gabinete debía ser nombrado mediante asamblea. También rechacé la primera lista de mediadores del CNA con el régimen del *apartheid* que nos remitió la jefatura de Lusaka. De los once nombres, ocho pertenecían a un grupo étnico negro y no había una sola mujer entre ellos.

»En resumen, el principio de liderazgo colectivo, de trabajo en equipo, no es un instrumento inflexible o dogmático que deba ser aplicado de manera mecánica al margen de las circunstancias. Siempre ha de ser analizado según las condiciones imperantes. No obstante, se trata de un principio esencial a la hora de promover la unidad y la confianza mutuas entre la militancia. Únicamente nos desviamos de él en circunstancias excepcionales.

»En calidad de presidente del CNA y del país, insté a los miembros de la organización, del gabinete y a los diputados del Parlamento a expresarse abiertamente en las reuniones del CNA y del gobierno. Del mismo modo, les advertí de que expresarse abiertamente no significaba ni mucho menos mostrar una actitud destructiva o negativa.

»Uno siempre debería tener presente que el principal objetivo de un debate, sea en el seno de la organización o fuera de ella, en mítines políticos, en el Parlamento y en otras estructuras gubernamentales, es que, por muchas diferencias que hayamos podido tener en el mismo, deberíamos salir más reforzados, unidos y seguros que antes. La eliminación de las diferencias y sospechas mutuas del seno de la organización […] siempre debería ser nuestro principio rector.

»Esto resulta relativamente fácil cuando intentamos, en la medida de lo posible, no cuestionar bajo ningún concepto la integridad de otro camarada o miembro de otra organización política que tenga un punto de vista distinto al nuestro.

»A lo largo de mi trayectoria política, he descubierto que en toda comunidad, sea africana, mestiza, india o blanca, y en toda organización política sin excepción existen hombres y mujeres que desean fervientemente reanudar sus vidas, que anhelan la paz y la estabilidad, que quieren sueldos decentes, viviendas de calidad y enviar a sus hijos a los mejores colegios, que respetan y quieren mantener el tejido social de la sociedad.

»Los buenos líderes tienen muy presente que la erradicación de las tensiones en una sociedad, al margen de su origen, crea un entorno idóneo para hombres y mujeres con visión influyentes en la sociedad, de manera que los pensadores ocupan un lugar preeminente. Los extremistas, por su parte, se alimentan de las tensiones y sospechas mutuas. La lucidez y la buena planificación nunca fueron sus armas».[5]

El CNA —más concretamente el presidente Mandela— necesitaba pensar con claridad y planificar bien. Sin estas dotes sería difícil integrar la antigua administración pública, burocratizada y orientada a la seguridad, un lastre del reaccionario legado del *apartheid,* con el nuevo personal, algo inexperto, parte del cual se había graduado recientemente en academias extranjeras, donde habían realizado cursos intensivos en administración y nociones de gestión de una economía moderna. Mientras que De Klerk disponía de una oficina administrativa integrada por personas que llevaban años trabajando con él, Mandela y su segundo de a bordo, Mbeki, tenían que partir de cero. La única experiencia que favorecía al CNA en la administración pública la avalaba un pequeño pero significativo número de personas en asuntos exteriores y en las fuerzas de seguridad —principalmente en defensa e inteligencia— que habían trabajado conjuntamente en un amplio plan de integración. Para Mandela, por consiguiente, formar gobierno implicaba, en primer lugar, conseguir que figuras de peso del movimiento de liberación asumieran carteras y actuaran de consejeros y, en segundo lugar, abstenerse de precipitar el cambio de la estructura o de prescindir de personal de la antigua.

El primer nombramiento de relevancia fue el de Jakes Gerwel, lo cual le dio peso al equipo presidencial. También aportó su dilatado bagaje político como líder del Frente Democrático Unido (UDF) y su compromiso con el CNA en el exilio. Como vicerrector de la Universidad de la Provincia Occidental del Cabo, cargo del que estaba a punto de retirarse, había liderado la transformación de una universidad afín al *apartheid* en «un hogar intelectual de la izquierda». El hecho de que Mandela refrendara el nombramiento del profesor Gerwel es señal de la alta estima que tenía de él. Aún es más significativo que este procediera de la corriente de conciencia negra y que no estuviese afiliado al CNA. Muchos años después, Mandela escribió de él:

«El profesor Jakes Gerwel fue secretario del gabinete y director general durante mi presidencia, cargos que desempeñó con distinción. Actualmente es presidente de la Fundación Nelson Mandela, del Consejo de Investigación de Ciencias Humanas (HSRC), del Centro Africano para la Resolución Constructiva de las Disputas (ACCORD), del Instituto para la democracia en Sudáfrica (IDASA) y del Instituto para la Justicia y la Reconciliación.

»Asimismo, se implica activamente en el sector privado, desempeñando el cargo de presidente de la Brimstone Investment Corporation, de Africon Engineering International y Educor-Naspers, director de Naspers, Old Mutual, David Philip Publishers, Western Province Cricket Pty Ltd., miembro de la Academia de las Ciencias de Sudáfrica y de otras seis organizaciones del sector privado. Presidió el Comité de Rectores Universitarios. En el ámbito académico se desenvolvió excepcionalmente. Obtuvo la diplomatura en Humanidades, la licenciatura en Humanidades con honores, el doctorado en Literatura y Filosofía, todos *cum laude*. Tiene en su haber nada menos que seis títulos honorarios de universidades sudafricanas y extranjeras.

»Ha sido galardonado con la medalla de oro de la Orden de la Cruz del Sur por el presidente de Sudáfrica (1999), por el rey Abdulaziz Sash, le ha sido otorgado el rango de ministro por el príncipe Abdalá de Arabia Saudí (1999), la distinción de la Orden del Rey Abdulaziz al Saud de Arabia Saudí y de la Orden de las Buenas Obras por el libio Muamar el Gadafi (1999).

»Ha publicado diversas monografías, artículos, ensayos y trabajos de índole literaria, educativa y sociopolítica. Es un pensador independiente lúcido y digno de admiración que llegó a ser elegido rector de la Universidad de la Provincia Occidental del Cabo y ahora de la Universidad de Rhodes.

»En el ámbito de las relaciones humanas, destaca claramente como un verdadero líder carente de tendencias paranoides, que fomenta el debate por principios. Entre los compañeros hace hincapié en estos aspectos, que están concebidos para reforzar las relaciones humanas en vez de debilitarlas.

»Como presidente de nuestra fundación, es un motor que nos mantiene trabajando en armonía y corta de raíz toda incipiente maniobra que desemboque en cualquier forma de disputa entre camaradas.

»Pocos son conscientes de que también es un consumado negociador a nivel internacional. Fue el artífice, junto con su alteza real el príncipe Bandar, el embajador de Arabia Saudí en Washington, de la resolución del caso Lockerbie.*

---

* Mandela, junto con el profesor Jakes Gerwel, por entonces director general, trabajó con el príncipe Bandar para lograr un acuerdo con el fin de que los dos sospechosos del bombardeo de Lockerbie bajo custodia de la policía escocesa fuesen juzgados en Camp Zeist, en los Países Bajos, territorio neutral. Se trata en profundidad en el capítulo trece.

»Mientras haya hombres de esta valía y visión, la paz y la estabilidad mundiales continuarán siendo las piedras angulares de las relaciones nacionales e internacionales».[6]

Cuando nombró a Gerwel, Mandela ya tenía una idea aproximada de la oficina que deseaba. Como cualquier persona obsesionada por el orden —en un momento dado insistió en hacerse la cama en un hotel—, era incapaz de funcionar sin una base sólida. Contar con Gerwel al mando servía a su propósito. Él respetaba a Gerwel y se dejaría asesorar por él. Masekela comentó posteriormente esta faceta del carácter de Mandela.

«Creo que para aspirar al mejor asesoramiento y para dejarse aconsejar se requieren ciertas dosis de humildad e interés. En mi opinión, sentía una admiración algo excesiva por la gente educada. Le causaban una profunda impresión los logros académicos y ese tipo de cosas, y si expresabas tus dudas acerca de alguien así resultaba muy difícil convencerle».[7]

No es que nadie hubiera expresado sus dudas acerca del profesor Gerwel, ni mucho menos sobre Ahmed Kathrada, que ejerció de asesor presidencial desde el primer momento. Mucho más tarde Kathrada fue nombrado consejero parlamentario. Viejo amigo y compañero de prisión de Mandela, había declinado la propuesta de ser ministro del gabinete.

«Lo que ocurrió —explica Kathrada— es que la prensa se adelantó a la publicación de la relación de ministros y aparecía mi nombre. Entonces escribí a Mandela y le dije que, aunque se hubiera mencionado mi nombre, no estaba interesado en formar parte del gabinete [...]. Afortunadamente hubo un trueque con el IFP, que aspiraba a una de las carteras de seguridad de la cual no podíamos permitirnos prescindir, de modo que lo más fácil fue asignarles la mía: Servicios Penitenciarios».[8]

Mandela había dedicado toda su vida a la transformación del régimen del *apartheid* en un Estado constitucional sin diferencias de raza o de sexo donde todo ciudadano disfrutase de igualdad ante la ley. Pero se trataba de ideales abstractos que solamente podían materializarse —o hacerse realidad— mediante el esfuerzo y compromiso de hombres y mujeres de valía. Así pues, su oficina debía ser un motor que galvanizara a la militancia. La elección de Nicholas «Fink» Haysom como asesor legal no fue motivo de sorpresa; como el resto de integrantes de la oficina de Mandela, presentaba impecables credenciales. Haysom, un catedrático de Derecho que había participado activamente combatiendo las escuadras de vigilancia y la violencia respaldada por el Estado una década antes, había representado un papel decisivo durante las negociaciones. Su pericia era inestimable, dada la evolución de Sudáfrica hacia un Estado constitucional y la necesidad de definir un marco legal para transformar el país y reincorporarlo a la comunidad internacional (en este sentido, Mandela debía firmar unas 800 órdenes ejecutivas al año, una media de dos al día).[9]

Joel Netshitenzhe, miembro del Comité Ejecutivo Nacional (NEC) y del Comité Nacional de Trabajo (NWC) del CNA, poseía una amplia experiencia en comunicación y análisis estratégico. Con un estilo informal, pero estudiado, y con aversión a la vestimenta formal, Netshitenzhe —que trabajaba con el oficial de enlace con los medios de comunicación, Parks Mankahlana, procedente de la Liga de la Juventud— ejercía unas competencias que iban mucho más allá de redactar los discursos de Mandela: también era el enlace extraoficial de los diversos electores del CNA —y del gobierno—. Se había granjeado la confianza de los medios de comunicación principalmente gracias a la seguridad y franqueza que despedía —era conocido por gozar de la atención del presidente—, y había trabajado mucho para definir las posturas políticas más complejas en varios foros.

«Antes de que el profesor Jakes Gerwel asumiera el cargo de director general de la oficina del presidente y comenzara a redactar mis discursos —escribe Mandela—, tarea que continúa realizando actualmente, mis discursos los elaboraba el camarada Joel Netshitenzhe, posteriormente con ayuda del camarada Tony Trew.

»Al igual que sucede en numerosos lugares del mundo, Sudáfrica ha cosechado una cantera de figuras brillantes, incluso genios, que han contribuido a transformar nuestro país desde su doloroso pasado y a darle fama internacional. Son estos hombres y mujeres de distintos bandos de la barrera racial quienes sorprendieron al mundo en los años noventa, un mundo que aclamó a Sudáfrica como un país milagroso. Esa respuesta de la comunidad internacional confirmó una vez más lo que tantas veces hemos repetido, a saber, que nuestra riqueza no depende únicamente de nuestros minerales, sino también de la valía de nuestras mujeres y hombres. Joel Netshitenzhe, responsable del Sistema de Comunicación e Información del Gobierno (GCIS), forma parte integrante de dicha riqueza».[10]

Además, la unidad de comunicación de Netshitenzhe supervisaba y analizaba las actuaciones del gobierno entre los distintos departamentos, supliendo la falta de capacidad con respecto a la coordinación de políticas, evaluación e implementación en la presidencia.

«Tenía la habilidad de no perder la compostura y de controlarse ante provocaciones insoportables —continúa Mandela—. En las numerosas reuniones a las que he asistido con él en calidad de presidente del CNA y del país jamás le he visto perder los estribos. En este sentido trabajó cordialmente con Thabo [Mbeki], que a veces se ofrecía para ayudar a redactar los discursos.

»Cuando Rusty Evans se retiró como director general del Ministerio de Asuntos Exteriores, le pedí a Joel que relevara a Rusty. Joel se mostró tan cortés como de costumbre. Dijo que, si insistía, consideraría la oferta, pero añadió con énfasis que prefería permanecer en comunicación. Traté por todos los medios de presionarle, pero él no cedió y con gesto amable esbozó una amplia sonrisa. Entonces recurrí al vicepresidente, Thabo Mbeki, para que le persuadiera de que aceptase mi oferta. Sin embargo, el vicepresidente me aconsejó que retirara mi oferta, pues Joel tenía claro durante el exilio que quería permanecer en comunicación. Acepté su consejo».[11]

En una entrevista concedida a Aziz Pahad en julio de 2010, Jakes Gerwel declaró que su intención era conservar el tamaño y la burocracia de la oficina de Mandela «tan austera como permita la eficiencia» y con una misión definida.[12] Sin embargo, en un escrito al departamento de gastos del Estado, Gerwel reconoció que, al formar gobierno en mayo de 1994 «heredamos la oficina presidencial de la era del *apartheid*». Tuvieron que adaptarla a las exigencias de una «democracia instaurada de un día para otro, a la rápida pujanza de las relaciones internacionales, a la posición histórica y a la talla del presidente Mandela». Todo ello «tuvo profundas repercusiones en el funcionamiento de la oficina del presidente» y no podía «tenerse en consideración en aquella etapa».[13] Una analogía sería la de los padres que preparan una canastilla para un bebé y resulta que tienen quintillizos.

La mayoría de los líderes políticos toman decisiones con miras a minimizar las amenazas a su propia supervivencia política. Pese a su activa participación en reuniones y a las consultas a sus consejeros, Mandela tenía plena confianza en su propio criterio sobre los asuntos; una vez que adoptaba una postura, en ocasiones podía plantear dificultades. Sin embargo, no era inflexible hasta el punto de la obstinación cuando se percataba de que no iba a conseguir que la gente cambiase de parecer.

Jakes Gerwel recuerda la capacidad de su jefe para «simplificar y zanjar los asuntos. Madiba era muy franco». Dado que Gerwel había pasado toda su vida en la universidad, afirmaba que teorizar le resultaba «algo natural. Desconfío de las respuestas simples, pero tuve que oír muchas veces: "Jakes, tiene que ser más sencillo que eso". Madiba era capaz de desentrañar la esencia de las cosas y de simplificarlas. Por lo tanto, podía tomar una decisión crucial en cuestión de cinco minutos si era necesario».[14]

Pero a Mandela no le bastaba con los fríos y escuetos análisis de sus consejeros; también recurría al asesoramiento de otros militantes del CNA. Tras haber tomado por costumbre señalar el lunes como «día del CNA» en su agenda, pasaba ese día en la sede del CNA con miembros de la jefatura, entre otros, y asistiendo a reuniones del Comité Nacional de Trabajo. Sin embargo, no tenía horario fijo a la hora de consultar a otros líderes del CNA cercanos a él, como Sisulu.

«Le gusta llamar por teléfono —comentó Sisulu, de buen grado, en una entrevista concedida en 1994—, en especial a mí. Me despierta a la una, a las dos, da igual. Después de despertarme me doy cuenta de que el tema no es tan importante. Bueno, lo tratamos, pero no había necesidad de que me despertase a esas horas».[15]

La involucración de Mandela en el gabinete, no obstante, cambió con el paso del tiempo. En el inicio de su mandato, Mandela adoptó un enfoque más activo, manteniéndose informado de prácticamente todos los aspectos de la política a fin de mantener la coherencia del CNA en el gobierno de unidad nacional, una línea que exigía el intrincado proceso de transformación. Trevor Manuel recuerda cómo, en víspera de las reuniones del gabinete, Mandela convocaba a los ministros y viceministros del CNA a una asamblea de la ejecutiva del CNA en su residencia de Genadendal,* en Ciudad del Cabo. El motivo era, según Trevor Manuel, «poder consensuar las posturas que deseábamos defender y prestarnos apoyo mutuo. Brindaba a los camaradas [un entorno] donde debatir con bastante libertad».[16]

Durante los primeros cien días de su mandato, Mandela celebró encuentros para orientar a los ministros o llevárselos a su terreno en las posturas por las que abogaba. Mantuvo un constante interés en asuntos concernientes a la paz, la violencia y la estabilidad. Según señala Nkosazana Dlamini-Zuma,† «en mi opinión, estuvo más comprometido al principio, pero tal vez se debiera a que por entonces yo le pedía un mayor compromiso debido a mi falta de experiencia». No obstante, a pesar de su inexperiencia, Dlamini-Zuma tenía la imperiosa ambición de hacer mella en la industria tabaquera con la promulgación de medidas legislativas que prohibieran fumar en espacios públicos. También se llevó a cabo una iniciativa bastante innovadora al crear una escuela de medicina en Durban, el Hospital Nkosi Albert Luthuli. Estas dos iniciativas sacaron de quicio al vicepresidente De Klerk.

Dlamini-Zuma relata:

> «De Klerk me llamó a su despacho para decirme: "Tienes que parar esta tontería del tabaco, porque va a dejar a los agricultores sin trabajo y no es necesario". A continuación me dijo

---

* Mandela cambió el nombre original del edificio Westbrook a Genadendal («Valle de la Misericordia» en afrikáans) por la misión de Genadendal, situada a dos horas de Ciudad del Cabo, que sirvió de santuario a los esclavos cuando se abolió la esclavitud en la colonia del Cabo en 1838.

† Nkosazana Dlamini-Zuma: *véase* Gente, lugares y acontecimientos.

que debía construir el hospital de Pretoria, así que le dije: "Bueno, lo primero que tengo que construir es una escuela de medicina aquí [en Durban], porque el [Hospital] Rey Eduardo [VII de Inglaterra] es un desastre y la formación médica es una verdadera vergüenza". Existía un informe de un estudio realizado por su propio gobierno [donde se afirmaba] que el Rey Eduardo no estaba capacitado para formar a estudiantes de medicina, pero él no había hecho nada al respecto. De modo que ese era el primer hospital que debía construir. Me contestó que, en fin, Pretoria formaba parte del legado afrikáner y que iba a luchar por ello en el gabinete, a lo cual respondí: "Me parece estupendo, puedes luchar por ello". No puse al corriente a Tata* [Mandela] porque no lo consideré necesario. Con respecto al asunto del tabaco repuse que era la ministra de Salud y responsable de la salud del país; que los agricultores podían plantar otras cosas, pues no había tierra en Sudáfrica donde solo pudiera cultivarse tabaco. Que pondríamos en marcha programas junto con el Ministerio de Agricultura para ayudar a los agricultores a sustituir las cosechas de tabaco por otras.

»No se lo conté a Tata —no sé quién lo hizo—, se lo comenté a algunos colegas pero no a él, pues no lo creí necesario. Pero un día me llamó y dijo: "Me he enterado de que De Klerk te convocó para decirte estas cosas". Se lo confirmé. Me preguntó: "¿Por qué no me lo contaste?". Le contesté: "No consideré necesario implicarte en esto, no era preciso que tomaras ninguna decisión". Entonces dijo: "No, debes ponerme al tanto si te vuelve a llamar, pero le he dicho que no vuelva a hacerlo; que no vuelva a llamar a mis ministros bajo ningún concepto". De modo que intervino porque estaba bastante enfadado con De Klerk.

»Para mí era un pilar de fortaleza en el sentido de que era capaz de hacer cosas que en ocasiones tal vez fuesen controvertidas».[17]

Tal vez la tendencia de Mandela a hacer campaña para ganar adeptos fuera de los círculos convencionales suscitase controversia. No dudaba en convocar a una reunión a cualquiera que considerase adecuado para arrojar luz sobre un tema, ya fueran ministros, representantes o líderes de

---

* *Tata* es un vocablo isiXhosa que significa «padre». Su uso está muy extendido para aludir cariñosamente a Mandela.

sectores de la sociedad e incluso jefes de Estado. El juez Kriegler señaló que Mandela a menudo llamaba a la gente personalmente, a veces cogiéndolos desprevenidos, en vez de confiar la tarea a sus asesores. Este magnetismo con la gente era recíproco; personas de todos los ámbitos de la sociedad deseaban entrar en contacto con él y viceversa, lo cual, a su vez, le permitía tomar el pulso del público.

Mary Mxadana, la secretaria personal de Mandela, comentó la relación de este con el público, de cualquier índole, tanto en el país como en el extranjero. «No solo es el mero presidente de un país —señaló—, sino un líder célebre, de modo que todos aspiran a que les dedique tiempo». Cuando en teoría debía descansar, a menos que estuviese en un lugar sin teléfono fijo y su móvil no estuviera disponible, «se ponía a llamar a gente de todo el mundo».[18]

Líderes de todo el mundo habían sido testigos de su mayor momento de gloria, su investidura, y él consideraba que tenía la suficiente confianza como para acudir a ellos en busca de apoyo o para ponerles al corriente de los avances. Estaba al frente de un país que, a todas luces, estaba en boca de todo el mundo. A lo largo de todo un año, el ascenso al poder de Mandela y el destino de la «nueva Sudáfrica» —un concepto que se difundió enseguida— preocuparon a los medios de comunicación y eclipsaron las crónicas del genocidio de Ruanda.

El mundo observaba y formulaba preguntas, interesándose por las estrategias que Mandela desarrollaría para gobernar. ¿Cuáles eran los fundamentos de las políticas que el CNA proponía? Por citar un ejemplo, en una entrevista televisiva realizada en 1994, la presentadora estadounidense Charlayne Hunter-Gault preguntó a Mandela: «¿Qué tipo de presidente será usted?».

«Nuestra línea política —respondió Mandela— ya ha quedado de manifiesto en el transcurso de esta campaña. No somos partidarios de tomar decisiones desde la cúpula y a continuación imponerlas a las masas. Hemos desarrollado la estrategia de los foros populares, donde son las masas quienes nos transmiten qué desean, cuáles son sus preocupaciones, cuáles son sus demandas. Y a partir de dichas demandas populares hemos diseñado el Programa para la Reconstrucción y el Desarrollo [RDP], con miras a crear empleo, construir viviendas, proporcionar centros educativos, electricidad, etc.».

Posteriormente se le preguntó cómo tenía previsto poner en marcha esos programas; si sería mediante legislación, delegación de competencias a los ministros del gabinete, si les «permitiría implantarlos» o si «los impulsaría él mismo».

Mandela contestó: «He de interesarme por prácticamente todos los pormenores, pero como es lógico tener que estudiar minuciosamente las actuaciones de todos los ministerios es una tarea difícil. Basta con establecer las directrices para que todos los departamentos, todos los ministros, trabajen de acuerdo a dichas directrices, y mi labor es la de supervisar y en ocasiones involucrarme a fondo en las actuaciones de un departamento dependiendo de la relevancia nacional del asunto. Me he dirigido a la cúpula de la Iglesia reformada holandesa y a un amplio elenco de organizaciones agrícolas de predominio afrikáner y nos han brindado su abrumador apoyo: todos los sudafricanos quieren ponerse manos a la obra en la construcción de una nueva Sudáfrica».[19]

Pero, ¿cómo formó Mandela en 1994 el primer gabinete del gobierno democrático y representativo posterior al *apartheid?* ¿Qué le facultaba para ello? ¿Cómo supo que era el momento oportuno para que el CNA asumiera el poder como partido mayoritario del gobierno? La respuesta de Mandela reside en el memorando político del CNA.

«Los preparativos de gobierno —escribe— no se reducían exclusivamente a movilizar a la comunidad internacional. También entrañaban un aspecto interno, contenido, entre otras cosas, en el documento *Ready to Govern: ANC Policy Guidelines for a Democratic South Africa [Listos para gobernar: Directrices políticas del CNA para una Sudáfrica democrática]* adoptado en la Conferencia Nacional organizada del 28 al 31 de mayo de 1992.

»El memorando político establecía la necesidad de analizar los problemas que debía abordar el primer gobierno elegido bajo una nueva Constitución democrática. Esto contribuiría a entender la magnitud de las tareas que conllevaba la transformación de nuestro país en uno donde todo el mundo pudiese disfrutar de un nivel de vida básico en un entorno de paz y seguridad. Los problemas no se resolverían de la noche a la mañana ni se encontrarían soluciones rápidas o fáciles. Los problemas eran acuciantes y los recursos limitados.

»El asunto prioritario eran los principios básicos de una Constitución democrática para Sudáfrica. La voluntad del pueblo debía expresarse a través de representantes elegidos democráticamente en elecciones periódicas libres y justas. Serían estos representantes elegidos quienes adoptarían una Constitución, que debía ser la ley suprema de la nación y garantizar sus derechos fundamentales.

»El documento establecía que Sudáfrica sería un Estado unitario con gobiernos a nivel local, regional y nacional. Todos estos niveles de gobierno debían regirse por la declaración de derechos y los principios de igualdad racial y de género y de responsabilidad democrática.

»La estructura del gobierno constaría de una Asamblea Nacional cuyos integrantes serían elegidos por sufragio universal por medio de un censo electoral único en función de la representación proporcional. También tendría competencias para revisar, proponer enmiendas y demorar la legislación.

»El Ejecutivo constaría de un jefe de Estado que ejercería de presidente con poderes representativos y ejecutivos. El presidente sería elegido por la Asamblea Nacional. Gobernaría durante una legislatura establecida y solo podría aspirar a una segunda reelección. El presidente nombraría y supervisaría el funcionamiento del gabinete a través de un primer ministro (que posteriormente se modificó a vicepresidente), que tendría que rendir cuentas y responsabilidades directamente ante el presidente y la Asamblea Nacional.

»La declaración de derechos sería vinculante para el Estado y los órganos de gobierno de todas las administraciones y, en su caso, para las instituciones sociales y los ciudadanos. Los tribunales velarían por su cumplimiento bajo la jurisdicción de un nuevo tribunal constitucional independiente, cuyo cometido sería el de hacer valer los derechos y libertades fundamentales de la ciudadanía contra el Estado y cualquier institución o individuo que menoscabase dichos derechos.

»La justicia sería independiente, y constaría de hombres y mujeres procedentes de todos los sectores de la comunidad en función de su integridad, valía, experiencia y sabiduría. La declaración de derechos garantizaría los relativos al idioma y la cultura; reconocería la importancia de la religión en nuestro país; respetaría la diversidad de credos y velaría por la salvaguarda de la libertad religiosa. La declaración de derechos protegería los derechos de los menores, las personas discapacitadas, las mujeres, el derecho de los trabajadores a crear sindicatos independientes, a participar en la negociación colectiva y a la huelga.

»El CNA se declaró en contra de la pena de muerte y perseguiría su abolición en la declaración de derechos. La declaración de derechos salvaguardaría el derecho a la vivienda y familia, así como los derechos de propiedad. Ratificaría los derechos universales relativos al acceso a la educación básica, la salud y los servicios sociales.

»La idea de la discriminación positiva, que contaba con un amplio apoyo en el país, llevaba aparejadas medidas especiales para permitir que personas que sufrían discriminación por motivos de raza, género o discapacidad accedieran a ámbitos de los que habían sido excluidas por la discriminación existente en el pasado.

»La totalidad de la administración pública habría de liberalizarse a fin de convertirse en un genuino cuerpo de funcionarios sudafricanos y dejar de ser la administración de una minoría racial. Debería rendir cuentas ante el Parlamento y la comunidad local a la que prestase servicio.

»Habría una fuerza policial no racista y no sexista, así como un servicio penitenciario integrado por personal bien cualificado, disciplinado, humano y leal a la Constitución.

»Habría una ley según la cual todos los sudafricanos tendrían derecho a participar directamente o bien a través de sus representantes en los órganos legislativos, sin discriminación de raza, etnia, credo o religión.

»En lo que respecta a la seguridad y criminalidad, la máxima prioridad era abordar las condiciones que fomentaban la delincuencia imperante en nuestra sociedad. El CNA declaró que las instituciones que imponían la ley y el orden no infundirían respeto a menos que la gente respetase la ley. Lo harían si las leyes fueran justas y si participaran tanto en su elaboración como en su puesta en vigor. Un sistema penal justo fomentaría el respeto por los tribunales y la obediencia a la ley.

»Este —afirma Mandela— es el resumen de una declaración global y meditada de principios fundamentales de gobierno redactada por antiguos "terroristas" que carecían de la menor formación o experiencia previa en el gobierno».[20]

Uno de esos antiguos terroristas era Tito Mboweni,* el futuro ministro de Trabajo, que junto a Saki Macozoma había formado parte del equipo que acompañó a Mandela en el Foro Económico Mundial de Davos en 1992. Allí editaron en unos cuantos puntos un largo discurso para Nelson Mandela, señalando que este iba a comparecer en un debate con De Klerk y Buthelezi, y no en un mitin. Pese a que trataron de persuadir a Mandela de que moderase la retórica sobre la nacionalización, este expuso los planes económicos del CNA a otros líderes políticos durante la comida, ensalzando las virtudes de la intervención estatal. Mientras estaban allí, Li Peng, el primer ministro de China, solicitó al presidente del Foro Económico Mundial que le concertara un encuentro con Mandela, durante el cual señaló que, por la experiencia de China, la nacionalización sería un error.[21] El primer ministro de Vietnam, también presente en el foro, le transmitió un mensaje similar.

Tras escuchar esto, Madiba aconsejó al equipo del CNA que debía «olvidar el asunto de la nacionalización [y] centrarse en las necesidades básicas del pueblo». A su regreso a Sudáfrica, según Mboweni, el equipo presentó inmediatamente su informe y «mantuvo largas conversaciones que condujeron a la conferencia de Nasrec, donde se redactó *Ready to Govern*».[22]

---

* Tito Mboweni: *véase* Gente, lugares y acontecimientos.

❦

El marco para un gobierno de unidad nacional de cinco años de duración que garantizara la participación de todos los partidos que obtuvieran más de un diez por ciento en las elecciones quedó establecido en los principios que contemplaba la Constitución provisional de 1993. Los resultados de los comicios de abril de 1994 determinaron la composición del primer gabinete: un presidente del CNA y dos vicepresidentes —uno del CNA y otro del NP—, una combinación que sumaría dieciocho ministros del CNA, seis del National Party y tres del IFP en el gabinete.

Pero antes de que Mandela decidiera la composición del gabinete, tuvo que tomar otra decisión junto con el CNA sobre un puesto de responsabilidad. En su opinión, las estructuras gubernamentales tenían que reflejar la diversidad del país. Esto incumbía a la necesidad de disipar la percepción del CNA como una organización nacionalista y estrecha de miras. En sus ochenta y dos años de trayectoria, el CNA había sufrido multitud de transformaciones. Desde su nacimiento como organización de orientación cristiana integrada por partidarios de la no violencia, pasando por los tempestuosos años cuarenta con el extraordinario refuerzo de la Liga de la Juventud, hasta la adopción de la lucha armada en los años sesenta, su baluarte había sido su filosofía de la igualdad de razas y de sexos. Había amortiguado implacables golpes asestados por el régimen del *apartheid* por medio de estados de emergencia, violencia e incluso ataques fronterizos en el exilio; su supervivencia dependía de los sacrificios de ciertos individuos. Por encima de todos se encontraban Walter Sisulu y Oliver Tambo, a quienes Mandela podía confiar su vida. Así lo relata:

«Oliver Reginald Tambo —escribe—, conocido cariñosamente como O. R. entre sus camaradas, un humilde y brillante abogado y devoto cristiano que asumió la dirección del CNA tras el fallecimiento del jefe Luthuli, fue asimismo un líder capaz y respetado que elevó a la organización a una posición de fuerza e influencia sin precedentes hasta la fecha.

»Es un líder excepcional capaz de mantener unida en el exilio a una inmensa organización multirracial con corrientes de pensamiento divergentes, con una militancia desplegada en continentes lejanos y una juventud que hierve de indignación ante la represión de su pueblo, una juventud que sostiene que solo la ira, sin recursos ni planificación adecuados, puede contribuir a derrocar a un régimen racista.

»O. R. logró todo esto. O. R. gozaba del reconocimiento de los presos políticos y comunes del interior del país, de los luchadores por la libertad, de los diplomáticos y de los jefes de Estado por ser un magnífico ejemplo de líder inteligente y ecuánime a quien no le tembló el pulso a la hora de ayudar a restaurar la dignidad al pueblo oprimido y poner su destino en sus propias manos.

»Era un trabajador entregado y diligente que nunca escatimaba esfuerzos y que estaba de servicio literalmente las veinticuatro horas del día a lo largo del año sin respiro. Su esposa, Adelaide, comenta cómo O. R. se pasaba las noches trabajando. Cuando lo veía vestirse y salir de casa de noche, le preguntaba dónde iba.

»Probablemente fuera esta apretada agenda lo que aceleró el deterioro de su salud. Sufrió un derrame cerebral que lo dejó parcialmente paralizado. La ejecutiva estudió su situación y todos coincidieron rotundamente en que debía aportar su inmensa sabiduría y experiencia formalmente a la organización. En consecuencia, lo nombramos presidente nacional, cargo que ejerció hasta su muerte en 1993.

»La muerte de O. R. fue como la caída de un gigantesco roble centenario que se alzaba majestuosamente en las inmediaciones de una aldea embelleciendo la totalidad del paisaje y atrayendo con su magnetismo a personas y animales por igual. Marcó el fin de una era como un líder extraordinario de profundos principios y convicciones religiosas, un consumado matemático y músico sin parangón en su compromiso por la liberación de su pueblo.

»Posteriormente la ejecutiva acordó que el profesor Kader Asmal, un pensador nato, asertivo y lúcido que asumiría la cartera de Asuntos Hídricos y Forestales y posteriormente la de Educación, debía suceder a O. R. Su conocimiento de prácticamente todos los problemas que se discutían en el gabinete le hicieron ganarse el distinguido apelativo de ministro de todas las carteras. Todos opinábamos que su nombramiento contribuiría a cambiar radicalmente la falsa concepción de que el CNA era una organización étnica.*

»Por recomendación de la ejecutiva, seguidamente convoqué uno a uno a los miembros del Comité Nacional de Trabajo. A excepción de uno, todos aceptaron dicha recomendación.

»Poco después, un miembro de la ejecutiva se dirigió a mí para informarme confidencialmente de que, si bien en un principio los miembros del Comité Nacional de Trabajo habían refrendado expresamente la recomendación, estaban en contra y preferían a Thabo en vez de a Kader.

»El episodio me inquietó, porque provocó especulaciones negativas entre los camaradas. Cuando la gente refrenda una importante propuesta y más tarde cambia [de parecer] sin plantearte la cuestión, resulta difícil echarles en cara que no tuvieron el valor de exponer sus objeciones; que

---

* Asmal es sudafricano de origen indio.

sabían que el fundamento de esa vuelta de tuerca iba en contra de la política de la organización.

»Pero todos ellos eran líderes altamente cualificados y dignos de confianza que habían padecido infinidad de ordalías indecibles en su determinación por liberar a su país. El episodio jamás mermó la confianza que había depositado en ellos. Su negativa a respaldar a Kader era, pese a todo, democrática, y la aceptamos sin reservas».[23]

Mandela realizó numerosas consultas antes de ultimar el gabinete. Consideró la contribución de personas con experiencia en estructuras como el Comité Nacional de Recepción que habían acabado prestando servicios en el Consejo Ejecutivo de Transición. A continuación consultó a Mbeki porque «Thabo había pasado muchos años en el exilio y también había mantenido lazos con los camaradas dentro del país; tenía un conocimiento más profundo que yo sobre las personas mejor cualificadas para prestar sus servicios en el gabinete».[24]

Thabo Mbeki recuerda vívidamente dicha conversación:

«Madiba me pidió: "¿Puedes preparar una lista con nombres y carteras entre los nuestros?". Posiblemente ya se supiera qué porcentaje del gabinete formaríamos [el CNA], era una cifra concreta, pues hay que recordar que estaban el National Party y el IFP [...]. De modo que nos reunimos en el piso [de Sydney Mufamadi], al otro lado de la calle, [y] elaboramos una lista de nombres y carteras. Me dijo: "Prepara una propuesta y [...] prescinde del puesto del vicepresidente; me encargaré de ello con los de nuestro bando". Así que preparamos la lista, los nombres y las carteras, los ministros y viceministros. No recuerdo que tuviera nada que ver con lo que se había hecho en el Consejo Ejecutivo de Transición ni nada parecido. Fue simplemente decir, por ejemplo, que Steve Tshwete pasara a ser ministro de Deportes y Recreo porque yo sabía que era un apasionado del deporte —jugaba al rugby y todo eso antes de ingresar en prisión— mientras estaba en la cárcel, de modo que hubo ese tipo de consideraciones, que si tal persona se tomaría verdadero interés en una determinada cartera debido a su interés personal».

Mandela tan solo hizo dos correcciones a la lista de Mbeki. Dijo que Derek Hanekom debería ser ministro —creía que el hecho de que tuviera conocimientos agrarios y que fuera afrikáner ayudaría al gobierno a tratar los asuntos relacionados con los granjeros afrikáners— y que debería incluirse a Joe Slovo. Su nombre había sido omitido durante el periodo de negociación al entenderse que era necesario su liderazgo en el Partido Comunista. Hanekom fue nombrado ministro de Asuntos de la Tierra y Slovo ministro de Vivienda. Mbeki continúa:

> «Más tarde volvió a llamarme por el tema del vicepresidente para decirme: "He estado consultando el tema de la vicepresidencia y había pensado que Cyril [Ramaphosa] debería ocupar el cargo y el motivo es porque, verás, hay algo que debemos tratar con sensibilidad [...]. Verás, el problema es qué dirá la gente: nombrasteis a Oliver Tambo presidente del CNA, luego lo relevé yo y ahora tú [...]. ¿Qué cargo tenía yo en aquel entonces? Presidente nacional del CNA [...] y luego pasas a ser vicepresidente. La gente va a comentar: "Fíjate en los xhosas; están monopolizando el poder". Por eso propuse a Cyril. Pero todo el mundo se opuso; hablé con Walter, incluso con Kenneth Kaunda y Nyerere,* y todos ellos, todos sin excepción, dijeron: "No, claro que entendemos la sensibilidad con el tema tribal, pero es un asunto menor; este es tu vicepresidente". Entonces me dijo: "Por lo tanto, debes asumir la vicepresidencia. No es una cuestión de índole personal, no es por ti, sino porque tengo que resolver este tipo de cosas". Y le dije: "Vale, Madiba". Que yo recuerde [...] esa fue su única intervención, en esos tres casos, que hizo con respecto a ese gabinete, incluir a Derek Hanekom, a J. S. y a mí».[25]

Mandela hace hincapié en definir con criterio la composición del gabinete cuando escribe que, siguiendo sus instrucciones, Mbeki «se cercioró de que todas nuestras agrupaciones políticas nacionales, así como los miembros de la Alianza para el Congreso,† gozasen de representación adecuada. Dejó en el aire el cargo de vicepresidente por razones de peso. Aprobé su propuesta y seguidamente informé, por turnos, primero al SACP [Partido Comunista Sudafricano], después al COSATU [Congreso de Sindicatos de Sudáfrica] y por último al CNA. Dejé claro a todos que, aunque escucharía de buen grado sus observaciones, la decisión final recaería en mis manos.

»Raymond Suttner, un brillante y leal camarada, nuestro actual embajador en Suecia, me recordó que en una conferencia política previa se había decidido que el gabinete sería elegido en un congreso a nivel nacional. Rechacé sin contemplaciones dicha resolución por la sencilla razón de que, en

---

* Kenneth Kaunda fue el primer presidente de Zambia, de 1964 a 1991; Julius Nyerere fue presidente de Tanzania de 1960 a 1985.

† Alianza para el Congreso: *véase* Gente, lugares y acontecimientos.

tal caso, los miembros del gabinete serían elegidos no por sus méritos, sino por su popularidad o por contar con el respaldo de una facción poderosa.

»Todos los miembros de la alianza discreparon profundamente con algunas de las candidaturas propuestas, incluida la del difunto Alfred Nzo, un perspicaz, disciplinado y curtido experto en asuntos exteriores. También hubo objeciones contra Derek Hanekom bajo el argumento de que era desaconsejable otorgar la cartera de Asuntos de la Tierra a una persona blanca. Las objeciones también afectaron a otros. Rechacé dichas reservas por no basarse en principios, sino en meras consideraciones personales. Presenté la lista a la ejecutiva* con la propuesta de Thabo.

»Los miembros de la ejecutiva aprobaron todas las candidaturas sin excepción. A continuación se discutió quién sería nombrado vicepresidente. Se barajaron dos nombres: Thabo Mbeki y Cyril Ramaphosa. Este había dirigido nuestro equipo de negociación en el World Trade Centre [en Kempton Park, al norte de Johannesburgo]. Es un individuo admirable, hábil y persuasivo que ejerció influencia tanto entre nuestros partidarios como entre nuestros adversarios durante la negociación. Se cosechó un gran respeto y admiración, y despuntó como una de las figuras de mayor peso entre la pléyade de pensadores eminentes.[26]

»En su autobiografía, *The Last Trek: A New Beginning*, De Klerk describe a Cyril así:

> »"La delegación del CNA estaba liderada por Cyril Ramapho-sa, al frente de las negociaciones. Ramaphosa había sido secretario general del Sindicato Nacional de la Minería, donde se había curtido en duras negociaciones con la Cámara de Minas, que representaba a las grandes compañías mineras de Sudáfrica. La voluminosa cabeza redondeada de Ramaphosa estaba enmarcada por una barba y cabello ralo de más o menos la misma longitud. Su actitud relajada y su talante cordial contrastaban con una mirada fría y calculadora que parecía tantear continuamente el punto más débil de la personalidad de su adversario. Con su elocuencia y zalamería embaucaba a sus potenciales víctimas, al tiempo que con sus argumentos les apretaba las tuercas sin tregua".[27]

»Hombres y mujeres de dentro y fuera de nuestra organización se deshacen en elogios hacia Cyril por haber sido el adalid de las negociaciones y uno de los principales arquitectos de la nueva Sudáfrica. En la Conferen-

---

* La ejecutiva por entonces estaba integrada por Mandela, Sisulu, Ramaphosa, Mbeki, Jacob Zuma y Thomas Nkobi. Mbeki y Ramaphosa no participaron en las deliberaciones.

cia Nacional del CNA de 1997, recibió un justo reconocimiento al obtener la mayoría de votos para su ingreso en el Comité Ejecutivo Nacional. Fue, y continúa siendo, una gran baza para nuestra organización.

»A lo largo de mi trayectoria política, he tenido la inquietante y persistente impresión de que el CNA era y es una organización xhosa, por infinidad de pruebas que haya de lo contrario. Señalé a los miembros de la ejecutiva que Oliver Tambo, Thabo Mbeki y yo mismo procedíamos del mismo grupo étnico. "¿No se reafirmaría esa falsa percepción si Thabo asumiera la vicepresidencia? —pregunté—. ¿No deberíamos plantearnos para este cargo a Cyril, una persona igualmente competente y respetada que procede del norte de nuestro país?".

»Entendía perfectamente que Thabo estaba bien cualificado para este cargo y que su conocimiento del continente y del ámbito diplomático superaba con creces el de Cyril. No obstante, insistí en que este gozaba de mucho peso y gancho a nivel internacional, en particular en lo tocante a los sindicatos y al grueso de los formadores de opinión y muy especialmente sobre quienes formaron parte de las negociaciones.

»Sin embargo, mi argumento —lamenta Mandela— no convenció a la ejecutiva. Esta insistió en que la opinión pública asumiría que, al elegir a Thabo, el CNA se basaba en los méritos y no en consideraciones tribales. Mi preocupación, por el contrario, no se basaba exclusivamente en los méritos, sino en la falsa percepción que, a mi parecer, era nuestra obligación corregir».[28]

Si bien Mandela tenía intención de anunciar los nombramientos tras la investidura, se vio en la tesitura de hacerlo antes debido a los medios de comunicación, que se habían enterado del debate suscitado por el cargo de vicepresidente; el anuncio del gabinete se realizó el 6 de mayo de 1994. Se publicó una lista incompleta y algunos nombres y sus respectivas carteras se modificarían posteriormente; por entonces también se tomó la decisión —tras un acalorado debate— de incluir un ministro sin cartera al frente del RDP.

La formación del gabinete no estuvo exenta de polémica, pues De Klerk censuró el procedimiento de consulta para la asignación de algunas carteras. Sin embargo, el toque personal de Mandela a la hora de gestionar la composición del gabinete fue inconfundible. Algunos procedimientos que a priori parecían incoherentes acabaron dando fruto. Ciertos piñones de la rueda de la maquinaria orientada a hacer avanzar el sueño de Mandela no eran en absoluto conscientes de su propia importancia ni de hasta qué punto cambiarían sus vidas. Trevor Manuel rememora cómo, cuando todavía formaba parte de la cúpula en la provincia occidental del Cabo en 1992, fue abordado por Cyril Ramaphosa, secretario general del CNA.

Ramaphosa puso al corriente a Manuel de que Mandela le quería al frente del Departamento de Política Económica, una importante área de gestión del CNA. Manuel, consciente de su falta de preparación en economía, señaló que le habían asignado competencias de salud. Ramaphosa le dijo sin rodeos que había gran cantidad de médicos en el CNA. «Trevor —añadió—, que te quede claro que esto no es una negociación entre tú y yo; estoy trasladándote un mensaje».[29]

Y asunto zanjado. Manuel no tardó en acompañar a Mandela en misiones al extranjero, por ejemplo en el viaje a EE. UU. en 1993, cuando Mandela dijo ante las Naciones Unidas que se había avanzado lo suficiente para levantar las sanciones a Sudáfrica.

«Parte de lo que hacía, de nuevo —señala Trevor Manuel—, era establecer relaciones, pero también reflejaba un patente criterio propio. Se llevaba consigo delegaciones. Por ejemplo, un grupo variopinto de los nuestros, entre ellos Pallo [Jordan], por supuesto [Thomas] Nkobi [y] Joe Modise,* lo acompañamos a Taiwán para "conseguir formación y dinero [...], pero también para exponer y escuchar la valoración de lo que estábamos haciendo". Él era partidario de delegar en la gente joven y prepararles para responsabilidades de mayor complejidad».[30]

En algunos congresos con inversores, los cuales congregaban a líderes de corporaciones, expertos del sector industrial e inversores internacionales en los foros sagrados de las principales capitales mundiales, Mandela solía manifestar: «Aquí están presentes jóvenes como Trevor Manuel. Me gustaría darle la palabra; me gustaría que respondiera a las preguntas tras mi intervención».[31]

Lo mismo ocurrió con Valli Moosa, que, dada su involucración en las negociaciones, acabó relevando a Roelf Meyer, el primero en ocupar la cartera de Desarrollo Constitucional y Asuntos Provinciales en el gabinete de Mandela. Mufamadi, que capitaneó el proceso de paz, dirigiría posteriormente el Departamento de Policía; y Joe Modise —que había pasado por Umkhonto we Sizwe y la sede del CNA— asumió el cargo de ministro de Defensa.

Reflexionando sobre todas estas iniciativas que reflejaban la visión estratégica de Mandela, Trevor Manuel señaló: «Creo que, en líneas generales, estas consideraciones de Madiba crearon en los preliminares del proceso, a falta de una palabra mejor, una especie de gabinete en la sombra con personas a las que se les encomendaron ciertas responsabilidades. En mi opinión, ese proceso tuvo un profundo impacto en su manera de ver ciertas cosas».[32]

---

* Jordan y Modise fueron ministros del gabinete de Mandela y, junto con Nkobi, formaron parte del Comité Ejecutivo Nacional del CNA. Nkobi fue durante largo tiempo tesorero general del CNA y diputado parlamentario.

Entre las carteras que se discutieron, tanto en el seno del CNA como con De Klerk, figuraba el Ministerio de Finanzas; se llegó a un acuerdo según el cual Derek Keys* debía continuar al frente. A pesar de que Finanzas era una de las seis carteras de titularidad del National Party, también se acordó que este cargo clave no debía identificarse con ningún partido en concreto.[33] Se tuvieron presentes dos consideraciones: la experiencia y las posibles reacciones de los entes decisorios en materia económica africanos e internacionales. Sudáfrica seguía siendo una nueva entidad con sistemas que se estaban poniendo a prueba. Cualquier cambio —especialmente la dimisión de un ministro de Finanzas— podría conllevar un efecto negativo en los mercados.

«Hay ciertos cargos que de momento no discutiremos —manifestó Mandela—, porque tal vez el país no esté preparado para ello», recuerdan haberle oído decir sus colegas. Se refería a diversos puestos, entre ellos a los respectivos responsables del Banco de Reserva y de la Comisión de Servicio Público.[34]

Mandela se reunió en dos ocasiones con De Klerk para discutir la composición del gabinete, primero en Pretoria y posteriormente en Ciudad del Cabo. Fue aquí, en el despacho de Tuynhuys, donde el CNA hizo pública su primera lista de ministros, con gran descontento por parte de De Klerk. Según escribe en sus memorias, le escandalizó el anuncio del CNA por «no hacer el mínimo esfuerzo por consultarme de antemano» —tal y como se estipulaba en la sección 82 de la Constitución provisional— y la derogación de un acuerdo previo sobre la asignación de una cartera de seguridad al National Party.[35] Al pedirle explicaciones sobre los motivos por los que las tres carteras de seguridad se habían asignado al CNA, Mandela respondió que la organización había invalidado su decisión.[36]

El acuerdo con respecto al nombramiento de ministros y viceministros de las restantes carteras requirió diversos cambios en el ámbito de los ministerios asignados al CNA, incluido el relevo de Asmal de Desarrollo Constitucional a Asuntos Hídricos y Forestales, comunicación que recibió el mismo día que hizo su juramento como ministro.[37]

Tras un intenso tira y afloja con los principales partidos de la negociación —especialmente con el National Party y el IFP—, Mandela se convenció de que el gabinete tenía el peso y la representación del pueblo de Sudáfrica. Llegó incluso a sacar a relucir la participación de partidos minoritarios en el gobierno, para lo cual mantuvo conversaciones con el Congreso Panafricanista (CPA), el Partido Democrático, el Partido Conservador y el Freedom Front. Tras la puesta en libertad de Mandela, De

---

* Derek Keys: *véase* Gente, lugares y acontecimientos.

Klerk había propuesto que una troika del National Party, el CNA y el IFP negociara el futuro de Sudáfrica, propuesta que Mandela y el CNA habían rechazado a favor de un enfoque inclusivo. Por consiguiente, ahora que el gabinete estaba definido, a Mandela le exasperaron los comentarios de que no era totalmente representativo.

«Poco después de la formación del gobierno de unidad nacional —escribe— y mucho antes de que el vicepresidente De Klerk se retirase voluntariamente del mismo, el CNA fue acusado en repetidas ocasiones de racismo y de abogar únicamente por los intereses de los africanos en detrimento de las minorías. Aún existen figuras públicas intransigentes en nuestro país que continúan haciendo proselitismo de esta innoble propaganda.

»He hecho públicos deliberadamente los nombres de los miembros del gabinete del gobierno de unidad nacional. Quienes respeten la verdad y su propia persona, independientemente de su trayectoria, se abstendrán de empañar su propia imagen fomentando lo que a todas luces es una absurda propaganda difundida por quienes no ofrecen una alternativa política real al CNA.

»El subterfugio se hace aún más patente ante la constatación de que, a excepción de Derek Keys y Abe Williams, el segundo miembro de la comunidad negra, los cinco restantes miembros del National Party del señor De Klerk eran blancos y afrikáners. No había ni africanos ni indios. Sin embargo, todos estos grupos nacionales formaron parte del gabinete del CNA. Siete de los diecinueve procedían de minorías.

»El predominio de blancos en la Asamblea Nacional de 1994 fue igualmente llamativo. De los doscientos cincuenta y seis miembros del CNA en la Asamblea Nacional, había ochenta y dos representantes de mestizos, indios y blancos.

»De los ochenta miembros del National Party, había once negros, nueve mestizos y cuatro indios; un total de veinticuatro frente a cincuenta y seis blancos, que superaba el doble de la cifra de otros grupos».[38]

Un Mandela más joven e impulsivo bien podría haber seguido enumerando los casos flagrantes de falta de honestidad que delataban a los «intransigentes» que continuaban «extendiendo esta innoble propaganda». Habría ensalzado la magnanimidad del CNA por haber integrado al National Party, cuyas políticas eran la causa fundamental del indecible sufrimiento de la mayoría negra. Por satisfactorio que ello hubiera sido para sus compatriotas y convencido como estaba de la rectitud de su causa, Mandela sabía que sería un desatino. Fue comedido y desde luego no tenía intención de hacerse el mártir.

Tenía setenta y cinco años y necesitaría toda su resistencia y astucia para convertir su carisma personal en una baza política duradera. Aunque oficialmente la oposición había accedido a regañadientes a participar en el gobierno de unidad nacional, continuaban existiendo células de resistencia a nivel interno que consideraban esta coalición de poder como una capitulación ante el CNA. La otra cara de la misma moneda eran individuos del seno del CNA, por ejemplo Harry Gwala y sus partidarios de la línea dura, quienes sentían que la arquitectura del nuevo orden hacía un flaco favor a los sacrificios realizados para arrebatar el poder al régimen de Pretoria.

Para Mandela, sin embargo, la tarea más urgente era cerciorarse de que se cimentase la construcción de la nueva democracia. Tuvo que asimilar el hecho de que sería presidente, jefe de Estado de un complejo país con un sistema de gobierno aún más complejo. Todo se desarrolló como una vorágine, de prisión a la libertad y de ahí a la posición de mayor peso en el país. Como alguien catapultado a suceder al difunto patriarca de una enorme familia, Mandela tuvo que someterse a un rito iniciático, en este caso el Parlamento, para formalizar su investidura.

CAPÍTULO CINCO

La unidad nacional

Nelson Mandela y los hombres y mujeres reunidos en el Parlamento el 9 de mayo de 1994 para jurar sus cargos de diputados expresaron de manera diversa los cambios que llevó aparejados la nueva Sudáfrica democrática. En la cámara, antaño sobria, imponente y dominada por hombres blancos trajeados de negro, se respiraba un tenue ambiente festivo que anticipaba el estallido de algo grandioso.[1] A continuación Albertina Sisulu,* otra líder veterana de la lucha, se puso en pie para nombrar a Nelson Rolihlahla Mandela primer presidente de Sudáfrica elegido democráticamente.

Hubo un estallido de lágrimas y vítores cuando los presentes en la asamblea y en la galería pública se levantaron al unísono para ovacionar a un sonriente Mandela que saludaba desde su asiento de piel marrón, el que ocupara antaño el presidente F. W. de Klerk, quien tan solo cuatro años antes había anunciado, en la misma cámara, que pondría en libertad al hombre que llevaba más de veintisiete años cumpliendo condena. Los diputados acompañaron con palmas el ritmo del *imbongi* (bardo de alabanzas) que cambió para siempre el Parlamento ensalzando con cánticos al nuevo presidente en su lengua materna, el isiXhosa.

---

* Albertina Sisulu: *véase* Gente, lugares y acontecimientos.

Casi todos los que trabajaron con Mandela al comienzo de la primera administración *postapartheid,* desde los jardineros hasta los ministros del gabinete, coinciden en que poseía un carisma especial y, a su vez, esperaba que los demás estuvieran a la altura. Conocido por su incapacidad de aceptar un no por respuesta, trabajó mucho por evitar cualquier posibilidad de que alguien rechazara su propuesta.

Trevor Manuel, que en aquella época era ministro de Comercio e Industria, ofrece una nota en cierto modo jocosa sobre el normalmente serio y, a veces, desquiciante drama que supuso configurar el primer gabinete democrático del presidente Mandela en 1994.

Mandela organizó un banquete oficial para François Mitterrand, por entonces presidente de Francia, la noche del 4 de julio de 1994 en el Mount Nelson Hotel de Ciudad del Cabo. Dos días antes, en Pretoria, el presidente había convocado a Trevor Manuel a una reunión a la que también asistieron el vicepresidente, Thabo Mbeki; el ministro de Trabajo, Tito Mboweni; y Alec Erwin,* del Programa para la Reconstrucción y el Desarrollo (RDP), donde anunció que Derek Keys dimitía de su cargo como ministro de Finanzas.

Trevor Manuel recuerda a Mandela diciendo, con su inconfundible franqueza: «He estado consultando con la gente y no creo que el país, el mundo y los blancos en particular estén preparados para un ministro de Finanzas del CNA. Confío en que coincidiréis conmigo. He considerado mi deber comunicároslo y preguntaros si tenéis alguna propuesta para ministro de Finanzas. —A falta de respuestas, Mandela continuó—: He estado pensando en el camarada Chris Liebenberg.† Se ha retirado del […] banco [Nedbank], ha sido mi banquero, el banquero del CNA, es muy buena persona. El empresariado blanco lo apoyará sin reservas. ¿Tenéis algún inconveniente? —Nadie puso trabas, ante lo cual Mandela concluyó—: Muchas gracias, vamos a tomar un té».[2]

La tarde del lunes 4 de julio, Liebenberg, que había estado en el extranjero, recibió una llamada imprevista de Mandela para pedirle que se desplazara de Johannesburgo a Genadendal para verle. Mandela abandonó pronto el banquete para reunirse con Liebenberg allí.

«Cuando Liebenberg llega a Ciudad del Cabo —recuerda Trevor Manuel—, Mandela le pregunta: "¿Qué estás haciendo ahora?". Chris Liebenberg le dice a Mandela que está jubilado. "¿Qué edad tienes?", pregunta Mandela. Liebenberg contesta que sesenta. Mandela dice: "Sí […]. Eres demasiado joven para jubilarte, Chris. Quiero que seas ministro de Finan-

---

*   Alec Erwin: *véase* Gente, lugares y acontecimientos.
†   Chris Liebenberg: *véase* Gente, lugares y acontecimientos.

zas. Derek [Keys] se marcha y quiero que le releves". Chris Liebenberg se queda totalmente perplejo; le pilla totalmente por sorpresa. Le responde: "Como me acabo de jubilar, tengo que consultarlo con mi esposa". Madiba le dice: "No, ya he llamado a Elly, ha recibido la noticia con bastante entusiasmo. Puedes hablar con ella". De modo que así es como Chris se convierte en ministro de Finanzas».[3]

El modo aparentemente informal y en cierto modo caprichoso de colocar a Liebenberg al frente del Ministerio de Finanzas contrasta con la seriedad con la que los dirigentes del CNA compusieron el gabinete. El nombramiento de los ministros del CNA no se realizó a la ligera. Se trataba de personas que se habían desenvuelto de manera admirable en sus diversas tareas de responsabilidad en estructuras tanto dentro del país como en el exilio. La valía de todos ellos se había puesto a prueba y se habían curtido en circunstancias adversas. Con todo, sería preciso continuar un riguroso análisis antes de aprobar un nombre.

Sirva de ejemplo el cargo de ministro de Finanzas mencionado anteriormente. Mandela realizó una amplia consulta con algunos de sus ministros, incluidos Trevor Manuel, Mboweni, Erwin y personas como Gill Marcus,* una diputada que formaba parte del Comité de Finanzas, que se reuniría con Liebenberg para estudiar los aspectos prácticos de la política fiscal. Mandela consideraba primordial garantizar la seguridad del país, de ahí su insistencia en que las carteras de seguridad fueran de titularidad del CNA. El hecho de depositar su confianza en los dos vicepresidentes, en quienes delegaba la mayoría de las tareas —sobre todo en Mbeki—, le permitía, como se ha mencionado anteriormente, involucrarse de manera más activa en el proyecto de consolidar la reconciliación. Así, era Mbeki, en lo que otros consideraban como un papel de primer ministro, quien estaba al frente de las reuniones del gabinete incluso en presencia de Mandela.

«Se le remitían los proyectos de ley —recuerda Mboweni—, la planificación de memorandos, etcétera». Pese a que no intervenía, Mandela, por supuesto, seguía con interés los avances, centrándose en las fuerzas armadas y en la policía, así como en mecanismos estructurales relativos al poder judicial y a las instituciones del capítulo nueve.† Mbeki también lo mantenía informado de los acontecimientos. Mandela solo intervenía en situaciones donde consideraba que se obstaculizaba deliberadamente la labor de alguno de los ministros.

---

* Gill Marcus: *véase* Gente, lugares y acontecimientos.

† El capítulo nueve de la Constitución establece las «instituciones estatales que sustentan la democracia constitucional». Son, entre otras, el defensor del pueblo, el auditor general, la Comisión Electoral Independiente, la Autoridad Independiente de Radio y Televisión, la Comisión de Derechos Humanos de Sudáfrica, la Comisión para la Igualdad de Género y la Comisión para la Promoción y Protección de los Derechos de las Comunidades Lingüísticas, Religiosas y Culturales.

Cabe citar cuando Mboweni amenazó con dimitir si ciertos ministros continuaban bloqueando la legislación que deseaba aprobar. No fueron casos puntuales, pues existían puntos de vista divergentes incluso entre los ministros del CNA, aunque sin duda resultaba frustrante para los impulsores de los proyectos de ley.

Del día de la presentación, Mboweni recuerda:

> «Mandela solicitó levantar la sesión a fin de discutir el asunto con esos ministros y conmigo. Bueno, en realidad no se discutió nada, porque simplemente fuimos a su despacho, un despacho bastante pequeño, y nos dijo: "El ministro me ha puesto al corriente de las dificultades existentes en el gabinete para aprobar este proyecto de ley y de que, si el gabinete no lo aprueba hoy, presentará su dimisión. No quiero que este joven dimita, de modo que cuando volvamos al gabinete debéis apoyar el proyecto de ley". Trevor [Manuel] trató de explicarse, [pero] Madiba repuso: "No, no hay lugar a discusiones, volved y apoyad el proyecto de ley"».

Todos volvieron y Mboweni siguió adelante con su propuesta, que fue refrendada por sus antiguos detractores. Con cierta presunción, Mboweni atribuye su victoria al «instinto de supervivencia en política».[4]

Por encima de todo, la institución política cuya supervivencia era necesaria, no obstante, era el propio gabinete, motor del gobierno de unidad nacional (GNU). Su fuerza residía en la capacidad de toma de decisiones, consensuadas por un principio rector. Sin ello, fracasaría. Con un criterio realista sobre esta institución integrada por múltiples elementos móviles, el diputado parlamentario Roelf Meyer reconoció en una entrevista concedida en 1994: «La armonía no va a ser posible de la noche a la mañana. No disponemos de una coalición en el sentido estricto de la palabra, sino de un acuerdo de cooperación».[5]

Poco más de un año antes, Mandela había sorteado una serie de preguntas por parte de la BBC, concretamente sobre el espinoso asunto de la futura toma de decisiones. «Abordaremos estos problemas —manifestó— mediante un gobierno de unidad nacional liderado por el Congreso Nacional Africano. Regirá el principio de la mayoría. Ningún partido minoritario tendrá potestad para socavar el principio de la mayoría [...]. La opinión [del CNA] prevalecerá sin menoscabar el principio de consenso. En el gobierno de unidad nacional actuaremos tal y como lo hacemos actualmente en el foro multipartidista [...]; no imponemos, persuadimos».[6]

Esto coincidió con el término de las negociaciones, cuando, a instancias de sus respectivos equipos para alcanzar un acuerdo, Mandela y De Klerk propusieron que el gabinete debía aspirar al consenso y, en caso de fracasar, que prevaleciera la opinión de la mayoría.[7]

La propuesta fue aceptada y posteriormente incorporada a la Constitución provisional. En el capítulo seis, en el ámbito de los poderes del Ejecutivo, la sección 89 (2) estipula que el «gabinete funcionará de manera que se tenga en consideración el espíritu de consenso subyacente en el concepto de un gobierno de unidad nacional así como la necesidad de un gobierno efectivo».[8]

Según Jakes Gerwel, hablando en calidad de secretario del gabinete, el GNU efectivamente tomaba decisiones por consenso y no hubo ningún caso en que se hiciera por votación. «Uno no era consciente de que se trataba de un gobierno multipartidista mientras se asistía a los debates, a las reuniones del gabinete. No reparabas en que la gente pertenecía a partidos distintos».[9]

Kader Asmal, sin duda uno de los ministros más singulares del gabinete de Mandela, con una peculiar risa ronca y el semblante de su doble, Groucho Marx, seguramente disfrutara en los debates. «La materialización del consenso fue posible en un lugar donde todo el mundo se sentía cómodo mediante un proceso de argumentación y réplica», señaló en sus memorias. Tal vez percibiera en estas discusiones un choque cultural entre el CNA y el National Party; por ejemplo, ningún ministro del National Party cuestionaba a De Klerk en el gabinete, mientras que el CNA se mostraba beligerante en los debates sobre determinados asuntos, a veces para gran consternación de los ministros del National Party.[10]

Pese al don que Mandela poseía a la hora de sacar lo mejor de la gente, sería ingenuo por su parte aspirar a alcanzar el consenso absoluto entre los miembros del gabinete; tenía que haber alguna discrepancia con la propuesta acordada entre Mandela y De Klerk, por similar que fuera al principio de consenso necesario utilizado para desbloquear los puntos muertos durante las negociaciones. El jefe Buthelezi recuerda con indignación que las decisiones del gabinete se basaban en «la prevalencia de la mayoría porque [...] en algunos casos he redactado memorandos discrepando con ciertos proyectos de ley y la única respuesta es: "Bueno, se ha de tener presente la consideración del ministro del Interior, eso es todo, pero seguiremos adelante"».[11]

Mandela se esforzó en salvar cualquier abismo que pudiera crearse a partir de las disensiones y posibles posturas enfrentadas entre el CNA y el National Party. Con este fin, estableció diversos comités de gabinete que servían de plataformas para alcanzar consensos. Así, se crearon tres comités a modo de palimpsestos, un sistema del *apartheid* recuperado y modificado. Mbeki presidió el Comité de Asuntos Económicos y De Klerk el de Seguridad e Inteligencia junto con el de Asuntos Sociales y Administrativos.

Para afianzar la cooperación, Mandela emparejó a ministros y viceministros de distintos partidos con sus homólogos. «Desde el punto de vista de De Klerk y su partido —declaró en una entrevista—, tres pertenecen al IFP, seis a De Klerk y dieciocho al CNA, el doble de la suma de fuerzas del IFP y el National Party. De ese modo, si así lo quisiéramos, podríamos dirigir el gobierno, pero no vamos a hacerlo. Nuestro compromiso es hacer que el gobierno de unidad nacional sea una formación sólida, no un mero recipiente vacío donde se aprueben las propuestas del CNA. Ese es el motivo por el que nos cercioramos de que en la distribución de carteras haya viceministros; si un ministro pertenece al CNA, el viceministro debe pertenecer al National Party o al IFP. Queremos que funcione como es debido».[12]

Y funcionó como es debido en los primeros años, salvo cuando Mandela se empeñó en aferrarse al timón en materia de seguridad, lo cual suscitó el resentimiento de De Klerk. Mbeki recuerda:

> «La prioridad de Madiba con respecto a la labor del gobierno era el asunto de la seguridad. Asistía a las reuniones del comité del gabinete [...] donde se trataban asuntos de seguridad [...] porque le preocupaba mucho la posibilidad de una contrarrevolución y, al igual que todos nosotros en aquellos tiempos, pensaba que la contrarrevolución la gestaría el ala derecha afrikáner del ejército, de la policía y del cuerpo de las fuerzas de seguridad, que recurrirían a las armas para desestabilizar y posiblemente derrocar al gobierno. Ese era su interés prioritario. Pero con respecto a las restantes tareas del gabinete, del gobierno, solía decir: "No, ocúpate tú mismo de eso"».[13]

No obstante, Mandela intervenía personalmente en asuntos de competencia de otros ministerios cuando lo consideraba necesario, como en el encontronazo entre Nkosazana Dlamini-Zuma y De Klerk. Los ministros de los tres partidos acudían a su despacho para ponerle a corriente, asesorarse o presentar informes a petición suya.

Pese a que cada partido tenía sus propios mecanismos para mantener la coherencia política —por ejemplo los comités de la ejecutiva del CNA y el grupo de estrategia política del National Party—, inevitablemente se abriría una brecha estructural que generaría tensiones entre los asuntos del gabinete y la realidad de fuera.

Hubo discrepancia en la cuestión de la responsabilidad colectiva en la toma de decisiones del gabinete. El National Party y el IFP reivindicaban su derecho a desmarcarse del corporativismo para dar a conocer sus críticas sobre las decisiones a las que se oponían en el gabinete. Las diferencias, si bien contadas, fueron profundas y recurrentes, agravadas más si cabe por las relaciones entre los líderes de los partidos. Lo cierto es que el GNU operaba únicamente en el ámbito del gabinete y no en el Parlamento ni en las provincias.

El advenimiento de las elecciones locales a finales de 1995 agravó las tensiones, pues los partidos se atribuyeron logros y se eximieron de la responsabilidad de los problemas. En uno de los primeros mítines de campaña organizado en el disputado *township* de Eersterust, Mandela fue rotundo en la exposición de los hechos.

«El señor De Klerk —dijo— ha estado tratando de crear la impresión de que el National Party ha desempeñado un papel destacado en el gobierno de unidad nacional y que la confianza del sector empresarial y de las inversiones extranjeras dependían de su participación en el gobierno. —A pesar de que valoraba el papel de De Klerk en el gabinete, señaló—: Es un error intentar magnificar el papel del National Party desproporcionadamente. El CNA cuenta con dieciocho miembros en el gabinete frente a los seis del National Party». Concluyó subrayando que el RDP era una iniciativa del CNA.[14]

Hasta el lector menos ducho en lenguaje corporal percibía que la falta de empatía entre Mandela y De Klerk saltaba a la vista. El National Party estaba sufriendo una crisis de identidad; su grupo parlamentario se topó con los protocolos inherentes a estar en la oposición. El persistente debate acerca de si debía continuar en el GNU parecía ser una agorera profecía materializada. Para recuperar el terreno perdido, De Klerk adoptó, por su parte, una actitud crítica con las decisiones y a la vez polémica en pro de la política del National Party; lo hizo porque sus propios ministros y viceministros se abstenían. «Desempeñaron una buena labor en lo que a sus propias carteras se refiere —escribe—, pero no estuvieron tan a la altura a la hora de adoptar una postura combatiente contra el CNA en su oposición a decisiones irreconciliables con la política del National Party».[15]

Dichas decisiones irreconciliables con la política del National Party agravaron los males de De Klerk, del mismo modo que su fracaso en lo que respecta a lograr posturas regresivas en la redacción de la Constitución definitiva. Por si fuera poco, tuvo que enfrentarse al desafío de los «jóvenes turcos» del National Party, representados por Marthinus van Schalkwyk. Por encima de todo, sin embargo, estaba el patente descontento de De Klerk ante la incómoda posición en la que se encontraba, similar a la del «anterior presidente de una junta [que continúa] siendo miembro de la junta de su sucesor».[16]

Mandela lo resumió en un encuentro con Tony Leon, por entonces líder del Partido Democrático. «De Klerk —dijo— no ha asumido la pérdida de poder».[17] Mandela le había encomendado responsabilidades a De Klerk que este consideraba indignas para un antiguo ministro y presidente. Para alguien que en su momento había acariciado la idea de una troika para la presidencia conjunta del CNA, el National Party y el IFP con arreglo a un sistema rotatorio, esta supuesta degradación entrañaba dificultad a la hora de convencer a su partido de la conveniencia de participar en el GNU.

La situación alcanzó un punto crítico en un debate del gabinete en enero de 1995, donde De Klerk presentó una propuesta en el orden del día que reivindicaba el derecho de los partidos minoritarios a actuar públicamente como oposición. La crítica pública de De Klerk al CNA, sumado a su concesión de inmunidad a 3.500 miembros de las fuerzas policiales y a dos ministros del gabinete justo antes de las elecciones de 1994, fueron el acicate de un careo. Después de que los ministros del CNA subrayaran la responsabilidad colectiva de las decisiones del gabinete, Mandela arremetió contra De Klerk calificando la inmunidad de «deshonesta» y la actitud del National Party con respecto al RDP de desleal al gobierno. Al marcharse airado del debate, De Klerk dijo que sus colegas y él se plantearían continuar formando parte del gobierno. Al día siguiente, sin embargo, ambos líderes comparecieron en una rueda de prensa para emitir un comunicado conjunto. El malentendido se aclaró anunciando: «[...] Hemos acordado partir de cero para evitar que se repita la situación que se ha producido esta semana».[18]

Al igual que en un matrimonio mal avenido, los enfrentamientos entre los dos hombres, síntomas de visiones del mundo particularmente divergentes, fueron contrarrestados mediante actos públicos reconciliatorios. Las discrepancias nacían, por un lado, del intento de recrear un pasado idílico para la minoría y, por otro, del inquebrantable imperativo de forjar un futuro llevadero para la mayoría del pueblo sudafricano.

«Por discrepancias que surjan —manifestó Mandela, acallando los rumores de nuevas disensiones—, el señor De Klerk y yo tenemos presente que nos necesitamos. Que debamos hacer frente común no es una cuestión de afinidad personal, es una cuestión de necesidad imperiosa. Pienso que lo entiende en la misma medida que yo».[19]

KwaZulu-Natal, una provincia eternamente asolada por la lacra de la violencia, creó otro foco de tensión. En septiembre de 1995, De Klerk escribió a Mandela sugiriendo que la mejor manera de erradicar la violencia sería con un encuentro entre Mandela, Mbeki, Buthelezi y él mismo para estudiar, entre otros asuntos, la mediación internacional e iniciativas políticas a fin de disminuir las tensiones y la violencia.[20] Mandela decidió no morderse la lengua.

«El problema de KwaZulu-Natal —escribe en una carta a De Klerk— y, por tanto, las soluciones a todos esos problemas están profundamente enquistados en la historia de la situación imperante. Usted, señor De Klerk, ciertamente reconocerá que el actual conflicto existente en la provincia se debe tanto a la creación de políticas y estrategias de su partido y del gobierno del que formaba parte y que presidió como a factores externos. No hay necesidad de ilustrar aquí los pormenores de esa historia; ya los hemos discutido anteriormente. Sería verdaderamente engañoso y perjudicial para encontrar una verdadera solución sugerir, tal y como hace en su carta, que la cuestión de la mediación internacional constituye una de las causas fundamentales que subyacen en los problemas de la provincia.*

»Anteriormente le he informado de los encuentros que he mantenido, así como de los intentos que he realizado por mantener encuentros con el ministro Buthelezi en este sentido. Usted es consciente de que todas estas iniciativas han sido a instancia mía. Sería preciso, como le he mencionado anteriormente, concretar propuestas para definir con exactitud qué desea discutir en el tipo de encuentro que propone. La práctica fútil de reunirse por el mero hecho de reunirse y hacer alardes de gestos políticos, en vez de contribuir a resolver la situación, más bien la empeora.

»En calidad de vicepresidente de mi gobierno, tiene la libertad, y de hecho, la obligación de tratar conmigo cualquier sugerencia que pueda ofrecer sobre todo asunto relativo a la política y el rumbo del gobierno. Esto atañe también a este caso. Lo que no sería constructivo ni beneficioso sería que se ofreciera como líder de un tercer partido a mediar en lo que se está describiendo con bastante desacierto como un mero conflicto entre el CNA y el IFP. El papel histórico desempeñado por su partido y el gobierno que formó le inhabilita totalmente a la hora de desempeñar ese papel en dicho conflicto».[21]

Este duro rapapolvo simplemente significaba que Mandela, el paradigma del tacto y la cortesía incluso hacia sus adversarios, había llegado al límite de su paciencia. El asunto de la violencia y la vinculación del IFP y el National Party en su planificación y ejecución, así como los sangrientos estragos padecidos por la gente en KwaZulu-Natal y en todas partes, siempre habían sido motivo de inquietud para él. Y sería un error olvidar —o esperar que hubiera olvidado— la humillante muestra de desafío cuando, poco después de su liberación en 1990, hizo un llamamiento al pueblo de KwaZulu-Natal para que depusiera las armas. El trato civilizado y respetuoso que Mandela brindaba tanto a De Klerk como a Buthelezi daba fe de su máxima de no perder el respeto a otro líder bajo ninguna circunstancia.[22] Desde el punto de vista de Mandela, esos dirigentes eran repre-

---

* La mediación internacional sobre asuntos constitucionales que quedaban pendientes formaba parte del acuerdo de 1994 que propició la participación del IFP en las elecciones. No se produjo por distintas circunstancias y Mandela escribe que De Klerk sugiere en su carta que la falta de mediación internacional era una de las causas de la violencia.

sentantes del electorado. Cualquier gesto irrespetuoso hacia ellos se traducía, por lo tanto, en una tremenda afrenta hacia sus seguidores.

Cuando De Klerk le respondió en una carta que no estaba sugiriendo la mediación sino una reunión, un encuentro extraoficial en el acuerdo de mediación internacional, Mandela no le dio cancha. «En lugar de proponer encuentros inútiles —escribió—, le agradecería su contribución a la hora de lidiar con el legado del inhumano sistema del *apartheid*, del cual fue uno de sus arquitectos».[23]

La ruptura de una relación no se produce repentinamente ni se desencadena por una única causa. La grieta más superficial de la armadura del GNU podía haber sido la amplia brecha de una historia de desencuentros que separaba la suma de sus partes; la falta de química entre De Klerk y Mandela era la cara más visible de esa disonancia. Pero desde el primer momento las posibilidades de que el National Party permaneciera hasta el término de la legislatura del GNU no eran tan halagüeñas. Por desgracia, en el gabinete de De Klerk había divisiones en cuanto a la toma de decisiones en el GNU, situación que se agravó debido a la reducida cifra de representación del partido en el gabinete postelectoral, lo cual debilitó su influencia en el gobierno. Esto también reforzó el peso de la facción del National Party que no quería cuentas con el gobierno de mayoría del CNA.

El choque entre De Klerk y Mandela en el asunto de la amnistía en enero de 1995 pareció confirmar los peores pronósticos a quienes se oponían a la participación. Debilitó el congreso federal del partido en febrero, pues este estuvo dominado por la controversia de la permanencia o salida del GNU, lo cual reforzó la percepción de que el National Party ejercía una influencia nula en la toma de decisiones. Su pérdida de apoyo a nivel generalizado en las elecciones municipales de noviembre de 1995 (a excepción de en KwaZulu-Natal y en la provincia occidental del Cabo) confirmó la erosión del apoyo del National Party.

Fue, sin embargo, la redacción de la Constitución definitiva en mayo de 1996 lo que dio a De Klerk motivos de peso para sacar al National Party del GNU. Pese a la constancia de que el GNU era fruto de un acuerdo provisional con una duración quinquenal, De Klerk siempre había propugnado algún tipo de mecanismo multipartidista en la Constitución. Alegó su malogrado intento de obtener esta concesión por parte del CNA como argumento para retirarse del GNU tres años antes de los cinco estipulados. El gobierno de unidad nacional como tal no favorecía la influencia del National Party.

«En un primer momento el GNU funcionó bien —escribe—, pero enseguida se hizo patente que era una farsa en lo que al reparto del poder se refiere. El CNA rehusó llevar a término un gobierno de coalición con nosotros: optó por mantenernos en una jaula dorada en la que los ministros del National Party tenían toda la parafernalia propia del poder, pero nada de sustancia».[24]

Cuando la Asamblea Constituyente votó la Constitución, el National Party refrendó su adopción. Pero esa noche De Klerk se marchó pronto de la cena de celebración de la nueva Constitución. Mbeki, que estaba al tanto de que De Klerk tenía intención de convocar un mitin para anunciar la retirada del National Party del GNU, abandonó la sala con él para tratar de disuadirle, pero fue en vano. «Optaron por retirarse —dijo Mbeki— y mantener unido el apoyo del partido».[25]

La decisión de De Klerk de abandonar el GNU dividió a los colegas de su gabinete en julio de 1996. En declaraciones públicas realizadas inmediatamente después de la retirada y en un debate parlamentario celebrado al cabo de varias semanas, Mandela reconoció la contribución realizada por diversos líderes del National Party. No solo habían desempeñado un papel constructivo en la transición, sino que también habían roto con el pasado hasta un punto que su partido —y por lo tanto su líder— no había logrado.

«Personalmente, lo que me preocupa —manifestó Mandela— es la salida de la vida pública de figuras tan destacadas como Roelof "Pik" Botha, Leon Wessels y Chris Fismer, líderes que trabajaron arduamente y que desempeñaron un papel crucial en la construcción de la unidad nacional y en la prevención del resurgimiento del racismo tanto a nivel político como en las comunidades donde ejercieron.*

»Lamentamos su salida del gabinete y del Parlamento, y confiamos en que continúen prestando servicio a la nación».[26]

Como se puso de relieve posteriormente, salvo por el breve paréntesis de las elecciones municipales en Ciudad del Cabo poco después de la retirada del National Party, el declive electoral del partido continuó con la incorporación de sus figuras destacadas a diversos partidos y la migración del grueso de su militancia de base a la Alianza Democrática.[27]

Cuando De Klerk intentó que el IFP secundara su salida del GNU, Buthelezi decidió permanecer. «Muchos de los nuestros habían muerto —dijo—. Para la gente de raza negra era más importante conseguir la reconciliación que arriesgarse a una escalada de violencia».[28]

---

* «Pik» Botha, un audaz ministro de Asuntos Exteriores de larga trayectoria en las administraciones del *apartheid,* supervisó numerosas transiciones de relevancia, entre ellas el fin de la guerra civil de Angola y la independencia de Namibia. En febrero de 1986 comentó a un periodista alemán que de buen grado prestaría sus servicios a un presidente negro en el futuro (J. Brooks Spector, «Roelof "Pik" Botha, the Ultimate Survivor», *Daily Maverick,* 2 de septiembre de 2011). En su época como ministro de Administración Local del *apartheid,* Leon Wessels expresó su descontento con la política del régimen bajo el mandato de De Klerk. Posteriormente ejerció de presidente de la Comisión para la Verdad y la Reconciliación. Delegado de De Klerk en CODESA, Chris Fismer ejerció de consejero parlamentario y político para De Klerk y más tarde de ministro de Asuntos Provinciales en el gobierno de unidad nacional.

Al recomponer el GNU, Mandela asignó a Buthelezi el cargo de ministro del Interior, lo cual le otorgó un estatus superior. Además, consciente de la sensibilidad de Buthelezi con respecto a la veteranía, Mandela lo nombró presidente en funciones para cuando los dos vicepresidentes también se encontrasen fuera del país. Pese a las históricas divergencias entre el CNA y el IFP y entre Buthelezi y Mandela, el líder del IFP logró una alquimia más exitosa en un papel público antagonista con una postura cooperativa en el gabinete, cosa que De Klerk no pudo conseguir. Buthelezi era, en efecto, una especie de Dr. Jekyll y Mr. Hyde político. Jakes Gerwel recordó «al Buthelezi del miércoles y al Buthelezi del sábado porque los miércoles se mostraba muy templado en el gabinete y los sábados muy beligerante en las sesiones públicas del IFP».[29] De manera similar, los enfrentamientos entre Buthelezi y Mandela se producían en el Parlamento y en la esfera pública más que en el gabinete.

En un incidente memorable, Buthelezi montó en cólera en el estudio de la corporación pública de radio y televisión y, a micrófono abierto, se encaró con un entrevistado, Sifiso Zulu, que le había acusado de autonombrarse primer ministro del rey zulú. Más tarde, Mandela se vio sometido a la presión de cesar a Buthelezi, pero le preocupaban las consecuencias que esto acarrearía en la tensa situación de KwaZulu-Natal. Mandela consultó a sus colegas y estos le aconsejaron que exigiera una disculpa pública por parte de Buthelezi, lo cual hizo.

Buthelezi consideraba la participación en el gobierno de unidad nacional como una palanca para tratar de alcanzar los objetivos constitucionales del IFP. Personalmente no se había decantado a favor de la participación.

«Como demócrata —dijo— haré lo que mi gente desee, aun cuando no me agrade. En primer lugar, no era partidario de formar parte de este gobierno de unidad nacional, pero tras discutirlo durante muchas horas, la mayoría manifestó que debíamos hacerlo».[30]

La relación entre Mandela y Buthelezi, algo tortuosa, venía de largo tanto a nivel personal como político, pues se remontaba a la época en la que ambos militaban en la Liga de la Juventud del CNA. Se fue enfriando conforme el IFP se desmarcó de lo que Buthelezi describió como «un frente del CNA» y se caracterizó por la confrontación e indignación a partir de 1994 debido al impacto que produjo la situación de KwaZulu-Natal.[31]

No obstante, se comunicaron incluso en los momentos difíciles. Mantuvieron correspondencia mientras Mandela estuvo encarcelado, bien directamente o a través de Irene, la esposa de Buthelezi, sobre temas familiares y políticos.[32] A pesar de sus diferencias con el CNA, Buthelezi exigió la liberación de Mandela sin cesar y se negó a negociar con el gobierno hasta que este y otros presos políticos fueran liberados. En el periodo previo a las elecciones de 1994, Mandela conversó a menudo con él, reconociendo su significativo peso. Cuando en una entrevista le preguntaron por su relación con Buthelezi, Mandela manifestó que había sido «cordial desde la juventud».[33] Al final, sus tributos de despedida fueron, si bien discretos y ambiguos, respetuosos por encima de todo. Mandela comentó en más de una ocasión que profesaba un «enorme respeto» hacia Buthelezi por ser un «extraordinario superviviente que nos derrotó [al CNA] en dos elecciones generales libres y justas».[34] Buthelezi se mantuvo en su convicción de que las dificultades existentes entre Mandela y él eran consecuencia de que el CNA los mantenía separados».[35]

Para Mandela, la retirada del National Party del GNU supuso tomar medidas prácticas para cubrir los cargos vacantes tras la marcha de los ministros del National Party. Pallo Jordan fue asignado a asuntos medioambientales y turismo y los viceministros del CNA asumieron las carteras de los ministros salientes del National Party. Pero la partida podía provocar agitación en Sudáfrica; el deber de Mandela era asegurar al país —sobre todo a los inversores— que el breve paréntesis no amenazaría ni bloquearía la transición.

«El vicepresidente F. W. de Klerk —manifestó Mandela— me comunicó ayer que el National Party ha decidido abandonar el gobierno de unidad nacional. Como saben, la dirección del National Party ha subrayado que su retirada no es signo de falta de confianza en nuestra democracia multipartidista, cuyas reglas están recogidas en la Constitución, la cual refrendamos juntos ayer.

»Refleja, por el contrario, el hecho de que el National Party reconoce que nuestra joven democracia ha alcanzado la mayoría de edad y necesitaría una oposición enérgica sin las limitaciones que conlleva la participación en el Ejecutivo. Respetamos su opinión sobre este asunto, así como las consideraciones políticas del partido que han precipitado su decisión.

»Como subrayé ayer tras la adopción de la nueva Constitución, la unidad y la reconciliación en el seno de nuestra sociedad no dependen en demasiada medida de coaliciones forzosas entre los partidos. Están marcadas a fuego en los corazones de la inmensa mayoría del pueblo de Sudáfrica. Este es [el] rumbo que el gobierno y el CNA han elegido tomar en interés de nuestro país. Es un rumbo que perseguiremos con más afán si cabe en los meses y años venideros.

»Las políticas que el gobierno de unidad nacional ha estado implantando se fundamentan en las necesidades y aspiraciones de los ciudadanos de este país. Esto se traduce en esfuerzos de todo tipo, al amparo del Programa para la Reconstrucción y el Desarrollo, para mejorar la calidad de vida del pueblo mediante sólidas políticas económicas de cumplimiento fiscal y otras medidas para impulsar el crecimiento y el desarrollo.

»Estas políticas no cambiarán. Por el contrario, se fomentarán con mayor énfasis si cabe.

»Si bien el imperativo del gobierno de unidad nacional quedó establecido en la Constitución provisional, la responsabilidad de decidir si formar o no parte del gabinete voluntariamente recayó en los partidos que obtuvieran más del diez por ciento de los votos en abril de 1994.

»Como partido mayoritario, el CNA agradeció el hecho de que el National Party y el IFP decidiesen formar parte del Ejecutivo, especialmente en los primeros tiempos de nuestra delicada transición.

»Me gustaría dar las gracias al vicepresidente F. W. de Klerk y a sus colegas por el constructivo papel que han desempeñado. Tengo la confianza de que continuaremos trabajando conjuntamente en pro de los intereses del país y de que su retirada no mermará, sino que fortalecerá su compromiso con los intereses políticos, económicos y de seguridad del país.

»Ciertamente, estamos plenamente convencidos de que el National Party tiene la responsabilidad de continuar contribuyendo al proceso de erradicación del legado del *apartheid* que creó. Así pues, confiamos en que su decisión de desempeñar un papel más activo como partido de la oposición no implique obstaculizar el proceso de transformación o abogar por el privilegio del *apartheid*.

»En este sentido, quisiera asegurar a todos los sudafricanos que el rumbo que hemos emprendido como nación está por encima de cualquier partido o individuo».[36]

Si bien las declaraciones de Mandela sirvieron para subrayar la importancia de su misión en la vida y para decir la última palabra a De Klerk y a sus descontentos militantes, pretendían reafirmar su autoridad sobre el CNA y cualquiera que sopesara la idea de rebelarse.

En 1995, un año antes de la retirada de De Klerk del GNU, Mandela había apretado los dientes ante actos flagrantes de deslealtad y desafío por parte de su exmujer, Nomzamo Winnie Mandela, cuya vida desde la liberación de Mandela en 1990 ya apuntaba una sucesión de catástrofes. Había sido condenada por secuestro, vilipendiada como una mujer de vida alegre y declarada culpable de adulterio, lo cual provocó que Mandela anunciara su divorcio en 1992. Más tarde fue imputada por fraude y presidió una facción disidente del CNA, la Liga de Mujeres.[*] Pese a todo ello y cierta-

---

[*] Liga de Mujeres del Congreso Nacional Africano (ANCWL): *véase* Gente, lugares y acontecimientos.

mente porque se presentaba como adalid de los desheredados de la tierra, seguía contando con el apoyo incondicional de comunidades desfavorecidas, apoyo respaldado a nivel político por personas como Bantu Holomisa y Peter Mokaba de la Liga de la Juventud del CNA.

En febrero de 1995, en el funeral del brigada de policía Jabulani Xaba, asesinado a tiros por compañeros en el transcurso de un enfrentamiento entre agentes negros y sus colegas blancos, según consta acusó al gobierno de fallar a personas como Xaba por no haber erradicado el racismo en el ámbito laboral y manifestó que había llegado la hora de cumplir las expectativas de la gente resolviendo los desequilibrios del *apartheid*.[37] La acusación vertida por Winnie Mandela no podía quedar sin respuesta. A la semana siguiente, tras consultas con diversas personas, incluidos ministros, viceministros y miembros de la cúpula del CNA, la oficina de Mandela emitió un comunicado que rezaba: «En el funeral del brigada Jabulani Xaba, que se celebró a principios de la semana pasada, la señora Winnie Mandela vertió duras críticas contra el gobierno de unidad nacional.

»La crítica fue, en opinión del presidente, incoherente con su posición como miembro del gobierno. Conforme a sus responsabilidades constitucionales en calidad de jefe de gobierno, el presidente Nelson Mandela apeló a la viceministra para que se retractase públicamente de sus declaraciones y pidiese disculpas al gobierno.

»Así pues, la pasada noche, 13 de febrero de 1995, el presidente recibió una carta de la viceministra en conformidad con sus instrucciones.

»El presidente ha aceptado sus disculpas.

»Los ministros y viceministros son, en definitiva, custodios de la política gubernamental. Su aceptación de cargos en el gobierno les obliga no solo a contribuir a definir políticas en los foros correspondientes, sino también a acatar las decisiones del gobierno al pie de la letra.

»El presidente Mandela censura cualquier actuación o negligencia por parte de los funcionarios del Estado que entrañe una imagen de desconsideración o falta de respeto hacia las políticas y decisiones del gobierno de unidad nacional. En cumplimiento del principio fundamental de responsabilidad colectiva del gabinete, si esto se produjera, ahora o en el futuro, el presidente no dudará en actuar con firmeza contra cualquier desacato».[38]

Al cabo de un mes —tras una nueva ronda de consultas en el seno de las estructuras del CNA y un viaje de Winnie Madikizela-Mandela sin autorización al oeste de África—, se emitió otro comunicado, en esta ocasión para anunciar su cese. Esta vez Mandela fue al grano en su declaración:

«En calidad de presidente de la república, jefe del gobierno de unidad nacional y líder del CNA, he relevado a Nomzamo Winnie Mandela de su cargo de viceministra de Arte, Cultura, Ciencia y Tecnología.

»La decisión se ha tomado tanto en interés del buen gobierno como para garantizar la más estricta disciplina entre los cargos de responsabilidad del gobierno de unidad nacional.

»He tomado esta decisión tras sopesarla detenidamente, dado que la camarada Winnie Mandela desempeñó en el pasado un papel relevante en la lucha contra el *apartheid,* tanto a título individual como en calidad de miembro destacado del CNA y del resto del movimiento democrático.

»Confío en que esta medida contribuya a que la exviceministra analice y procure mejorar su conducta en cargos de responsabilidad a fin de posibilitar que realice una contribución positiva a la sociedad haciendo gala de su valía.

»Con el fin de garantizar el correcto funcionamiento de la administración y el servicio a la nación, he nombrado a Brigitte Mabandla viceministra de Arte, Cultura, Ciencia y Tecnología. Asumirá su cargo con efecto inmediato».[39]

El cese formó parte de una ronda del juego de las sillas de carácter político en el que Winnie Mandela se mostró desafiante con respecto al procedimiento. Acompañada por familiares, compareció en rueda de prensa en una sala de juntas cuyas paredes estaban engalanadas con fotografías y cuadros de Nelson Mandela. Mientras las cámaras disparaban, dijo sin preámbulos:

«La carta del presidente, aunque fechada el 14 de abril de 1995, Viernes Santo, me fue entregada en un sobre sin cerrar a las once y media de la noche del jueves 13 de abril de 1995 con el propósito de dar por finalizado mi puesto de viceministra a partir del martes 18 de abril de 1995. Dejando a un lado la torpeza, falta de profesionalidad e ineptitud de la actuación de la oficina del presidente, hay una cosa clara: que sigo siendo viceministra hasta el 18 de abril de 1995. Es una deuda que el presidente tiene conmigo como ciudadana de este país, en mi calidad de viceministra. En estas circunstancias, aún siendo viceministra de Arte, Cultura, Ciencia y Tecnología, renuncio públicamente a dicha cartera para atender asuntos más urgentes que he mencionado anteriormente».

Winnie Mandela se puso en pie y caminó con aire resuelto acompañada por su séquito hacia la salida, donde se dio la vuelta y, saludando con la mano a los medios, dijo con una sonrisa: «Adiós, damas y caballeros».[40]

El motivo de la controversia se debía a que, según la Constitución, el presidente debía haber consultado con los dos vicepresidentes y líderes de todos los partidos del gabinete. Para evitar filtraciones, el presidente retrasó la consulta lo máximo posible. A última hora tuvo intención de consultar a Buthelezi, pero no pudo localizarle y Mandela recurrió a un curtido miembro del IFP. Pese a que según sus asesores la medida se ajustaba a la legalidad, Mandela concluyó que «el cese de la señora Mandela debía ser considerado inválido desde el punto de vista técnico y de procedimiento». Le impulsó a hacerlo su afán por «proceder en concordancia con el espíritu de la Constitución y asimismo con el deseo de ahorrarle al gobierno y a la nación la incertidumbre que podrían conllevar las acciones legales que demorarían este asunto».[41]

Tras el regreso de Mandela de un viaje al extranjero, la viceministra Winnie Mandela fue destituida por segunda y definitiva vez conforme al procedimiento correcto. Vestido con una camisa suelta turquesa y chinos caquis, Mandela dio una imagen de informalidad al entrar a la sala de juntas. Sin embargo, su semblante circunspecto y su actitud adusta indicaban la seriedad con la que se tomaba esta desagradable tarea. Entre el contingente de periodistas reunidos en la sala recientemente se respiraba una sensación de *déjà vu*. Ese día no hubo comentarios ni gestos cordiales de reconocimiento por su parte a los agradables rostros de esa sala, como acostumbraba hacer; solo una escueta declaración que resultó más emotiva debido a la tibieza de su tono. Mandela leyó su intervención:

«Tras su debida reflexión, al amparo de los poderes que me han sido otorgados por la Constitución, he decidido relevar de su cargo a la señora Winnie Mandela y nombrar a la señora Brigitte Mabandla viceministra de Arte, Cultura, Ciencia y Tecnología. El nombramiento será efectivo el martes 18 de abril de 1995».[42]

Se produjeron reacciones discrepantes a lo largo y ancho del país; hubo quienes apoyaron el cese, mientras que otros lo reprobaron. Cabía la posibilidad de que el asunto reavivase los comentarios sobre el distanciamiento del presidente y su obstinada esposa, especialmente entre la militancia de base, donde Winnie Mandela gozaba de gran apoyo. Como era previsible, un reportaje publicado en *Los Angeles Times* hizo hincapié en la ruptura matrimonial:

«En una breve rueda de prensa en su residencia de Soweto, la señora Mandela anunció su inmediata dimisión de su cargo en el gobierno un día antes de que el presidente Nelson Mandela, su exmarido, hiciera efectivo el segundo anuncio de su cese.

»La señora Mandela, una extravagante política conocida por su desparpajo y carisma, no se tomó de buen grado su destitución. Expresó su descontento a la prensa manifestando que su cese era "legalmente nulo e inconstitucional" y que el nombramiento de su sustituta, la letrada de derechos humanos Brigitte Mabandla, era igualmente "irregular e inconstitucional".

»Criticó duramente al presidente por su negativa a esgrimir las razones de su cese como viceministra de Arte, Ciencia, Cultura y Tecnología, y calificó de "simplistas" las declaraciones previas de este».[43]

En ocasiones como esta, especialmente en la precipitada salida del gobierno de unidad nacional por parte del National Party, Mandela posiblemente supiera que se vería sometido a una gran presión —al igual que el CNA— y que resurgirían los pájaros de mal agüero. La salida casi unánime de los blancos del National Party que —para tranquilidad de algunos— formaban parte del gabinete supuso echar leña al fuego para aquellos acostumbrados a ver el liderazgo negro con recelo. Pese al tranquilo curso de las elecciones y la imponente investidura, el mundo continuaba poblado de devotos del altar de conservadores racistas como el periodista británico Peregrine Worsthorne, que a raíz de la victoria electoral del CNA en 1994 pronunció su famosa y lapidaria frase: «El gobierno de mayoría negra debería estremecer al mundo entero».[44]

Mucho más tarde, provocado por otra ofensa y en respuesta a la retahíla de quejas acerca de la actuación del CNA en el gobierno, Mandela lo puso sobre el papel. Sus palabras, si bien reprobatorias, al mismo tiempo sirven de recordatorio del respaldo que su presidencia recibió por parte de la comunidad internacional. Una asombrosa serie de hombres y mujeres de peso había otorgado al país, al presidente Mandela y al CNA su bendición colectiva.

«Otra acusación perversa urdida vergonzosamente por algunos partidos de la oposición —escribe— es achacar al CNA el desempleo, la falta de vivienda, la violencia y otros muchos problemas socioeconómicos. En este tema en concreto, el *City Press* del 15 de mayo de 1994 no se mordió la lengua. Publicó que, tradicionalmente, en la mayor parte de las democracias occidentales a los gobiernos entrantes se les conceden cien días para demostrar si están a la altura. En nuestro caso sería injusto aplicar ese margen de tiempo.

»Un gobierno del CNA guarda muy pocas semejanzas con los de partidos que accedieron al poder en Occidente. El CNA ha sido, hasta no hace mucho, un movimiento de liberación. Carece, aunque no por culpa suya, de experiencia a la hora de dirigir un país complejo como Sudáfrica. Con todo, la principal diferencia entre nuestro caso y el de las democracias occidentales era que, al contrario de lo que algunos pudieran pensar, Sudáfrica era un país tercermundista con problemas inherentes al tercer mundo.

»El CNA heredaba un país con ingentes problemas sociales y económicos. Existía una amplia brecha entre los ricos (de mayoría blanca) y los pobres (de mayoría negra); el desempleo era generalizado, la economía estaba bajo mínimos, la escasez de viviendas entre los pobres era creciente y los asentamientos ilegales proliferaban en las grandes ciudades. La violencia, política o de cualquier otra índole, era otra lacra a la que se enfrentaba el país. Y no se vislumbraba una solución a la crisis en la educación.

»Esto es lo que publicó el *City Press* tan solo cinco días después de la instauración del nuevo gobierno. El *City Press* ha censurado al régimen del *apartheid* y a aquellos partidos de la oposición partidarios de la supremacía blanca que devoraron todos los frutos de ese infame y codicioso régimen.

»Tanto el National Party como el Partido Progresista, predecesor del Partido Democrático de Tony Leon, condenaron la lucha armada y las sanciones, las principales armas utilizadas por los oprimidos para liberar el país. Estos partidos se presentan ahora como ejemplos de buen gobierno, como si nunca hubieran oído hablar del desempleo, de la falta de vivienda, de la violencia y de otros problemas socioeconómicos hasta la liberación en 1994.[45]

»El *City Press* del 15 de mayo de 1994 publicó que no existían palabras adecuadas para describir y captar el ambiente que se respiraba cuando el primer presidente de Sudáfrica elegido democráticamente tomó posesión en Pretoria el martes».[46]

A continuación Mandela recapitula sobre el carácter histórico del día de su investidura, no tanto para que sus interlocutores analizaran la pompa y el boato de la jornada, sino para verlo en el contexto de cómo Sudáfrica había madurado y, al mismo tiempo, ayudado al mundo a madurar.

«Millones de personas de todo el mundo —escribe, retomando la cita del *City Press*— presenciaron este histórico momento. Quienes tuvimos la suerte de estar en el meollo recordaremos ese día crucial durante el resto de nuestras vidas.

»Codearnos y estrechar la mano a todas aquellas personalidades, mandatarios, reyes y reinas, líderes eclesiásticos y figuras del socialismo fue una experiencia inolvidable. Se podría afirmar sin temor a dudas que ningún otro país del mundo ha acogido a tal cantidad de celebridades en un mismo escenario. Amigos y enemigos se sentaron los unos juntos a los otros. El presidente cubano, Fidel Castro, y [el] vicepresidente estadounidense, Al Gore, se sonrieron mutuamente. El presidente israelí [Chaim Herzog] y el líder de la OLP, Yasser Arafat, se estrecharon la mano, y el presidente de Zambia, Frederick Chiluba, y Kenneth Kaunda se dieron un abrazo.

»Los generales del ejército y la policía, quienes no mucho antes habían declarado la guerra a los líderes políticos y a Estados vecinos, se cuadraron y saludaron a sus antiguos enemigos y al presidente, su nuevo mandatario.

»A muchos de nosotros se nos puso la carne de gallina cuando los aviones de combate sobrevolaron la muchedumbre. Mientras cantábamos el himno nacional se nos hizo un nudo en la garganta y, cómo no, muchos derramamos alguna que otra lágrima cuando el primer presidente negro de Sudáfrica finalmente juró el cargo, decía el periódico».[47]

A Mandela le infundía ánimo saber que el respaldo a su persona —así como al CNA y a la nueva democracia— se había producido a lo largo y ancho del mundo. Por ejemplo, el congresista republicano estadounidense Amory R. Houghton Jr. señaló:

«[...] Él ha vivido muchos acontecimientos históricos, pero nada comparable a lo que presenció el martes delante de una muchedumbre de 50.000 personas que por fin contemplaron la llegada de la democracia a Sudáfrica.

»"Yo estuve en Nicaragua durante la investidura de Violeta Chamorro [de Barrios] y en el Kremlin cuando se arrió la bandera soviética para izar la bandera rusa, pero jamás había visto nada parecido —comentó en una entrevista telefónica desde Pretoria, donde presenció la toma de posesión del presidente Mandela—. Es increíble [...]. La sensación de que algo extraordinario estaba sucediendo era palpable —señaló—. Ahora reina [en el país] un sentimiento de perdón y reconciliación. Y Nelson Mandela está cohesionando esto. Es el George Washington de Sudáfrica"».[48]

La mayoría de los líderes mundiales mantienen una relación ambivalente con los medios, acatando con tiento la antiquísima premisa de que tienen el don de otorgar y arrebatar. Mandela, si bien respetuoso con el cuarto poder, hacía gala de una actitud menos cautelosa, pues consideraba que los medios de comunicación eran necesarios para el funcionamiento de la democracia. A diferencia de la mayoría de la gente que asciende a altos escalafones, sus años de encarcelamiento supusieron una baza en el sentido de que se mantuvo al margen de la esfera pública y fue una de las pocas personas de la historia cuya imagen o cualquier reproducción podía conllevar una condena en prisión. Alcanzó unas dimensiones épicas en el imaginario colectivo del mundo; el eslogan *Free Mandela!* [«¡Liberad a Mandela!»] se extendió tanto como su ausencia, y apareció con los términos invertidos cuando los titulares aclamaron «*Mandela Free!*» [«¡Mandela en libertad!»] aquella profética tarde de febrero de 1990. Fueron los medios los que le permitieron mantenerse al corriente tanto de los acontecimientos mundiales como de la actualidad de su país —sus desastres, altibajos, triunfos y lágrimas— en todos los idiomas habidos y por haber, incluido el afrikáans.

Con el tiempo, tuvo ocasión de comentar el papel de los medios de comunicación sudafricanos:

«En sus comentarios acerca de la investidura, la prensa sudafricana hizo gala de un gran patriotismo. Consideró el acontecimiento como verdaderamente histórico, mostró una profunda objetividad y se deshizo en elogios.

»Según *The Argus*, la investidura constituyó el sello definitivo de la instauración de la igualdad racial y la democracia en Sudáfrica. Y los líderes mundiales estuvieron presentes para dar fe de ese compromiso. Sudáfrica, decía el periódico, tenía un gobierno de representación parlamentaria de todos los ciudadanos.

»[El] *Beeld* subrayó el hecho de que blancos y negros se habían aceptado los unos a los otros como miembros de una familia.[49] Una de las principales causas de la violencia era que no todas las personas participaban en el proceso político. El hecho de que todo el mundo pudiera participar supuso un cambio trascendental que contribuyó a la reducción de la violencia política.[50]

»[El] *Cape Times* describió la notable transformación de los últimos cuatro años emprendida por el señor De Klerk como un acto histórico de valentía y visión.

»Esto no estuvo en absoluto exento de tensión y violencia. Y se había producido una especie de milagro por el espectacular cambio para bien dado que al conjunto de los sudafricanos se les brindó la oportunidad de votar en unas elecciones generales y el ochenta y siete por ciento de dicha cifra fue a los colegios electorales y votó en paz y buen orden.

»[El] *Citizen* describió el acontecimiento como un magnífico día que marcaba finalmente el fin de la lucha por la liberación de los negros. Que el CNA obtuviera la victoria a la larga era tan inevitable como la salida del sol. Los cambios que se habían producido resultaban traumáticos para numerosas personas: la caída del viejo orden y el inminente comienzo de uno nuevo, el fin del dominio blanco, los pasillos del poder poblados por aquellos que antaño eran proscritos, condenados al exilio o adalides de la batalla por la igualdad.

»*City Press:* "La llegada de los dignatarios al edificio por la mañana fue similar a una cumbre de la ONU en Nueva York. Hasta la fecha, Sudáfrica no había logrado reunir a una cantera tan amplia de líderes mundiales para un acontecimiento. Al término de la jornada presidencial del martes fuimos realmente conscientes de que este país nunca volvería a ser el mismo".[51] Sudáfrica estaba atravesando una emocionante etapa que había acaparado la atención del mundo entero.

»*Daily News:* "Los grandes retos que se desencadenaron para todo nuestro pueblo erigieron la toma de posesión más allá de un momento de gran simbolismo y emoción para millones de sudafricanos que habían sido privados de su derecho natural. Marcó un hito en el que el país cerró el capítulo del pasado para afrontar el futuro con determinación y la oportunidad de ocupar su legítimo lugar en África y en los asuntos internacionales. Nos encaminábamos al futuro al frente de un gobierno de unidad nacional. El país estaba más unido que nunca. Y esa era la verdadera primicia, lo cual brindaba una posibilidad de éxito en el año venidero".

»Según [el] *Sowetan,* "el 10 de mayo el presidente De Klerk transfirió el poder. Asistieron personas que jamás coincidirían bajo el mismo techo, como el cubano Fidel Castro y el estadounidense Al Gore, así como mandatarios y representantes de todos los rincones del planeta".[52]

»Cabría añadir nuestra propia percepción y decir que lo que resonó nítidamente en los oídos de todo el mundo fueron las palabras: "Debemos actuar codo con codo como una nación unida en aras de la reconciliación nacional, la construcción de la nación y el nacimiento de un nuevo mundo".

»En su felicitación a los dos vicepresidentes, Thabo Mbeki y De Klerk, [el] *Sowetan* añadió que De Klerk había tenido la lucidez y altura de miras para elegir el camino adecuado al llegar a la encrucijada.[53]

»[El] *Star* siguió la misma línea. En tono serio pero con una conclusión optimista, advirtió de que los líderes sudafricanos se encontraban a prueba. África estaba a la espera de ver si Sudáfrica, con su inmensa cantera de talento humano, rica en recursos naturales y una sólida infraestructura, podía triunfar donde la mayor parte del continente había fracasado. Esta tierra, con diversidad de pueblos, religiones y culturas, donde se yuxtaponen las economías del primer y tercer mundo, era en muchos sentidos un microcosmos del mundo actual. El triunfo tras muchos años de opresión y conflicto sería un motivo de orgullo para los sudafricanos y de inspiración para África y fuera de sus fronteras.

»*Rapport:* "La cifra de jefes de Estado y de gobierno que han asistido esta semana a la ceremonia de investidura del presidente de Sudáfrica refleja su aceptación en la comunidad internacional. Diversos líderes africanos han manifestado que no solo esperan que Sudáfrica desempeñe un papel destacado en África, sino que confían en que Sudáfrica preste su apoyo. De hecho, el mundo entero espera que Sudáfrica desempeñe un papel destacado en África, y no en vano. Están cansados de cargar con los problemas de un continente agonizante. Sudáfrica es la última esperanza de África, según comenta un experto africano".

»No hay reseñas del *Sunday Independent* porque comenzó a publicarse en 1995.

»*Sunday Times:* "La mayoría de los presentes en la investidura del presidente elegiría el momento en el que los reactores —nuestros reactores, no los suyos— sobrevolaron el cielo como 'el punto álgido y más emotivo del renacimiento de Sudáfrica'. Por fin habíamos llegado a casa; habíamos recuperado nuestras fuerzas aéreas, nuestro ejército, nuestra policía y el país. Llevábamos muchísimo tiempo, una eternidad, sin poder contemplar nuestros símbolos con orgullo patriótico, libres de culpa, vergüenza o rabia".[54]

»Otras publicaciones de tirada nacional y regional recibieron la nueva Sudáfrica con términos elogiosos y avivaron nuestro orgullo.

»Hemos tenido duros enfrentamientos con la prensa. En algunos casos, las palabras se medían cuidadosamente con la mera intención de transmitir únicamente lo que ambas partes considerábamos cierto. Otros fueron más que duros, dejando a los contendientes magullados y desequilibrados. No es posible evitar ni suprimir tales enfrentamientos acalorados en una democracia.

»Para nosotros, para los medios y para el conjunto del país, es positivo saber que nuestros periodistas pueden estar a la altura de las circunstancias y exonerarse de manera ejemplar como en el día de la investidura y en otras muchas ocasiones».[55]

Nunca se insistirá lo suficiente en que el sueño de vida de Mandela era la liberación de la mayoría del pueblo africano de la tiranía y la instauración de la democracia en Sudáfrica. A lo largo de su vida, también se dedicó a contrarrestar las iniquidades del pasado y, como presidente, bien verbalmente o mediante precepto legal, a impedir que su administración jamás diera fe del proverbial estremecimiento en el mundo. Por consiguiente, no tardó en expresar su gratitud a los antiguos miembros del gabinete de De Klerk que se habían retirado de la alianza multipartidista. A algunos de ellos les había consternado, al igual que a sus homólogos del CNA, la precipitada decisión de De Klerk y otros, como «Pik» Botha, de repente se encontraron sin recursos para partir de cero. El denominador común de los argumentos esgrimidos a raíz de la decisión fue la convicción de que el National Party carecía de la capacidad de cambio necesaria para poder desempeñar un rol significativo en la era democrática.

En la reunión del Comité Ejecutivo Nacional (NEC) de mayo de 1996, Mandela incidió en las implicaciones para el National Party. Consideraba que suponía un reto, por ejemplo en la intensa campaña para las inminentes elecciones municipales de Ciudad del Cabo, y al mismo tiempo la oportunidad de aprovechar las divisiones existentes en el National Party para que el CNA se adentrara en las comunidades mestiza e india.[56] Más tarde, durante su intervención en el Comité Ejecutivo Nacional en agosto, Mandela se extendió sobre la gestión de la transición y la unidad nacional. Al mismo tiempo estaba acallando lo que podría haberse interpretado como indicios premonitorios del fin del GNU.

«Con la retirada del gobierno por parte del NP —dijo— se plantea bruscamente la cuestión del futuro del gobierno multipartidista.

»En primer lugar, hemos de analizar nuestra relación con el IFP, tanto en el contexto de su participación en el GNU como en los avances políticos de KwaZulu-Natal. ¿Cuál es la mejor estrategia a la hora de dialogar con esta organización?

»En segundo lugar, planteé personalmente que era preciso asegurarse la cooperación del CPA (Congreso Panafricanista) en temas específicos y su participación activa en el proceso de transformación, incluido a nivel ejecutivo».[57]

Ya a finales de los años cincuenta, cuando el CPA se escindió del CNA, líderes como Mandela mantenían una distancia prudente, casi fría, con el partido disidente. Gente como Joe Slovo, enojado por la crítica vertida por el CPA sobre que la legitimidad del CNA se veía socavada por la influencia de los comunistas, acusó al CPA de ser una tapadera de la CIA. A ello contribuía la circunstancia de que el CPA se creara el 5 y 6 de abril de 1959 en las oficinas del Servicio de Información de Estados Unidos (USIS) en Johannesburgo, donde había trabajado su extravagante líder, Potlako Leballo, que demostraría tener un gran apetito por las intrigas. Sin embargo, Mandela tenía en alta estima a su presidente, Robert Mangaliso Sobukwe, un comprometido y respetado intelectual que había dejado huella en la Liga de la Juventud y que, como Mandela, se había graduado en la Universidad de Fort Hare.

A lo largo de la historia, los intentos de unir al CNA y al CPA habían fracasado tanto dentro como fuera del país. El caso más notable fue el del Frente Unido Sudafricano (SAUF). Fundado en el extranjero tras la masacre de Sharpeville del 21 de marzo de 1960, sumó a sus filas a luminarias de la lucha como Oliver Tambo (CNA), Nana Mahomo (CPA), Fanuel Kozonguizi (Unión Nacional de África del Sudoeste, SWANU) y al doctor Yusuf Dadoo (Congreso Indio de Sudáfrica, SAIC). Pese a estos pesos pesados, las diferencias de enfoque en materia de disciplina, especialmente entre el CNA y el CPA, dieron al traste con el futuro del SAUF. Yusuf Dadoo lamentó la escisión:

«Los representantes del CNA y del SAIC pusieron un gran empeño en mantener la integridad del United Front [...]. Se abstuvieron concienzudamente de exponer sus propias políticas en el extranjero en su deseo de conservar escrupulosamente la unidad del United Front. Se negaron, a pesar de las repetidas provocaciones, a involucrarse en ataques a su principal aliado, el CPA. Siempre expusieron a sus homólogos los problemas comunes e incluso llegaron a hacer concesiones en sus políticas, todo en aras del mantenimiento de la unidad y cohesión en el frente».[58]

El SAUF apenas duró unos meses; su disolución en Londres el 13 de marzo de 1962 llevó aparejadas recriminaciones que agudizaron en vez de mitigar las desavenencias entre el CNA y el CPA.

En prisión, Mandela había sido testigo de discrepancias políticas que a veces desembocaban en enfrentamientos físicos, pero estaba decidido a continuar desempeñando el papel de conciliador, hasta tal punto que, en el transcurso de una disputa, declinó testificar a favor del CNA. Así lo relata:

«Yo consideraba mi papel en prisión no solo como líder del CNA, sino como mediador en pro de la unidad, negociador honesto y pacificador, y me mostré renuente a tomar partido en esta disputa, aun cuando fuera a favor de mi organización. De testificar a favor del CNA, habría puesto en peligro mis posibilidades de promover la reconciliación entre los distintos grupos. Si abogaba por la unidad, debía actuar como unificador, aun a riesgo de enemistarme con algunos de mis propios colegas».[59]

Con ese mismo propósito, incluso antes de las negociaciones, Mandela había sopesado la posibilidad de un frente unido o alianza patriótica entre el CNA, el CPA y la Organización del Pueblo Azanio (AZAPO)* en aras de una representación de mayor peso durante las negociaciones.[60] La historia, la falta de miras, las posturas enconadas y la confusión de cara a abordar iniciativas novedosas resultaron ser demasiado abrumadoras para que esta iniciativa viera la luz.

Pero ahora, en julio de 1996, a raíz del desmoronamiento del GNU, al margen de que Mandela siguiera acariciando o no el ideal de cooperación, Clarence Makwetu, presidente del CPA, lo rechazó. Así lo puso de manifiesto Mandela en la celebración tardía de su septuagésimo octavo cumpleaños, para la cual había preparado una animada cena para veteranos, entre cuyos invitados figuraba Urbania Mothopeng, viuda del difunto y firme defensor del CPA Zephania Mothopeng.[61]

---

* Fundada en 1978 tras el desmoronamiento del Movimiento de Conciencia Negra, la Organización del Pueblo Azanio pretendía llenar el vacío dejado tras la prohibición del CNA y el CPA.

Esta no fue la primera cena para veteranos que Mandela organizó. Casi dos años antes, el 23 de julio de 1994, sorprendido aún de la victoria electoral del CNA, su júbilo era patente. Hay que recordar en todo momento que Mandela consideraba al CNA como representante de la mayoría del pueblo sudafricano, de negros y blancos; así pues, su victoria no era abstracta o autocomplaciente como lo pudiera ser el triunfo frente a un rival de fútbol. Significaba un paso más hacia el preciado objetivo de construir una sociedad democrática.

En esa ocasión, dijo: «[Esto] es una celebración, una bienvenida a donde todos pertenecemos: la sede del gobierno de nuestro país. Por fin estamos aquí, donde se elaboraron las leyes que nos mantuvieron en la esclavitud; donde se orquestó la maquinaria social que destrozó nuestro país.

»Nos hemos reunido aquí hoy para honrar esta institución según la tradición con las bendiciones de los veteranos porque, hasta que estos órganos y despachos no se purifiquen con vuestra honorable presencia, no serán símbolos merecedores del nuevo orden democrático.

»Así pues, os agradezco, queridos veteranos, que os hayáis tomado la molestia de recorrer tan largas distancias para acompañarnos. Podríais haber esgrimido gran cantidad de excusas justificadas que os impidieran asistir: la edad, la salud, labores de organización, proyectos empresariales, etcétera. Pero habéis tenido la valentía de desatender todo eso con tal de poder reunirnos en esta excepcional asamblea con lo más granado de la veteranía en la lucha por los derechos humanos. Os reitero mi gratitud.

»Asimismo, me gustaría expresar mi gratitud a los organizadores y recaudadores de fondos que han removido cielo y tierra para asegurarse de que este evento se celebrara y goce del éxito que augura: Rica Hodgson, Richard Maponya, Legau Mathabathe, Amina Cachalia, Moss Nxumalo y Omar Motani, entre otros.* No obstante, estimamos necesario que, con los limitados recursos asignados a la oficina del presidente, el gobierno debía contribuir al *catering* y otros servicios. Os lo merecéis por vuestro papel a la hora de propiciar una Sudáfrica democrática y no racista.

»Os doy la bienvenida desde lo más profundo de mi corazón, incluidos a quienes nos acompañan desde el extranjero.

»Hace cuatro décadas —¡para nosotros, los veteranos, un periodo de tiempo muy corto!— ¿quién habría imaginado que nos reuniríamos en un foro de

---

* Rica Hodgson fue una veterana activista política que regresó del exilio para trabajar con Walter Sisulu; escribió *Foot Soldier for Freedom*, una importante crónica de los años de la lucha. Richard Maponya, un hombre de negocios negro con espíritu emprendedor, sirvió de inspiración a los sudafricanos negros con sus exitosas iniciativas en Soweto. Legau Mathabathe fue el legendario director del instituto Morris Isaacson de Soweto, el epicentro de la rebelión de junio de 1976. Se le atribuyó su contribución al crecimiento del Movimiento de Conciencia Negra. Vieja amiga y confidente de Mandela, Amina Cachalia fue una defensora de los derechos de la mujer y escribió *Cuando esperanza rima con historia*, su evocadora autobiografía. Omar Motani, un exitoso hombre de negocios y activista político, trabajó principalmente en el anonimato apoyando la lucha.

esta naturaleza? Sí, solíamos soñar y cantar por el día de la libertad y la democracia. Pero sabíamos que no resultaría tarea fácil. Ciertamente teníamos una gran confianza en la materialización definitiva del ideal democrático. No obstante, preparados como estábamos para entregarnos en cuerpo y alma al ideal de democracia, muchos de nosotros en ocasiones sentíamos que el amanecer de la nueva era no se produciría hasta después de nuestra partida.

»En este sentido, deberíamos considerarnos honrados por pertenecer a la generación que ha visto los frutos de la lucha con vida. Hay cientos —mejor dicho, miles— de personas que merecerían estar aquí hoy, pero cuyas vidas fueron segadas bajo el yugo de la mezquina existencia del *apartheid*. Otras cayeron en las garras del torturador y ante las balas de los defensores del *apartheid*. Rendimos tributo a todos ellos. Cuando decimos gracias por dedicar vuestras vidas a la lucha por la libertad también les hacemos extensivo nuestro profundo tributo.

»Rendimos homenaje a todos los veteranos por osar hacer frente a quienes os acosaron por vuestro papel en la Campaña de Resistencia Pasiva, en la multitudinaria huelga minera, en la Campaña de Desafío, en el Congreso del Pueblo y otras campañas; por vuestra entereza ante los que os acusaban de traidores por decir la verdad; por vuestro desafío hacia los que mancillaban vuestros nombres con todo tipo de calificativos peyorativos por oponeros a la Ley de Pases y denunciar continuamente el terrible estado de las relaciones raciales en nuestro país.[*]

»Me refiero a todos vosotros: a los veteranos del CNA, del CPA, del SACP, del movimiento sindicalista, del Partido Progresista, del Partido Liberal, de la Black Sash, del Instituto Sudafricano de Relaciones Raciales, de las organizaciones de mujeres, de los congresos indios de Natal y el Transvaal, y a muchos más. Hoy podemos manifestar que cuando decíamos que la verdad triunfaría era porque sabíamos que sin duda finalmente prevalecería. Y también sabíamos que Sudáfrica y todo su pueblo se beneficiarían de ello».[62]

Para Mandela, que hablaba durante el apogeo del GNU, fue una época de euforia donde todo parecía posible. Dos años más tarde, el nuevo gobierno, ya sin el National Party, tuvo que hacer frente a diversas tareas ingratas, pero necesarias. La realidad exigía ciertas reestructuraciones, principalmente la disolución de la sede central del RDP, uno de los principales puntales del manifiesto del CNA.

---

[*] Congreso del Pueblo: *véase* Gente, lugares y acontecimientos. La Campaña de Resistencia Pasiva de 1946 fue una campaña pacífica contra un proyecto de ley del gobierno del primer ministro Jan Smuts para restringir severamente los derechos sobre la tierra a los sudafricanos indios. Al término de la campaña en 1948 habían sido arrestados más de 2.000 hombres y mujeres. La huelga de mineros de 1946 fue una huelga general de trabajadores africanos que reivindicaban un jornal diario mínimo de diez chelines y la mejora de las condiciones de trabajo. Una decena de personas perdieron la vida y 1.248 resultaron heridas por las actuaciones policiales durante la semana de huelga.

Si bien el RDP ocupaba un importante lugar en el programa electoral del CNA, el partido planteó la cuestión de si debía continuar como estructura independiente o distribuir sus funciones en distintos ministerios y departamentos. Tras un intenso debate y presiones por parte del Congreso de los Sindicatos de Sudáfrica (COSATU), el CNA adoptó la segunda estrategia.

El veterano sindicalista Jay Naidoo recuerda cómo Mandela le pidió en 1994 que dirigiera el RDP como ministro sin cartera de la oficina del presidente.

«Tenemos una gran tarea por delante —dijo Mandela—. Has estado impulsando la formulación del RDP desde mi oficina del CNA y ahora quiero que sea el eje central de todos nuestros programas».[63]

El cargo de ministro sin cartera es delicado en cualquier gobierno, pues pone al titular contra las cuerdas frente a ministros que se sienten amenazados por posibles incursiones en su territorio. Según algunos ministros, entre ellos Mufamadi, la oficina del RDP no figuraba en la lista preliminar de carteras de Mandela.[64] La ambigüedad de la posición institucional y función del RDP y su asignación a la presidencia, sumado a su incorporación al Ejecutivo en el último minuto, afectó a su rendimiento y sembró la semilla de su disolución apenas dos años después de su creación. Los complejos mecanismos de financiación dirigidos a ayudar a los departamentos gubernamentales a reorientar sus prioridades no mitigaron en absoluto las tensiones entre ellos.[65] Al tratarse de una estructura totalmente nueva, la oficina del RDP también tenía el hándicap de no contar con suficiente personal.

Cuando anunció su clausura, Mandela tuvo que pensar en todos aquellos que habían depositado sus esperanzas en el éxito del programa, a saber, la multitud de personas afiliadas a las organizaciones de masas de la sociedad civil, cuyas vidas, en palabras de Mandela, «fueron segadas bajo el yugo de la mezquina existencia del *apartheid*».[66] Al igual que en tantos otros casos en los que tuvo que persuadir a la gente de que aceptara medidas difíciles de digerir, se granjeó el respaldo del público mostrando franqueza sobre el funcionamiento del gabinete:

«La unidad en el seno del gabinete se ha afianzado trabajando conjuntamente para definir las prioridades nacionales, de acuerdo al RDP, sin supeditarnos a las limitaciones del exclusivo compromiso con los departamentos que dirigimos.

»Como resultado de la evolución de la política que rige todos los departamentos del Estado y la introducción de diversos cambios institucionales que nos permitan tener la capacidad necesaria para implementar dichas políticas, se han mejorado considerablemente las posibilidades de que cada departamento ponga en marcha el Programa para la Reconstrucción y el Desarrollo dentro del área de su competencia [...].

»La oficina del RDP será clausurada. He dado instrucciones al vicepresidente Mbeki para que se ocupe del tema de la reubicación de los proyectos, programas e instituciones importantes que actualmente están bajo la supervisión de la oficina del RDP.

»Los fondos del RDP serán reasignados al Ministerio de Finanzas [...]. El RDP no es responsabilidad de un departamento especializado, sino la brújula, la estrella polar que guía todas las actuaciones del gobierno».[67]

Si bien Mandela se deshizo en alabanzas hacia Naidoo y «sus colegas de la oficina del RDP por el innovador trabajo que habían hecho»,[68] posiblemente percibiera el descontento de Naidoo por haber recibido la noticia del cierre y su traslado a otro ministerio con tan escasa antelación. Debió de ser consciente del sentimiento latente entre elementos del seno de la Alianza Tripartita —la coalición política entre el CNA, el SACP y el COSATU creada en 1990 para promover los objetivos de la revolución democrática nacional—, que percibieron el cambio como el comienzo de una transformación en la política macroeconómica del país.

Estas complejas transiciones constituían problemas intrínsecos al desarrollo de la nueva democracia. Si Mandela estaba decidido a llevarse consigo a quienes estuvieran listos para el viaje, primero tenía que ocuparse de quienes deseaban bajarse del carro, Liebenberg incluido, que dimitió según los términos acordados con Mandela al aceptar el cargo en 1994, pues solo desempeñaría el cargo hasta el siguiente ejercicio.[69] «Cedió el puesto con elegancia y regresó al sector privado tras facilitar la transición al primer Ministerio de Finanzas del CNA», escribe Alan Hirsch.[70]

En agosto de 1995, unos siete meses antes del relevo de Liebenberg, Mandela convocó a Trevor Manuel a una reunión y le dijo que deseaba que asumiese el cargo de ministro de Finanzas que ocupaba Liebenberg. Mandela advirtió a Manuel de que su nombramiento como primer ministro de Finanzas negro posiblemente levantaría ampollas. No obstante, le aconsejó que aprovechase el tiempo para prepararse antes de la salida de Liebenberg. Además de su trabajo como ministro de Comercio e Industria, tendría que cogerle el tranquillo al Ministerio de Finanzas. Debía prepararse para sustituir a Liebenberg sin que nadie se percatase de la situación. La creación de un comité de ministros, entre los que figuraba Manuel, para estudiar los presupuestos contribuyó a ello. Asimismo, Mandela le dijo a Manuel que no asistiera a la reunión anual del Banco Mundial y del Fondo Monetario Internacional en 1995 —reunión a la que asistía anualmente desde 1991— por temor a que su presencia diera lugar a especulaciones. Trevor Manuel recuerda:

«Madiba me llamaba bastante a menudo y me preguntaba: "¿Qué tal? ¿Estás siguiendo los movimientos de Chris? ¿Estás preparado? ¿Te tomas interés en este asunto?". Y luego me dijo: "Vale, todo listo, lo anunciaré a finales del ejercicio de Chris, a finales de marzo, pero habrá diversos cambios sobre los que tengo que ponerte al corriente. Alec [Erwin está] en finanzas y quiero trasladarle a comercio e industria para relevarte, pero no se lo comentes aún. Necesitarás a un segundo de a bordo y Gill [Marcus] está haciendo una buena labor en el comité de carteras y pretendo dejarla al frente; no se lo menciones tampoco a ella"».[71]

En abril de 1996, tras la presentación del segundo ejercicio por parte de Liebenberg, Trevor Manuel y Gill Marcus fueron nombrados ministro y viceministra de Finanzas respectivamente, y Alec Erwin ministro de Comercio e Industria.

En todas estas maniobras, Mandela se enfrentaba a situaciones que requerían mano firme. Aunque siempre consultaba a colegas y asesores, los asuntos de mayor complejidad —teniendo en cuenta que Tambo, su confidente, había fallecido— los trataba con Walter Sisulu. A veces Albertina Sisulu se presentaba en la residencia de Mandela en Houghton y enseguida hacían una piña. La que antaño fuera presidenta del Frente Democrático Unido, que había capitaneado el movimiento democrático de masas en el transcurso del periodo más convulso del país, era una curtida persona de confianza.[72]

Mandela sin duda necesitó valerse de todas sus reservas de buen juicio y tacto en lo tocante a la cuestión de la ubicación del Parlamento. El emplazamiento de la cámara, que en un principio parecía un asunto menor, se remontaba a los albores de la Unión Sudafricana como Estado unitario de una minoría blanca en 1910. Pretoria, en el Transvaal, había sido elegida como capital administrativa; la capital judicial era Bloemfontein, en el Estado Libre de Orange; y la legislativa se hallaba en Ciudad del Cabo, en la provincia del Cabo. Natal, con capital en Pietermaritzburg, recibió una compensación económica por la pérdida de ingresos que conllevaría la unión.

La problemática giraba en torno a los costes y el impacto económico de cambiar lo acordado en 1910. Se plantearon cuestiones sobre el gasto que conllevaría el desplazamiento regular de los diputados entre las dos capitales; lo que costaría modificar lo estipulado y el impacto económico sobre las capitales. Se consideró el impacto financiero que tendría la ampliación del Parlamento democrático y de la duración de las sesiones, así como la propuesta de que trasladarlo al interior facilitaría el acceso al público y fomentaría sus lazos con este.

Cuando este asunto se incluyó en el orden del día de la primera reunión oficial del gabinete del GNU, Mandela era consciente de que ya había desencadenado rivalidades y fuertes presiones por parte de empresas de relaciones públicas. En una intervención en el Consejo Nacional de las Provincias, una asamblea de administraciones provinciales y municipales, Mandela sintió la necesidad de transmitir serenidad.

«Con relación a la cuestión de la sede del Parlamento —manifestó—, hemos estado discutiéndolo y confío en que todos los diputados entiendan que este asunto ha de tratarse con sumo cuidado. Es un tema muy delicado. La única vez que he visto a los miembros del CNA de la provincia occidental del Cabo coincidir totalmente con los miembros del NP ha sido en la cuestión de la sede del Parlamento. Los diputados del Transvaal también se han pronunciado unánimemente sobre el asunto, aduciendo que el Parlamento debía ser trasladado al Transvaal. Hasta se ha mencionado mi nombre. Cuando nos enteramos de que el concejo municipal de Pretoria había dicho que el presidente estaba a favor de trasladar el Parlamento al Transvaal, di instrucciones a mi director general para que les escribiera diciéndoles que yo no me había manifestado al respecto».[73]

El gabinete nombró un subcomité multipartidista dirigido inicialmente por Mac Maharaj[*] y más tarde por Jeff Radebe, ministros de Transporte y Obras Públicas respectivamente, para estudiar el tema del coste y el impacto de la propuesta, así como para hacer recomendaciones. El Comité Nacional del CNA también nombró su propio equipo de trabajo.

Mientras los equipos de trabajo del CNA y del gabinete estudiaban el asunto, se pusieron en marcha intensas campañas en pro de ambas ciudades; los ministros y miembros del CNA se vieron envueltos en el fuego cruzado, cuando el protocolo exigía neutralidad pública. Aunque Mandela se mantuvo al margen, puso sus cartas boca arriba involuntariamente en el transcurso de una visita del príncipe Eduardo de Inglaterra en septiembre de 1994. Los dos hombres estaban conversando en Mahlamba Ndlopfu, ajenos a que se encontraban al alcance del oído de los medios, cuando Mandela señaló con orgullo al príncipe el emplazamiento a espaldas del monte donde se ubicaba Mahlamba Ndlopfu y comentó que allí debía emplazarse el nuevo Parlamento. Esta primicia de los medios hizo que la oficina del presidente se apresurara a acallar la candente polémica que había estallado en el seno del CNA y el conjunto de la sociedad.

Un año antes, Mandela había sacado a relucir con firmeza y tacto al mismo tiempo la sensibilidad que entrañaba el asunto durante una reunión de la ejecutiva del CNA. Señaló en tono solemne que había sentimientos profundos en juego y que el asunto debía tratarse con delicadeza. A continuación confesó su preferencia a nivel personal. Debía elegirse una única capital «¡y debería ser Qunu!».[74]

Mandela se mostró, sin embargo, bastante más duro hacia los ministros disidentes, como puso de manifiesto en las notas preparadas para una reunión ejecutiva del CNA el 19 de febrero 1996:

«Nueve ministros del gabinete y dos diputados han incumplido el protocolo al firmar un comunicado público dirigido al presidente Mandela en apoyo al mantenimiento de la sede del Parlamento en Ciudad del Cabo. Su mensaje, que aparece en [un] anuncio publicado hoy en *The Argus*, se considera un golpe de efecto crucial para la campaña en defensa del mantenimiento del Parlamento en el Cabo. Asimismo, el anuncio se considera un potente contragolpe al que aparece en la revista de South African Airways, *Flying Springbok*, donde figura un presidente Mandela con personalidad múltiple [sic] promocionando Pretoria como atracción turística [...]. Los ministros del gabinete del CNA han de dar explicaciones de sus actos tan pronto como les sea posible. En este sentido se ha iniciado un procedimiento por parte del gobierno».[75]

Si lo anterior se interpreta como un apunte redactado para sí mismo por un presidente frustrado, le quitaría hierro al rememorarlo dos años después en el Senado. Mandela declaró que había visto los nombres de «los mismísimos ministros del gabinete que habían tomado la decisión de no pronunciarse hasta que concluyera el procedimiento y nos hubieran remitido los informes en una lista que circulaba en la provincia oriental del Cabo, donde se decía: "Dejemos el Parlamento donde está". Los llamé y les pedí explicaciones. Aquí decidimos que no debíamos pronunciarnos sobre este asunto. Ellos me dijeron: "Es que vimos los nombres de los miembros del gabinete del NP en una lista y pensamos que, con miras a las elecciones municipales, si no nos sumábamos [...] [risas]". Entonces llamé al vicepresidente De Klerk y le dije: "Ya estás al tanto de la decisión. Tus ministros han firmado una petición y la han hecho pública para que el Parlamento se mantenga en Ciudad del Cabo".

»De Klerk reunió a los ministros de su gabinete y estos adujeron: "Es que vimos los nombres de ministros del gabinete del CNA en una lista y decidimos sumarnos también [risas]". De modo que advertí a ambos partidos de que si volvían a manifestarse públicamente expresando su opinión sobre ese asunto se aplicarían contundentes medidas disciplinarias. Esa fue la postura del gobierno en ese tema».[76]

Trevor Manuel, uno de los seis ministros del CNA involucrados en la campaña —algunos de los cuales tal vez fueran inocentes—, recuerda un acalorado encuentro con el presidente en Tuynhuys en el que Mandela le dijo:

> «Bien, Trevor, perteneces a una facción. Tu facción está ejerciendo presión a través de la prensa para que la sede del Parlamento sea Ciudad del Cabo. Ya conoces nuestra postura al respecto. Sabes que considero que la mejor opción que teníamos para trasladar el Parlamento a Pretoria era durante mi mandato como presidente. Lo sabes. Sabes que he pedido a Mac [Maharaj] y a Jeff [Radebe] que lleven a cabo un estudio. A sabiendas de ello, lo ignoras y te adscribes a este grupo de presión contra las decisiones en interés nacional de este país».[77]

Manuel intentó aducir que no formaba parte de una facción; nunca habían sacado a relucir el asunto, pero Mandela no le dio tregua. «No me interesan tus argumentos —repuso—. Formas parte de una facción; quiero que me atiendas. Formas parte de una facción junto con tus colegas que viven aquí en Ciudad del Cabo [...]. Te consta que eres muy buen ministro y que llegarás a ser mejor, pero si no quieres formar parte del colectivo debes marcharte. ¿Cómo quieres proceder?».[78]

Aunque el asunto se retiró de la agenda del gabinete hacia finales del mandato de Mandela, la experiencia en términos generales hizo que la gente, y desde luego Trevor Manuel, vislumbrara el temperamento de Mandela cuando se sentía coartado. «Así era Madiba —comenta Trevor Manuel—. Tenía criterio. Tú podías disentir de su criterio, pero era el jefe de Estado y, si no querías formar parte del equipo, debías tomar una determinación».[79]

Para Manuel era «una de las consideraciones de ese compromiso. Desecha el concepto de que era un santo que no se involucraba y que carecía de criterio propio. No le importaba encararse con la gente sobre los temas, aun cuando fuera desagradable para ellos».[80]

Hubo multitud de casos —y cada vez más frecuentes— en los que tuvo que tratar con mano dura a gente de su misma filiación. Había interiorizado el adagio de Séneca según el cual «quien teme demasiado la hostilidad no es apto para gobernar». A pesar de que entendía que la nueva Sudáfrica era una tarea en curso, tenía que cerciorarse de que la gente asumiera sus responsabilidades con madurez. Hubo que cesar —o pedir que dimitieran—

a personas del gabinete o con posiciones de liderazgo. Le resultaba doloroso emprender acciones contra camaradas; era inevitable que se decepcionara cuando la integridad de algunos traicionaba la confianza que había depositado en ellos. Pero aunque expresaba su indignación si se aprovechaban de él, estaba dispuesto a recuperar la confianza.

Quienes trabajaron estrechamente con él recuerdan estos sentimientos, intensos y a menudo encontrados, a la hora de tomar la determinación de actuar, o de abstenerse de ello. Ahmed Kathrada definió la lealtad de Mandela como «su fuerza y su debilidad. Cuando es leal a alguien, hace caso omiso de comentarios en su contra; su lealtad va más allá. Pero cuando le sacas de sus casillas, ocurre a la inversa».[81]

Para Sydney Mufamadi, «una faceta fundamental de su [personalidad] era que no quería que le subestimasen ni que se aprovecharan de él cuando depositaba su confianza en la integridad de los demás».[82]

Jakes Gerwel describió cómo la concepción de Mandela de la naturaleza humana determinaba sus actos:

«Tenía la firme creencia —y a menudo discutía conmigo sobre ello— de que los seres humanos son, en esencia, "seres bienintencionados, seres que hacen el bien". Tuvimos un incidente en el gobierno cuando alguien muy veterano cometió una tremenda estupidez y se vio obligado a presentar su dimisión. Pero, al mismo tiempo, había desempeñado un papel crucial a la hora de garantizar la estabilidad durante el periodo de transición. Al final tuvimos que prescindir de él, y dimitió. Madiba le dijo: "Si hay algo que pueda hacer por ti, por favor, no dudes en decírmelo".

»Y así fue. Al cabo de un par de días volvió para solicitarle un nombramiento en otro cargo internacional. Todo el mundo aconsejó a Mandela que no le diese otra oportunidad. Molesto, sostuvo: "Si tuvieras la posibilidad de analizar el comportamiento de los seres humanos desde que se levantan hasta que se acuestan, descubrirías que la mayoría de ellos actúan como es debido durante la mayor parte del tiempo y que equivocarse es una anomalía". Y realmente daba fe de ello. No era ingenuo, pero tenía fe en la bondad de los seres humanos por mucho que existiesen discrepancias políticas o de cualquier otra índole, y siempre actuaba de acuerdo a esa convicción. Por supuesto, esta actitud también contribuyó a sentar las bases para el afianzamiento de la cohesión social y de la unidad nacional en el país».[83]

Impulsado por la necesidad de ver de primera mano el impacto del nuevo orden político, trataba de lograr ese objetivo saliendo a las calles. También existía el componente de la atracción hacia las novedades de un país del que se había visto separado durante décadas y que se desvelaba a sí mismo día a día. La juventud de Sudáfrica lo simbolizaba. Uno de sus veteranos guardaespaldas, Mzwandile Vena, relata cómo ese entusiasmo de Mandela resultaba imprevisible y una pesadilla para sus escoltas. Solía pedir a su chófer que hiciera paradas de improviso, salía del vehículo y cruzaba la calle para saludar a grupos de niños.

«Tenías que estar alerta a todas horas —comenta Vena—. Si había un coro cantando en un evento, de buenas a primeras se levantaba del asiento y se unía al coro sin más. Nos veíamos obligados a improvisar cada dos por tres».[84]

Un aspecto de esta espontaneidad se debía al sentido de la oportunidad de Mandela a nivel político, donde transmitía importantes mensajes que trastocaban las ortodoxias. Toine Eggenhuizen, un exsacerdote holandés asignado a la oficina del CNA en Londres, recuerda cómo Mandela anticipó el debate sobre la simbología en vísperas de la Copa del Mundo de Rugby en 1995:

«Había cierta controversia en torno al emblema del Springbok, pues muchos lo consideraban un atavismo de la exclusión de los negros en el deporte por parte del *apartheid*. Sin embargo, alguien había enviado a Mandela una gorra de rugby con el emblema del Springbok, que su ayudante personal, Beryl Baker, aceptó —y olvidó rápidamente—. Poco después, Mandela, en calidad de presidente del CNA, dio un mitin en la provincia oriental del Cabo. Como hacía calor, a Beryl le preocupaba que Mandela estuviera al sol. Así pues, le ofreció la gorra, disculpándose por no tener otra cosa. Madiba rebosaba de dicha cuando los informativos de aquella noche lo sacaron con esa gorra».[85]

Para cuando recuperó el emblema del Springbok en la memorable Copa del Mundo de Rugby en Ellis Park —uniendo a los sudafricanos de todas las razas—, Mandela había recorrido un largo camino para acallar las críticas contra el emblema mediante un gesto totalmente espontáneo.

CAPÍTULO SEIS

El presidente y la Constitución

Como presidente, la relación de Nelson Mandela con el poder judicial sería puesta a prueba duramente. Y para alguien que acabó presidiendo la creación de una de las constituciones más admiradas del mundo, la relación de Mandela con los tribunales sudafricanos no siempre fue positiva. En su juventud como abogado había tenido constantes refriegas con magistrados, quienes lo amonestaban por su presunta «arrogancia». El hecho de que midiera más de un metro ochenta y siete y que siempre vistiera impecablemente en las comparecencias ante los tribunales le hacía un flaco favor, ya que proyectaba una imagen impropia del africano de la vieja escuela. Tenía asimismo una desconcertante maña para conseguir, fuera cual fuera el asunto del proceso judicial, llevarlo al punto de lo que realmente deseaba exponer.

El discurso que pronunció desde el banquillo el 20 de abril de 1964, durante los últimos meses del juicio de Rivonia, constituye un buen ejemplo de ello. Mandela, que probablemente se enfrentaba a la pena de muerte, manifestó al tribunal —y al mundo—: «He acariciado el ideal de una sociedad democrática y libre en la que todas las personas convivan en armonía y con las mismas oportunidades. Es un ideal por el que espero vivir y que aspiro a alcanzar. Pero, si es necesario, es un ideal por el que estoy dispuesto a morir».[1]

Mandela no pudo finalizar la licenciatura que se había visto obligado a abandonar en 1949 hasta su encarcelamiento. Las solicitudes que remitió para retomar sus exámenes finales fueron posteriormente denegadas por el decano de Derecho de la Universidad de Wits [Witwatersrand], el catedrático H. R. Hahlo, a principios de la década de 1950. No obstante, durante su condena en la isla de Robben, se sacó el grado en Derecho *in absentia* por la Universidad de Sudáfrica (UNISA) en 1989 mediante un curso por correspondencia.

Tras su puesta en libertad, su primer encontronazo con el sistema judicial fue la afrenta a su dignidad que supuso sentarse —una figura solitaria, si bien estoica— en la galería pública del Tribunal Supremo del Rand en mayo de 1991 y presenciar la humillación de su por entonces esposa, Winnie Mandela, procesada por asalto y secuestro.

Posteriormente, la relación de Mandela con el poder judicial se pondría a prueba en dos ocasiones en cuestiones relativas a su presidencia. ¿Recordaría, en lo tocante a asuntos que le afectaban personalmente, el juramento de su cargo y acataría las palabras que definían su cometido en calidad de presidente, jefe de Estado y jefe del Ejecutivo nacional? ¿Habría asumido el hecho de que para ostentar el puesto de mayor relevancia la nación le hacía, como ciudadano de más alto rango de su país, indispensable para el gobierno efectivo de la Sudáfrica democrática? ¿Acataría, defendería y respetaría la Constitución como ley suprema de la república? ¿Aseveraría que «en la nueva Sudáfrica no hay nadie, ni siquiera el presidente, que esté por encima de la ley; debe respetarse el cumplimiento de la ley en general, y el de la independencia del poder judicial en particular»?[2]

La primera prueba se produjo incluso antes del borrador de la nueva Constitución. Coincidiendo con la inminente fecha límite de los preparativos para las elecciones locales, el Parlamento adoptó la Ley de Transición del Gobierno Local antes de concluir definitivamente los términos. Para contrarrestarlo, se incluyó una cláusula que otorgaba poderes al presidente para enmendar dicha ley. Al amparo de dicha disposición, Mandela transfirió el control de la pertenencia a los comités de demarcación local de las administraciones regionales a la central. Sin embargo, ello invalidaba las decisiones tomadas por el primer ministro de la provincia occidental del Cabo, Hernus Kriel, que llevó el asunto al Tribunal Constitucional. El Tribunal falló a favor del gobierno provincial y le dio un mes al Parlamento para rectificar la ley.

Una hora después de que el tribunal emitiera su fallo adverso, Mandela aceptó públicamente la resolución y agradeció el hecho de que se demostrara que todo el mundo era igual ante la ley.[3] Posteriormente escribiría:

«Durante mi mandato como presidente, el Parlamento me autorizó a promulgar dos decretos concernientes a las elecciones en la provincia occidental del Cabo. Esa administración provincial me llevó al Tribunal

Constitucional, que emitió un fallo unánime en mi contra. En cuanto me comunicaron el fallo convoqué una rueda de prensa y apelé a la opinión pública para que respetase la decisión del máximo órgano jurídico de la nación en materia constitucional».[4]

Mandela discutió el dictamen del tribunal con sus consejeros y la presidenta del Parlamento, Frene Ginwala. Esta recuerda la ocasión: «Nos convocó a una reunión en su casa para comunicarnos que se había fallado en contra del gobierno. Dijo: "¿Cuánto se tardaría en enmendar eso? Yo respondí: "Podríamos volver a reunir el Parlamento si es necesario [...]". Pero, sin darme tiempo a terminar, repuso: "Ante todo, debemos respetar la decisión del Tribunal Constitucional. Es totalmente inadmisible que nos neguemos a acatarla o que nos opongamos en cualquier sentido"».[5]

Fue más allá en una declaración pública al anunciar que el Parlamento volvería a reunirse para tratar el asunto y al subrayar que, aparte de Ciudad del Cabo, se seguiría el curso previsto de cara a las elecciones: «Los preparativos para las elecciones locales deben continuar para que los comicios se desarrollen según lo previsto. El fallo del Tribunal no crea crisis de ningún tipo. Debo hacer hincapié en que el fallo del Tribunal Constitucional confirma que nuestra nueva democracia se está afianzando sólidamente y que nadie está por encima de la ley».[6]

Mandela se mostró algo menos optimista en lo tocante a otro caso que le hizo comparecer en el tribunal personalmente. Había trabajado mucho, valiéndose de la simbólica victoria en la Copa del Mundo de Rugby en 1995, para consolidar el espíritu de la construcción nacional y la reconciliación entre los sudafricanos. Pero el eufórico sentimiento de unidad y espíritu de futuro había quedado relegado al perímetro del estadio Ellis Park, entre los restos de basura y recuerdos del partido. Para algunos espectadores, jugadores y gestores de rugby, todo seguía como antes del partido. Dos años después, instado por informes negativos de administración, resistencia al cambio y racismo en el consejo de administración de deportes y tras realizar una consulta a Steve Tshwete, ministro de Deportes y Recreo, Mandela nombró una comisión de investigación dirigida por el juez Jules Browde para estudiar la gestión de la Unión de Rugby Sudafricana (SARFU).

El presidente de la SARFU, Louis Luyt, que podría calificarse de oportunista, había fundado en 1976 un periódico en lengua inglesa, *The Citizen*, con fondos ilegales del Departamento de Información, en lo que se dio a conocer como el «escándalo del Infogate», que ofrecía propaganda con el fin de lavar la imagen del régimen del *apartheid* en el exterior. Con su desagradable talante, Luyt había provocado que los All Blacks, el equipo de rugby neozelandés, abandonaran la cena posterior al partido en vez de mostrarse magnánimo.*

La oficina del presidente emitió un comunicado manifestando que la «nube que se cierne sobre el rugby sudafricano ha de ser disipada y el presidente tiene la certeza de que la investigación brindará la oportunidad de hacerlo y que despejará cualquier duda de que [...] se está atrincherando en una guarida de chovinismo racial. El presidente considera que el rugby afrontará el reto de ser uno de nuestros deportes más célebres, un deporte extendido y apoyado por los sudafricanos a lo largo y ancho del país».[7]

Si bien la intención de Mandela era tratar de sacar a la SARFU de su «guarida de chovinismo racial», únicamente provocó que su presidente, Louis Luyt, apelara al Tribunal Supremo de Pretoria para paralizar el nombramiento de una comisión de investigación sobre la gestión del rugby. El juez William de Villiers citó a Mandela para comparecer de testigo en el tribunal. Mandela, desoyendo a sus asesores legales y al mismo tiempo controlando sus propios sentimientos —tener que testificar ante el tribunal le «hacía hervir la sangre»,[8] según comentó a los periodistas—, obedeció en interés de la justicia. Relata este episodio:

«El juez William de Villiers, del Tribunal Superior de Justicia de Gauteng, me citó a comparecer como testigo para justificar mi decisión de nombrar una comisión de investigación sobre la gestión de la Unión de Rugby Sudafricana. Algunos miembros de mi gabinete me aconsejaron que recusara la citación, señalando que el juez en cuestión era, cuando menos, extremadamente conservador y que su verdadera intención era humillar a un presidente negro. Mi consejero legal, el profesor Fink Haysom, se opuso igualmente a mi comparecencia ante el tribunal. Con habilidad y persuasión, adujo que disponíamos de sustento jurídico para presentar un recurso.

»Si bien no rechacé de plano ninguna de estas opiniones, sentía que en aquella etapa de transformación de nuestro país el presidente tenía ciertas obligaciones que cumplir. Aduje que el juez de primera instancia no tenía la validez de una corte de apelación definitiva y que su decisión podía recurrirse ante el Tribunal Constitucional. En definitiva, yo deseaba que la disputa se resolviese exclusivamente por vía judicial. Esto, en mi opinión, era otra manera de promover el respeto por la ley y el orden y, una vez más, por los tribunales del país.

---

* Sean Fitzpatrick, capitán de los derrotados All Blacks, abandonó la cena con su equipo cuando Louis Luyt dijo en su discurso que los Springboks eran los primeros «auténticos» campeones del mundo. Comentó que los ganadores de la Copa del Mundo de Rugby de 1987 y 1991 no habían sido auténticos campeones mundiales porque Sudáfrica no había participado.

»Como era de esperar, el juez mostró serias reservas ante mis pruebas y falló a favor de Louis Luyt, el demandante. Pero el Tribunal Constitucional anuló el dictamen del juzgado de primera instancia, si bien dictaminó que mi actitud al testificar había sido arrogante. El Tribunal Constitucional no se equivocaba. Yo tenía que imponer mi autoridad y demostrar que acataba el dictamen por fortaleza y no por debilidad».[9]

La reacción de Mandela a la resolución a favor de la SARFU reflejó su compromiso en aras de «acatar las decisiones de nuestros tribunales». Declaró: «Todos los sudafricanos deberían igualmente aceptar sus dictámenes. La independencia del poder judicial constituye un importante pilar de nuestra democracia».[10]

En una intervención posterior ante el Parlamento en el mes de abril, Mandela dijo a los miembros de la cámara que debían formularse a sí mismos «algunas preguntas esenciales», pues resultaba «demasiado fácil remover sentimientos latentes existentes en toda sociedad que se acentúan en una sociedad con una historia como la nuestra. Y, lo que es peor, resulta demasiado fácil hacerlo menoscabando nuestros logros en lo tocante a la construcción de la unidad nacional y la mejora de la legitimidad de nuestras instituciones democráticas. Hemos de plantearnos estas preguntas porque resulta mucho más fácil destruir que construir».[11]

Conminó a los diputados a profundizar en cuestiones constitucionales, tales como las consecuencias de que un presidente en ejercicio tuviera que rendir cuentas ante los tribunales en «defensa de decisiones del Ejecutivo», aludiendo de manera directa al principio de separación de poderes y su aplicación en una democracia emergente. Confiaba en que «los mayores expertos legales del país, tanto en los tribunales como en el ejercicio de la profesión», reflexionaran sobre esa cuestión.[12]

Es probable que Mandela, como letrado competente que era, conociese las respuestas a las cuestiones que estaba formulando, pero versaban sobre la Constitución, a la cual consideraba el pilar de la democracia, una democracia cuya piedra angular era la unidad y la reconciliación nacional. Su deseo era que todo el mundo la acatase, por correctas y justificadas que hubiesen sido sus interpretaciones. Así pues, con su llamamiento a los parlamentarios les instó a ayudar a construir en vez de destruir desde partidos dispares.

Para cuando el Tribunal Constitucional anuló el dictamen del Tribunal Superior de Justicia de Pretoria según el cual el presidente había actuado inconstitucionalmente, la reacción que suscitó el comportamiento de Louis Luyt —entre la opinión pública y en el mundo del rugby— había forzado su dimisión y la decisión de la ejecutiva de la SARFU de enviar una delegación a pedir disculpas a Mandela.[13]

Aunque no se codificaron hasta las negociaciones de los años noventa, los principios de constitucionalismo y Estado de derecho subyacían en la visión del futuro que compartían Mandela y el grueso del CNA. Las semillas de la legitimidad de la Constitución pueden encontrarse en la *Carta de la Libertad,* adoptada por el Congreso del Pueblo y el CNA respectivamente en 1955, que fue redactada de acuerdo a las demandas populares recabadas entre comunidades a lo largo y ancho del país.

A diferencia de lo ocurrido en la lucha por la libertad en muchos otros países, el movimiento de liberación sudafricano convirtió la ley en un terreno de lucha —líderes, miembros de afiliaciones y activistas ejerciendo de letrados en los tribunales—, afianzando con ello el ideal de un sistema legal equitativo. En 1995, Mandela expuso en una conferencia la utilización de la ley para darle la vuelta a la tortilla, tal y como él, junto con el resto de encausados, había hecho en el juicio de Rivonia:

«La fiscalía esperaba que intentásemos eludir responsabilidades por nuestras acciones. Sin embargo, nos convertimos en los denunciantes y, desde el primer momento, cuando nos preguntaron si nos declarábamos culpables o inocentes, sostuvimos que la responsabilidad de la situación del país correspondía al gobierno y que era este el que debía comparecer en el banquillo. Mantuvimos esta postura a lo largo de todo el proceso en nuestros testimonios y en el interrogatorio a los testigos».[14]

En 1985, Oliver Tambo había establecido un Comité Constitucional que condujo a que el CNA publicase los «principios constitucionales para una Sudáfrica democrática» en 1989. Las directrices, que plasmaban los valores políticos y constitucionales de una Sudáfrica libre, democrática y no racial recogidos en la *Carta de la Libertad,* eran una declaración de principios más que un proyecto de Constitución. Aun cuando comenzaban a crearse las condiciones necesarias hacia una transición negociada, continuaba existiendo demasiada incertidumbre sobre la participación popular en su redacción.[15]

Los principios del CNA diferían radicalmente de los de la Constitución sudafricana de 1983, que abogaba por un sistema de «reparto de poderes» que garantizaba el control por parte de la minoría blanca, dejando que la mayoría africana excluida se las arreglara con los bantustanes y los consejos municipales. El CNA rechazó el proyecto constitucional justificándose en los «derechos de grupo», que sencillamente perpetuarían el *statu quo.*[16] Los principios del CNA propugnaban un Estado unitario y el sufragio universal; una carta de derechos que garantizara los derechos humanos fundamentales de todo ciudadano; y obligaciones constitucionales para el Estado y todas las instituciones sociales en pro de la erradicación de la discriminación racial y de todas sus concurrencias.

A la hora de redactar la Constitución y la declaración de derechos durante las negociaciones, el Comité Constitucional del CNA se basó en los principios constitucionales de la organización y también tuvo en cuenta los principios democráticos de vigencia universal.[17]

Si bien no se involucró en el meollo del asunto, Mandela vigiló el proceso para descartar cualquier alejamiento de la línea del CNA. Siempre dispuesto a romper puntos muertos, Mandela se regía por dos principios: uno de forma, para que las negociaciones fueran inclusivas y garantizasen la participación del público; y otro de fondo, para que la iniciativa propiciase una Constitución totalmente democrática.

El memorando de entendimiento firmado por el CNA y el National Party el 26 de noviembre de 1992 aprobó un proceso de dos fases; en la primera, un foro de negociación multipartidista estableció treinta y cuatro principios, que fueron promulgados en el contenido de la Constitución provisional por el gobierno del National Party. Esto auspició la creación de un Parlamento según la representación proporcional de los respectivos partidos por sufragio universal. Esto, a su vez, serviría de Asamblea Constituyente para redactar la Constitución definitiva. El Tribunal Constitucional, establecido en la Constitución provisional, habría de dar fe de que el borrador de la nueva Constitución se ajustase a los treinta y cuatro principios antes de ser aprobada.

Mientras que el foro multipartidista negoció la Constitución provisional, la definitiva fue redactada por representantes de la ciudadanía presentes en la Asamblea Constituyente en proporción al número de votos obtenidos en los comicios de 1994. A diferencia de la primera fase, hubo asimismo participación directa del público, incluidas propuestas de los ciudadanos remitidas por escrito y en foros «de escucha» organizados en aldeas, ciudades y comunidades.[18]

Valli Moosa recuerda cómo Mandela ponía énfasis en determinadas cuestiones.

> «Una de ellas era la regla de la mayoría. Conseguíamos representación proporcional, nueve provincias, dos cámaras legislativas, un Senado, una Asamblea Nacional [...] y un Consejo Provincial, y siempre preguntaba: "¿Cómo se concilia esto con las necesidades del gobierno de la mayoría? ¿En qué sentido es esta regla el gobierno de la mayoría?". Se mantenía ojo avizor en ese aspecto; no quería que nada menoscabase la voluntad de la mayoría y llevase aparejada la elección de órganos de poder que no estuvieran en conformidad con la voluntad del electorado [...]. De modo que no estaba dispuesto

a aceptar la idea de cualquier protección a la minoría, a los derechos de la minoría, a privilegios especiales, a nada por el estilo [...]. El otro [aspecto] que tenía claro era que lo que estábamos intentando instaurar era una democracia moderna, moderna en el sentido de que sería no racial, no sexista y secular y que recogería todos los conceptos modernos y los derechos humanos».[19]

Su antiguo segundo de a bordo, Thabo Mbeki, recuerda que Mandela siempre estuvo presente en los momentos decisivos, tanto en la redacción de la Constitución definitiva como en la provisional. «En los asuntos que me planteaban nuestros negociadores, como los derechos de propiedad, el derecho a la huelga, el paro patronal y esos temas, acudían a mí y me decían: "Oye, tenemos problemas en este asunto" y entonces Madiba, por supuesto, se involucraba en esas discusiones».[20]

El hecho de que Mandela realizara menos intervenciones, aunque decisivas, durante la elaboración de la Constitución definitiva se debió en la misma medida a que los asuntos se habían resuelto en la fase provisional y en el riguroso e intenso proceso de la Asamblea Constituyente. Con Cyril Ramaphosa del CNA de presidente y Leon Wessels del National Party de vicepresidente, la Asamblea Constituyente englobaba al Parlamento en su totalidad —400 miembros de la Asamblea Nacional y 90 miembros del Consejo Provincial Nacional—. No siempre fue tarea fácil. Ramaphosa recuerda algunas de las dificultades:

«Hubo momentos en el transcurso de la negociación de la Constitución definitiva, concretamente cuando quedó patente que De Klerk se estaba echando atrás a la hora de consensuar del todo las disposiciones finales. Madiba le presionaba y se desenvolvía muy bien en esas lides. Sabíamos que en cualquier momento que llegásemos a un punto muerto Madiba lo desbloquearía. Le presentábamos todos los temas que entrañaban dificultad para que insistiese erre que erre hasta imponer y afianzar nuestra posición. Madiba era un líder con recursos. Se mantenía muy informado y al día de los avances y quería que le tuviéramos al tanto de todo permanentemente».[21]

Con todo, una sombra se cernía sobre la creación de la nueva Constitución. Ya hacia mediados de los años ochenta, el IFP se había opuesto radicalmente o simplemente había obstaculizado la lucha por adoptar una nueva dispensa institucional. Había «flirteado con la derecha con la esperanza de obtener poderes y privilegios especiales para KwaZulu-Natal».[22] En vez de participar en la Asamblea Constituyente en los mismos términos que otros partidos, el IFP exigía mediación internacional; abandonó la sala durante el discurso sobre el estado de la nación pronunciado por Mandela en 1995 e hizo un despliegue ostentoso de tácticas para reforzar su postura.

Mandela, visiblemente irritado, describió la estrategia del IFP como un intento de «imponer un estatus en el proceso de elaboración de la Constitución de mucho más alcance que el apoyo que obtuvieron en las elecciones a la Asamblea Constituyente».[23] En un discurso conciliatorio y vehemente al mismo tiempo, Mandela instó al IFP a volver al Parlamento:

«Desaprobamos rotundamente este acto. Es precisamente aquí, en estas cámaras, donde se ubican los altos hornos de la formulación de políticas. Es aquí donde deberían discutirse ideas y limar asperezas.

»Desaprobamos este comportamiento también desde el punto de vista de los intereses del conjunto del país; no reafirma la confianza de nuestro pueblo y de la comunidad internacional en la capacidad de los dirigentes para hacer uso de las instituciones democráticas para resolver diferencias. Con todo, nos preocupan especialmente quienes votaron que el IFP estuviera representado en estas instituciones.

»En este sentido, quisiera dirigirme a ellos directamente:

»Elegisteis a representantes del IFP para expresar vuestros intereses y lograr vuestras más profundas aspiraciones. También lo hicisteis porque estabais convencidos de que no son cobardes que abandonarían estas cámaras sagradas al menor contratiempo. Teníais la certeza de que se mantendrían firmes en la Asamblea Nacional y en el Senado y de que, en el marco legal, abogarían por vuestro punto de vista.

»Las retiradas no resolverán ninguno de los problemas que han planteado. Es responsabilidad vuestra llamarlos al orden. Al estilo de Shaka, Makhanda, Cetshwayo, Moshoeshoe, Ramabulana, Sekhukhune y Nghunghunyana, ¡ordenadles que regresen para luchar con uñas y dientes en el Parlamento en vez de huir!*

»Permitidme que reitere una vez más los principios rectores de la línea del CNA en lo relativo a la mediación internacional, pretexto que se ha esgrimido para justificar este comportamiento irracional.

»Primero, el CNA ha reiterado hasta la saciedad su compromiso con el acuerdo alcanzado el 19 de abril de 1994. Precisamente fue este el motivo por el que se creó un subcomité para estudiar el asunto.

---

* Reyes y líderes políticos que conformaron los respectivos grupos lingüísticos isiZulu, isiXhosa, sesotho, tshivenda, sepedi y xitsonga, y que fueron decisivos para obtener su soberanía étnica a principios del siglo XIX. Sekhukhune: *véase* Gente, lugares y acontecimientos.

»Segundo, la pura lógica nos dice que para invitar a cualquier persona de relevancia a llevar a cabo esta tarea es necesaria la existencia de un marco de referencia definido. Esto es precisamente lo que el subcomité tripartito estaba discutiendo.

»Tercero, estamos estudiando las medidas necesarias para resolver el asunto. Por parte del CNA, encomendaremos al vicepresidente que se ocupe de este asunto en cuanto regrese de su viaje al extranjero. Mientras tanto, esta tarde me reuniré con el jefe Buthelezi en Genadendal a fin de estudiar posibles soluciones a este problema.

»Cuarto, el CNA —y creo que también otros partidos donde impere la sensatez— no querría tomar partido en una iniciativa que persigue tratar un asunto que compete al rey y al reino de KwaZulu-Natal como si el rey no existiera. Tampoco aceptaríamos intentos por parte de cualquier partido político de arrogarse el derecho a hablar en representación de cualquier rey o reino.

»Permitidme, no obstante, que deje algo claro: si bien reconocemos efectivamente el derecho de las personas a emprender cualquier acción dentro de los límites que establece la ley —en tanto que nos comprometemos a buscar soluciones políticas a este problema—, no podemos ni debemos, como nación y como gobierno, permitir que las amenazas ni la perpetración de la violencia queden impunes.

»Confiamos en que los sudafricanos de toda ideología política, incluidos los medios de comunicación, apoyen el derecho del gobierno a cumplir con sus obligaciones para con la nación según establece la Constitución; que no aborden este asunto de modo que se fomente la irresponsabilidad, el desorden y el chantaje».[24]

El duro discurso de Mandela, más dirigido a las bases del IFP que a sus líderes —y que debió de irritar enormemente a Buthelezi y sus lugartenientes—, también afectaba al propio CNA. Al CNA no se le pasaron por alto los esfuerzos de Mandela y había resentimiento porque, estando tan cerca de resolver un problema histórico, Buthelezi y el IFP ponían obstáculos.

Pero, aunque la frustración hizo mella entre algunos de su bando, Mandela estaba empecinado en continuar. Mantuvo dos encuentros con Buthelezi para convencer al IFP de que volviera a la Asamblea Constituyente. Pero en ambas ocasiones fue en vano. Al final no hubo mediación internacional. Fue como un partido de fútbol que acaba en empate a cero donde el árbitro se marcha mucho antes de que suene el pitido final. Es más, el rey zulú, en cuyo nombre se había repudiado la Asamblea Constituyente, había perdido el interés, pues se había enemistado con su viejo valedor, Buthelezi.

A diferencia del IFP, el National Party perseguía sus objetivos según el procedimiento acordado. Se mantuvo firme hasta el final en una serie de temas, por lo cual Mandela no tuvo más remedio que recurrir a sus dotes de persuasión para desbloquear el *impasse* y hacer valer las posturas del CNA. Repitiendo el escenario en el que Mandela y De Klerk se habían reunido para salvar escollos en los últimos días de las negociaciones previas a las elecciones, ahora lo hacían para superar los obstáculos antes de la fecha límite para finalizar el borrador de la nueva Constitución. Trabajaron arduamente, hasta altas horas de la noche, en el despacho de De Klerk de Union Buildings y la residencia oficial de Mandela en Pretoria. Ciertos asuntos que quedaron pendientes de resolución en el plazo establecido se aplazaron para el proceso de ratificación del Tribunal Constitucional.[25]

Pese a su inquebrantable liderazgo, Mandela siempre mostraba amplitud de miras y cedía ante argumentos convincentes. Por ejemplo, personalmente habría preferido mantener las cuatro provincias existentes en vez de dividirlas en nueve atendiendo a las regiones económicas definidas por el Banco de Desarrollo del África Meridional.* Sin embargo, el CNA aceptó la división, si bien es cierto que con ligeras modificaciones.

Pasado el plazo de dos años establecido para redactar la nueva Constitución, finalmente concluyeron las negociaciones, los puntos muertos y las intervenciones. El 8 de mayo de 1996, con un suspiro de alivio colectivo, la Asamblea Constituyente adoptó el borrador finalizado a altas horas de la madrugada por el Comité Constitucional del Parlamento. Mandela lo celebró con un discurso donde abordó tanto el fondo como la forma.

«Los breves segundos durante los cuales la mayoría de los honorables miembros expresaron silenciosamente su conformidad con la nueva ley fundamental de la nación han captado, en un momento fugaz, los siglos de historia que el pueblo sudafricano ha padecido en aras de un futuro mejor.

»Vosotros, todos a una, los representantes de la abrumadora mayoría de los sudafricanos, os habéis hecho eco del anhelo de millones de personas.

---

*   Las cuatro divisiones administrativas existentes desde 1910 hasta 1994 eran Natal, el Transvaal, el Estado Libre de Orange y el Cabo de Buena Esperanza, además de diez *homelands* segregados que se repartían a lo largo del país. Las nuevas provincias son KwaZulu-Natal, la provincia oriental del Cabo, la provincia occidental del Cabo, Limpopo, Mpumalanga, la provincia septentrional del Cabo, el Estado Libre, el Noroeste y Gauteng. El Banco de Desarrollo del África Meridional, en su origen concebido con una ambiciosa función económica en el marco de la dispensa constitucional de los *homelands* imperante en la época, fue reconfigurado como una institución de desarrollo financiero en 1994. Promueve el desarrollo y el crecimiento económico, el desarrollo de los recursos humanos y el fortalecimiento de la capacidad institucional mediante la movilidad financiera y otros recursos de los sectores privados y públicos a nivel nacional e internacional para llevar a cabo proyectos y programas de desarrollo sostenible en Sudáfrica y en el conjunto del continente africano.

»Y así ha sido posible que Sudáfrica experimente hoy su renacimiento, libre de un terrible pasado, madura a partir de un comienzo titubeante, afrontando el futuro con confianza.

»La nación ha pendido de un hilo en los últimos días con noticias de puntos muertos irresolubles y un tremendo compás de espera. Era de esperar, dados los complejos asuntos que estábamos tratando y los estrechos plazos de negociación. ¡Pero qué maravilloso es el pueblo sudafricano, para quien las palabras "punto muerto" y "milagro" han llegado a convivir en armonía y, al mismo tiempo, captado la imaginación de la opinión pública como una plaga!

»Sea como fuere, en pleno entusiasmo por las soluciones alcanzadas en el último minuto, no osemos olvidar la magnitud del logro que hoy celebramos. Pues más allá de la magnitud del logro se extiende un cambio radical fundamental en el cuerpo político de Sudáfrica simbolizado por este momento histórico.

»Mucho antes de las extenuantes sesiones de los momentos finales, se acordó que, de una vez por todas, Sudáfrica tuviera una Constitución inspirada en el principio universal del gobierno democrático de la mayoría. Hoy, formalizamos este consenso. Por ende, nuestra nación da el paso histórico más allá de los acuerdos transitorios que obligaron a sus representantes, por imperativo de la ley, a trabajar conjuntamente por encima de la división racial y política.

»Ahora se reconoce universalmente que la unidad y la reconciliación están grabadas en los corazones de millones de sudafricanos. Constituyen un principio indeleble de nuestra causa fundamental. Son la llama de nuestro nuevo patriotismo. Permanecerán siendo la condición para la reconstrucción y el desarrollo en la medida en que la reconstrucción y el desarrollo dependerán de la unidad y la reconciliación».

Como de costumbre, Mandela era sensible a la realidad del ciudadano de a pie, cuyos esfuerzos y contribución normalmente pasaban desapercibidos, mientras las autoridades se recreaban en alardes de arrogancia. Por lo tanto, elogió la «participación activa del pueblo en la elaboración de la nueva Constitución, [lo cual] abrió nuevas vías para involucrar a la sociedad en el proceso legislativo [y] le dio un nuevo impulso a la sociedad civil de una manera que ningún otro proceso ha logrado en tiempos recientes».

Señaló la presencia en la galería pública de un amplio sector «de la sociedad civil que ha realizado aportaciones al proceso: la comunidad jurídica, mujeres, comunidades locales, órganos tradicionales y líderes de sectores dedicados a la empresa, a los trabajadores y a asuntos de la tierra, medios de comunicación, arte y cultura, juventud, discapacitados y derechos de los menores, entre muchos otros.

»Además de los presentes, se cuentan los millones de personas que escribieron cartas y participaron en foros públicos, desde el policía destinado a una comisaría en el rincón más remoto de la provincia del Norte, pasando por los presos que se reunieron para discutir las cláusulas, hasta los residentes de Peddie en la provincia oriental del Cabo que continuaron congregándose bajo la lluvia torrencial para debatir el papel de los líderes tradicionales».

Con una cortesía intachable, Mandela expresó su gratitud a todos, comenzando por la presidenta y el vicepresidente de la cámara; los comités directivos, donde estaban representados todos los partidos; y al personal «por su dedicación y empeño en garantizar que alcanzáramos este histórico momento». En el mismo sentido, expresó su agradecimiento a los representantes de la comunidad internacional que habían supervisado el proceso, añadiendo: «Vuestras aportaciones y la fuerza de vuestro ejemplo han proporcionado la fuente de la que bebemos con fruición».

El principio fundamental que había influido en la estrategia del CNA en las negociaciones, manifestó Mandela fuera de guion, era que, en última instancia, «no debía haber ni ganadores ni perdedores», sino que «debía ganar el conjunto de Sudáfrica». El CNA se había comprometido a ello para evitar abusos como partido mayoritario que pudieran reducir a «meros avalistas» a los restantes partidos del gobierno de unidad nacional. Dicho esto, Mandela advirtió: «Todo el mundo entenderá que hemos contraído con la inmensa mayoría de los ciudadanos de este país el compromiso de transformar Sudáfrica de un Estado regido por el *apartheid* a un Estado no racista, de abordar los temas del desempleo y la falta de viviendas, de construir todas las infraestructuras de las que ha disfrutado una exigua minoría durante siglos. Hemos contraído ese compromiso y estamos decididos a garantizar que todos los sudafricanos tengan una vida digna donde no haya pobreza, analfabetismo, incultura ni enfermedades. Ese es nuestro compromiso. Estamos decididos a cumplir esa promesa y cualquiera que intente impedirnos alcanzar el objetivo de cumplir con nuestro mandato no hará sino clamar en el desierto».

Finalizó con una llamada de advertencia: «Estamos inmersos en una situación en la que, cuando uno habla con los blancos, opina que en este país solo existen blancos y aborda los problemas desde el punto de vista de los blancos. Se olvida de la gente de color, a saber, negros, mestizos e indios. Ahí radica parte del problema. Sin embargo, hay otro problema. Cuando uno habla con negros, mestizos e indios, comete exactamente el mismo error. Piensa que los blancos de este país no existen. Piensa que hemos logrado esta transformación derrotando a la minoría blanca y que ahora estamos tratando con una comunidad postrada en el suelo, suplicando clemencia, sometida a nuestros dictados. Ambos enfoques son erróneos. Queremos hombres y mujeres comprometidos con nuestro mandato, pero que puedan erigirse por encima de sus respectivos grupos étnicos y que piensen en Sudáfrica en su conjunto.

»Hemos aprobado esta Constitución [...]. Cada noche me acuesto con más fortaleza y esperanza porque veo el surgimiento de nuevos líderes de pensamiento, líderes que son la esperanza del futuro».[26]

Cuando el Parlamento enmendó unas cuantas inconsistencias que quedaban pendientes en la recién creada Constitución a instancias del Tribunal Constitucional, el presidente Mandela le dio fuerza legal con su rúbrica en una ceremonia pública en Sharpeville el 10 de diciembre de 1996. El marco fue elegido cuidadosamente como símbolo de la restitución de los derechos y de la dignidad en el mismo escenario de la masacre de Sharpeville, donde, el 21 de marzo de 1960, la policía abatió a disparos a sesenta y nueve personas e hirió y mutiló a ciento setenta y seis manifestantes antipases; los orificios de entrada de las balas en las espaldas de las víctimas fueron la prueba de que las víctimas se estaban dando a la fuga cuando les dispararon.

En un país donde, tradicionalmente, las leyes se elaboraban para preservar los intereses de los blancos y los de la mayoría negra quedaban en un mero segundo plano, era importante que de las cenizas del pasado surgiese un nuevo poder judicial. Y debía ser contundente y vehemente en la ejecución para recuperar a un electorado escéptico. El establecimiento de una Comisión de Servicios Judiciales (JSC), como señala el abogado experto en derechos humanos George Bizos,* fue una contundente iniciativa frente a las políticas del *apartheid*.[27] El recelo generalizado sumado a la hostilidad hacia la ley entre la población negra evocaban el poema *Justicia* de Langston Hughes, una de las luminarias del Renacimiento de Harlem, que reza:

«Esa Justicia es una diosa ciega,
una cuestión de la cual somos entendidos.
Su venda esconde dos llagas que supuran
donde quizás en algún tiempo hubo ojos».[28]

Así pues, el poder judicial debía librarse del lastre del pasado y garantizar que la justicia fuese realmente imparcial. Pese a las presiones para

---

* George Bizos: *véase* Gente, lugares y acontecimientos.

emitir fallos injustos, algunos funcionarios de los tribunales —curtidos letrados blancos que ejercían la abogacía y que habían sido nombrados por decreto ministerial— «poseían un profundo sentido de la justicia».[29] Figuraban entre los candidatos entrevistados por la JSC, que posteriormente remitió a Mandela un listado de donde elegiría a los jueces del Tribunal Constitucional. Dicha selección estaba amparada por la Constitución, que estipula «la necesidad de que el poder judicial refleje a grandes rasgos la composición racial y de género de Sudáfrica».[30]

Con todo, tal vez fuera inevitable que el espectro de la raza se cerniera en cada entrevista a los posibles magistrados en el Civic Theatre de Johannesburgo. Pero la creación de la JSC había sentado las bases para el establecimiento de un Estado constitucional que confiaría en órganos estatutarios creados para amparar la democracia y garantizar el debate abierto y la inclusión. Los efectos fueron evidentes de inmediato. En sus memorias, el abogado especializado en derechos humanos George Bizos recuerda un episodio de protesta en el transcurso de las sesiones: «Estudiantes de la cercana Universidad de Wits se concentraron en la entrada en protesta contra dos profesores de Derecho que eran candidatos al tribunal, pero que estaban involucrados en una disputa en el campus. El presidente del tribunal, Corbett, se reunió con los estudiantes, aceptó su memorando y a continuación les invitó a las sesiones. Los alumnos, sin sus pancartas pero conquistados por la actitud dialogante de este, obedecieron, entraron a la sala de manera digna y siguieron los procedimientos en silencio».[31]

Con la inauguración del Tribunal Constitucional en febrero de 1995 Mandela vio cumplido su sueño de constitucionalismo. En su discurso, subrayó lo que ese sueño significaba en realidad:

«El constitucionalismo significa que ningún cargo ni institución puede estar por encima de la ley. Desde los más poderosos a los más humildes de la nación, todos sin excepción, debemos lealtad al mismo documento, a los mismos principios. No importa que seas negro o blanco, hombre o mujer, joven o viejo, que hables setswana o afrikáans, que seas rico o pobre, que conduzcas un elegante coche nuevo o camines descalzo, que vistas de uniforme o que estés encerrado en una celda. Todos tenemos ciertos derechos básicos y esos derechos fundamentales están recogidos en la Constitución.

»La autoridad del gobierno emana del pueblo a través de la Constitución. Vuestras obligaciones y responsabilidades, así como vuestro poder, os lo dispensa el pueblo a través de la Constitución. La gente habla a través de la Constitución. La Constitución permite que el pueblo haga oír sus múltiples voces de un modo organizado, articulado, coherente y con principios. Confiamos en que encontréis con buen criterio los medios para hablar directamente al pueblo.

»Sois un nuevo tribunal en todos los sentidos. El proceso mediante el cual fuisteis elegidos es nuevo. Al contemplaros, vemos por primera vez las muchas dimensiones de la riqueza y diversidad de nuestro país. Vemos una multiplicidad de orígenes y experiencias vitales. Vuestro cometido es nuevo. Vuestros poderes son nuevos. Abrigamos la esperanza de que, sin prescindir de las muchas y preciadas virtudes del precedente legal, encontréis una nueva manera de expresar las grandes verdades de vuestra labor. Estudiaréis los derechos de millones de ciudadanos de a pie. La Constitución, a cuyo servicio estaréis, es fruto del sacrificio y las convicciones de estos. Estoy seguro de que hablo en nombre de todos ellos cuando digo que los argumentos fundamentales de vuestras decisiones deberían ser expresados en un lenguaje comprensible para todos».[32]

Los destacados juristas de la presidencia de Mandela se habían cosechado respeto como defensores de la justicia antes del advenimiento de la democracia. Michael Corbett, el primer presidente del Tribunal Supremo de la Sudáfrica democrática, no conoció a Mandela cuando le tomó juramento en su investidura como presidente en mayo de 1994. En un banquete oficial celebrado dos años después, cuando Corbett se retiró, Mandela aprovechó la oportunidad para contar los detalles de su primer encuentro:

«Conocí a Michael Corbett en circunstancias poco halagüeñas hace unos veinticinco años —dijo—. Yo estaba cumpliendo cadena perpetua. Él contaba con poca experiencia en la judicatura cuando visitó la prisión de la isla de Robben.

»Había un conflicto particularmente desagradable entre los funcionarios de prisiones y los presos provocado a raíz de una paliza brutal, y yo era el portavoz de los presos.

»No tenía muchas esperanzas de que me creyeran, ni siquiera de que me escuchasen. El oficial al mando trató de intimidarme, pero este joven juez y sus colegas escucharon atentamente lo que tenía que decirles. En mi presencia, el juez Corbett se volvió hacia el inspector de prisiones y el oficial al mando y protestó enérgicamente al primero por el comportamiento de este. Era raro ver semejante valor e independencia».

Mientras estudiaba la carrera de Derecho en prisión, Mandela «consultaba de vez en cuando a Michael Corbett. Sus incisivas opiniones me recordaron la primera ocasión en la que había coincidido con él. Lo mismo sucedió con su disconformidad en 1979 en el caso que Denis Goldberg,* también imputado conmigo en el juicio de Rivonia, elevó al ministro de Prisiones. De entre los cinco jueces de la apelación, solamente Michael

---

* Denis Goldberg: *véase* Gente, lugares y acontecimientos.

Corbett sostuvo que las autoridades penitenciarias no tenían derecho a aplicar reglamentos que privasen a los reclusos de todo acceso a las noticias».

Este fallo, señaló Mandela, fue «sabio, minucioso y contundente en cuanto a la primacía que confería a los derechos importantes [...].

»Son dichos actos realizados por hombres y mujeres de buena fe como Michael Corbett, procedentes de todos los ámbitos de nuestra sociedad y de todas las ideologías políticas, a los que debemos el éxito de nuestra transición a la democracia. Una de las bazas de la nueva nación que estamos construyendo es que, erradicar las causas de la tensión y el conflicto crea el espacio para que personas así salgan a la luz y desempeñen su legítimo papel. Es en tales condiciones cuando puede aflorar lo mejor de cada cual. Este es el contexto donde se está fraguando una nueva generación de líderes para una sociedad próspera y justa, en paz consigo misma».[33]

En 1994, Mandela nombró a Arthur Chaskalson, uno de los abogados defensores en el juicio de Rivonia y miembro del Comité Constitucional del CNA, primer presidente del Tribunal Constitucional. El juez Ismail Mohamed relevó a Michael Corbett en 1996. Calificado por Mandela como un hombre de recursos, el estado del *apartheid* había tomado una bizantina serie de medidas legales para impedir que ejerciera en diversas partes del país.

«Con una trayectoria de alrededor de treinta y cinco años como abogado defensor —dijo Mandela—, Ismail Mohamed había comparecido en numerosos juicios en defensa de figuras destacadas de la lucha por la liberación. Al igual que otros letrados de Johannesburgo [...], fue uno de los impulsores de denuncias de las injusticias del *apartheid* ante los tribunales. Debido a la reputación que se había forjado por su imparcialidad y firmeza, fue aceptado como copresidente de las negociaciones constitucionales multipartidistas [...]. Nos advirtió a los políticos reunidos en esas negociaciones de que, en calidad de jueces, respetarían y defenderían la Constitución con uñas y dientes».

Según Mandela, cumplió su advertencia. Cuando Mandela fue citado como primer demandado en el caso que surgió a raíz de un requerimiento constitucional por las disposiciones que había redactado en una sección de la Ley de Transición del Gobierno Local, el juez Mohamed y la mayoría de los magistrados del Tribunal Constitucional lo revocaron. Según relata Mandela, manifestaron que «en nuestra nueva administración, el Parlamento carece de autoridad suprema, pues está sujeto a nuestra ley fundamental y suprema, la Constitución. El Parlamento, nos recordaron, no tenía potestad, aunque así lo desease, de eximirse de su responsabilidad legisladora».[34]

Mandela escribe: «Por importantes que sean todas estas consideraciones, jamás se debería permitir que socaven nuestra Constitución democrática, que garantiza derechos de ciudadanía incondicionales para todos los sudafricanos, al margen del grupo étnico al que pertenezcan. Contiene una *Carta de Derechos* que ampara a todo ciudadano si cualquiera de sus derechos se viera amenazado o violado. Todos nosotros, sin excepción, tenemos la obligación de respetar esta Constitución.

»Hay órganos jurídicos capitaneados por figuras públicas competentes y de peso que actúan con total independencia del gobierno. Garantizan que la Constitución y sus disposiciones sean respetadas por todo ciudadano, al margen de la posición que ocupen en el gobierno o en la sociedad.

»Son el defensor del pueblo, el fiscal general del Estado, el auditor general, la Comisión de Derechos Humanos, la Comisión para la Verdad y la Reconciliación y el Tribunal Constitucional.*

»El régimen del *apartheid* desacreditó la ley y el orden. Se suprimieron sin misericordia los derechos humanos. Se realizaron detenciones sin juicio, torturas y asesinatos de activistas políticos, vilipendios flagrantes contra jueces de tribunales de apelaciones que eran independientes y que emitían dictámenes en contra del régimen, y el poder judicial estaba repleto de abogados conservadores y maleables. La policía, especialmente la división de seguridad, imponía su propia ley. Debido a esta deleznable práctica y por mis propias convicciones, yo aprovechaba cualquier oportunidad para promover el respeto hacia la ley y el orden y hacia el poder judicial».[35]

Aunque Mandela profesase el mayor de los respetos hacia la Constitución y personalmente poseyera las dotes necesarias para ejercer un estilo de liderazgo ético y valeroso, tenía presente el legado del pasado, sobre todo en lo relativo al poder judicial. Había sido en los juzgados, en la época en la que dirigía un bufete con su socio, Tambo, en el centro de Johannesburgo, donde había sido testigo del sufrimiento y la humillación más abyectos padecidos por el ser humano.

«La abogacía y la judicatura —dijo en un banquete del Consejo General de Juristas de Sudáfrica en el año 2000— no han tenido un pasado intachable en Sudáfrica. Se han cometido errores y se han desperdiciado oportunidades a nivel institucional e individual. Pero también es cierto que entre los juristas sudafricanos, jueces y abogados incluidos, ha habido hombres y mujeres que se han comprometido con el imperio de la ley y con la

---

* Entre los entes estatutarios también se incluyen la Comisión para la Igualdad de Género, la Comisión Electoral Independiente y la Autoridad Independiente de Radio y Televisión.

instauración de una democracia constitucional. Algunos han pagado un alto precio por ello.

»Creo que se debería rendir tributo a las personas de esta condición y me enorgullece hacerlo en vuestra presencia esta noche. La abogacía y la judicatura son instituciones que no están exentas de críticas; pero las críticas no sirven de nada si son meramente destructivas y no reconocen las aportaciones que con tanta entrega se han realizado. Se han realizado incluso en los peores momentos de nuestra historia.

»Me alegra la noticia de los intentos de transformar la membresía por parte del colegio de abogados y, en particular, por fomentar la educación jurídica. Me alegra especialmente la noticia de la creación esta noche de las becas Pius Langa, bautizadas con el nombre del ilustre vicepresidente de nuestro Tribunal Constitucional y rector de la Universidad de Natal».[36]

El camino hacia un Estado legítimo y democrático había comenzado mucho antes, en los años olvidados de las primeras luchas, y había hecho estragos en las vidas de millones de personas. Para Mandela significaba el cumplimiento de una tarea que se había impuesto allá por mayo de 1961. Albie Sachs —un veterano jurista y uno de los primeros doce magistrados del Tribunal Constitucional— recuerda esa época. «Nelson Mandela había pasado a la clandestinidad y había convocado una huelga general. Sosteniendo que no se había consultado a la mayoría del pueblo acerca de que Sudáfrica se escindiese de la Commonwealth como república, había llamado a la huelga para exigir que se celebrara una convención nacional a fin de redactar una nueva Constitución».[37]

Treinta y cinco años después, la ley, antaño un cruel instrumento de segregación y opresión, fue finalmente modificada para servir a la totalidad del pueblo.

CAPÍTULO SIETE

Mandela y el Parlamento

Si en 1994 los treinta y nueve millones de ciudadanos de Sudáfrica hubieran realizado una exhaustiva encuesta sobre sus impresiones acerca del Parlamento, es probable que se hubiesen obtenido tantos puntos de vista como número de encuestados. La mayor trampa urdida por el régimen del *apartheid* era alimentar la imagen de transparencia, cuando en realidad ocultaba a la población los entresijos más sutiles y concretos de la maquinaria estatal, dejando que todo el mundo —negros y blancos— asumiera las consecuencias, lo cual experimentaban en distinta medida y por lo visto desconectados de la fuente primaria. El grueso de la población blanca se iba a casa satisfecha con el gobierno de turno mientras la mayoría negra apretaba los dientes al unísono, maldiciendo al *uhulumeni* («gobierno» en isiZulu), a la entidad indefinida y etérea, una especie de *golem* que se sacaba de la manga leyes que amenazaban a sus hijos. De vez en cuando, los sucesos acaecidos en los imponentes e inaccesibles edificios blancos del recinto parlamentario ocupaban las portadas. Por lo general, sin embargo, nadie le prestaba mayor atención.

Caso aparte fue el 24 de mayo de 1994, cuando Nelson Mandela compareció para pronunciar su primer discurso sobre el estado de la nación.

Horas antes, ese mismo día, la multitud congregada había tenido el lujo de presenciar un auténtico espectáculo de color con los diversos uniformes de la policía montada y los escoltas militares y la alfombra roja extendida desde el Slave Lodge hasta la cámara de la Asamblea Nacional, así como artistas que incluían a jóvenes *majorettes* de escuelas cercanas y a un *imbongi* con el atuendo tradicional de batalla cuyo estentóreo cántico de alabanza a Mandela en un momento dado quedó apagado por la banda de metales militar, que a su vez quedó silenciada por el desfile aéreo de las fuerzas aéreas de Sudáfrica; el fragor de una salva de veintiún cañonazos puso el colofón a todo.

Pero las insignias de los diferentes cuerpos, banderas y gallardetes no tenían punto de comparación con la magnífica vestimenta de los diputados parlamentarios; los espectadores se quedaron boquiabiertos en las galerías públicas ante la procesión de atuendos formales, conservadores y extravagantes, occidentales y tradicionales. Mandela había decretado que, en los albores de la democracia, se abrieran las puertas del Parlamento a todos, de ahí que su primer discurso sobre el estado de la nación se convirtiese en una celebración para todo el pueblo sudafricano. En el interior de la cámara, desde las galerías que proporcionaban una vista panorámica de los procedimientos que se desarrollaban abajo, hombres y mujeres de a pie tuvieron ocasión de contemplar a todos aquellos que habían estado al frente de la creación de la nueva Sudáfrica. Algunos invitados, que habían estado separados por sus diversos cometidos en la lucha —un activista incómodo con indumentaria formal, compatriotas que habían sobrevivido a emboscadas y vivían para contarlo o un exiliado recién llegado con su cónyuge extranjera a la zaga—, se abrazaron los unos a los otros con los ojos anegados en lágrimas.

En primer lugar Mandela mencionó a Frene Ginwala, presidenta del Parlamento, y a otros asistentes ilustres. Seguidamente continuó:

«Llegará la hora en la que nuestra nación rendirá tributo a la memoria de todos los hijos, las hijas, las madres, los padres, los jóvenes y los niños que, con sus ideas y obras, nos otorgaron el derecho de afirmar con orgullo que somos sudafricanos, que somos africanos y que somos ciudadanos del mundo.

»La sabiduría que me aportan los años me dice que entre ellos figurará una mujer afrikáner que trascendió a una experiencia personal y se convirtió en sudafricana, en africana y en ciudadana del mundo. Su nombre es Ingrid Jonker. Fue una poetisa sudafricana. Fue una afrikáner africana. Fue una artista y un ser humano. Sumida en la desesperación, celebró la esperanza. Enfrentada a la muerte, reivindicó la belleza de la vida. En los días aciagos en los que el desaliento se cernía sobre nuestro país, cuando muchos rehusaron escuchar su voz resonante, se quitó la vida.

»Por ella y por otros como ella, tenemos una deuda contraída con la propia vida. Por ella y por otros como ella, nos debemos a nuestro compromiso con los pobres, los oprimidos, los desahuciados y los repudiados. Tras la masacre de la manifestación antipases de Sharpeville, escribió:

> El niño no ha muerto.
> El niño levanta el puño contra su madre
> que grita: «¡África!».
> ....
> El niño no ha muerto
> ni en Langa ni en Nyanga
> ni en Orlando ni en Sharpeville
> ni en la comisaría de Philippi
> donde yace con una bala en la cabeza.
> ....
> El niño está presente en todas las asambleas y legislaturas.
> El niño escruta desde las ventanas de las casas y dentro del corazón
> [de las madres.
> El niño que solo quería jugar al sol en Nyanga está en todas partes.
> El niño hecho hombre recorre toda África.
> El niño hecho gigante recorre todo el mundo
> sin un pase.[1]

»Y su gloriosa visión nos enseña que debemos dirigir nuestros esfuerzos en aras de la liberación de la mujer, la emancipación del hombre y la libertad de los menores».[2]

Por impactantes y resonantes que pudieran haber sido las declaraciones, el caso era que el primer Parlamento de Sudáfrica elegido democráticamente aún ocupaba los mismos edificios que el *apartheid*, donde se habían promulgado leyes que habían causado un padecimiento indecible. Algunas de estas consideraciones habían provocado que diversos líderes tradicionales solicitaran permiso para purificar la cámara por medio de rituales, una reivindicación espiritual que se obtuvo cuando en el Parlamento se celebraron servicios religiosos multiconfesionales.

No obstante, Mandela configuró el Parlamento como una institución orientada por los deseos del pueblo, el alma de la Constitución, a fuerza de empeño. Su visión era la de un Parlamento que pudiera permitir una profunda transformación de la sociedad y convertirse en un preeminente foro de debate público. Debía ser un lugar para todo el pueblo de Sudáfrica, incluso para los que pudieran haberse mostrado renuentes a aceptarlo en los comienzos. Ginwala recuerda cómo Mandela le dijo que el gran reto residía en que «nuestra gente no está habituada a estar en el Parlamento; el público tampoco está habituado a estar en el Parlamento, de modo que hemos de asegurarnos de que todo el mundo, todos los partidos políticos, todos los sudafricanos, lo consideren su Parlamento».[3]

Sin embargo, si bien el Parlamento promulgaba leyes, lo hacía bajo las restricciones de una Constitución soberana bajo el arbitraje del Tribunal Constitucional en última instancia, lo que suponía un punto de inflexión con respecto a la era del *apartheid*, cuando el Parlamento aprobaba leyes opresivas a discreción. Incluso cuando se celebró una sesión parlamentaria para redactar la Constitución definitiva, el proceso tuvo que ser ratificado por el Tribunal Constitucional. La cooperación entre los partidos durante la legislatura dependía exclusivamente del «espíritu de unidad nacional» en vez de regirse por precepto constitucional, con los inconvenientes que ello conllevaba. Y, a pesar de los cambios llevados a cabo en la institución, el CNA todavía se enfrentaba a obstáculos, pues carecía de experiencia técnica en mecanismos parlamentarios, gobierno o gestión de la economía, cosa de la que la oposición y la administración andaban sobradas.

No obstante, lo que compartían los cuatrocientos y pico nuevos diputados parlamentarios era la legitimidad. Todos y cada uno de ellos habían sido elegidos por representación proporcional, lo cual aglutinó las cámaras segregadas de blancos, mestizos e indios en una única Asamblea Nacional que representaba a todos los sudafricanos. Es más, el sistema de representación proporcional conllevaba que el Parlamento se convirtiera en un microcosmos más genuino que cualquier otro sistema electoral. También reflejaba las preocupaciones del CNA sobre el enfoque de «el ganador se lo lleva todo», sistema de mayoría relativa por el que Mandela había abogado hasta que cambió de parecer en sus deliberaciones con Essop Pahad y Penuell Maduna. Ambos habían formado parte del equipo del CNA encargado de redactar la parte de la Constitución provisional en materia de representación y ahora estaban elaborando la definitiva. Pahad recuerda:

«Dijimos: "Queremos tratar el asunto contigo". Él contestó: "Lo sé, adelante". De modo que explicamos por qué opinábamos que el sistema proporcional es el más justo del mundo. Nos escuchó y formuló muchas preguntas sobre cómo rendir cuentas y cosas así. Respondimos: "Si optas por otro sistema, podemos adoptar el bipartidista o, cuando menos, un sistema tripartito, que excluirá a partidos como el CPA [Congreso Panafricanista], mientras que el sistema proporcional va a permitir una representación más amplia de partidos en el Parlamento". Escuchó, formuló preguntas y al final dijo: "Vale, estoy de acuerdo, pero no significa que deba ser permanente". Dijimos: "En la Constitución se deja abierta la posibilidad de

cambiar el sistema siempre y cuando sea ampliamente proporcional"».[4]

Tras la elección de Mandela como presidente del país, el siguiente paso
de la Asamblea Nacional era elegir a su presidente y vicepresidente. Dada
la importancia de estos cargos, la dirección del CNA, especialmente el
propio Mandela, y el grupo parlamentario debían involucrarse.

Mandela escribe: «La cuestión de la elección del presidente de la Asamblea Nacional fue igualmente polémica. Aunque el CNA había aceptado
tiempo atrás el principio de la igualdad de género sin reservas, la realidad
quedaba muy lejos de la teoría.

»En mi equipo como presidente del CNA había tres mujeres, todas ellas
fuertes, independientes, bien informadas y sin pelos en la lengua. No tole-
raban el menor machismo, ya fuera por mi parte o por parte de mis camaradas. No es de extrañar que se ganasen el apelativo de las Tres Brujas.

»Eran Barbara Masekela, que más tarde sería nuestra embajadora en
Francia; Jessie Duarte, nuestra embajadora en Mozambique; y Frene Ginwa-
la. Mantuvimos multitud de reuniones sobre un amplio abanico de temas.
Las tres eran trabajadoras y dignas de admiración, y contribuyeron a pur-
gar mi administración de cualquier rescoldo de desdén hacia las mujeres.
Asigné a Frene el cargo de presidenta de la Asamblea Nacional.

»Cuando compartí el secreto con mis camaradas hubo un silencio se-
pulcral. Sospeché que el hecho de proponer a una camarada en aquel entonces, independientemente de su valía, no había sentado bien a aquellos
camaradas, cuya aplastante mayoría eran varones.

»También existían disensiones, incluso luchas internas, entre exiliados
en el extranjero, las cuales aún eran palpables en su trabajo en el interior
del país. Sin embargo, dejé claro a todos los interesados que no toleraría la
menor objeción carente de escrúpulos hacia una camarada competente de
la organización a quien se le había encomendado la ingente tarea de gobernar el país más rico y desarrollado del continente africano. Prácticamente
ordené a todos los diputados del CNA que debían votarla como presidenta.

»Hubo otra dificultad, en este caso por parte de la propia Frene. Me
telefoneó una mañana para pedirme explicaciones sobre la escasez de mujeres en el gabinete. Tras mi respuesta, añadí que me aseguraría de que
fuera presidenta. Ella repuso con vehemencia que no se refería a su persona, sino que estaba planteando un asunto a nivel general que afectaba a todas las mujeres.

»En vista de que los ánimos se estaban caldeando, le pregunté claramente si aceptaba o rechazaba mi oferta. En nuestras discusiones siempre
me consolaba saber que le inspiraban más respeto mis canas que mi propia

persona. Tras un breve silencio, dijo que lo pensaría. Me sentí aliviado cuando posteriormente aceptó el puesto.

»Su decisión marcó un hito, ya que fue la primera ocasión en la que una mujer ocupaba un cargo de tanta relevancia en nuestra legislatura. Supuso una doble victoria, dado que la vicepresidenta, Baleka Mbete-Kgositsile, también era una mujer capaz y digna de confianza.

»Los parlamentarios de todos los signos representados en la cámara coinciden en que [Frene] se ha desenvuelto bien sin contar con formación ni experiencia previas en este sentido. No es partisana y a menudo reprende a los diputados por comportamientos impropios de un parlamentario, al margen de la afiliación política del infractor.

»Su magnífica labor y dominio de las funciones de su cargo no solo han fomentado el respeto y el apoyo por encima de las divisiones políticas. El excepcional ejercicio de su cargo, así como el de sus otras colegas de la cámara, ha puesto de manifiesto de manera patente que se está ganando la batalla en pro de la igualdad de género.

»Este singular logro fue premiado en el Parlamento al reelegirla por unanimidad para otros cinco años».[5]

Conforme al parecer de Mandela —que fuese un Parlamento del pueblo—, la disposición de los escaños de los diputados de todos los partidos se realizó de tal manera que al menos los representantes de cada partido pudieran estar visibles de cara a los telespectadores. Las reuniones de los comités se realizaban abiertas a la prensa; los programas de gran alcance público para poner al corriente a la sociedad de los entresijos de la legislatura fomentaron la confianza y franqueza mutuas entre el pueblo y la institución. Se trataba de una actitud insólita para todo el mundo, partidos o dirigentes que ostentaran el poder, incluso en democracias más maduras, donde se cae en la tentación de controlar la información. El proyecto del *apartheid* como tal era dejar a la población negra sumida en la ignorancia de por vida; la población blanca, que tal vez imaginara que había eludido su destino, sencillamente se había desengañado, pues también se les había mentido.

En su determinación por imponer la cordura en el país y desenmascarar las mentiras que circulaban con alarmante soltura ya allá por 1652, a veces daba la impresión de que Mandela trataba de convencerse a sí mismo de la idoneidad de garantizar la transparencia en el mecanismo legislativo. Por ejemplo, en su segundo discurso sobre el estado de la nación, manifestó: «Por consiguiente, podemos reivindicar justificadamente que dicha legislación, tal y como ha sido aprobada, es representativa de la voluntad del pueblo. Por lo tanto, goza de una condición de legitimidad y fuerza ejecutiva que jamás tuvo ninguna de las leyes anteriores».[6]

El edificio original del Parlamento se construyó en Ciudad del Cabo en 1884 en un estilo neoclásico que incorporaba elementos de la arquitectura holandesa del Cabo. Catalogado como patrimonio nacional, albergaba más de cuatro mil obras de arte, algunas de incalculable valor, entre ellas fechadas en el siglo XVII. Pero a pesar de su importancia y valor histórico, la colección no representaba a la totalidad del pueblo ni del arte sudafricano.

Cuando el Parlamento decidió retirar de su sede retratos y otras obras de arte de la era del *apartheid,* Mandela apoyó la iniciativa. Manifestó que la decisión era «resultado de amplias deliberaciones en el seno del Parlamento y ha sido refrendada por todos los partidos políticos. El nuevo Parlamento democrático debería reflejar la imagen de una Sudáfrica inclusiva, en toda su diversidad. Este es un componente importante de la construcción de la nación y la reconciliación».[7]

Asimismo, Mandela rindió respeto al Parlamento con otras iniciativas. Plenamente consciente del simbolismo de la indumentaria, insistió en ir trajeado al Parlamento, en contraste con sus habituales «camisas Madiba» de vivos colores. Siempre se había mostrado muy maniático en lo tocante a la vestimenta y en general a la rutina. Su esposa, Graça Machel, cuenta cómo se levantaba cada mañana para hacer sus ejercicios, doblar el pijama y hacer la cama hasta que tuvo que claudicar ante la benévola tiranía de Xoliswa Ndoyiya, una veterana del personal de servicio en su residencia de Houghton. «Era muy limpio y ordenado —comenta Machel—. Más te valía no dejar nada por medio en su presencia. Estando él, todo tenía que estar en orden [...], impoluto. Hasta en la manera de vestir, se tomaba su tiempo en la tarea; se miraba [al espejo] para cerciorarse de que estaba perfecto».[8] Combinaba un férreo sentido práctico con una gentileza a la antigua usanza, lo cual también esperaba de los demás, sobre todo de sus colegas.

Ginwala le preguntó en una ocasión por qué siempre iba trajeado al Parlamento cuando ya se le conocía por sus inconfundibles y vistosas camisas. «Con su característico semblante digno —cuenta Frene— respondió: "Frene, el Parlamento representa al pueblo; he de respetarlo y, por lo tanto, siempre llevo traje"».[9]

No le preocupaban las meras apariencias. También le inquietaban las ausencias esporádicas de algunos diputados y ministros, tanto porque en calidad de representantes elegidos eran necesarios en la cámara como para garantizar un cuórum en el transcurso de los debates. A veces los improvisados debates a instancias de la oposición cogían desprevenido al CNA.[10] Cuando el reverendo Makhenkesi Stofile, el primer responsable de la disciplina del CNA, lo sacó a relucir, Mandela acordó comunicárselo por escrito a los ministros, pero advirtió: «Hay que encontrar el modo de no imponerles demasiada carga, porque tienen otras obligaciones».[11]

Mandela asumió la presidencia con setenta y cinco años y no era diputado. Las sesiones de preguntas parlamentarias a menudo eran tempestuosas y muy partidistas, de ahí que existiera un pacto tácito —por deferencia a su edad y estatus, así como a la presión a la que se veía sometido por su agenda en los primeros años de la transición— para eximirlo de responder a las preguntas ante el Parlamento.[12]

En vez de eso, Mandela asistía a las reuniones del comité central del CNA. Al principio acudía con bastante frecuencia para tratar asuntos con la ejecutiva del grupo parlamentario y veteranos del movimiento, entre ellos Ginwala; Govan Mbeki, vicepresidente del Senado; Stofile, responsable de la disciplina del grupo parlamentario; y Mendi Msimang, presidente del comité central. También sondeaba a menudo a sus colegas cercanos y antiguos compañeros de prisión, asegurándose de que se tuviera en consideración la experiencia de estos en las deliberaciones de las reuniones del comité central.[13]

Las notas que Mandela escribió para una reunión del comité central en febrero de 1996, casi dos años después de la formación del nuevo Parlamento, ilustran sus intervenciones. La asistencia y conducta de los diputados del CNA en el Parlamento continuaban siendo motivo de preocupación para él.[14] También estaba descontento por las tensiones entre el CNA y otros partidos provocadas por el hecho de que los valores multipartidistas del gobierno de unidad nacional (GNU) no siempre estaban presentes en el Parlamento.[15]

1. He faltado a varias reuniones de la ejecutiva debido a otros compromisos ineludibles.
   Las reuniones de la ejecutiva son el principal motor de nuestro trabajo; y, si pretendemos cumplir el mandato de nuestro pueblo eficazmente, el deber de todos nosotros es asistir.
   He dado instrucciones a mi oficina para que organice los compromisos de tal manera que me sea posible asistir.
2. También debo intentar mantener un estrecho contacto con los comités de carteras.
3. Que los responsables de la disciplina me remitan un informe de asistencia a finales de cada mes. Consecuencias de la falta de asistencia. Asunto tratado por [ilegible].
   Necesidad de disciplina estricta. Consecuencias de la falta de disciplina.
4. Sección 43 [relativa a los poderes de las provincias] a deliberación.

5. No obtenemos una victoria militar si dictamos los términos a un ejército vencido.
6. Trabajo hecho: comités estatutarios resultado de nuestro arduo trabajo.[16]

Las anotaciones personales de Mandela previas a las reuniones muestran su preocupación por la disciplina —especialmente la colectiva—, la lealtad y la honestidad. En una señala que la «organización ha sufrido numerosos cambios» en alusión a diversos levantamientos —incluida la expulsión de los llamados africanistas en los cincuenta y del Grupo de los Ocho* en los setenta—. Gozaban de «popularidad en el CNA, pero, una vez fuera, resultó fácil lidiar con ellos». Seguidamente, como preámbulo a una serie de afirmaciones, mnemotecnias y reproches tanto a sí mismo como a un público imaginario, Mandela comenta que el «secreto radica en que nuestra lucha es una lucha de principios».[17]

Hay unas cuantas notas más similares, todas evocadoras, que reflejan los valores de un hombre para el que la democracia era un ideal por el cual estaba dispuesto a morir. Para los no iniciados, las notas de Mandela podrían entenderse como aforismos campechanos, palabras que un padre podría transmitir a un adolescente atribulado —«Nunca saques los trapos sucios a relucir en público» o «Piensa con la cabeza, no con el corazón»—, pero eran producto de una seriedad absoluta. En un escrito, *Let leaders decide who takes part in debate* [Dejad que los líderes decidan quién interviene en el debate], pone de manifiesto su determinación de prestar atención a la labor de los comités de carteras parlamentarios.[18] A diferencia del antiguo sistema de comités del *apartheid,* donde, como comentó un observador, «un funcionario trabajaba en cinco comités que se reunían en secreto para dar el visto bueno a las leyes y políticas del Ejecutivo», los comités democráticos tenían potestad para que el responsable del Ejecutivo les rindiera cuentas. Los comités democráticos «tenían poderes para pedir cuentas al Ejecutivo. Tenían potestad para examinar pruebas, citar a testigos y facilitar la participación pública en el proceso parlamentario».[19] Por lo tanto, existía la necesidad de un mecanismo de equilibrio para los ministros, que como integrantes del Ejecutivo debían estar sometidos a control, y su participación en los comités de carteras, donde formaban parte de la Asamblea Legislativa. De ahí que Mandela se cerciorara de que los cazadores furtivos se tomaran en serio sus obligaciones de guardabosques.

---

* Las voces discrepantes del CNA que se escindieron para formar el CPA. Ocho líderes veteranos del CNA, el Grupo de los Ocho, fueron expulsados de la organización por su oposición a los militantes blancos del Partido Comunista, aduciendo que diluían el programa revolucionario del CNA.

En enero de 1996 hubo un acalorado intercambio de palabras en una sesión del comité de defensa sobre la legislación relativa a la integración de las fuerzas armadas. El nuevo proyecto de ley incluía una propuesta para que el inglés fuese la única lengua de las fuerzas integradas. El jefe de las fuerzas de defensa, el general Georg Meiring, presentó sus quejas a Mandela por el incidente. En la siguiente reunión del grupo parlamentario, Mandela reprendió a los miembros del comité del CNA por proponer una medida que, según manifestó, era contraria a los esfuerzos del CNA y del GNU en pro de la reconciliación.[20]

Otro asunto que saltó a la luz pública en la relación entre el Ejecutivo y los comités fue el referente a un musical subvencionado por el Estado sobre la prevención del sida, Sarafina II, que enseguida saltó a primera plana. La trama del musical en sí y el despilfarro de las arcas públicas, sumado a la incoherente explicación que ofreció el Ministerio de Salud sobre la fuente de financiación, se convirtió en un drama que Mandela ciertamente no necesitaba. Consciente del profundo interés que el tema había suscitado entre la opinión pública, tuvo la perspicacia de manejarlo con buen criterio. Tras exponer los méritos del proyecto, la ministra de Salud, Nkosazana Dlamini-Zuma, se ofreció a dimitir si se dirimían responsabilidades en su actuación, lo cual Mandela declinó. Algunos, como Ahmed Kathrada —como se ha mencionado anteriormente—, comentaban que la lealtad de Mandela era tanto su debilidad como su punto fuerte. Con todo, a pesar de que el defensor del pueblo exoneró a la ministra Dlamini-Zuma de toda responsabilidad, el incidente dañó la imagen de Mandela, lo cual desembocó en la publicación de editoriales de destacados medios de comunicación nacionales e internacionales sobre la lacra de la corrupción durante su mandato.

Aun estando al tanto de los comentarios, Mandela nunca permitía que nada le apartase de su camino, guiado por lo que había aprendido de Sófocles: «El parecer prevalece sobre la verdad».[21] Al valorar la interpretación de Mandela en la obra Antígona que se representó en su momento en la isla de Robben, el conocido escritor sudafricano André Brink comentó que «aunque, al igual que sus compañeros, se identificaba especialmente con Antígona, le aportó al personaje de Creonte lo que debió de ser, con una mirada retrospectiva, un cariz peculiar. "Por supuesto, uno no puede juzgar a un hombre por completo, su carácter, sus principios, su sentido de la justicia, hasta que muestre su bandera, gobierne a la gente, aplique las leyes. La experiencia, esa es la prueba"».[22]

Ahora el escenario era la nueva cámara, donde, a casi catorce kilómetros de la isla, se trataban asuntos de importancia nacional en el Parlamento por medio de debates o informes específicos. Entre ellos cabe citar la disolución de la oficina del Programa para la Reconstrucción y el Desarrollo, la aprobación de la Constitución en la Asamblea Constituyente y el informe de la Comisión para la Verdad y la Reconciliación (TRC).

Ningún otro asunto generaría tanta controversia como el proceso iniciado por Mandela para desenterrar y hacer frente a los demonios del pasado, sancionados institucionalmente con la instauración de la Comisión para la Verdad y la Reconciliación (TRC) a instancias de Mandela. Establecida mediante una ley aprobada en el Parlamento en 1995, las primeras sesiones de la TRC para tratar el ignominioso pasado de Sudáfrica comenzaron en abril de 1996 en East London, en la provincia oriental del Cabo, la más pobre del país. Fue aquí donde el presidente de la misma, el arzobispo Desmond Tutu, se vino abajo el segundo día mientras escuchaba el deprimente relato de Singqokwana Malgas, un antiguo preso de la isla de Robben que había sufrido una apoplejía en 1989 como consecuencia de años de tortura a manos de la policía de seguridad. Malgas, que habló con dificultad desde su silla de ruedas, contó que en 1963, tras ser arrestado por la policía de East London y acusado de terrorista, había sufrido «torturas y "terribles agresiones" antes de ser trasladado a Pretoria, procesado y condenado a veintidós años de cárcel. Tras la apelación —su abogado era Nelson Mandela—, la sentencia se redujo a catorce años».[23]

Hubo numerosos casos similares al espantoso relato de Malgas que pusieron de relieve la maldad de un pasado nunca reconocido.

Pese a que Mandela y De Klerk llevaban meses discutiendo el marco de referencia de la comisión, por ejemplo el plazo de las investigaciones —y una parte de la población blanca temía que se reabrieran viejas heridas—, la TRC logró efectivamente que se desenmarañara el aparato de seguridad del *apartheid* y se sacaran a la luz sus redes encubiertas. Si bien el informe definitivo de siete volúmenes no satisfizo a todo el mundo —a los sudafricanos blancos porque lo consideraron una crítica feroz autorizada oficialmente y a los sudafricanos negros por no llegar lo suficientemente lejos—, se convirtió en un valioso documento de la historia social.

En junio de 1995, Mandela había respondido a la pregunta formulada por un senador acerca de los avances de la investigación policial en el asesinato de partidarios del IFP en la puerta de Shell House, la sede del CNA en Johannesburgo, en marzo de 1994. Con la intención de zanjar el asunto, Mandela declaró que él era el responsable del tiroteo de Shell House. De hecho, como más tarde trascendió durante las sesiones de concesión de amnistía de la TRC, Mandela no ordenó a la policía que disparara, sino únicamente que protegiera el edificio.[24] Pero hizo lo que debía hacer un líder: asumir toda la responsabilidad. Con una curiosa mezcla de serenidad y acritud, abordó el asunto en un discurso ante el Senado:

«Con respecto a la cuestión de la llamada masacre de Shell House, los miembros del NP se han puesto de lado del IFP. Esto ha ocurrido a pesar del hecho de que, en la víspera del incidente, telefoneé al entonces presidente De Klerk, al general Van der Merwe y al general Calitz. Les puse al corriente de que estaba prevista dicha manifestación y de que iba a morir mucha gente. Les pedí que acordonaran Johannesburgo con el fin de proteger vidas.

»Todos se comprometieron a hacerlo. De hecho, el señor De Klerk me interrumpió para preguntarme: "¿Ha puesto a Van der Merwe al corriente de esto?", y le respondí: "Sí, lo he hecho". A continuación dijo que también le diría que pusiera controles. No se puso ninguno. Se permitió que esas personas entraran a la ciudad con armas. Alrededor de las siete, Radio 702 informó de que Inkatha había asesinado a treinta y dos personas en Soweto. Para cuando se internaron en la ciudad, ya teníamos esa información.

»Llegaron a Shell House, más allá del punto donde supuestamente se iban a concentrar. Sabíamos el motivo; por lo tanto, di instrucciones a nuestro equipo de seguridad de que, si atacaban la sede, debían protegerla a toda costa, aun llevándose a personas por delante. No me quedó más remedio que dar esas instrucciones.

»Lo que importa ahora es que el NP y el DP [Partido Democrático], que actualmente se encuentra a la derecha del NP, en su momento no fueron capaces de esclarecer quién asesinó a las cuarenta y cinco personas en Johannesburgo. Su única preocupación eran las nueve personas que murieron en defensa propia. Ese fue el único propósito desde el punto de vista del NP y el DP. Se desentendieron de las restantes cuarenta y cinco personas que fueron asesinadas, fomentando con ello la impresión de que los blancos no se preocupan por los negros».[25]

Las declaraciones de Mandela provocaron un clamor de indignación pública y la oposición solicitó un debate de urgencia. Cuando Thabo Mbeki y Sydney Mufamadi acudieron a verle, antes de que sacaran a colación el tema, dijo: «Sé por qué habéis venido. Sois diplomáticos. Yo no soy diplomático porque me he pasado la vida plantando cara a funcionarios de prisiones. ¿Qué debería hacer sobre mis declaraciones?».[26]

Tras sus deliberaciones, se convocó una reunión extraordinaria de altos mandos del CNA con el fin de diseñar una estrategia y formular una respuesta para un debate parlamentario. Consciente de la relevancia del inminente debate, Mandela se preparó. Tenía presente, no obstante, que le resultaría más duro si cabe dar explicaciones si no se llevaba a su terreno a los medios de comunicación. «En definitiva —escribió en el borrador del encuentro—, la opinión de los medios es importante y, en algunos aspectos, crucial. Debemos tratarlos con respeto en todo momento; sabemos de buena tinta que los blancos tienen armas y propaganda poderosas. Pero jamás debemos olvidar a la gente de ahí fuera y nuestra estrategia no debe ignorar su opinión en esta materia».[27]

Lo que Mandela expuso en el precipitado debate fue a grandes rasgos una repetición del discurso que había pronunciado anteriormente en el Senado, pero añadió un recordatorio a los objetivos fundamentales de la transición e hizo hincapié en que era imprescindible realizar un esfuerzo nacional para alcanzar dichos objetivos. Shell House «no fue un episodio inesperado», señaló. Los manifestantes «tenían previsto atacar Shell House, destruir la información y asesinar a miembros de la dirección». Consciente de esto, el CNA alertó a las autoridades, que no tomaron medidas preventivas a pesar de haberse comprometido a ello, a consecuencia de lo cual la carnicería de Inkatha en Soweto se saldó con la muerte de más de treinta personas.

«Ni que decir tiene —continuó Mandela— que el aluvión de artículos de opinión sobre Shell House, dejando al margen las rutas que tomaron hasta su destino, el tiroteo y el hecho de que los escasos policías desplegados allí decidieran huir, dieron crédito a la información que habíamos recibido. El incidente ocurrió en este contexto, señora presidenta».

Lamentó «la pérdida de vidas, en cualquier lugar y bajo cualquier circunstancia. Pero sobre lo que los partidos involucrados en esta *vendetta* han de meditar detenidamente es lo que habría sucedido si estos conspiradores hubieran llevado a cabo su propósito; ¡si, efectivamente, hubieran asaltado Shell House, destruido documentos y asesinado a dirigentes del CNA!».[28]

No obstante, concluyó con una nota conciliatoria: «Por consiguiente, en memoria de las vidas perdidas en el conflicto, dediquémonos a trabajar conjuntamente para buscar soluciones a los problemas que generan conflictos. Hemos de erradicar la violencia. La existencia de zonas prohibidas, independientemente del partido por el que estén controladas, es una vergüenza para nuestra nación. Debemos ocuparnos de erradicarlas. Por encima de todo, debemos salvar vidas.

»Mientras no abordemos estos problemas [...] mermaremos nuestra capacidad de mejorar la calidad de vida de nuestro pueblo, donde millones de personas todavía viven en la más absoluta pobreza. Supondrá un obstáculo en nuestro empeño en garantizar que todos los sudafricanos disfruten del clima de seguridad y estabilidad al que tienen derecho.

»La nación se ha impuesto la tarea de la reconstrucción y el desarrollo, la construcción y la reconciliación nacional. Espera que sus representantes, en estas cámaras sagradas, hagan gala de la seriedad de su cometido y del cumplimiento del deber que requiere el éxito. Con este espíritu valoramos los comentarios que se han hecho. Por mi parte, insto a todos los partidos a sumarse a nosotros para trabajar en aras de una vida mejor para todos los sudafricanos».[29]

Durante su última sesión, en 1999, Mandela reflexionó asimismo sobre la contribución realizada por el primer Parlamento democrático. Elogió al pueblo sudafricano por haber elegido «una vía profundamente legal para su revolución», señalando que «en las legislaturas es donde se crean los instrumentos para propiciar una vida mejor para todos». Al hilo de los violentos encontronazos con los comités, manifestó que era en la Asamblea Legislativa «donde se había ejercido el control sobre el gobierno».[30]

Mandela era consciente de que, a pesar de haberse deshecho en elogios hacia el Parlamento, la institución tenía detractores. Poco antes, Joseph Chiole, del Freedom Front, había arremetido contra los medios por considerar que ofrecían una información sesgada a la opinión pública. «Los diputados parlamentarios —dijo—, ante las acusaciones de que se habían "subido al carro", han sido desacreditados, insultados y denigrados hasta tal punto que el vapuleo de los diputados se ha convertido en un deporte nacional».[31]

Mandela manifestó: «Estamos al tanto de que se ha cuestionado si esta cámara es un carro cuyos pasajeros pasan las horas muertas a costa de la nación. A quienes realizan tales comentarios les decimos: "Consultad las actas de nuestro Parlamento durante estos años de transición"».

Remitió a los críticos del Parlamento «al promedio de cien leyes aprobadas anualmente en esta legislatura». Estas leyes se habían promulgado a fin de «poder erradicar y enmendar el legado del pasado [...].

»Podemos enorgullecernos —concluyó Mandela— de este récord».[32]

CAPÍTULO OCHO

Liderazgo tradicional y democracia

El papel que el liderazgo tradicional africano desempeñó en los inicios del CNA generalmente se pasa por alto o, en el mejor de los casos, se diluye en el folclore popular. Nelson Mandela siempre expresó su reconocimiento a los dignatarios, algunos de los cuales pertenecían a la realeza de países del sur de África, que asistieron como representantes a la conferencia inaugural del CNA en Bloemfontein (también denominada Mangaung, su ancestral nombre en sesotho) el 8 de enero de 1912. Durante sus años en el exilio, el veterano presidente del CNA, O. R. Tambo, convirtió en una práctica habitual aprovechar el aniversario de la fundación del CNA para reconocer el apoyo de la comunidad internacional y hacer un llamamiento a la solidaridad con los movimientos de liberación a nivel mundial. La actitud de liderazgo de Mandela señalaría el aniversario proclamando la unidad, haciéndose eco de las palabras de Pixley ka Isaka Seme, uno de los fundadores del CNA y su primer presidente. Mandela citó el memorable llamamiento de Seme:

> «Jefes de sangre real y caballeros de nuestra propia raza, nos hemos reunido aquí para exponer y analizar un tema que mis colegas y yo hemos decidido plantearos. Hemos descubierto que, en la tierra que les vio nacer, los africanos son tratados como burros de carga. La población blanca de este

país ha creado lo que se conoce como Unión Sudafricana, donde no tenemos voz en la elaboración de las leyes ni formamos parte de su administración. Así pues, os hemos convocado a esta conferencia para poder diseñar juntos los mecanismos para formar nuestra unión nacional con el propósito de unir al pueblo sudafricano y defender nuestros derechos y privilegios».[1]

Con el paso del tiempo, sin embargo, debido en gran parte a las maquinaciones de, primero, las administraciones coloniales y, más tarde, el sistema del *apartheid,* las estructuras tradicionales de reyes y jefes acabaron sirviendo a intereses en menoscabo de la mayoría del pueblo. El gran aparato del *apartheid,* recurriendo a la estrategia del «divide y vencerás», dio lugar a los bantustanes, enclaves reducidos con supuesto autogobierno, con sus propios partidos políticos y administraciones.

Para Mandela y el CNA, buscar acomodo a los líderes tradicionales en la Sudáfrica democrática sin poner en peligro el principio democrático constituía un imperativo político. En su fundación, el CNA disponía de una cámara alta de líderes tradicionales, reconociendo así el papel que habían desempeñado los reinos y las estructuras tradicionales en la resistencia frente a la intrusión colonial.

Aunque la cámara alta había sido suprimida por favorecer el afianzamiento de la segregación, en 1987 fue sustituida por el Congreso de Líderes Tradicionales de Sudáfrica (CONTRALESA),* que se integró en el Frente Democrático Unido creado por el CNA. Esto estaba en conformidad con los principios constitucionales establecidos por el CNA en 1989, según los cuales la «institución de las dinastías de gobernantes y jefes será reformada para servir a los intereses del pueblo en su conjunto en conformidad con los principios democráticos plasmados en la Constitución».

En los años setenta, los presos de la isla de Robben debatieron los avances en la materia de los bantustanes, conscientes de la manipulación en acuerdos que otorgaban poder y privilegios a los líderes que acataban la disciplina del *apartheid* al tiempo que destituían a los rebeldes. La esencia de la visión de Mandela queda plasmada en su ensayo de 1976 *Clear the Obstacles and Confront the Enemy [Salvar los obstáculos y enfrentarse al enemigo],* cuyas palabras —«*Time is of the essence and we cannot afford to hesitate*» [«El tiempo es oro y no podemos permitirnos el lujo de vacilar»]— reflejan un profundo sentido de urgencia. Inmediatamente después pasa al meollo del problema diciendo que uno de los «asuntos más candentes del país en la

---

*   Congreso de Líderes Tradicionales de Sudáfrica (CONTRALESA): *véase* Gente, lugares y acontecimientos.

actualidad es la independencia del Transkei y de otros bantustanes, así como la cuestión de nuestras tácticas con las instituciones del *apartheid*».[2]

En una despiadada autocrítica, Mandela cuestiona el criterio de rechazar por completo los bantustanes y expone argumentos acerca de dónde podrían ser utilizados —o analizados— para promover los objetivos de la liberación. En el ensayo sostiene que el movimiento de liberación tenía «serias debilidades» y que se hallaba «desfasado», y aboga por algún tipo de acomodo para los bantustanes. Esto, sugiere, inclinaría la balanza a favor del movimiento de liberación y le otorgaría presencia política o respaldo en las áreas rurales, donde entonces tenía menos fuerza. Esta entente entre el movimiento de liberación y los bantustanes sacaría rédito del punto débil del régimen. El quid de la cuestión era, sin embargo, el temor de que el movimiento de liberación perdiese fuerza y quedara en la nada.

«Al explotar nuestra debilidad en las áreas rurales —escribe a propósito de la inminente independencia del Transkei—,* el régimen probablemente se percatara de que la independencia de cada bantustán generaría una acusada caída o la pérdida absoluta de los partidarios que pudiéramos tener allí. Una vez que la gente disfruta del derecho a gestionar sus propios asuntos, obtiene el único derecho por el que podía unirse al movimiento de liberación». Avisa acerca de los titubeos, pues el reclamo de los *homelands* ya había atrapado a «diversos hombres que en su momento se mantuvieron activos en política». Advierte: «Si no limamos asperezas y cerramos filas de inmediato, quizá nos resulte difícil, si no imposible, resistir a las presiones de división una vez que la independencia se materialice».

Antes de la liberación de Mandela, el Frente Democrático Unido había sentado las bases para una amplia coalición democrática que incluía un considerable número de líderes tradicionales. Muchos habían decidido jugársela oponiéndose totalmente al sistema de los bantustanes o utilizándolo como plataforma contra sus precursores.

En diciembre de 1989, tan solo dos meses después de la puesta en libertad de Mandela, miles de representantes de cientos de organizaciones, incluidos partidos políticos de varios bantustanes, se congregaron en la Conferencia para un Futuro Democrático. Apenas dos meses después de su salida de prisión, Walter Sisulu expuso en dicha cita la necesidad de un amplio frente. «Nuestra respuesta es mantenernos inquebrantables» en aras de una unidad más amplia —manifestó—. Efectivamente, no podemos contentarnos ni siquiera con la envergadura de esta conferencia. Nuestro objetivo va más allá. Es unir al conjunto de la sociedad».[3]

---

* El Transkei, uno de los bantustanes más antiguos del país, obtuvo la independencia oficialmente para convertirse en una república autónoma del Estado sudafricano el 26 de octubre de 1976, con el jefe supremo Botha J. Sigcau como presidente y el jefe Kaiser Matanzima como primer ministro.

Mandela nunca se liberó del todo del sentimiento de apremio, ni siquiera tras su liberación. Exhortó al CNA a llevarse a los líderes tradicionales y a los partidos de los bantustanes al bando del movimiento de liberación para arrebatárselos al National Party. Su preocupación se pone de relieve en una nota escrita a Walter Sisulu en el transcurso de una reunión: «Camarada Xhamela, confío en que visites en breve a los líderes de los *homelands*. La demora puede provocar que el gobierno nos tome la delantera».[4]

Cuando se iniciaron formalmente las negociaciones el 21 de diciembre de 1991, entre los participantes figuraban partidos bantustanes. Días antes de la primera reunión de la Convención para una Sudáfrica Democrática (CODESA), Mandela, en calidad de presidente del CNA, hizo una declaración:

«Conforme al espíritu de unidad, el CNA considera importante que los líderes tradicionales se impliquen en el proceso. Desde nuestro punto de vista, que hemos trasladado a CODESA, los líderes tradicionales de más alto rango procedentes de todos los rincones de Sudáfrica deben asistir en calidad de observadores a los procedimientos del 20 y 21 de diciembre. Al igual que dichos líderes estuvieron presentes en la fundación del CNA, deberían estar presentes en los acontecimientos decisivos que anuncian los albores de una nueva Sudáfrica democrática».[5]

Tras largas deliberaciones en el seno de los consejos del CNA sobre cómo articularlo, se alcanzó un acuerdo a favor de un estatus de participación especial con representantes de líderes tradicionales de las cuatro provincias. Posteriormente, cuando se acercaba la fecha de los primeros comicios, Mandela instó a los activistas a trabajar con estrategia y no rechazar a los líderes tradicionales debido a su pasado. Cuando se dirigió a los jóvenes en abril de 1994, les recordó: «A nuestra organización le va a costar echar raíces y afianzarse en el campo a menos que seamos capaces de trabajar conjuntamente [con los líderes tradicionales] en sus respectivas áreas. Los que opinen que no [deberíamos] tener nada que ver con los jefes desconocen la política del CNA y no tienen la menor idea de cómo fortalecer la organización en el campo».

El National Party se había aprovechado de esta debilidad. «Así es como —dijo Mandela— lograron imponer la política de los *homelands* a las masas.

»En nuestra tradición e historia, el jefe es el portavoz de su gente. Ha de escuchar las quejas de su gente. Es el custodio de sus esperanzas y deseos. Y si algún jefe cae en la tiranía y toma decisiones en nombre de su gente tendrá un final trágico en el sentido de que no quedará impune».[6]

Esta última observación aludía a un encuentro que mantuvo con diversos líderes tradicionales poco después de su puesta en libertad. Así lo relata:

«Poco después de mi salida de prisión, tomé un vuelo a East London para reunirme con el camarada Silumko Sokupa y el comité ejecutivo regional para ponerme al día de la situación en esa zona. En su informe me comunicaron que el jefe de la casa de Rarabe, el rey Zanesizwe Sandile, me visitaría en el hotel esa mañana. Me quedé atónito, porque invitar a un monarca a visitar a un simple político en un hotel rompía el protocolo.

»Di instrucciones al comité para llamar inmediatamente al rey y comunicarle que prefería realizar una visita de cortesía en su palacio más tarde ese mismo día. En ese momento apareció el rey. Me disculpé y señalé que muchos de los jóvenes que ocupaban puestos de relevancia en el Congreso Nacional Africano procedían de áreas urbanas y que sabían muy poco sobre los líderes tradicionales. Que no se trataba de una actitud irrespetuosa deliberada, sino de desconocimiento del papel histórico de los líderes tradicionales y de la contribución que habían realizado en la lucha por la liberación.

»Héroes como el líder koi Autshumayo; Maqoma y Hintsa de la casa tshiwo; Siqungati y Gecelo de los abaThembu; Cetwayo y Bambata de los amaZulu; Mampuru y Sekhukhune de los abaPedi; Makhado y Tshivhase de los amaVenda; y otras muchas leyendas estuvieron al frente de las guerras de resistencia. Hablamos de ellos con respeto y admiración. Líderes tradicionales como Dalindyebo Ngangelizwe de los abaThembu, Indlovukazi de los amaSwazi y Labotsibeni Gwamile ofrecieron numerosas cabezas de ganado a cambio de que sus respectivos pueblos militaran con el CNA.[*] Reyes de puntos situados a lo largo y ancho del país se desplazaron para sumarse a otros líderes africanos en la formación del CNA en 1912. Más tarde se creó una cámara alta para dar cabida a los líderes tradicionales.

»Incluso en el punto álgido de la severa represión del régimen del *apartheid,* hubo monarcas como Cyprian Bhekuzulu kaSolomon y Sabata Dalindyebo,[†] entre otros, que tuvieron la valentía de negarse a traicionar a su gente aceptando la política de los bantustanes.

»Tras mi puesta en libertad, pedí al camarada Peter Mokaba, presidente de la Liga de la Juventud del CNA, al general Bantu Holomisa, por en-

---

[*] Autshumao (o, como Mandela escribe, Autshumayo): *véase* Gente, lugares y acontecimientos. El jefe Maqoma fue comandante en la denominada Sexta Guerra Xhosa anticolonial de 1834-1836. Hintsa fue el decimotercer rey de los amaXhosa y reinó desde 1820 hasta su muerte en 1835. Siqungati fue un guerrero tembu que luchó contra el colonialismo. El rey xhosa Gecelo estuvo al frente de las batallas contra el colonialismo en el siglo XIX. Cetwayo era sobrino del rey Shaka Zulu. Sucedió a su padre, Mpande, como rey de la nación zulú en 1872. Bambatha lideró un alzamiento conocido como la Rebelión Bambatha contra el yugo y los impuestos británicos en 1906. El rey Mampuru fue un luchador anticolonialista ejecutado por las autoridades coloniales en 1883. Sekhukhune, rey de los baPedi, libró dos guerras anticoloniales; fue asesinado por su rival, Mampuru, en 1882. Makhado fue un guerrero hijo del rey Ramabulana. Tshivhase era hijo de Dibanyika, el primer rey de los vhaVenda, que vivían al sur del río Limpopo. Dalindyebo Ngangelizwe fue rey de los abaThembu desde 1879. En 1904, viajó a Inglaterra para asistir a la coronación del rey Eduardo VII. Indlovukazi fue reina madre de los swazi. Labotsibeni Gwamile fue reina madre y reina regente de Swazilandia.

[†] Sabata Dalindyebo: *véase* Gente, lugares y acontecimientos.

tonces el hombre fuerte del bantustán del Transkei, y a Ngangomhlaba Matanzima,* exministro de Agricultura en el mismo bantustán, que me acompañasen en mi visita a los reyes africanos y líderes tradicionales bajo su jurisdicción en la provincia oriental del Cabo.

»Mi mensaje fue el mismo para todos ellos: les expliqué que éramos plenamente conscientes del hecho de que se habían visto obligados por el régimen del *apartheid* a aceptar la política de desarrollo segregado. De no haberlo hecho, habrían sido destituidos de sus cargos por ese régimen opresivo. Nosotros, el CNA, no estábamos allí para protegerlos en aquellos tiempos.

»Fui más allá y señalé que los jóvenes tenían motivos justificados para tildarles de traidores, pues los líderes tradicionales, salvo contadas excepciones mencionadas anteriormente, perseguían despiadadamente a los partidarios del movimiento de liberación. Ahora que la organización se había legalizado y que los presos políticos habían sido puestos en libertad, los exiliados regresarían al país en breve. El CNA estaba recuperando su fuerza y legitimidad, y daría protección a los líderes tradicionales. Luego les insté a hacer campaña a favor de la organización y a unirse a la lucha por la liberación.

»Dondequiera que fuéramos, éramos recibidos calurosamente. Por entonces Vulindlela Tutor Ndamase era el rey del oeste de Pondolandia, cuya capital se encontraba en Nyandeni. Holomisa, que estuvo presente en aquella reunión, se había convertido en el jefe militar del Transkei, donde se ubicaba Pondolandia. Perpetró un victorioso golpe de Estado contra la primera ministra Stella Sigcau, princesa del oeste de Pondolandia. Al darnos la bienvenida, Vulindlela alardeó de no ser un líder tradicional al uso, sino un conocido rey. Nadie, afirmó, osaría derrocarle jamás. Fue como si estuviese retando al general para que intentase deponerle. Pero aparentemente el general no se ofendió por la altanería del rey.

»También visitamos al rey Xolilizwe Sigcau de la casa tshiwo. En su discurso de bienvenida, criticó duramente el *toyi-toyi*,† que se había convertido en una forma de protesta popular. Dijo que no había nada que más detestase que el *toyi-toyi*. Había investigado para averiguar el origen de este tipo de manifestación y nadie pudo ayudarle. Anunció que había prohibido esa forma de protesta en su reino.

»Entonces Peter Mokaba explicó su origen. Era un grito de guerra contra la política del *apartheid*. No estaba dirigido ni mucho menos a los

---

* Ngangomhlaba Matanzima es el presidente de la Cámara de Líderes Tradicionales de la provincia oriental del Cabo.

† Importado del Ejército Revolucionario del Pueblo Zimbabuense (ZIPRA) por el CNA, este energético baile de movimientos rítmicos y fuertes pisadas fue integrado como expresión de protesta política en los sitiados *townships* sudafricanos en los años ochenta.

líderes tradicionales. Lamentó el hecho de que el rey pensara que estaba dirigido a líderes de comunidades importantes. Seguidamente, Mokaba representó la danza con descaro y gracia, dando vueltas con aire amenazador todo el rato. El maestro de ceremonias fue Mandlenkosi Dumalisile, un veterano líder tradicional de esa casa y ministro de Agricultura en el bantustán del Transkei. Cuando Peter Mokaba concluyó sus comentarios, Dumalisile animó la reunión uniéndose, a su vez, a la danza del *toyi-toyi*. El monarca, obviamente fascinado por la elocuencia y gracia de Mokaba, aceptó las explicaciones.

»Holomisa y Ngangomhlaba Matanzima me acompañaron solamente en el Transkei, donde mis encuentros se desarrollaron sin incidentes. A pesar de utilizar un lenguaje diplomático y cortés, no salí muy bien parado en los bantustanes de Bophuthatswana y Lebowakgomo, en la provincia del Transvaal, como se conocía por entonces la provincia de Limpopo. La situación presentó las mismas dificultades en KwaZulu-Natal.

»Lucas Mangope, el presidente de Bophuthatswana, fue un caso aparte. Visité su bantustán en compañía del camarada Joe Modise, que posteriormente sería nuestro ministro de Defensa; Ruth Matseoane, que sería nuestra embajadora en Suiza; y Popo Molefe, que más tarde sería el premier del Noroeste. Ningún movimiento de liberación pudo hacer campaña en el bantustán de Mangope hasta abril de 1994. En un principio estuvo de acuerdo cuando le pedí que eliminase todos los impedimentos para permitir que las organizaciones políticas hicieran campaña con libertad en su jurisdicción. Más tarde, en el transcurso del encuentro, de repente nos lanzó una pregunta inesperada: "Cuando deis un mitin en mi jurisdicción, ¿vais a decir que Bophuthatswana es un bantustán?".

»Yo le aseguré que todo el mundo sabía que era un bantustán y que sería el tema de nuestros discursos. A continuación dijo que en ese caso nos meteríamos en un atolladero. Su gente se sentiría agraviada y él no podía garantizar nuestra seguridad. Le dijimos que teníamos la plena confianza no solo de ser capaces de protegernos por nuestra propia cuenta, sino de que nos ganaríamos a la mayoría de la gente de esa zona. Pero no pudimos convencerle. Acabamos en tablas. A partir de entonces le invité en varias ocasiones a Johannesburgo para tratar de persuadirle, pero fue en vano. Es uno de los políticos más difíciles e impredecibles que he conocido.

»Tras sortear una intrincada red de intrigas urdidas por Mangope y diversos generales sudafricanos —"Pik" Botha, Mac Maharaj, Fanie van der Merwe y Roelf Meyer—, logramos derrocar a Mangope de la presidencia y disolver su gobierno. El Consejo Ejecutivo de Transición lo sustituyó por un gobierno transitorio al frente de Tjaart van der Walt, el embajador sudafricano de ese bantustán [Bophuthatswana], junto a Job Mokgoro.

»También me enfrenté a serios problemas en el bantustán de Lebowa, en la provincia del Transvaal, cuyo jefe supremo era Nelson Ramodike. Había dos poderosos aspirantes al trono de los baPedi, a saber, Rhyne Thulare y Kenneth Kgagudi Sekhukhune, ambos descendientes del rey Sekwati I. Rhyne era el hijo y el sucesor indiscutible de la reina Mankopodi Thulare, que se convirtió en regente hasta que su hijo alcanzase la mayoría de edad; más tarde el consejo real de la tribu la destronó por desaprobar ciertos aspectos de su reinado y nombró a Rhyne heredero al trono, pero este lo declinó. Entonces el consejo real recurrió a K. K. Sekhukhune y lo nombró regente. Le ordenaron casarse con lo que se denominaba una *mujer vela*.* De ese matrimonio nacería un hijo, Sekwati III.

»Posteriormente, Rhyne cambió de parecer y reivindicó su legítimo derecho. Según el derecho consuetudinario, él era el legítimo heredero al trono. Pero K. K. Sekhukhune rehusó renunciar al trono alegando que Rhyne había renunciado a su derecho de soberanía, argumento que refrendó el Tribunal Supremo. Convoqué sin éxito varias reuniones con la tribu. Al final dejé claro que esa disputa debían resolverla los propios baPedi y no el presidente del CNA o del país. Pero el asunto continúa sin resolverse.

»Tuve un problema similar con los líderes tradicionales amaVenda. Visité al rey Tshivhase confiando en que acudirían todos los líderes tradicionales de esa zona. Contrariamente a mis expectativas, el rey Mphephu declinó asistir alegando que su estatus era superior al de Tshivhase e insistió en que, aunque me escucharía de muy buen grado, yo debía desplazarme a su residencia. A pesar del hecho de que de nuevo se me brindaba una calurosa bienvenida, estaba claro que le había herido en lo más hondo al pensar que Tshivhase estaba por encima de él. También descubrí que trabajaba estrechamente con el presidente De Klerk.

»Mis problemas no fueron menores con los líderes tradicionales amaZulu [...].

»A su debido tiempo y a pesar de los obstáculos a los que me enfrenté, la inmensa mayoría de los líderes tradicionales de todo el país respondió positivamente y prestó su apoyo al CNA.

»No hay la menor intención ni mucho menos de atribuir este hito histórico a la autoría de una única persona. Al frente de esa campaña estuvieron líderes como Walter Sisulu, O. R. Tambo, Jacob Zuma, John Nkadimeng, Elias Motsoaledi, Ngoako Ramatlhodi y otros muchos. El resultado de ese esfuerzo colectivo fue lo que propició que el CNA obtuviera un respaldo sin precedentes tanto en los núcleos urbanos como en las áreas rurales».[7]

---

*   Mujer elegida por la nación y emparentada con la casa real con el único propósito de engendrar un hijo varón.

El proceso de alinear el liderazgo tradicional con la democracia fue largo y arduo. Si bien los líderes tradicionales gozaban de representación en el foro de negociación multipartidista que redactó la Constitución provisional antes de las elecciones de 1994, carecían de ella en la Asamblea Constituyente electa que elaboró la Constitución definitiva y no se les consultó en la misma medida. El gobierno, como si tuviera que invitar a un pariente conflictivo a una celebración familiar, tenía que redefinir estrategias, entre ellas medidas legislativas, para reincorporar los bantustanes al Estado sudafricano y al mismo tiempo garantizar que los valores democráticos permanecieran intactos. El principal quebradero de cabeza para todos los involucrados era desentrañar los elementos de las coercitivas estructuras administrativas inherentes a los bantustanes, que eran un legado del régimen del *apartheid*.

Parte del afán de Mandela por cimentar la democracia por medio del poder del Estado —como el famoso dicho «Pasito a pasito, se hace el caminito»— consistía en eliminar los obstáculos que la historia había dejado en el camino. Se aprobaron leyes en aras de la creación de un Estado unitario, como la Ley de Transición del Gobierno Local de 1993, que allanó el terreno para las primeras elecciones municipales que se celebraron en la mayor parte del país en noviembre de 1995. Esta medida tuvo sus repercusiones en la transformación, pues, según Allister Sparks, llevó a «reconfigurar el mapa geopolítico de Sudáfrica, de por sí una transformación de extraordinaria envergadura. Un país que hasta la fecha constaba de cuatro provincias y diez *homelands* supuestamente autónomos, cuatro de ellos independientes, ha sido redistribuido en nueve provincias completamente nuevas con sus propios premieres, poderes ejecutivos y legislativos, y los llamados *homelands* han sido eliminados como entidades independientes y subsumidos en las provincias».[8]

El marco para las elecciones había sido uno de los asuntos más espinosos de las negociaciones. Favorecía a los votantes blancos y, en algunas zonas, los foros para la reestructuración del gobierno local se utilizaron para oponer resistencia al cambio. Estas dinámicas y otras similares condujeron a una inusitada colaboración entre CONTRALESA y el IFP, que entraron con paso firme en Union Buildings y presionaron al presidente para que les otorgase más poderes. En algunas áreas rurales, los líderes tradicionales hicieron un llamamiento para boicotear las elecciones; resultó ser un fiasco, pues los habitantes del campo optaron por ejercer su recién adquirido derecho democrático al voto. Aunque en algunas provincias se registró un número inferior de votos, no pudo atribuirse a la influencia de los líderes tradicionales.[9]

Si bien CONTRALESA y el IFP habían sumado fuerzas a la hora de reivindicar más poderes para los líderes tradicionales en los gobiernos municipales, mantenían posturas divergentes en cuanto a la remuneración. CONTRALESA abogaba por la uniformidad salarial en todo el país, mientras que el IFP quería que el salario reflejase un estatus especial para KwaZulu-Natal y temía perder el dominio de la provincia si la remuneración procedía del gobierno central.

Quienes trabajaron con Mandela durante las negociaciones en la redacción de la Constitución estaban al corriente de su vínculo con la casa real tembu. Su actitud, no obstante, se regía estrictamente por imperativos políticos.

Valli Moosa recuerda que Mandela reconoció:

> «Los líderes tradicionales tenían cierto grado de influencia en sus respectivas jurisdicciones, de modo que era importante ganárselos. Durante las negociaciones, él sentía que era importante mantenerlos de nuestra parte para que apoyasen la transición y no opusieran resistencia. Tampoco quería que el régimen movilizara a los líderes tradicionales contra el cambio, así que se los llevó a su terreno y mantuvo un estrecho contacto con ellos. Él respetaba a los líderes tradicionales en el sentido de que gozaban de respeto y respaldo en sus comunidades [...], aunque era de la opinión de que muchos eran ilegítimos, cosa que repetía sin cesar. Pero no quería que ejercieran ningún tipo de rol en el gobierno; no habían sido elegidos».[10]

Dada la complejidad del tema, Mandela también consideró oportuno asesorarse con sus consejeros. Escribe cómo lo hacía: «Sydney Mufamadi, el ministro de Asuntos Provinciales y Gobierno Local, me informaba sobre la posición de los líderes tradicionales, especialmente tras finalizar mi mandato como presidente del país en junio de 1999. Me recordó que, cuando llegamos al poder en 1994, tuvimos que buscar un hueco para los líderes tradicionales en nuestro nuevo sistema de gobierno. Con ese fin creamos seis casas provinciales de líderes tradicionales, así como la casa nacional de líderes tradicionales, de manera que pudieran desempeñar un papel significativo en temas relativos a sus respectivas jurisdicciones.

»La creación de estas casas estaba en concordancia con la política del CNA, que en su origen tenía, como se ha mencionado anteriormente, una cámara alta para líderes tradicionales. Esta iniciativa se llevó a cabo no solo para reconocer el papel que los líderes tradicionales habían representado en las guerras de resistencia, sino también porque era un paso importante en nuestra campaña para enterrar la maldición del tribalismo. Se creó un equipo de trabajo interdepartamental para asesorar al gobierno acerca del rol que debían desempeñar los líderes tradicionales en los gobiernos locales, provinciales y central. Pero hemos de impedir por todos los medios hacer concesiones que les confieran poderes autoritarios para apartarse del proceso democrático. Lo que resulta muy alarmante es su incapacidad para entender las fuerzas sociales existentes dentro y fuera de Sudáfrica.

»Los sudafricanos han aceptado sin reservas un gobierno democrático en el que los representantes del pueblo a nivel central, provincial y local son democráticamente elegidos y han de responsabilizarse de sus respectivas circunscripciones electorales. Además, los jóvenes sudafricanos que ahora ocupan posiciones clave en la sociedad y en todas las administraciones del Estado, en el Congreso de los Sindicatos de Sudáfrica (COSATU) y en el Partido Comunista Sudafricano (SACP) son civilizados y muy cultos. Se supone que no van a comprometer los principios democráticos cediendo cualquier aspecto del gobierno a quienes ocupan posiciones de peso en la sociedad no por méritos, sino meramente por herencia.

»Muchos de nuestros líderes tradicionales tampoco son conscientes de las lecciones de la historia. Al parecer desconocen que antaño existían monarcas absolutos en el mundo que no compartían el poder con sus súbditos. Hubo monarcas que, bien ellos mismos o sus predecesores, decidieron permitir que gobernasen los representantes electos del pueblo y se convirtieron en soberanos constitucionales que sobrevivieron, como la reina Isabel II de Inglaterra, el rey Juan Carlos de España, el rey Alberto de Bélgica, la reina Beatriz de Holanda, la reina Margarita II de Dinamarca, el rey Harald de Noruega y el rey Carlos XVI Gustavo de Suecia. De haberse aferrado porfiadamente a sus poderes absolutos habrían desaparecido hace mucho tiempo.

»Pero no debemos olvidar nunca que la institución de los líderes tradicionales está consagrada por el derecho consuetudinario africano, por nuestra cultura y tradición. No se debe hacer intento alguno de abolirla. Hemos de encontrar una solución basada en principios democráticos que permita a los líderes tradicionales desempeñar un rol significativo en todos los escalafones de gobierno.

»No tengo claro hasta qué punto una importante iniciativa que llevó a cabo el gobierno del *apartheid* se extendió a otros bantustanes. En el Transkei existía una escuela para los hijos de los líderes tradicionales donde se les proporcionaban conocimientos básicos de administración de las áreas bajo su jurisdicción. No abogaría por implantar tales escuelas, pero, dependiendo de los recursos de los que disponga el gobierno, sería conveniente animar a los hijos de los líderes tradicionales a aspirar a la mejor educación.

»Aunque cuento con recursos muy limitados, he enviado a diversos líderes tradicionales a universidades de Sudáfrica, así como del Reino Unido y los Estados Unidos de América. Con toda probabilidad, una cantera de líderes tradicionales cultivados aceptaría el proceso democrático. El complejo de inferioridad que impulsa a muchos de ellos a aferrarse desesperadamente a sistemas de administración feudales desaparecería a su debido tiempo.

»Diversos dirigentes del CNA han creado fundaciones para facilitar, concretamente a menores con discapacidades, el acceso a centros de enseñanza secundaria, escuelas técnicas y universidades. No obstante, les instaría a concentrar todos sus esfuerzos en ampliar la concesión de becas también a los hijos de líderes tradicionales.

»Los poderes coloniales, en su empeño en subyugar al continente africano, rehusaron deliberadamente reconocer la existencia de reyes y líderes tradicionales. Se referían a ellos como "jefes" y "jefes supremos". Únicamente los países coloniales tenían el monopolio de los reyes y príncipes. La era de colonialismo y desdén para con el pueblo africano ha pasado a la historia. Hemos de reconocer a nuestros reyes y príncipes».[11]

La última iniciativa que se llevó a cabo durante la presidencia de Mandela en aras de la reconciliación entre el liderazgo tradicional y el gobierno local democrático fue la Ley de Estructuras Municipales de 1998. Con ella se allanó el terreno para las primeras elecciones municipales plenamente democráticas, que se celebrarían en el año 2000, consolidando así el sistema de autoridades locales electas a escala nacional. Los líderes tradicionales serían *ex officio* miembros sin derecho a voto en ayuntamientos de áreas cuyas comunidades los reconocieran. Sin embargo, una vez más, algunos mostraron su disconformidad y críticas, ejerciendo crecientes presiones para conseguir mayor reconocimiento.

La relación entre el liderazgo tradicional y la violencia constituía un problema acuciante para Mandela. Esto se ponía de manifiesto de manera especialmente palpable en la contumacia imperante en Natal, que por desgracia llevaba aparejada violencia. Esta inquietud le había impulsado a dedicar uno de sus primeros días en libertad —el 25 de febrero de 1990— a visitar Durban para dar un mitin.

Tras saludar al pueblo de Natal, dijo: «El pasado es un rico recurso al que podemos recurrir a fin de tomar decisiones para el futuro, pero no dicta nuestras elecciones. Haríamos bien en volver la vista atrás, quedarnos con lo positivo y dejar atrás lo negativo. El asunto del caciquismo es una de esas decisiones. Ha habido jefes, líderes buenos y honestos, que han capitaneado hábilmente a sus respectivos pueblos en el transcurso de los lóbregos días de opresión. Estos jefes han velado por los intereses de su gente y gozan de su apoyo. Rendimos homenaje a estos líderes tradicionales. Pero ha habido numerosos jefes perniciosos que se han beneficiado del *apartheid* y que han aumentado la carga sobre su gente. Condenamos este uso indebido del cargo en los términos más enérgicos. También hay jefes que han colaborado con el sistema, pero que posteriormente se han percatado del error de su proceder. Alabamos su cambio de actitud. El cargo no es algo que la historia haya otorgado a determinados individuos para utilizarlo o abusar de él a su antojo. Como toda forma de liderazgo, exige responsabilidades específicas a sus titulares. Como Luthuli, también jefe, dice: "Un jefe es ante todo un siervo del pueblo. Es la voz de su pueblo".

»Hoy, la casa real zulú continúa siendo merecedora del respeto de sus súbditos. Posee un pasado glorioso. Tenemos la plena confianza de que sus miembros actuarán de manera que se fomente el bienestar de todos los sudafricanos.

»El CNA acoge en su seno a todos los que suscriban los principios de una Sudáfrica libre, democrática, no racista y unida. Nos comprometemos a construir una única nación en nuestra tierra. Nuestra nueva nación englobará a negros y blancos, zulúes y afrikáners, y a personas de cualquier otra lengua. El presidente general del CNA, el jefe Luthuli, dijo: "Personalmente creo que aquí, en Sudáfrica, con toda su diversidad de etnias y razas, mostraremos al mundo un nuevo modelo de democracia. Considero que los sudafricanos tenemos el reto de dar un nuevo ejemplo al mundo". Este es el reto al que nos enfrentamos en Sudáfrica, dar un nuevo ejemplo al mundo. Este es el reto al que nos enfrentamos hoy».

El principal escollo que había que salvar era que desde su liberación no había cambiado gran cosa. «Con todo, incluso ahora, mientras nos mantenemos unidos en el umbral de una nueva Sudáfrica, Natal arde en llamas —dijo—. Hermanos contra hermanos libran guerras de venganza y represalias. No hay familia que no haya perdido a seres queridos en estos conflictos».[12]

Que en los años noventa Natal se convirtiera en el principal obstáculo de la transición a la democracia fue una de las grandes paradojas de la historia. Las guerras libradas en la provincia contra la intrusión colonial son legendarias, sin olvidar el hecho de que fuera la tierra natal de John Langalibalele Dube y Pixley ka Isaka Seme, fundadores del CNA en 1912. El jefe Albert Luthuli, el primer africano galardonado con el Premio Nobel de la Paz en 1960 y presidente general del CNA desde diciembre de 1952 hasta julio de 1967, también era oriundo de Natal.

En casi ninguno de los discursos donde abordara la tragedia de la división que asolaba la provincia Mandela se olvidaba de invocar el glorioso pasado de los amaZulu, haciendo referencia a su involucración en la resistencia anticolonial. El resurgimiento del sindicalismo militante en los años setenta y ochenta se debió en gran medida a los trabajadores de Natal. Pero a partir de mediados de los años ochenta, Natal quedó atrapada en un violento y lacerante conflicto que según las estimaciones se cobró veinte mil vidas a lo largo de la década siguiente, la mayoría de ellas en el periodo que sucedió a la despenalización de los movimientos de liberación, a partir de 1990.[13]

Las fuerzas de seguridad del *apartheid* —la policía y el servicio de inteligencia militar— fomentaban y perpetraban la violencia y, según las pruebas aportadas por varios operativos, proporcionaban material y apoyo operativo a Inkatha, partido que controlaba el bantustán de KwaZulu.[14] Por artimañas que el gobierno del *apartheid* urdiera para impedir el cambio democrático en el bantustán de KwaZulu a fuerza de empeño y ardides, se vio desbancado por el CNA, que logró llevarse prácticamente los restantes bantustanes a su bando.[15]

Respaldado activamente por un sector de las fuerzas de seguridad, Inkatha presionó para asegurarse sus objetivos constitucionales —más bien inconstitucionales, podría decirse—, haciendo estragos en el Reef (hoy parte del área metropolitana de Johannesburgo), en especial en el este del Rand y en zonas de la actual Mpumalanga. Alrededor de un millar de personas fueron asesinadas en los tres meses previos a las elecciones de 1994. De ahí que la capitulación de Mangosuthu Buthelezi a última hora para participar en los comicios fuera crucial para poner freno a la violencia y allanar el terreno hacia la transición y unas elecciones con todas las garantías.

Con todo, la paz fue esporádica, con continuos brotes de violencia. Una de las principales preocupaciones de la presidencia de Mandela fue normalizar la situación en KwaZulu-Natal. Si bien no logró erradicar la violencia política por completo, puso en marcha estrategias en múltiples frentes que, en líneas generales, restringieron el espacio operativo de la zona, cortando el cordón umbilical que alimentaba su capacidad encubierta. La ampliación de las medidas de seguridad y el ejercicio más libre de la actividad política contribuyeron a dar estabilidad a la provincia y a integrarla en la emergente nación sudafricana.

A lo largo de su mandato, Mandela mantuvo una actitud ambivalente hacia los líderes tradicionales de KwaZulu-Natal:

«De entrada, hay que reconocer que este sector de nuestro pueblo es profundamente nacionalista, orgulloso y valeroso. Les inspiran enormemente los logros de uNodumehlezi, o el *Napoleón Negro,* apelativo que a veces utilizan los historiadores coloniales para referirse al rey Shaka.

»En mi larga relación con los amaZulu, encontré que la mayoría son hombres y mujeres a los que admiro profundamente.

»Profeso un enorme respeto en particular hacia Mangosuthu Buthelezi, ministro del Interior, un formidable superviviente que nos derrotó en dos elecciones generales libres y justas, primero en abril de 1994 y posteriormente en junio de 1999. Utilizamos de munición contra él hechos que son *vox populi:* que era un líder bantú que, aunque rehusó independizarse como habían hecho otros bantustanes, trabajó codo con codo con el régimen del *apartheid;* que le proporcionaron fondos para oponerse a las sanciones y a la lucha armada; que creó UWUSA [Confederación de Sindicatos de Trabajadores de Sudáfrica] para debilitar las dinámicas políticas progresistas del COSATU y el SACP. Teníamos incluso imputaciones más graves que las expuestas. Nada logró empañar su reputación y, a día de hoy continúa siendo una figura pública de peso que no puede ser ignorada.

»Pero pocos negarán que todavía existe un foco de arrogantes e influyentes tradicionalistas que se consideran superiores a otros grupos africanos del país. En un encuentro con líderes tradicionales amaZulu en Durban, el príncipe Gideon Zulu me acusó de haber insultado a los amaZulu en general y en particular a su rey, Zwelithini, cuando lo puse al mismo nivel que al rey Mayishe II de los amaNdebele. Critiqué duramente dicha actitud arrogante y le dije sin tapujos que en nuestro país había multitud de monarcas que gozaban del mayor respeto. Los amaNdebele, señalé, eran una tribu orgullosa y audaz que había realizado una importante contribución a lo largo de nuestra historia. Añadí que era un peligroso engaño por parte de los amaZulu pensar que en el país solamente había un rey negro.

»En el Transkei hay un área conflictiva que reivindican tanto Thandizulu Sigcau, rey del este de Pondolandia, como Zwelithini. Los dos monarcas, el ministro Buthelezi y yo mismo mantuvimos un encuentro en esa zona. Me resultó desconcertante y embarazoso que se le hiciera el vacío a Thandizulu al sentarle detrás de Zwelithini y Buthelezi. A pesar de mi enorme respeto hacia Zwelithini, no pude callarme. Intervine para hacer que Thandizulu se sentase junto a Zwelithini.

»Hay numerosos miembros de esta famosa tribu, como el vicepresidente Jacob Zuma y el doctor Ben Ngubane, del Inkatha Freedom Party, ministro de Arte, Cultura, Ciencia y Tecnología. Estos dos políticos constituyen magníficos ejemplos de líderes que sistemáticamente ponen el bienestar del país por encima de los intereses personales o del partido.

Tienen amplitud de miras y se comprometen con la unidad de nuestro pueblo».[16]

Pese a que Mandela y Buthelezi compartían un pasado político y social —ambos habían estudiado en la Universidad de Fort Hare y habían estado afiliados a la Liga de la Juventud del CNA—, Buthelezi puso a Mandela en una encrucijada. La actitud de los miembros del CNA sobre el terreno, los más castigados por la violencia en Natal, se estaba endureciendo con respecto al IFP y Buthelezi era el objeto de su aversión. La reacción hostil que generó la petición de Mandela para que las facciones enfrentadas «lanzaran al mar sus *pangas*» no se mitigó cuando, al cabo de unas semanas, mencionó la idea de reunirse con Buthelezi en su afán por instaurar la paz.[17]

«La ejecutiva nacional del CNA no tenía inconveniente en que me reuniese con Buthelezi —declaró a Richard Stengel, su colaborador en *El largo camino hacia la libertad*—. Lo que ocurrió fue que, cuando fui a Pietermaritzburg en 1990, fui recibido con entusiasmo. Fue difícil —en un momento dado se me salió un zapato, ¿sabes?—, porque no había un servicio de vigilancia adecuado y la gente se amontonaba sin orden ni concierto, ya sabes [...], pero se mostraron muy entusiastas. Me costó incluso comenzar el discurso, pero cuando empecé, en el transcurso del mismo, dije: "El señor De Klerk, el señor Buthelezi y yo tendremos que ir a las zonas conflictivas para hacer un llamamiento a la gente en pro de la paz". Fue entonces cuando a los asistentes les dieron ganas de estrangularme. La misma gente que me había dado muestras de cariño. En cuanto mencioné a Buthelezi se cerraron en banda. Y dijeron: "No irás a hablar con un hombre cuya organización ha asesinado a nuestra gente"».[18]

Mandela mantuvo una relación cordial, habrá quienes digan que incluso amistosa, con Buthelezi sobre la base de que este había declinado los incentivos de autogobierno ofrecidos por el *apartheid* a los bantustanes y mantenido al preso «informado de lo que acontecía fuera». No fue, sin embargo, el caso de muchos del CNA, incluidos altos mandos en el exilio como John Nkadimeng, miembro del Comité Ejecutivo Nacional (NEC), que comentó en un programa radiofónico de Radio Freedom: «Occidente y el régimen racista están manejando como a un títere a Gatsha [Buthelezi] para convertirlo en un [Jonas] Savimbi* en una futura Sudáfrica libre. Le corresponde al pueblo de Sudáfrica neutralizar a la serpiente Gatsha, que está envenenando a los sudafricanos. Es necesario aplastarle la cabeza».[19]

---

* Jonas Savimbi fue cofundador y líder de la União Nacional para a Independência Total de Angola (Unión Nacional para la Independencia Total de Angola, UNITA), el movimiento anticomunista opuesto al Movimento Popular de Libertação de Angola (Movimiento Popular para la Liberación de Angola, MPLA) que gobernaba Angola con ayuda encubierta de las fuerzas de seguridad del *apartheid* y la CIA.

En su libro *Gatsha Buthelezi: Chief With a Double Agenda [Gatsha Buthelezi: Un jefe con una doble agenda]*, Mzala, seudónimo del difunto Jabulani Nobleman Nxumalo, un brillante ideólogo del CNA y del SACP, refuta cualquier idea de que Buthelezi en algún momento ejerciera una influencia positiva en la larga lucha contra el *apartheid*. Sostiene que se mantuvo al margen de todos los acontecimientos trascendentales: en la oposición a la promulgación de la Ley de Autoridades Bantúes de 1951, en la movilización durante la Campaña de Desafío de 1952 y en las acciones preliminares a la creación del Congreso del Pueblo y la adopción de la *Carta de la Libertad*. «En esta campaña no se involucraron exclusivamente militantes del CNA. Participaron personas de toda condición social y enviaron a representantes a Kliptown el 26 de junio de 1955. Buthelezi no asistió como delegado ni envió a nadie».[20]

El propio Mandela explicó a Stengel que Buthelezi «no satisfizo ninguno de los arreglos acordados entre Inkatha y el CNA [... y] nuestra gente se indignó con él. Verás, Inkatha fue creado por el CNA para operar como brazo legal del CNA en el interior del país y existía un acuerdo a tal efecto». Pero, afirma Mandela, «una vez establecido Inkatha, Buthelezi decidió [...] romper con el CNA y configurarlo como su propia organización política, lo cual agrió las relaciones».[21]

Como parte de su estrategia para poner freno a la violencia en KwaZulu-Natal, el gobierno adoptó un enfoque del conflicto donde la paz sería el tema dominante del discurso político; los líderes tradicionales quedarían al margen del control político de los partidos; y las medidas de seguridad dependerían de la recopilación de información y de tareas de infiltración. Mandela manifestó que el CNA había sido «rotundo al afirmar que existe una mano negra detrás de esta violencia».[22] También creía que era conveniente desplegar altos mandos «en estas zonas peligrosas» y adoptar las medidas de seguridad pertinentes. En su opinión, «nada desalienta más a la gente sobre el terreno que la continua ausencia de líderes de peso en estas áreas problemáticas».[23]

Del mismo modo que en su momento se había ganado el apoyo de P. W. Botha para contrarrestar la amenaza de la violencia por parte de la extrema derecha afrikáner, Mandela hizo una visita al rey Goodwill Zwelithini. «Mi objetivo —dijo Mandela— era entablar una relación independiente con el rey al margen de mi relación con el jefe Buthelezi. El monarca era por legítimo derecho hereditario el líder de los zulúes, que lo amaban y respetaban. La fidelidad al rey era mucho más predominante en KwaZulu que la lealtad a Inkatha».[24]

En este acercamiento no estaba haciendo ninguna concesión; haría lo imposible en aras de la paz. Walter Sisulu había descrito a su camarada y protegido como una persona de gran fortaleza, y había añadido: «Pienso que hay contadas personas que posean las virtudes de Nelson. Nelson es un luchador; Nelson es un conciliador».[25]

El rey Zwelithini fue paulatinamente aceptando que, en calidad de soberano de una nación de personas que pertenecían a diferentes partidos políticos, era el único líder tradicional que estaba por encima de las disputas políticas.

La incesante violencia y los incendiarios comentarios provocaron que Mandela reaccionase con indignación. Todo comenzó en 1995 en un mitin con ocasión del Día del Trabajo organizado en Umlazi, un extenso municipio situado unos veinticinco kilómetros al sureste de Durban. El mitin se celebró a la semana siguiente de que Buthelezi, en un discurso pronunciado en el mismo estadio, instara a sus seguidores a «rebelarse y oponer resistencia al gobierno central» si no se satisfacían las demandas constitucionales del IFP.[26] Mientras la policía dispersaba a los residentes concentrados desde esa mañana con balas de goma y gases lacrimógenos para evitar que los partidarios del IFP irrumpieran en el mitin, Mandela continuó hablando impertérrito. Según un artículo publicado en el *Mail & Guardian,* «cuando los crecientes disparos provocaron que sus seguidores se refugiasen tras la hilera de autobuses estacionados fuera, Mandela se apartó del discurso para hacer tal vez la declaración más combativa de su presidencia: "[Inkatha] debería saber que es [el gobierno central] el que los está financiando y ellos utilizan el dinero contra mi gobierno [...]. Si continúan así, voy a retirarles el dinero"».[27]

Cogida por sorpresa, la oficina del presidente informó inmediatamente a los medios de comunicación contextualizando la amenaza de Mandela como una «oportuna advertencia» a la provincia.[28] De no haber dado explicaciones, habría sido inconstitucional. Más tarde, Mandela, consciente del escándalo político que habían provocado sus comentarios, dio explicaciones en el Parlamento.

La disminución de tensiones en la provincia de KwaZulu-Natal era, dijo, «una de las prioridades más urgentes a las que se enfrentan los políticos». Haciendo referencia a la Constitución, recordó a los diputados y senadores que las vidas de los seres humanos eran más importantes que la Constitución y que tomaría cartas en el asunto para proteger dichas vidas, pues eso era lo que estaba en juego.[29]

«He puesto al corriente de la grave situación de KwaZulu-Natal a los líderes de los partidos políticos de dentro y fuera del gobierno de unidad nacional. El jefe Buthelezi ha hecho un llamamiento público a los zulúes para que se rebelen contra el gobierno central. Ha dicho que si no consiguen el derecho a la autodeterminación, no merece la pena vivir. No solo ha hecho esta declaración, sino [que] esta amenaza se está cumpliendo en la provincia».[30]

Tras citar una larga lista de violaciones de los derechos humanos por parte del IFP que habían causado víctimas mortales, arremetió contra los miembros de la oposición por su hipocresía en este sentido manifestando: «Diputados aquí presentes que jamás han tenido en consideración el ejercicio de los derechos humanos y de la democracia ahora prestan asesoramiento gratuito a quienes lucharon denostadamente por promover la democracia y la cultura de los derechos humanos en este país. Hablan del carácter sagrado de la Constitución y sin embargo, cuando estaban en el poder, interferían con las disposiciones de la Constitución bajo el menor pretexto. Incluso enmendaron el enquistado proceso que amparaba los derechos lingüísticos de los ciudadanos de este país y suprimieron uno de los derechos más importantes del pueblo: el derecho a que la gente de color votase en este país. Ahora nos dan lecciones sobre el carácter sagrado de la Constitución».[31]

En tono resuelto y consciente de ello, Mandela finalizó su discurso explicando lo que le había impulsado a amenazar con retirar la financiación a KwaZulu-Natal:

«Estoy de acuerdo en la importancia de la Constitución y es un motivo de gran preocupación que el presidente de un país amenace con cambiarla, pero estoy decidido a proteger la vida de los seres humanos. La percepción de que a los blancos de este país no les preocupan las vidas de los negros es una realidad. Puede que no la comparta, pero ahí está. Los debates en esta cámara, donde ni siquiera se hace referencia al principal motivo que me ha impulsado a tomar esta firme decisión para proteger las vidas de los seres humanos, desafortunadamente contribuyen en gran medida a confirmar esa percepción».[32]

El asunto volvió a salir a colación un mes más tarde, en el debate presupuestario, en esta ocasión con una pregunta sobre el tiroteo a manifestantes del IFP concentrados a las puertas de la sede del CNA, Shell House, en Johannesburgo, antes de las elecciones. Mandela recordó a la cámara cómo el National Party había utilizado al IFP como instrumento:

«Fueran cuales fueran los orígenes del IFP, el National Party no tardó en reemplazarlo y utilizarlo en menoscabo de la democracia de este país, en menoscabo del Frente Democrático Unido y ahora del CNA. Los miembros de esta cámara han de recordar que cuando en julio de 1991 se le preguntó al presidente, el señor De Klerk, si había financiado al IFP con ocho millones de rands y más tarde con otros doscientos cincuenta mil, lo confirmó, aunque afirmó que había dejado de hacerlo.

»Lo que está sucediendo en KwaZulu-Natal estaba previsto por el NP. Es patente, incluso ahora, por el modo en el que ellos mismos están manejando el tema [en el debate]. Estoy convencido de que están siendo honestos en los puntos de vista que exponen, pero están tan habituados a manejar al

IFP que nunca ponen pegas [...]. No es acertado enfocar exclusivamente el problema como un enfrentamiento entre el CNA y el IFP. El NP es uno de los partidos a los que incumbe la responsabilidad de todo este asunto porque lleva décadas incitando al IFP a hacer ciertas cosas incoherentes con la legislación del país. Por eso le cuesta desligarse de los perjuicios que el IFP está cometiendo.

»Llevo manteniendo encuentros con el IFP desde el primer momento que salí de prisión. Todas las reuniones que hemos celebrado hasta la fecha han sido a instancias mías. El IFP no ha tomado la iniciativa ni una sola vez. Todas las iniciativas han sido a instancias del CNA. Hemos mantenido debates como organizaciones. He llamado al jefe Buthelezi y he discutido con él personalmente. En ninguna de las ocasiones se resolvió nada, pero a lo único que se atiene el NP es a que debería dialogar con Buthelezi.

»¿Qué sentido tendría que hoy actuase como lo llevo haciendo durante los últimos cinco años, algo que ha sido infructífero? ¿Son tan vacuos que no tienen ninguna propuesta novedosa que plantear, salvo decir que debería actuar como lo llevo haciendo durante los últimos cinco años? ¡Eso es lo que propugnan! De lo contrario, deberían decirme cómo proceder. He recurrido al diálogo, a la persuasión, pero no se ha producido el menor avance. ¿Cómo debería proceder ahora?».[33]

Al cabo de unos días, a modo de respuesta a la exasperada pregunta de Mandela, se le dieron instrucciones al gabinete sobre las medidas concretas que iban a tomarse para combatir la violencia en KwaZulu-Natal. Se estableció un grupo de trabajo integrado por el presidente, los dos vicepresidentes y el ministro del Interior, lo cual marcó un cambio en el orden de prioridades para pasar del combativo enfrentamiento público a acciones coordinadas en materia de seguridad en aras de la estabilidad. Agentes y detectives de inteligencia acompañarían a las tropas y policías de refuerzo desplegados en la provincia. El plan de seguridad de las comunidades, a escala nacional, se centró en localizar los puntos álgidos y la Unidad de Investigación continuó su labor para identificar las estructuras encubiertas de los escuadrones de la muerte.[34]

Una operación crucial de inteligencia había puesto al descubierto la implicación de la «mano negra» o «tercera fuerza» y propiciado, en 1992, la detención de los agentes de policía responsables de una masacre perpetrada en 1988 en la aldea de Trust Feed,* en Natal. Las minuciosas pesquisas llevadas a cabo revelaron el grado de implicación de personas de alto rango de la cúpula de seguridad del gobierno central y de los *homelands*.[35]

---

* Trust Feed es una comunidad de KwaZulu-Natal donde once personas fueron asesinadas en 1988. Un policía fue detenido.

El hecho de dejar al descubierto a figuras políticas de peso planteó dilemas, como sucedió en septiembre, cuando el fiscal general de la provincia se vio en la tesitura de interponer acciones judiciales contra oficiales de policía de alto rango del IFP y KwaZulu. En ciertos casos se optó por la estabilidad y se puso el dividendo de la paz por encima del beneficio de la duda encausando a criminales del IFP con puestos de responsabilidad. Los avances a la hora de combatir la violencia fomentada durante décadas fueron graduales. Los incidentes violentos y las masacres se sucedieron.

Mandela debía mantener la ley y el orden en un país viciado, peligroso e irremediablemente cruel que había generado monstruos como Sifiso Nkabinde, un caudillo de KwaZulu cuyo reinado de terror no finalizó hasta 1999, cuando fue asesinado de un disparo delante de su familia. Paradójicamente, poco antes, en el transcurso de una matanza, Nkabinde, un desertor en serie que había sido líder del CNA antes de descarriarse, había intentado sin éxito asesinar a su propia madre. El episodio de su muerte marcó el desmembramiento de la violenta progenie de las estructuras de seguridad.

En noviembre de 1996, en mitad de su legislatura de cinco años, Mandela tuvo ocasión de poner al corriente al Comité Ejecutivo Nacional del CNA del largo camino hacia una paz imperfecta. Sus notas reflejan optimismo:

«El caso de KwaZulu-Natal ha sido un logro sin precedentes gracias a, entre otras cosas, la firmeza, las operaciones llevadas a cabo por inteligencia y el papel de los líderes políticos, religiosos y de otros ámbitos. El hecho de que en los últimos tres meses solamente se hayan registrado veintisiete episodios de violencia de motivación política es indicativo del éxito alcanzado».[36]

Aunque la violencia no se había erradicado en la época de las segundas elecciones generales en 1999, la situación había mejorado mucho con respecto a cinco años antes. Las zonas prohibidas, que en ocasiones habían resultado ser de funestas consecuencias para la gente que hacía campaña, habían sido reducidas. El rey Zwelithini y diversos líderes tradicionales de KwaZulu-Natal fomentaron la participación y abogaron por la tolerancia. Pero, como en el resto del país, las tensiones se sucedían y la provincia seguía teniendo una de las mayores tasas de pobreza de las áreas rurales sudafricanas. El alineamiento de los líderes tradicionales con la democracia no había hecho más que empezar; aún quedaba mucho por hacer. El periodo de transición había propiciado estatus y poderes excepcionales al rey zulú, lo cual constituiría un arma de doble filo en los años sucesivos.

CAPÍTULO NUEVE

La transformación del Estado

El 12 de junio de 1964, una de las fechas más aciagas de la historia de Sudáfrica, Nelson Mandela, junto con otros siete miembros de Umkhonto we Sizwe (MK), comenzó una nueva vida como condenado a cadena perpetua. Pese a que posteriormente le quitó hierro a aquella época y tuvo la ocurrencia de decir que habían sido «unas largas vacaciones de veintisiete años», antes incluso de salir del Palacio de Justicia de Pretoria, Mandela, con 47 años, ya estaba resuelto a no venirse abajo por el encarcelamiento. La supervivencia en prisión exigía inmensas dosis de fortaleza mental; tuvo que valerse de aquellas cosas que mejoraban su equilibrio emocional y descartar todo lo que pudiera debilitarle. Como no había ancianos en prisión, Mandela se vio obligado a depender de los libros como sostén e interiorizar lo que había leído acerca de las vidas de otros en circunstancias similares.[1]

La biblioteca de Nelson Mandela antes, durante y después de su encarcelamiento estaba llena de memorias y biografías, así como de novelas épicas cuyo hilo conductor eran la lucha y el triunfo del ser humano frente a adversidades insalvables. Jan Smuts, Deneys Reitz, Lenin, Jawaharlal Pandit Nehru, Carl Von Clausewitz, Kwame Nkrumah y el jefe Albert Luthuli ocupaban sus estantes junto a *Espartaco, Guerra y paz, Enterrad mi corazón en Wounded Knee* o *Red Star Over China.*[2] También compartía hueco la obra de Luis Taruc, el líder filipino de las guerrillas de Hukbalahap, cuyas memorias, *Born of the People,* constituyeron un texto clave para

Mandela a la hora de liderar la MK; la crónica de la resistencia campesina y la guerra de guerrillas de Taruc son de una desolación propia de Sísifo.[3]

Una de las montañas que Mandela tenía que escalar era la transformación del Estado. Al igual que el júbilo de Nehru al convertirse en primer ministro de India en 1947 se vio eclipsado por su angustia ante la oleada de matanzas sectarias y conflictos por Cachemira, Mandela —como una comadrona ante un parto con complicaciones— tuvo que adoptar una actitud estoica ante los estragos que llevó aparejados el *apartheid* y trabajar para infundir aliento a una población abatida. Mandela también se inspiraría en la obra de Nehru en lo tocante a la confianza del líder indio a la hora de involucrar a organizaciones multilaterales, como Naciones Unidas, en aras de la resolución de conflictos.

Para el liderazgo de Mandela era fundamental que continuase abonando el terreno del optimismo de cara al futuro. Lo consideraba una de sus tareas prioritarias. Consciente de que había heredado una despilfarradora y viciada maquinaria estatal, Mandela debía evitar los fracasos que asolaban a países que habían alcanzado recientemente la independencia cuando las administraciones coloniales habían cedido a los movimientos de liberación. Los colonos, o la anterior administración del *apartheid* y sus partidarios, eran sudafricanos y no un apéndice del poder colonial; los colonos, por decirlo así, ya estaban asentados: Sudáfrica era su hogar. La transición conllevaba irremediablemente algún tipo de acomodo para los funcionarios del Estado existentes.

El gobierno de Mandela debía reorientar el Estado y sus prioridades. Debía racionalizar lo que se había fragmentado. Como señaló Allister Sparks: «En el ámbito de las ciudades, las poblaciones y el campo se había forjado un sistema compacto fruto de la reestructuración de un batiburrillo de instituciones de administración local enraizadas en el sistema del *apartheid*, extraordinariamente complejo, donde las razas eran separadas física y políticamente».[4]

En esta coyuntura, era necesario que el cuerpo de funcionarios del Estado reflejase la diversidad de la población del país. Mandela adoptó un enfoque pragmático ante tales complejidades.

«Cuando ganamos unas elecciones tomamos posesión, no conseguimos el control del poder político. Conseguir el control significa controlar la administración pública, las fuerzas de seguridad, es decir, la policía y el ejército; significa introducir a nuestra gente en las telecomunicaciones, etcétera. Organizar eso requiere cierto tiempo. Durante los primeros meses o el primer año vamos a apoyarnos en gran medida en los servicios actuales. Pero el proceso de reorganización se iniciará de inmediato para colocar a personas competentes en las estructuras políticas de toma de decisiones. Y cabe esperar que se requerirá algo más de tiempo para formar a más personas».[5]

Además de esto, por supuesto, estaba la cuestión de la creación de nueve administraciones en sustitución de las cuatro existentes, diez bantustanes y dos pseudoadministraciones destinadas al servicio de las poblaciones mestiza e india respectivamente, así como un nuevo sistema de gobierno local.

Las «disposiciones transitorias» acordadas en las negociaciones garantizaban los puestos de trabajo de funcionarios del antiguo orden durante el periodo de integración. Asimismo, el mantenimiento de los responsables de la Comisión para la Administración Pública, que posteriormente pasaría a denominarse Comisión de Servicio Público, garantizó el buen curso de la transición y redujo la posibilidad de una contrarrevolución.

Estos logros en ocasiones se vieron salpicados de dificultades que desmerecieron los avances alcanzados. La falta de formación y capacidad del CNA era un motivo de gran preocupación. Zola Skweyiya, que más tarde se convertiría en ministro de Servicios y Administraciones Públicas, manifestó en tono rotundo: «En lo concerniente al servicio público, el CNA nunca contó con demasiada preparación».[6]

Con su característica franqueza, Mandela también fue al meollo del asunto diciendo: «Teníamos nuestras políticas, en las que trabajamos durante mucho tiempo, pero carecíamos de experiencia».[7]

Si bien a los líderes y al cuadro de altos mandos del CNA les faltaba competencia técnica en aspectos relativos a la administración del servicio público, compensaron esa deficiencia siguiendo de cerca a los funcionarios del *apartheid* durante las negociaciones y en el Consejo Ejecutivo de Transición (TEC), cuya primera reunión se celebró el 7 de diciembre de 1993. Los subcomités del Consejo Ejecutivo de Transición supervisaban los gobiernos regionales y locales, la seguridad interna, la defensa, las finanzas, los asuntos exteriores, la situación de la mujer y la inteligencia. Los de materia de seguridad, defensa e inteligencia desarrollaron códigos de conducta y mecanismos de supervisión y control que sirvieron de punto de partida para el nuevo gobierno democrático después de los comicios. El CNA estaba decidido a que estas agencias cesasen de operar a la antigua usanza para regirse por principios democráticos.[8]

Como se ha mencionado anteriormente, para Mandela la seguridad era la clave hacia una transición estable, la piedra angular hacia la consecución de su ideal democrático. En su opinión, la estrategia era garantizar la integración de los funcionarios del régimen anterior y concederles participación activa en la nueva democracia como garantes y hacedores del futuro. Por otro lado, en esos primeros tiempos de democracia en ciernes en Sudáfrica, todavía era preciso sacar a la luz una gran cantidad de información acerca de violaciones de los derechos humanos; una precipitada convulsión de las fuerzas de seguridad podía llevar aparejada la destrucción de pruebas, privando al gobierno de información que sería crucial para entender el pasado y cerciorarse de que no se repitiese.[9]

En noviembre de 1994, tras seis meses bajo la nueva administración, el nuevo ministro de Seguridad, Sydney Mufamadi, consciente de que elementos de los cuerpos de seguridad del Estado pretendían impedir la transformación, pidió a Mandela que se dirigiera a los altos mandos de la policía. Mandela se reunió con ellos a puerta cerrada y de vez en cuando levantó la vista de las notas que había preparado para la reunión. A sabiendas de que existe una premisa respetada a nivel mundial según la cual todo policía ha de regirse por un estricto código de conducta, y que por lo general los agentes desdeñaban la flaqueza, tuvo que mostrarse firme y conciliatorio en igual medida, lo más conveniente para sofocar tendencias exclusivistas.

«Agradezco la oportunidad de intercambiar impresiones con la jefatura de la SAPS [Servicio de Policía de Sudáfrica]. Sois responsables del cumplimiento de la ley. Solamente podéis alcanzar este objetivo si recibís todo el apoyo del gobierno.

»Estoy aquí no como representante de un partido político —ni del National Party ni del CNA—, sino en calidad de jefe de gobierno del país.

»Creo en unas fuerzas policiales que se comprometan a prestar servicio al conjunto de la nación, no a un partido político en particular.

»Creo en unas fuerzas policiales que mantengan los máximos estándares profesionales. Dichos estándares han de ser mantenidos incluso durante el proceso radical de reestructuración y reorientación de los servicios policiales.

»Hemos de propiciar dicha transformación radical, pero nos gustaría hacerlo con la cooperación sin reservas del superintendente del cuerpo de policía y de todos los altos mandos».[10]

Son escasos los sudafricanos que no hayan vivido un episodio trágico en el que esté envuelta la policía. Si en algunos lugares del mundo se mira con recelo a la policía, durante el auge del *apartheid* y durante la transición que Mandela estaba dirigiendo esto se hizo mucho más patente. Pues mientras existiera el *apartheid* a nivel estatutario, el tropo del policía cruel estaría presente en la literatura y los cánticos sudafricanos, y en la inmensa mayoría de las representaciones de teatro en los *townships* se utilizaría como sinónimo de la crueldad estatal. Consciente de ello, Mandela persuadió a los servicios policiales de que reflexionaran en aras de su legitimidad.

«Sería lamentable reforzar la percepción de que os oponéis a dicha transformación, que deseáis defender la naturaleza racista de la fuerza con la que ejerce su dominio una minoría blanca, en la que los negros están relegados a cargos inferiores.

»No debéis crear la impresión de que cedéis ante estos cambios únicamente bajo coacción.

»No debéis olvidar nunca que los cambios que estamos introduciendo en este país son resultado de la lucha de las personas oprimidas de nuestro país, algunas de las cuales han pagado el más alto precio. Muchas de ellas murieron bajo custodia policial y otras se vieron sometidas a tales torturas durante su detención que han quedado lisiadas para el resto de sus vidas. Jamás permitirán, especialmente ahora que están en el poder, que ninguna agencia o departamento gubernamental menoscabe sus planes de mejora de vida.

»Tampoco debéis olvidar que los ojos del mundo están puestos en Sudáfrica.

»Pese a la brutalidad del sistema del *apartheid* en general —y a la de la policía en particular— durante el periodo previo a las elecciones, insté a mi gente a olvidar el pasado, a trabajar en aras de la reconciliación y la construcción de la nación.

»Salvo contadas excepciones, el país entero ha respondido de maravilla a este llamamiento; negros y blancos, shangaanes, vendas y sotos, afrikáners y sudafricanos de habla inglesa trabajan ahora conjuntamente para construir una nueva Sudáfrica.

»La policía no debe dar la impresión de que se opone a este movimiento y espíritu refrendando la idea solamente de boquilla y a la vez trabajando día y noche para socavar lo que estamos haciendo».[11]

Mandela continuó manifestándoles que no solo había hecho un especial llamamiento a los sudafricanos negros —la mayoría de los cuales había padecido indeciblemente bajo el yugo de la ley— para que cambiasen de actitud con respecto a la policía, sino que había adoptado medidas concretas para garantizar una transición pacífica. Se había reunido con el general Van der Merwe meses antes de las elecciones y había dado instrucciones a los altos mandos de las fuerzas de defensa sudafricanas (SADF) y a la jefatura de las fuerzas policiales sudafricanas (SAP)* el 16 de enero de 1993.

«Las fuerzas de la SAP —señaló— han respondido muy bien. Causaron una magnífica impresión el día de la investidura, al igual que la SADF. Los generales de [la] SAP no deben dar muestras de oposición a este avance.

»De no convertirnos en parte visible de los cambios actuales, es posible que los fantasmas del pasado continúen acechándonos. Los escuadrones de la muerte siguen constituyendo un elemento perturbador en el contexto

---

* La Policía de Sudáfrica (SAP) pasó a denominarse Servicio de Policía de Sudáfrica (SAPS) tras el fin del *apartheid*.

de la criminalidad; y el fracaso de la SAP a la hora de hacerles rendir cuentas es un motivo de gran preocupación para mí».[12]

Citó de un tirón lo que le inquietaba: la falta de medidas disciplinarias cuando se demostró que la policía había estado implicada en la formación militar de miembros del IFP; la desidia a la hora de localizar los campos de entrenamiento ilegales del IFP; el hacer la vista gorda ante el flagrante acto de rebeldía de los miembros del IFP que portaban armas ilegales. Censuró la doble moral latente en «la actuación brutal y casi despiadada de la SAP contra el CNA», al tiempo que se quedaron de brazos cruzados cuando Eugène Terre'Blanche dirigió una operación del Afrikaner Weerstandsbeweging en Bophuthatswana antes de las elecciones que se saldó con multitud de víctimas. Consciente de la implicación de la policía en actos criminales, incidió en el impacto de las elevadas tasas de criminalidad sobre futuras inversiones en el país y concluyó expresando su preocupación por las condiciones laborales de los agentes de policía rasos.[13]

Se producirían muchos encuentros de esta índole, algunos motivados por situaciones apremiantes y otros por la necesidad de Mandela de confirmar que la policía siguiera por buen camino. Según Thabo Mbeki, aparte de asistir sin falta a las reuniones del Comité de Seguridad e Inteligencia del gabinete, Mandela también interactuaba con la policía a todos los niveles. El compromiso de la liberalización de los controles alcanzado a puerta cerrada se vio acompañado por los llamamientos públicos de Mandela a los distintos colectivos para que apoyasen a la policía, a quien reconocía su esfuerzo por aceptar la nueva Sudáfrica.

Mufamadi recuerda cómo, en calidad de ministro de Seguridad, proponía las fechas de las reuniones de Mandela con la policía. A menudo, sin embargo, Mandela «también concertaba encuentros con la policía simplemente para sondearles sobre los cambios que se estaban produciendo».

> «[Mandela le] daba consejos [a la policía] cuando sentía que era necesario y la animaba a mantenerse centrada en su labor. Había ocasiones en las que un determinado tipo de delito pasaba a ser un delito de prioridad nacional, como los robos en gestión de efectivo, que se convirtieron en un momento dado en una alarmante tendencia del crimen organizado y cuyos autores en algunos casos tenían preparación militar. Para ello creamos una unidad especial de investigación. Cuando Mandela tuvo conocimiento de ello, dijo: "¿Puedo conocerles para escuchar lo que opinan sobre su cometido? ¿Les hemos proporcionado recursos suficientes para realizar su trabajo?". Cuando [los integrantes de la unidad especial] se apuntaban tantos decisivos, los con-

vocaba para darles la enhorabuena. Pero en todas las ocasiones, aunque les hablase en términos positivos y les animase a que siguiesen realizando la buena labor que estaban desarrollando, siempre subrayaba las cosas que no quería que [se] repitiesen, cosas que pertenecían al pasado».[14]

En diciembre de 1996, cuando se suponía que Mandela estaba de vacaciones en la casa de sus antepasados en Qunu, en la provincia oriental del Cabo, convocó un encuentro con la policía de la provincia. Tenía buenas noticias para los oficiales, un informe elaborado por el Centro Nacional de Gestión de Datos de Criminalidad de la SAPS donde se dejaba constancia de una acusada disminución en los niveles de delitos graves de ese año, tales como secuestros, robos a mano armada, violencia de motivación política, asesinatos y asaltos a taxis.

«Pese a la multitud de problemas que aún tienen algunas comunidades de la provincia oriental del Cabo —dijo—, por ejemplo los asaltos a taxis en Port Elizabeth, la violencia en Qumbu, Tsolo, Mqanduli, además de delitos perpetrados por bandas en zonas del norte de PE [Port Elizabeth], en términos generales la provincia ha experimentado un notable declive en las tasas de delitos graves en 1996».[15]

La provincia oriental del Cabo había sido el eje central de la lucha contra el *apartheid*, una región que había visto nacer a un porcentaje desproporcionadamente elevado de altos mandos del CNA. Tratándose de su tierra natal, Mandela albergaba sentimientos encontrados al ser la más pobre de las nueve provincias y una de las más castigadas por la criminalidad. Este decisivo avance, por tanto, fue un verdadero logro, dado que la policía, al mismo tiempo que combatía el crimen «se ocupaba de la tarea de reestructurar los servicios policiales y amalgamar tres agencias en una misma provincia: la policía del Transkei, la policía del Ciskei y luego la SAPS».

Animó a aquellos que estaban «comprometidos en servir a la comunidad» y mencionó a «unos cuantos elementos del seno de la SAPS que actúan para desacreditar los servicios policiales», señalando que «el hecho de que dichos elementos con frecuencia sean desenmascarados por sus propios compañeros convencerá, a largo plazo, a las comunidades de que la policía ha roto irrevocablemente con el pasado.

»Uno de los problemas más enquistados en la provincia es la corrupción imperante en los distintos departamentos públicos. El hecho de que parte del notorio caso del robo del dinero de los contribuyentes permanezca sin resolver desprestigia la imagen pública de la policía. Es importante tener presente que la credibilidad de la SAPS reside en el sentimiento de que su compromiso es la solución de los problemas que sufre nuestro pueblo».[16]

El general Van der Merwe había anunciado su jubilación anticipada en enero de 1995. Van der Merwe deseaba que [el teniente general Sebastiaan] Basie Smit* lo relevase, lo cual indignó a Mandela.[17] Mandela quería que continuase en el puesto. Pretendía garantizar al general y a sus subordinados que no iban a ser perseguidos por los delitos y faltas del pasado y que en la nueva Sudáfrica había un hueco para ellos, siempre y cuando, por supuesto, participasen en la construcción del futuro y trabajasen para garantizar que no se repitiesen las fechorías del pasado. Sin embargo, Van der Merwe mostró poco entusiasmo en las pesquisas sobre la persistente existencia y las operaciones de los escuadrones de la muerte y a la hora de participar en la Comisión para la Verdad y la Reconciliación (TRC), cuyo cometido era sacar a la luz las estructuras de la lacra de la violencia. La relación entre Van der Merwe y el ministro Mufamadi comenzó a deteriorarse y Mandela se convenció de que necesitaba nombrar a un comisario nacional, en conformidad con la nueva ley del Servicio de Policía de Sudáfrica. Finalmente, George Fivaz,† que había formado parte del equipo nacional de gestión del cambio de los servicios policiales, fue nombrado para relevar al general Van der Merwe.[18]

Al emprender la remodelación de las estructuras de seguridad Mandela se mostró más seguro, al igual que un arquitecto al ver definirse los diversos elementos de sus proyectos, y en sus memorias inconclusas se extiende hasta cierto punto al comentar la situación:

«George Fivaz se convirtió en el nuevo comisario general en esas circunstancias. El señor Mufamadi asumió la cartera de Seguridad. Los dos fueron los principales adalides de la creación de una nueva fuerza policial sudafricana entregada al servicio de la totalidad del pueblo sin distinción de razas o credos. En la Estrategia Nacional de Prevención del Crimen (NCPS), puesta en marcha en 1996, así como en otros documentos de iniciativas posteriores, analizaron con franqueza los tremendos cambios a los que se enfrentó el Departamento de Seguridad.

»Señalaron que las primeras elecciones democráticas de 1994 no llevaron aparejado un sistema de seguridad bien diseñado para crear un servicio policial legítimo con las once fuerzas policiales establecidas durante el *apartheid*.

»Nos recordaron a todos que, tradicionalmente, la seguridad en Sudáfrica era altamente centralizada, paramilitar y autoritaria. Si bien estas características habían garantizado la efectividad policial bajo el régimen

---

* A Basie Smit se le imputaron cargos de intento de asesinato cuando al destacado sacerdote Frank Chikane le enviaron unas camisetas envenenadas en 1989. Smit concedió una medalla a Eugène de Kock, un antiguo agente de la policía de seguridad condenado por asesinatos en masa.

† George Fivaz: *véase* Gente, lugares y acontecimientos.

del *apartheid* a la hora de controlar a los adversarios políticos del gobierno, significaba que estaban insuficientemente equipadas para el control y la prevención de la criminalidad en la nueva democracia.

»Hicieron hincapié en que, bajo el régimen del *apartheid,* las fuerzas policiales carecían de legitimidad y funcionaban como instrumento de control en vez de como servicio dedicado a garantizar la seguridad de todo ciudadano. Así pues, desde el punto de vista histórico, la policía había mostrado escaso interés en responder a actos delictivos en las áreas de población negra. En 1994, nada más y nada menos que el 74% de las comisarías de policía del país se ubicaban en zonas residenciales y barrios financieros de blancos.

»La presencia policial en los *townships* se utilizó para prevenir y responder a desafíos colectivos contra el *apartheid.* Este modo de vigilancia exigía la movilización de fuerzas que requerían unas capacidades y una organización muy diferentes a las que se necesitaban para velar por un orden democrático donde el gobierno aspira a garantizar la seguridad de todo ciudadano. Esa herencia tuvo una serie de consecuencias importantes que minaron la capacidad del departamento para combatir la criminalidad.

»El estudio ponía de relieve que las autoritarias fuerzas de seguridad tenían pocos (por no decir ninguno) sistemas de responsabilidad y supervisión, y no requerían legitimidad pública para ser efectivas. Por tanto, en el advenimiento de la democracia en Sudáfrica, los sistemas de responsabilidad y supervisión no estaban presentes.

»Los nuevos mecanismos, tales como la Dirección Independiente de Reclamaciones (ICD) —un organismo encargado de investigar las quejas sobre los abusos cometidos por la SAPS, no adscrito a la policía, sino que informaba directamente al ministerio—, proporcionaron los medios para poner freno a los casos de abusos de los derechos humanos.

»El estudio sostiene que el servicio de policía de Sudáfrica no había tenido un historial de detección de criminalidad propio de las fuerzas policiales de otras sociedades democráticas. La recopilación, el cotejo y la presentación de pruebas para posibilitar la interposición de acciones judiciales contra los delincuentes eran muy deficientes en multitud de zonas. Los niveles de formación y experiencia del componente de investigación de la SAPS, entre otros indicadores, lo ponían de relieve.

»En 1994, tan solo alrededor del 26% de los detectives había realizado un curso de formación de investigación oficial; solo el 13% superaba los seis años de experiencia. En cualquier caso, esas unidades presentes en las fuerzas de la policía hasta 1994 se concentraban en áreas para blancos.

»Según el estudio, los problemas de detección de la criminalidad se reflejaban en el área de la inteligencia criminal. Las estructuras de concurrencia de inteligencia se orientaban a los adversarios políticos del estado del *apartheid*. Por consiguiente, la inteligencia criminal requería una mejora inmediata, en particular porque concernía a formas de crimen organizado cada vez más complejas.

»La concentración de medidas policiales con fines de control político llevó aparejado que hasta 1994 —a diferencia de los avances realizados en otras sociedades— la interpretación y la práctica de la prevención de la delincuencia se desarrollaran insuficientemente en Sudáfrica.

»La NCPS fue la iniciativa más importante que se llevó a cabo con el fin de lograr la seguridad sostenible en Sudáfrica. Tenía dos componentes amplios e interrelacionados, el del cumplimiento de la ley y el de la prevención de la delincuencia, concretamente la prevención de la delincuencia social.

»El estudio añade que las iniciativas para promover el mantenimiento de la ley se verán menoscabadas si las condiciones en las que se llevan a cabo continúan generando altos niveles de criminalidad. La experiencia internacional avalaba que el efecto de las estrategias sofisticadas de prevención de la delincuencia solamente era limitado cuando dichas instituciones de vigilancia y justicia penal se gestionaban deficientemente.

»Lo que se requería eran programas sociales de prevención de la delincuencia que abordaran las causas de determinados tipos de delincuencia a nivel nacional, provincial y local. Dicho enfoque reconocía asimismo el impacto de políticas de desarrollo económico y social de mayor alcance para la prevención de la delincuencia. El suministro efectivo de servicios básicos tales como la vivienda, la educación y la salud, además de la creación de empleo, desempeñaba en sí mismo un papel fundamental a la hora de garantizar entornos de vida menos propicios para la delincuencia.

»He resumido este estudio en materia policial de manera franca y objetiva para demostrar la precisión con la que Sydney Mufamadi y George Fivaz describieron el tipo de fuerzas policiales que la nueva Sudáfrica había heredado del régimen del *apartheid*. Estos son los puntos de vista meditados de dos ilustres y audaces líderes con credenciales indiscutibles en su compromiso en pro del país.

»El claro mensaje que nos transmitían era que si pretendíamos lograr reducir el inaceptable alto nivel de delincuencia que asolaba al país, necesitábamos una nueva fuerza policial totalmente diferente a la que servía al estado del *apartheid*. Solo una fuerza desprovista de sus características paramilitares y autoritarias, y formada como corresponde a los métodos modernos de seguridad en un orden democrático, podía contribuir a que Sudáfrica lograse este objetivo.

»Comentaristas íntegros felicitarían al Departamento de Seguridad por su capacidad analítica y visión. Ningún analista honesto, negro o blanco, podía esperar que el objetivo se alcanzase en un periodo de siete años.[19]

»En su discurso presupuestario ante la Asamblea Nacional el 28 de mayo de 1998, Sydney Mufamadi citó un elocuente párrafo del *Estudio del Instituto Sudafricano de Relaciones Raciales* [1993-1994]:

"En 1992 se produjo un aumento exponencial de la cifra de asesinatos, robos a mano armada y agresiones a ancianos y policías, y el fraude de guante blanco sufrió asimismo un acusado incremento.

"El ministro de Ley y Orden, Hernus Kriel, manifestó en el Parlamento en mayo de 1993 que en 1992 más de 20.000 personas habían sido asesinadas en actos de violencia política y criminal. Se han registrado anualmente 380.000 casos de violaciones en Sudáfrica y el 95% de las víctimas eran africanas [...].

"En el periodo comprendido entre 1983 y 1992, la tasa de homicidios aumentó en un 135%, la de robos en un 109%, la de asalto a viviendas en un 71% y la de sustracción de vehículos en un 64%. Sin embargo, muchos delitos no se denunciaron".[20]

»Sydney Mufamadi añadió que sin duda ese era el panorama de una escalada de delitos graves que señalaba una grave continuidad geométrica.

»En este contexto es donde se ha de valorar el logro del gobierno en lo concerniente a la transformación de nuestras fuerzas policiales. Hay que reconocer, no obstante, que incluso durante los momentos más oscuros del *apartheid* hubo numerosos policías, negros y blancos, hombres y mujeres de la más alta valía, que desempeñaron competentemente su cometido y que hicieron lo imposible por servir a todos los sectores de la población sin discriminación.

»Pero son contados los casos. Fueron la excepción en vez de la regla.

»La inmensa mayoría de ellos aceptaron sin reservas las inhumanas políticas del *apartheid* y sirvieron de instrumento para acometer las formas de opresión racial más brutales que ha conocido este país en su historia. Algunos de estos hombres y mujeres continúan perteneciendo a las fuerzas actuales, ocupan puestos estratégicos y obstruyen en infinidad de sentidos la creación de una nueva fuerza policial.

»Con todo, tanto Sydney Mufamadi como su sucesor, Steve Tshwete, George Fivaz y [su sucesor] el actual comisario nacional, Jackie Selebi, han logrado avances sin precedentes a la hora de crear una nueva fuerza capaz de mantener la seguridad en un orden democrático y de reducir mínimamente las altas tasas de delincuencia.

»El 24 de mayo de 1997, tras tratar el asunto conmigo, el vicepresidente Mbeki anunció el nombramiento del señor Meyer Kahn,* presidente del grupo cervecero South African Breweries Limited, para asumir el cargo de director ejecutivo de la SAPS por un periodo de dos años. El vicepresidente explicó que se trataba de un cargo civil concebido para dirigir y acelerar la conversión de la SAPS en una agencia efectiva de cumplimiento de la ley y prevención de la delincuencia. El señor Kahn daría parte al ministro de Seguridad, Sydney Mufamadi.

»El vicepresidente añadió que nuestra elección de uno de los empresarios con más tablas y capacidad del sector privado —y su buena disposición al aceptar la oferta— ponía de relieve la nueva etapa de colaboración entre los sectores público y privado para poner fin al lastre de la delincuencia.

»Por consiguiente, el comisario nacional, Fivaz, quedaría liberado de la carga administrativa en la SAPS para poder concentrar todas sus energías en la gestión y el control de las operaciones policiales del servicio propiamente dichas.

»El objetivo, dijo el vicepresidente, era volver a poner a la policía en primera línea y cerciorarse de dotarla de la formación y los recursos adecuados para realizar su trabajo como correspondía.

»La colaboración entre el gobierno y el sector privado, no obstante, en realidad había comenzado el año anterior con la creación de una organización sin ánimo de lucro, Empresas contra el Crimen (BAC). El principal objetivo de la organización era apoyar la estrategia, las iniciativas y las prioridades del gobierno para combatir la delincuencia y transferirle los conocimientos tecnológicos que tanto se necesitaban.

»Esta colaboración ha sido aclamada como una de las mejores prácticas en esta materia a nivel mundial. La NCPS [Estrategia Nacional de Prevención del Crimen] fue la primera iniciativa en este sentido. Tras contratar a Meyer Kahn, se nombró a otros ejecutivos de empresas a tiempo completo financiados por la comunidad empresarial.

»Esto contribuyó a modernizar el sistema de justicia penal, a combatir los delitos comerciales y el crimen organizado y [a facilitar] la instalación de vigilancia electrónica, que tendría un extraordinario éxito. En una zona, la vigilancia electrónica supuso una reducción del 80% de los delitos, un incremento del índice de condenas en los casos en los que se habían cometido delitos, un descenso del 90% en el número de efectivos policiales requeridos para patrullar la zona y un promedio inferior a 60 segundos en tiempo de respuesta a incidentes.

---

*   Meyer Kahn: *véase* Gente, lugares y acontecimientos.

»Esta seria valoración ha sido remitida por Empresas contra el Crimen, un importante sector de la comunidad que ha invertido considerables recursos, tiempo y energía en la mejora de la calidad de los servicios policiales.

»Solicité a Meyer Kahn un informe sobre nuestra estrategia conjunta para reconvertir la SAPS en una agencia de seguridad del Estado efectiva. Lo remitió el 2 de julio de 1998. Entre las acciones estructurales prioritarias que planteaba figuraba el cumplimiento de un código de conducta establecido recientemente con vistas a modificar la conducta y el comportamiento de la policía a largo plazo.

»El hilo conductor que emana de ese código, sostenía Meyer Kahn en su informe, era el del interés. Interés por tu país, por tu comunidad, interés por tus compañeros, interés por tu valía y, por encima de todo, interés por tu reputación.

»Señaló que en esas fechas llevaba en el puesto once meses y que no lamentaba su nombramiento. Opinaba que nuestras nuevas estrategias eran tan buenas como cabía esperar. Le alentaba el hecho de que las estadísticas indicaban de manera patente que se había producido una estabilización y un leve descenso a nivel generalizado de la cifra total de delitos graves en nuestro país. Lo consideraba un hecho bastante relevante frente a los antecedentes de un entorno en deterioro sin crecimiento económico y mayor desempleo. Por otro lado, el número de detenciones llevadas a cabo por nuestros detectives, numerosas y rápidas, con respecto a los delitos de gran repercusión que tanto dañaban la moral y la reputación de nuestro país, ciertamente indicaba que la SAPS todavía poseía capacidad y dedicación para estar a la altura de las mejores fuerzas policiales del mundo.

»Sin embargo, hizo constar que le costaba entender el aumento del presupuesto para la policía en un mero 3,7% en términos monetarios y comparativos, en particular teniendo en cuenta que todo sudafricano, así como la opinión internacional, reconoce que la lucha contra la delincuencia es la mayor, si no la única, prioridad a fin de crear un entorno donde prosperasen nuestra democracia y economía.

»Lamentaba que la disminución en términos reales de al menos un 4% en la partida destinada a la policía en ese ejercicio inevitablemente impediría llevar a cabo la vigilancia mínima que nuestro pueblo tenía derecho a esperar y que casi con toda seguridad pondría en grave peligro nuestra estrategia de reconstrucción de la SAPS a medio plazo.

»Pero el vicepresidente, la organización Empresas contra el Crimen y Meyer Kahn, actuando con independencia entre sí, prácticamente reforzaron la valoración de Sydney Mufamadi y George Fivaz en su análisis de los tremendos cambios a los que se enfrentaba el Departamento de Seguridad en sus esfuerzos por transformar la SAPS de un servicio ilegítimo y desprestigiado a una fuerza digna de confianza y eficiente en una Sudáfrica democrática.

»Todos ellos explicaron con lujo de detalles los cambios requeridos y a su debido tiempo evaluaron los resultados de dichas iniciativas, la cooperación entre la SAPS y la población, así como el declive paulatino en los niveles de diversos delitos. Su rendimiento y sus logros infundieron orgullo por nuestro país, nuestros camaradas, nuestra policía y nosotros mismos. Irradiábamos confianza y optimismo [...]».[21]

«Se ha recorrido un largo camino desde la difícil y aciaga época de la policía anterior a 1994, que no gozaba de legitimidad pública, hasta la fuerza actual, que trabaja con la ciudadanía y que garantiza la seguridad a la totalidad del pueblo. Sin unas fuerzas policiales debidamente entrenadas y eficientes dignas de la confianza y el apoyo del público como son las actuales, la estabilidad política y económica habría sido una vana ilusión».[22]

La transformación del ejército, por el contrario, había tenido un comienzo prometedor cuando el general Georg Meiring se comprometió incondicionalmente a servir al gobierno de Mandela. Esto coincidió con un despliegue de seguridad sin precedentes para las elecciones de 1994 y la ceremonia de investidura. Sin embargo, la transformación de las fuerzas de seguridad no tardó en resultar mucho más turbulenta de lo previsto.

La SADF y las fuerzas de defensa de los en teoría independientes bantustanes del Transkei, Venda, Bophuthatswana y el Ciskei —además de las fuerzas de autoprotección de KwaZulu— habían de ser integradas en las Fuerzas Nacionales de Defensa de Sudáfrica (SANDF) junto con sus longevos enemigos, la MK del CNA y el Ejército de Liberación del Pueblo Azanio (APLA) del Congreso Panafricanista (CPA). Una vez completada la nueva entidad, se debía fraccionar y reducir la plantilla de la SANDF.

Se habían producido encuentros previos entre la SADF y la MK, el primero en 1990 en Lusaka y posteriormente en 1992.[23] Por iniciativa de Mandela, en aquel entonces presidente del CNA —que dijo al CNA: «Esta gente quiere hablar»—, el primer compromiso concreto se alcanzó en abril de 1993, cuando los dirigentes militares y de inteligencia del CNA se reunieron con los cinco altos mandos de la SADF.[24]

Presidido por el general Meiring durante la época del TEC, el Comité de Actuación Militar Conjunta, integrado por representantes de la SADF y unidades de los movimientos de liberación, trabajó en aras de la creación de una única fuerza de defensa que sería efectiva a medianoche en la víspera de las elecciones. Esto conllevaba «la integración de un amplio número de fuerzas estatutarias y no estatutarias en una única fuerza de defensa cohesiva» y el establecimiento de «sistemas de control civil sobre la fuerza de defensa».[25]

El CNA se preparó para la integración convocando a los cuadros de la MK en los campamentos y celebrando conferencias en todo el país, algunas de ellas con la presencia de Mandela para aportar su sabiduría. Estos hombres y mujeres se habían unido a la MK para formarse en la lucha y liberar al país de la opresión y explotación del *apartheid*. Ahora, mientras muchos de sus compatriotas se ponían el uniforme de las nuevas e integradas fuerzas de defensa nacionales, ellos tendrían que deshacerse de los uniformes que les habían hecho sentirse parte de algo sumamente significativo.

Todos los soldados se sentían desnudos vestidos de paisano. Mandela entendía ese sentimiento de vulnerabilidad, esa sensación de que te despojasen de una muleta. Sabía, además, que cabía la posibilidad de que el poder de las nuevas fuerzas de defensa se viera mermado por la introducción de paquetes de medidas de cese voluntario, un arma de doble filo. Eran interesantes para personas con ciertos años de antigüedad, pero también era probable que fomentasen el éxodo precisamente de personas de talento que las fuerzas de defensa necesitaban. A sabiendas de que a algunos excombatientes —muchos de ellos jóvenes sin experiencia— les entusiasmaría recibir las considerables sumas de dinero que se ofrecían a los que se acogieran a la desmovilización voluntaria, les aconsejó que no «derrocharan el dinero». Por desgracia, en la mayoría de los casos, hicieron oídos sordos a su consejo.[26]

A pesar del cuidado con el que se llevaron a cabo los preparativos, los años de hostilidades, recelos y aspiraciones divergentes plantearon enormes dificultades para la integración. Donde más muestras de descontento hubo fue en la base militar de Wallmansthal, a poco más de cincuenta kilómetros de Pretoria, donde, días después de las elecciones, antiguos miembros de la MK lanzaron piedras contra el vehículo de dos generales que se dirigían a la base para atender las quejas. Al cabo de unos meses, unos quinientos miembros de la MK marcharon desde la base hasta Union Buildings reclamando ver al presidente. Mandela se desplazó inmediatamente desde su residencia y, tras escucharles, reconoció que los motivos de sus protestas eran fundados. Discutió el asunto con el general Meiring, con el jefe de personal en funciones, Siphiwe Nyanda, y con el ministro de Defensa, Joe Modise. Tras mantener conversaciones con los miembros de la MK, Mandela se reunió con el cuadro mayor de la SANDF, la máxima autoridad de las fuerzas de defensa en la toma de decisiones, y les instó a afrontar el hecho de que las fuerzas no estatutarias estaban siendo acomodadas en vez de integradas. El proceso fue muy lento; el racismo estaba muy presente en los campamentos y las condiciones de vida eran lamentables.[27]

Con el propósito de resolver el asunto, Mandela se desplazó a Wall-mansthal para dirigirse a los antiguos miembros de la MK destinados allí e inmediatamente se topó con la envergadura de la situación. Tras escucharles durante dos horas, Mandela transmitió un claro mensaje tanto a los manifestantes como a los mandamases. Si bien los soldados presentaban quejas legítimas, su error era reivindicarlas de un modo indecoroso teniendo en cuenta su condición de militares. Les dio una semana de plazo para regresar a los barracones por su propia cuenta y acatar la disciplina de la SANDF; quienes no estuviesen de vuelta para entonces no haría falta que volviesen. A los altos mandos de la SANDF les dijo que era necesario acelerar el proceso de integración. Añadió que confiaba plenamente en el compromiso del general Meiring y los comandantes de llevar a buen puerto la integración.[28]

La mayoría de los soldados regresaron a la base, pero no todos, lo cual provocó rumores de rebeliones armadas; esto, a su vez, puso de relieve la preocupación de que los soldados desmovilizados de cualquier bando pudieran recurrir a la delincuencia o a la desestabilización política.

La mitad de los siete mil soldados se habían ausentado sin permiso y se negaban a regresar hasta que se atendieran sus quejas. Entonces les recordó a los soldados la historia de la MK, por qué se había formado y su admirable historial, un historial del que debían ser custodios, les dijo.[29]

Dos años más tarde, en 1996, Mandela expresaría su inquietud en una entrevista:

«Tenemos un gran ejército de unos 90.000 efectivos. No necesitamos ni la mitad de eso. Necesitamos bastante menos porque no tenemos enemigos. Pero, suponiendo que lo reduzcamos a la mitad este año, se sumarían al paro otras 45.000 personas. Ya tenemos cinco millones de parados.

»Con ello se fomentaría considerablemente el resentimiento por parte de las personas entrenadas para utilizar armas. Y con armas circulando por este país casi libremente, esa medida sería peligrosa.

»De modo que, cuando nos desviemos del presupuesto del *apartheid*, deberíamos proceder con cautela y gradualmente, y no nos será posible realizar muchas de las cosas que nos gustaría hacer».[30]

Multitud de líderes electos del mundo entero se han hecho eco del lamento de Mandela sobre las circunstancias que les imposibilitaban «realizar [las] muchas cosas» que pretendían hacer. La consecución de algunas de esas cosas se vio paralizada porque el presupuesto no se ajustaba a las necesidades sociales de los ciudadanos; en pocos casos, no obstante —excepto en países devastados por la guerra—, se ha tenido que contrarrestar el inexorable legado de los problemas asociados al pasado. Estos eran los complejos problemas a los que se enfrentaba una sociedad todavía incipiente, suave como el barro que aún debe cocerse en el horno. De aplicarse sin prudencia, la solución bien podía desembocar en el colapso.

Un año antes, en 1995, había salido a la luz el deshonroso pasado de Sudáfrica, lo cual desencadenó una nueva serie de problemas para Mandela y su gobierno. El que fuera ministro de Defensa del *apartheid,* Magnus Malan, junto con el líder del IFP, M. Z. Khumalo, y otras dieciocho personas, fue arrestado y procesado por orquestar la masacre de KwaMakhutha, en Amanzimtoti, cerca de Durban. Trece personas, en su mayoría mujeres y niños, habían sido asesinadas a tiros en la casa del activista del Frente Democrático Unido Bheki Ntuli el 21 de enero de 1987. Mandela tenía presente que la comparecencia de Malan ante el juez fragmentaría aún más el país. Magnus Malan —un condecorado y ejemplar estratega militar— era tan admirado por parte de la jerarquía castrense del *apartheid* como despreciado por la mayoría, que había padecido, directa o indirectamente, los mayores excesos a la hora de imponer el cumplimiento de la doctrina de la «estrategia global»* de P. W. Botha.

En unas notas para una reunión del Comité Ejecutivo Nacional, Mandela señaló que el «arresto del general Malan y de otros despertó un gran interés a lo largo y ancho del país [...]. Antes y después de que fuera arrestado oficialmente, puse al corriente a diversos individuos y organizaciones, por ejemplo a Georg Meiring, primero a solas y luego con el cuadro mayor de la SANDF; a empresarios; al arzobispo Tutu, primero a solas y posteriormente con el SACC [Consejo Eclesiástico Sudafricano]; al obispo Lekganyane, de la DRC [Iglesia reformada holandesa]; a analistas políticos de todas nuestras universidades, a excepción de las de Stellenbosch y PE [Port Elizabeth]; a las organizaciones de docentes; al FF [Freedom Front]; y a P. W. Botha».[31]

Informar a los diversos representantes eclesiásticos para que apreciaran el trasfondo del arresto era una cosa, pero Mandela tuvo una actitud algo menos sutil con los altos mandos de la SANDF. El general Nyanda recuerda que Mandela quiso «asistir a una reunión habitual del consejo de personal de defensa del lunes. No permitió ninguna pregunta; asistió en calidad de comandante en jefe. Básicamente, expuso lo siguiente: "Hemos atravesado un difícil periodo de cambios; nuestra gente luchó en pro de la democracia de la que hoy disfrutamos. Es una etapa delicada y, si hay personas que aspiran a socavarla y a revertir la situación, el pueblo sudafricano las derrotará"».[32]

---

* En su compromiso por mantener a Sudáfrica bajo control blanco, el gobierno de P. W. Botha utilizaba el término «estrategia global» para describir su represión, por lo general desproporcionadamente violenta, sobre la creciente resistencia negra, que acuñó el de la «arremetida global». Amparado en esta doctrina, el régimen llevaba a cabo incursiones transfronterizas en campamentos del CNA en países vecinos.

Sus declaraciones fueron igual de contundentes cuando, en enero de 1996, el grupo parlamentario presentó una moción para abolir el afrikáans como una de las lenguas de instrucción, formación y mando, reivindicando el uso exclusivo del inglés. Mandela consideraba que interferir con la lengua de un colectivo «reduciría el país a cenizas» y juró «proteger» el patrimonio cultural afrikáner como si se tratase del suyo propio.[33] Afortunadamente, la propuesta fue rechazada por el ministro de Defensa y el gabinete y, en mayo de 1996, se estipuló en el epígrafe relativo a la lengua redactado en el *Libro blanco de Defensa Nacional para la República de Sudáfrica:* «[...] La SANDF respetará la disposición constitucional en materia de idioma y tratará por todos los medios de satisfacer las necesidades de las diferentes lenguas de sus miembros. La instrucción, el mando y el control se realizarán en un idioma cuyo uso sea generalizado».[34]

Sin embargo, la defensa a ultranza de los afrikáners y su cultura —así como el acomodo de los altos mandos militares del pasado— fue recompensada con una manifiesta traición a su confianza.

Aunque en teoría las agencias de inteligencia estaban amalgamadas bajo el control de un nuevo servicio nacional de inteligencia, lo cierto es que la inteligencia militar continuaba albergando ciertos elementos que seguían persiguiendo antiguos fines. A los tres meses de las elecciones se trató de coaccionar al ministro de Defensa amenazándolo con publicar nombres de miembros del CNA que formaban parte del gobierno y que supuestamente habían sido informadores del régimen del *apartheid*.[35]

A lo largo de los tres años siguientes, la inteligencia militar elaboró un informe según el cual existía un plan para frustrar las elecciones de 1999 y derrocar al gobierno —un plan donde supuestamente estaba implicado el general Nyanda, el segundo en el escalafón para relevar al general Meiring—. Cuando recibió el informe, Meiring se lo mostró al presidente. Mandela, escéptico, encontró el informe poco convincente; nombraba a personas injustificadamente para desbaratar los planes, ya que probablemente asumirían puestos de relevancia cuando los generales del viejo orden se retirasen. En la apertura del debate presupuestario de abril de 1998, Mandela puso al corriente al Parlamento:

«Diversos avances recientes han subrayado la fortaleza de nuestra democracia. Las noticias publicadas en los medios que apuntaban a que se había destapado un complot para perpetrar un golpe de Estado han resultado ser infundadas en esencia y estar basadas en la diatriba de una fecunda imaginación.

»Sería oportuno aprovechar esta ocasión para exponer a los honorables diputados los puntos fundamentales relativos al informe de la SANDF que recibí el 5 de febrero, denominado "Actividades organizadas con el objetivo de derrocar al gobierno". Las consultas iniciales llevadas a cabo en el seno del gobierno plantearon cuestiones acerca de la fiabilidad y la falta de verificación del informe. Estas seguían su curso cuando una filtración de parte de su contenido hizo necesario, con urgencia, constatar la fiabilidad de los procedimientos de recopilación, verificación y posterior remisión de los datos.

»La comisión de investigación nombrada a tal fin me remitió el informe a finales de marzo. El informe de inteligencia exponía las siguientes conclusiones: que una organización denominada FAPLA (Fuerzas Armadas Populares de Liberación de Angola) llevaba existiendo desde 1995 y tenía la intención de desbaratar las elecciones generales de 1999, y que pretendía alcanzar tal fin asesinando al presidente; matando a jueces; ocupando el Parlamento; emitiendo comunicados desde emisoras de radio y cadenas de televisión e instituciones financieras clave; y provocando el desorden generalizado durante los cuatro meses previos a las elecciones.

»El golpe maestro sería una campaña de ataques con el fin de que el orden actual se desmoronase y los autores del golpe se hiciesen con el poder. El informe cita a unas 130 personas como presuntos miembros, cabecillas o partidarios de la organización, incluidas, entre otras, personas de muy alto rango en la jerarquía militar y figuras políticas.

»Las principales conclusiones de la comisión son las siguientes: el informe era insustancial e intrínsecamente descabellado. Todos los testigos citados se mostraron escépticos sobre la existencia de la FAPLA. Ni siquiera quienes lo habían redactado parecían habérselo tomado en serio. No se hizo ningún esfuerzo destacado en mantener bajo vigilancia a los conspiradores ni en autentificar el informe.

»Los responsables de elaborar el informe a lo largo de tres años no lo compartieron con las autoridades pertinentes, entre ellas el servicio policial sudafricano y el Comité Nacional de Coordinación de Inteligencia. La comisión censuró las medidas adoptadas para mantener la información a nivel confidencial y evitar filtraciones. Los responsables de recabar la documentación y remitir el informe no lo comunicaron a los ministros responsables de Inteligencia y de Seguridad respectivamente, que solamente tuvieron acceso a él por medio del presidente tras remitírselo el jefe de la SANDF.

»El responsable de la SANDF comunicó al ministro de Defensa la imputación de un oficial en concreto, pero no el alcance de las acusaciones, la identidad de otros oficiales de alto rango presuntamente implicados ni los detalles de la conspiración. El ministro de Defensa dijo que no estaba dispuesto a informar al presidente de una acusación sin corroborar.

»La comisión concluyó que dicho informe no debía haber sido remitido al presidente en esas condiciones. También hizo observaciones en cuanto al procedimiento irregular de haberlo remitido directamente al presidente y a la deliberada omisión en la remisión del informe a otros oficiales. La comisión recomendó que las agencias de seguridad investigasen los motivos por los que se produjeron las omisiones y errores en el procedimiento del informe y las posibles medidas que pueden tomarse, a nivel legislativo si fuese necesario, para evitar que se repita en el futuro.

»Di mi aprobación a la solicitud de jubilación anticipada del responsable de la SANDF, pues se trataba de una actuación que ponía el interés nacional por encima de la SANDF y del suyo personal. La filtración del informe y las críticas vertidas por la comisión de investigación con respecto a su elaboración y remisión ponían claramente al general en una posición delicada en su relación con los oficiales de alto rango mencionados en el informe y con su comandante en jefe, el ministro de Defensa. Dicha medida, drástica pero lamentable, estaba plenamente justificada».

Mandela prometió que, en su próxima reunión, el gabinete estudiaría la urgente cuestión del nombramiento de un nuevo responsable de la SANDF. Añadió que debía «quedar patente que nuestra nación posee unas fuerzas de defensa leales que han sentado las bases para su propia transformación. Pero —continuó— ni el [desacreditado] informe de inteligencia militar ni el informe de la comisión de investigación se han hecho públicos [...]. Sería el colmo de la irresponsabilidad por parte de cualquier gobierno propagar falsedades y mentiras sobre personas cuya reputación podría quedar mancillada, aun a riesgo de faltar a la verdad.

»La opinión pública tiene derecho a saber que los asuntos de esta índole se tratan rigurosa y escrupulosamente mediante procesos dignos de confianza. La comisión de investigación cumple con estos requisitos. La reunión informativa de los comités parlamentarios da fe de ese proceso».

Mandela, no obstante, se ofreció a hacer público el informe por escrito al Comité Nacional de Coordinación de Inteligencia y, a fin de «permitir una supervisión más amplia», los informes se remitieron a los partidos de la oposición.

«Cabe subrayar que quienes rehusaron leer el informe [tras recibirlo en primera instancia] de manera oportunista son los que continúan exigiendo su publicación. Al mismo tiempo, esgrimen el pretexto de no haberlo leído para poner en tela de juicio la credibilidad del gobierno.

»¡Jugar con nuestros servicios de inteligencia es peligroso y plantea la cuestión de si dichos individuos aceptan la legitimidad del gobierno! O tal vez solo se trate de una temeraria maniobra con fines partidistas que lleva a los autoproclamados defensores de la tradición democrática al punto de eludir su responsabilidad como líderes democráticos. Yo mismo, al tratar este asunto, he intentado actuar conforme a la premisa de que todos compartimos un objetivo nacional común desde nuestros respectivos partidos políticos».

Mandela continuó, arrojando el guante: «Es más, esto entraña un desafío a nivel más general. A medida que nos acercamos al periodo electoral, los partidos habrán de formularse algunas preguntas muy elementales. Resulta demasiado fácil remover los sentimientos innobles existentes en toda sociedad, sentimientos que se acentúan en una sociedad con una historia como la nuestra. Y lo que es peor, resulta demasiado fácil hacerlo de tal modo que menoscabe nuestros logros en la instauración de la unidad nacional y el afianzamiento de nuestras legítimas instituciones democráticas. Es necesario plantearse tales preguntas porque resulta mucho más fácil destruir que construir».[36]

De nuevo, cabe mencionar la extraordinaria capacidad de Mandela para mantener una relación cordial con personas a las que consideraba cruciales para la instauración de la democracia en Sudáfrica. Se llevó a su terreno y se ganó la cooperación de numerosos derechistas a ultranza que constituían una amenaza a su proyecto; a otros, como el líder del AWB, Eugène Terre'Blanche, a quien consideraba inaceptable, los desdeñaba sin contemplaciones. Por ejemplo, en una conversación con Mike Siluma, del *Sowetan,* manifestó: «Hemos marginado a la derecha [...]. Terre'Blanche solía reunir 2.000 personas en sus mítines. Hoy se las ve y se las desea para lograrlo. Ni siquiera consigue 100, y eso contando a su caballo».[37]

Mandela acogió y defendió a Meiring aun enfrentándose a las críticas de sus propios camaradas. Tras la dimisión de Meiring, Mandela dijo: «He aceptado su dimisión y lamento su decisión, porque es un oficial que se merece mi mayor respeto por el inestimable servicio que ha prestado a las fuerzas de seguridad nacionales de Sudáfrica, al país y a mí personalmente. A lo largo de estos cuatro años hemos entablado una relación muy estrecha y le he considerado como uno de mis amigos más cercanos».[38] Que el general hubiera jugado un papel tan activo en el complot de la inteligencia militar fue, por lo tanto, una gran traición a nivel personal.

Tras la salida de Meiring, el general Nyanda asumió el mando de las fuerzas de defensa. El marco político que definía tanto la función como la doctrina estratégica de un nuevo ejército se inspiró en el *Libro blanco de Defensa Nacional* de 1996 y en el informe de defensa de 1998. Se estableció un secretariado de defensa que afianzaba el control civil, en contraste con el uso del poder militar por parte del régimen del *apartheid* para imponer sus intereses en la región del sur de África. Se reconocía el hecho de que, dado que Sudáfrica había sido aceptada en numerosas organizaciones internacionales, en particular las Naciones Unidas, la Organización para la Unidad Africana y la Comunidad de Desarrollo de África Austral (SADC), era de esperar que desempeñase un papel activo en estos organismos, especialmente en lo concerniente a la paz y la seguridad en África y en la región.* El marco político del *Libro blanco* y del informe de defensa pretendía invertir el orden de prioridades de los militares y proporcionó apoyo en operaciones policiales contra la delincuencia ante la necesidad de contribuir a la reconstrucción y el desarrollo.

La revisión de la misión de las fuerzas de defensa y de sus necesidades de equipamiento duraría casi tres años; los problemas de adquisición surgieron en cuanto el gobierno de Mandela asumió el poder. Se estaba procediendo a la compra de corbetas a España. Según Trevor Manuel, Joe Modise, el ministro de Defensa, se presentó acompañado por un Mandela con gesto adusto a la primera reunión del gabinete tras las elecciones. Obviamente aún reflejaban el estado de ánimo de una conversación previa. Así lo relata: «Madiba dijo: "¿Joe?". Joe Modise se echó a llorar. "No es el día más oportuno para que yo haga el anuncio, pues es mi cumpleaños, pero el presidente ha hablado conmigo sobre el contrato para comprar las corbetas a España y ha dicho que vamos a cancelarlo. No sé cómo voy a comunicar a mis tropas, especialmente a la Marina, que vamos a cancelar este contrato, pero el presidente me ha asegurado que estudiaremos el tema"».[39]

Mandela opinaba que el gobierno debía analizar todas las necesidades del conjunto de las fuerzas de defensa en vez de limitarse a un servicio y que, en consecuencia, debía rescindirse el contrato.[40]

Existía, dijo, «un consenso nacional en cuanto a que nuestras fuerzas de defensa requerían una capacidad apropiada y equipamiento moderno. Valoramos positivamente el hecho de que el debate en torno a estos asuntos esté actualmente propiciando un análisis racional de las deliberaciones sobre el *Libro blanco de Defensa Nacional* y el informe de defensa nacional».[41]

Dada la envergadura del gasto, el gabinete englobó el complejo proceso de adquisición armamentística en una única partida bajo el nombre de «paquete de adquisiciones de defensa estratégica». El gabinete, junto con un comité especial presidido por Thabo Mbeki e integrado por los ministros de Finanzas, Defensa, Empresas Públicas y Comercio e Industria, tomaba las decisiones en materia de adjudicación de los principales contratos. El comité adoptó un reglamento para no interactuar directamente con ninguno de los licitantes; asimismo, se crearon cuatro grupos de evaluación

---

* Organización para la Unidad Africana (OUA): *véase* Gente, lugares y acontecimientos; Comunidad de Desarrollo de África Austral (SADC): *véase* Gente, lugares y acontecimientos.

independientes que sirvieran de mecanismos de control adicionales. Sería el gabinete, no obstante, el que elegiría a los contratistas principales; estos, a su vez, serían responsables de realizar las subcontrataciones necesarias para cumplir con sus obligaciones.[42]

Esto acarrearía numerosas consecuencias para el gobierno sudafricano y, con el tiempo, se ganaría el poco elegante sobrenombre de «trato armamentístico».

❦

Aunque la integración y la transformación de las fuerzas de defensa se habían visto sacudidas en la tempestad de los medios de comunicación y el recelo de la opinión pública, todo cambió radicalmente hacia finales del mandato de Mandela. Fue una iniciativa compleja, una incursión en territorio desconocido cuyo éxito no habría sido posible sin el sello personal de Mandela, sin sus singulares y oportunas intervenciones. Las fuerzas de defensa eran inicialmente un batiburrillo de ejércitos con un largo pasado de hostilidad y desprecio mutuos. Los contingentes de liberación menospreciaban a las fuerzas de los bantustanes, a las que consideraban un sucedáneo del antiguo enemigo, la SADF. Además, los soldados de la SADF habían sido arrastrados contra su voluntad a unos tiempos en los que tendrían que tratar a sus compatriotas como seres humanos y no como carne de cañón.

El cuarenta por ciento de la SANDF, que englobaba diversos ejércitos no estatutarios, fue producto de procesos coordinados de integración y racionalización.[43] El reclutamiento de jóvenes negros en la fuerza de voluntarios a media jornada supuso un incremento adicional de la cifra de ingresos.

Entre los soldados de las distintas fuerzas comenzó a forjarse el espíritu de camaradería. La población vio con buenos ojos el apoyo que el ejército brindaba a la policía en la lucha contra la delincuencia, nada que ver con la ingrata presencia de las tropas del *apartheid* en los *townships* en otros tiempos. Según un sondeo realizado en 1999 por el Consejo de Investigación de Ciencias Humanas, el grado de confianza en las fuerzas de defensa entre los sudafricanos era de un sesenta y dos por ciento. Cabe señalar que el estudio reflejaba que «las Fuerzas Nacionales de Defensa de Sudáfrica (SANDF) suscitaban más confianza que las fuerzas policiales y los tribunales».[44]

❦

En cuanto a la transformación de los servicios de inteligencia, antaño la columna vertebral del estado del *apartheid,* el nuevo gobierno democrático debía concebir una estrategia —y recurrir a un sofisticado grado de ingenio— para abrirse paso en un laberinto que había tardado décadas en construirse. Materializar la transformación significaba examinar las entrañas de un monstruo de múltiples cabezas con un presupuesto ilimitado. Los oficiales habían puesto en marcha programas de intercambio con sus homólogos en Oriente Medio, especialmente con Israel, y con dictaduras en Latinoamérica, donde habían aprendido las técnicas más sofisticadas de tortura y de eliminación en serie de sus adversarios. Se trataba de un servicio que afectaba a todos los ámbitos de la vida —y de la muerte— en Sudáfrica. Al mismo tiempo, poseía bastante pericia a la hora de transmitir su inexistencia, evocando la frase de Baudelaire: «La más hermosa de las jugadas del diablo es persuadirte de que no existe».[45]

El hecho de que, en la víspera de la llegada al poder del nuevo gobierno, Sudáfrica sufriera una destrucción y quema de documentos secretos sin precedentes ilustra los intentos de las fuerzas de seguridad del Estado por borrar su rastro.

El departamento de inteligencia militar, que había gestado el informe que condujo a la caída de Meiring, era tan solo una de las muchas agencias del régimen del *apartheid*. El nuevo gobierno debió lidiar con la reestructuración de todas ellas, pero incluso antes de que eso ocurriera, Mandela había solicitado un informe completo del estado de la seguridad. Mantuvo una serie de encuentros con la cúpula del Servicio Nacional de Inteligencia, las fuerzas de defensa y la policía. Les comunicó lo que esperaba del Servicio Nacional de Inteligencia, cuya reestructuración estaba igualmente prevista, y que lo quería a la mayor brevedad posible. Era una lista extensa:

«1) ¿Se eliminaron [o posiblemente manipularon] documentos que contuviesen material de inteligencia y se borró información de los ordenadores durante el periodo comprendido entre el 1 de febrero de 1990 y el 31 de mayo de 1994?

    a) En caso afirmativo, facilitar todos los detalles de dicho material o información.

    b) Fechas de dicha destrucción o eliminación.

    c) Nombre o nombres de las personas que autorizaron dicha destrucción o eliminación.

2) ¿Continúan existiendo el Consejo de Seguridad del Estado y sus estructuras, por ejemplo, el Comité de Coordinación?

    a) En caso afirmativo, ¿quiénes son los miembros de dicho Consejo de Seguridad del Estado y Comité de Coordinación?

    b) En caso contrario, detalles exactos de cuándo fueron desmantelados.

    c) Listado de sus miembros antes de ser desmantelados.

    d)   Misión del Consejo de Seguridad del Estado.

    e)   ¿Qué ocurrió con sus fondos y equipamiento?

3)   Listado de organizaciones a las que espió el NIS y listado de agentes del NIS que se infiltraron en dichas organizaciones o instituciones.

4)   ¿Continúa existiendo la Agencia de Cooperación Civil? Ha de proporcionarse información pormenorizada de su estructura y personal.

    a)   En caso contrario, ¿cuándo fue desmantelada? ¿Qué ocurrió con sus fondos y equipamiento?

5)   ¿Continúa existiendo la Dirección de Operaciones Encubiertas?

    a)   En caso afirmativo, ¿quiénes son sus miembros?

    b)   En caso contrario, ¿cuándo se disolvió?

    c)   ¿Qué ocurrió con sus fondos y equipamiento?

6)   Debe presentarse el original del informe del general Pierre Steyn.*

    a)   ¿Por qué delitos se destituyó o se pidió la dimisión de diversos oficiales de alto rango del ejército como resultado de dicho informe?

7)   ¿Quién es el responsable de la violencia de motivación política que condujo al asesinato de casi 20.000 personas?

8)   Los partidos presuntamente responsables de la violencia de motivación política también fueron responsables de la muerte de luchadores en pro de la libertad como Neil Aggett, Rick Turner, Imam Haroon, Ahmed Timol, David Webster y [Matthew] Goniwe, Griffiths y Victoria Mxenge; Pebco Three; y Bheki Mlangeni, entre otros.

9)   ¿Continuó existiendo la Unidad Vlakplaas† a partir de 1/2? ¿Quiénes eran sus miembros y qué les sucedió?

    ¿Cuál fue su misión hasta la fecha o, de continuar, qué hicieron sus miembros a partir de 1990?

    En caso de que fuera desmantelada, ¿qué ocurrió con sus fondos y equipamiento?

10) Información detallada sobre las operaciones de los escuadrones de la muerte en el país. Según el informe Goldstone, los miembros de la Unidad Vlakplaas fueron indemnizados con entre 200.000 y 1.000.000 de rands cuando [¿se disolvió?]. ¿Es correcto? ¿En concepto de qué les pagaron?».[46]

---

*   El informe del general Pierre Steyn de 1992 aportó datos concretos sobre la implicación de agentes de la policía y del ejército en la violencia previa a las elecciones.

†   La Unidad Vlakplaas, una división de la unidad de contrainsurgencia de la SAP, fue responsable de la tortura y muerte de numerosos activistas *antiapartheid*.

El informe elaborado por el general Pierre Steyn en 1992 al que Mandela hace referencia había contribuido en gran medida a poner al descubierto los escuadrones de la muerte. Aunque Mandela había sido informado de algunos de sus hallazgos, no había leído el informe completo. No obstante, lo tuvo en su mesa poco después de la reunión informativa.

Si bien la lista señalaba el profundo grado de connivencia de las agencias de inteligencia a la hora de sofocar la resistencia, pone de relieve la pertinaz cautela —o desconfianza— de Mandela y por qué siempre se ponía en guardia ante las dimisiones producidas en estas estructuras. A la hora de transformar las agencias de inteligencia, donde la acción encubierta y la corrupción eran la urdimbre de la maquinaria del *apartheid,* Mandela tenía que asegurarse de garantizar que se cumpliera a rajatabla el precepto constitucional en materia de seguridad nacional. Este establece que la seguridad nacional «debe reflejar la resolución de los sudafricanos, como individuos y como nación, de vivir en equidad, de vivir en paz y armonía, para liberarse del miedo y aspirar a una vida mejor».[47]

El primer obstáculo de envergadura para el nuevo Parlamento democrático era la «fragmentación de las competencias de inteligencia del nuevo Estado. Se debían aglutinar bajo el mismo techo seis agencias de inteligencia —cada una de las cuales había estado regida por una determinada autoridad o partidos políticos presentes en las negociaciones iniciales— y redirigirlas con el fin de definir un nuevo plan de seguridad».[48]

Hacia finales de 1994 se aprobaron medidas y leyes para fusionar las agencias de inteligencia nacionales y de los bantustanes con los departamentos de inteligencia de los movimientos de liberación. Las funciones de inteligencia a nivel nacional se asignaron a la Agencia Nacional de Inteligencia (NIA) y las funciones a nivel internacional al nuevo Servicio Secreto Sudafricano (SASS). Tras intensas negociaciones que abordaron todos los aspectos, desde la dirección estratégica hasta los detalles técnicos de los puestos, el CNA colocó muy sabiamente a su personal en posiciones más estratégicas, a diferencia de lo que había sucedido en las agencias de inteligencia militar y seguridad.[49] Y, para garantizar un férreo control y supervisión, inspectores generales independientes realizarían la supervisión de las operaciones de cada servicio, el seguimiento a nivel ministerial y, lo que es más importante, el control parlamentario se encomendaría al Comité Nacional de Coordinación de Inteligencia.

El nuevo servicio se fundó oficialmente en 1995 con el nombramiento de Sizakele Sigxashe, del CNA, como director general; un segundo de a bordo del CNA al frente del NIA y otro del NIS al frente del nuevo SASS. El responsable *de facto* del servicio, Joe Nhlanhla, del CNA, fue nombrado viceministro de Servicios de Inteligencia bajo la jurisdicción del ministro de Justicia.

Sin embargo, una vez más, la integración que en teoría sonaba bien fue en realidad lenta y desigual, obstaculizada como estaba por el pertinaz recelo existente entre el antiguo y el nuevo personal. También se vio entorpecida por las tensiones internas entre la plantilla del CNA. Tal vez fuera esa la razón de los deficientes informes de inteligencia que aterrizaban en la mesa de Mandela; la información de inteligencia que se remitía periódicamente a la oficina del presidente era «como leer periódicos de tres días antes».[50] Al parecer Mandela rechazaba estos informes, a veces con duras palabras, en las reuniones del gabinete o con oficiales de inteligencia. En una ocasión expulsó a oficiales de inteligencia de un encuentro del gabinete porque su informe no presentaba la información que había solicitado. De hecho, los políticos estaban más al corriente de ciertos asuntos internacionales que los informes de inteligencia remitidos por funcionarios de la administración previa.

En una ocasión, cuando a Alfred Nzo, el ministro de Exteriores, le entregaron un informe sobre los participantes en el proceso de paz de Burundi,* lo tiró a la papelera. «Conozco a esta gente —dijo—. Viví con ellos durante mi exilio en Tanzania».[51]

El nuevo servicio de inteligencia se vio perjudicado por informaciones erróneas procedentes de antiguos miembros o de otros vinculados al nuevo servicio acerca de complots urdidos por la derecha y la izquierda para desestabilizar o derrocar al gobierno.[52] El informe de Meiring fue una de tales invenciones y se valió de «infundios» urdidos por elementos de la inteligencia militar. Cuando la comisión judicial declaró que el informe era infundado, el general Nyanda dijo a Mandela que la inteligencia militar era «uno de los elementos más desfasados y obsoletos del Departamento de Defensa». Reflejaba un «sesgo a favor de los viejos amigos de la SADF en los análisis e informes sobre el sur de África y una preponderancia de informes de amenazas fantasma de la izquierda en comparación con casos más graves por parte de la derecha».[53]

En el trasfondo de todo —los chanchullos y las argucias— existía un colectivo de inteligencia encorsetado en los prejuicios raciales que no asumía la idea de que el nuevo gobierno pudiera salir airoso en los términos en los que estaba configurado.

---

* Mandela sucedió al difunto presidente tanzano Julius Nyerere como presidente del proceso de paz multipartidista de Burundi.

Trabajando directamente con Thabo Mbeki, el SASS operaba entre bastidores para apoyar las iniciativas internacionales de Mandela. Sus tareas de inteligencia a nivel internacional marcaron un cambio de rumbo con respecto a la priorización de Europa y Estados Unidos por parte del viejo régimen hacia una perspectiva más acorde con las directrices de la nueva política exterior. Este cambio se materializó cuando Sudáfrica comenzó a jugar un papel de mayor preponderancia en la resolución de conflictos. A menudo se hacía necesario que actuara de cauce extraoficial para facilitar iniciativas o para limar asperezas. Mandela, por ejemplo, había enviado al vicepresidente, Thabo Mbeki, a Abuja en 1995 para interceder en nombre del escritor y activista ogoni Ken Saro Wiwa y ocho compatriotas suyos, a quienes el mandatario nigeriano, el general Sani Abacha, amenazaba con ejecutar. Cuando el general Abacha ignoró la petición y ordenó la ejecución en la horca de los nueve activistas, Mandela reaccionó con indignación.

Según Lansana Gberie, un periodista y académico de Sierra Leona, el 27 de noviembre de 1995 escuchó «una voz serena emitiendo un comunicado por la BBC. Era Mandela diciendo: "Abacha yace sobre un volcán. Y yo voy a hacer que entre en erupción desde abajo". Mandela tenía una gran fe en la naturaleza humana y se movía por un sentimiento de nacionalismo con la esperanza de que calase en el resto del continente. Abacha tal vez fuera un corrupto reaccionario, pero por encima de todo era un líder africano y —posiblemente— no un monstruo».[54]

Cuando se hicieron oídos sordos a su petición —en nombre de la diplomacia— de que se conmutara la pena a esos hombres, Mandela se sintió impotente y dio rienda suelta a su ira del mismo modo que había arremetido contra De Klerk delante de las cámaras de televisión. La motivación de su comportamiento, como ha señalado Graça Machel, no era humillar a un adversario. Era una traición a su confianza —si bien es cierto que en el caso de Abacha no se había pactado nada por medio de un acuerdo formal—. A los funcionarios de inteligencia les resultó bastante ardua la tarea de abrir cualquier vía de relación entre Sudáfrica y Nigeria.

Otro caso fue el de las tensiones con Egipto a raíz de un desencuentro entre Mandela y Hosni Mubarak cuando este faltó a su compromiso de donar fondos al CNA en 1992.[55]

En la inauguración oficial de la sede conjunta de las nuevas agencias en 1997, Mandela manifestó: «Los cambios a los que se enfrenta la Sudáfrica democrática sin duda son diferentes a los cambios de ayer. Antaño, la mayor amenaza a la seguridad de nuestro pueblo procedía no del exterior, sino de los cuerpos encargados de imponer el cumplimiento de la ley, incluidos los servicios de inteligencia [...].

»En este sentido, hemos emprendido la difícil y necesaria tarea de convertir la administración, y concretamente el colectivo de inteligencia, en estructuras que sirvan al pueblo en vez de aterrorizarlo; estructuras que protejan la integridad de nuestro país en vez de desestabilizar a nuestros vecinos; estructuras que velen por la democracia en vez de socavarla».

Retomando la labor de los servicios, expuso que su cometido primordial era convertirse en «los ojos y oídos de la nación». Confiaba en que tanto la NIA como el SASS ayudasen a crear «el entorno propicio para la reconstrucción y el desarrollo, la construcción de la nación y la reconciliación» y advirtió de que «sin una vida mejor para todos, cualquier esperanza de seguridad nacional sería una quimera». Hizo hincapié en el flagrante hecho de que esa circunstancia no se había dado en el pasado reciente de Sudáfrica y señaló que la historia del país avalaba que «nadie puede disfrutar de seguridad a largo plazo mientras a la mayoría se le prive de las condiciones de vida básicas». Instó a los servicios de inteligencia a continuar «prestando su valioso apoyo a la policía para combatir la delincuencia, en particular el crimen organizado».

Precisamente se había producido una avalancha de robos en las oficinas del servicio de inteligencia. «Dada la naturaleza de estos robos —dijo— queda manifiestamente claro que existen elementos internos en vuestras estructuras vinculados a otros externos que operan con fuerzas siniestras, entre ellas posiblemente sindicatos del crimen y agencias de inteligencia extranjeras, en perjuicio de nuestra democracia [...].

»Estas fuerzas pretenden revertir nuestros logros democráticos, fuerzas que han optado por rechazar la mano de amistad que les hemos tendido, fuerzas que no quieren la reconciliación y, sin duda, fuerzas que desean que pidamos perdón por destruir el *apartheid* e instaurar la democracia».

Mandela, no obstante, estaba convencido de que había una solución a los problemas. Dijo: «La inauguración oficial de la sede conjunta de la Agencia Nacional de Inteligencia y del Servicio Secreto Sudafricano simboliza otro paso gigantesco de una era en la que las estructuras de inteligencia constituían el eje de la división y el conflicto en nuestro país. Simboliza asimismo la integración de los diferentes ramales de nuestro pasado de divisiones en un servicio cohesionado que opera en pro del bien común».[56]

Con respecto al servicio público, que a diferencia de la administración pública no ponía énfasis en las cualificaciones académicas o profesionales, tanto el CNA como el gobierno del *apartheid* fueron objeto de críticas por falta de mando para transformarlo. Skweyiya, ministro de Servicios y Administraciones Públicas de 1994 a 1999, alude a la «pesadilla», que debió de quitarle el sueño a Mandela en interminables noches, de diseñar fórmulas para el funcionamiento de los diferentes escalafones gubernamentales, sobre todo en los niveles inferiores de gobierno, las administraciones locales: «Una de las primeras cosas que hicimos fue planificar la administración pública, crear nueve provincias en una Sudáfrica unitaria y garantizar que contasen con su burocracia, realizar nombramientos para esos puestos y racionalizar en una todas las provincias y las once administraciones existentes, lo cual ha sido una auténtica pesadilla».[57] El gobierno del *apartheid*, que despilfarró el dinero en la planificación y preparación de las fuerzas de seguridad y en asuntos económicos e internacionales, nunca prestó especial atención al servicio público.[58] No es de extrañar que Mandela temiese en cierta medida los problemas que acarrearía la nueva administración.[59]

El origen de las dificultades que acuciaban la transformación en determinados ámbitos, como el servicio público, residía en el diseño de la transición negociada y muy especialmente en las llamadas «disposiciones transitorias» por las que abogaba Joe Slovo. Incluidas en la Constitución para afrontar los primeros cinco años de transición, las cláusulas proveían, entre otras cosas, la protección de las pensiones del cuerpo de funcionarios. Con ello se contribuía a garantizar la estabilidad mediante la permanencia del personal con memoria institucional que, a su vez, garantizaría la capacidad de la administración pública para cumplir con su mandato. Pero la necesidad apremiante de que la administración pública fuese más representativa trajo consigo una incómoda mezcolanza de lo que Allister Sparks describió como «una vieja guardia anquilosada y advenedizos sin experiencia», lo cual hizo que el mandato gubernamental fuera más engorroso y lento de lo previsto.[60] Es más, cuando se tomó en consideración el coste de los paquetes de pensiones de cese voluntario para facilitar la salida de funcionarios de las administraciones anteriores, resultó ser demasiado costoso. El anuncio de los puestos de funcionarios del Estado del viejo orden en ejercicio provocó la primera fisura en el gobierno de unidad nacional.[61]

Uno de los problemas surgió a raíz de un descuido por parte del CNA en las negociaciones de la Constitución provisional: la antigua Comisión para la Administración Pública (CPA) seguía conservando la potestad sobre el control de todos los nombramientos del servicio público. Esta anomalía no se subsanó hasta que se aprobó la Constitución definitiva y la CPA fue sustituida por la Comisión de Servicio Público en 1996.

El origen de otra complicación, con la intención de sortear las restricciones a la hora de realizar los nombramientos, podía achacarse a la colocación de antiguos miembros del movimiento de liberación en puestos directivos, algunos partiendo de cargos de consejeros en ministerios, lo cual condujo a la creación de estructuras de autoridad paralelas. A ello se añadían los choques culturales entre el antiguo y el nuevo sistema y la falta de visión compartida, que hicieron necesaria la concesión de más poderes a los ministros con respecto a los nombramientos anteriores. Esta medida imprevista se arraigó profundamente, lo cual repercutiría de manera negativa en la profesionalización del servicio público en años posteriores.[62]

Se establecieron objetivos de cinco años para la composición de la dirección de la administración pública. Se aspiraba a que la población de color —a saber, mestizos, indios y africanos— compusiera el cincuenta por ciento; al menos el treinta por ciento de los nuevos funcionarios serían mujeres; y, a los diez años, que al menos un dos por ciento lo ocupasen personas con discapacidades. Por desgracia, la realidad quedó muy por debajo del objetivo.[63]

Cuando apenas se había cumplido un mes de legislatura, Mandela escribió a sus ministros, lo cual refleja la particular urgencia con la que se ocupó del tema del nombramiento de mujeres:

«Nuestro país ha llegado a un punto en el que la representación de las mujeres se considera esencial para el éxito de nuestro objetivo de construir una sociedad justa y equitativa.

»El gobierno ha de iniciar este proceso proporcionando pruebas tangibles de la presencia de la mujer en todos los escalafones públicos.

»Por consiguiente, me gustaría solicitaros que deis prioridad al nombramiento de mujeres en cargos de departamentos gubernamentales, de la administración pública y de comisiones permanentes.

»Asimismo, me gustaría recordaros que los servicios que proporcione vuestro departamento auspiciarán la mejora de las condiciones de las mujeres además de las de los hombres».[64]

Otro escollo del servicio público era la necesidad de racionalizarlo y reducirlo al mínimo necesario para que fuese operativo. Esto no podía llevarse a cabo mediante un decreto ministerial a puerta cerrada, sino que conllevaba negociaciones con los sindicatos, los cuales habían estado totalmente vetados del servicio público del *apartheid*. La presión de la microcrisis económica que estaba sufriendo el país en ese momento agravó la situación. El ministro de Finanzas propuso recortar el número de funcionarios del Estado de 1,3 millones a 300.000. Esta cifra era políticamente inviable, dada la tasa de desempleo y el concomitante impacto sobre los más pobres de entre los pobres.[65]

La corrupción también constituía un factor importante en el consumo de recursos y en perjuicio de la legitimidad del nuevo gobierno a ojos de la ciudadanía. Era particularmente acuciante, pero no se limitaba, a las antiguas áreas de los bantustanes, donde el enchufismo y el laxo control engrasaban el engranaje de supervivencia del *apartheid*. El gobierno emprendió acciones para solventar el problema empezando por la provincia oriental del Cabo y más tarde las extendió a todo el país. Se identificaron «trabajadores fantasma» y se investigaron las irregularidades en los fondos de pensiones y en los recursos de financiación estatal.

Por otro lado, donde anteriormente existían cuatro provincias y diez bantustanes ahora había nueve administraciones provinciales. Los antiguos funcionarios de los bantustanes, integrados ahora en el nuevo servicio público, trajeron consigo legados institucionales con consecuencias adversas a largo plazo.[66]

Aunque la involucración de Mandela en la remodelación del servicio público no fue tan directa como en el caso de las fuerzas de seguridad, se implicó, no obstante, en vender a la opinión pública la nueva administración pública, más representativa. Para él, el servicio público había de ser un recurso para el conjunto de la sociedad.[67]

Sin embargo, para que esto ocurriera el servicio público y el gobierno debían hacer concesiones mutuas. En su segundo discurso sobre el estado de la nación, pronunciado en febrero de 1995, Mandela alabó la dedicación del servicio público y se dirigió directamente a los funcionarios del Estado:

«Tenemos el compromiso de motivar a todos los trabajadores del sector público para que se conviertan en agentes conscientes, diligentes y competentes de la transformación de nuestra sociedad según los objetivos definidos en el Programa para la Reconstrucción y el Desarrollo.

»Como parte de este proceso, el gabinete ha dado instrucciones a todos los ministros para que interactúen de manera continua con todos los miembros de sus ministerios y departamentos para encomendarles las tareas, para que les den parte de los avances logrados, para acordar cómo superar los obstáculos del proceso de transformación y, en general, para que se involucren en la lucha por el cambio.

»También hemos invitado a los sindicatos del sector público a que participen en la mayor medida posible en los procedimientos presupuestarios a fin de que realicen su propia aportación a la difícil tarea de realizar la mejor asignación posible de los limitados recursos gubernamentales».

No obstante, Mandela advirtió de que una relación adversa entre el Ejecutivo y la administración «tendría un impacto negativo sobre la tarea colectiva [...] de servir al pueblo sudafricano.

»Por lo tanto —continuó—, hemos demostrado nuestra buena disposición y voluntad para abordar todos los temas que preocupan a los trabajadores del sector público, incluidas las cuestiones salariales, promociones, pensiones y otros asuntos relativos a las condiciones laborales».

Hizo un llamamiento a los trabajadores del sector público para «aunar esfuerzos con el gobierno a fin de abordar otros temas de relevancia, como las desigualdades raciales y de género existentes en la administración», señalando que el servicio público «jamás será íntegramente aceptable ni podrá responder verdaderamente a las necesidades del conjunto del pueblo a menos que todos sus escalafones se compongan de manera que reflejen la composición de nuestra población.

»Para acelerar este proceso, el gobierno continuará ejecutando medidas y programas orientados a garantizar que a quienes se vieron perjudicados por el *apartheid* en el pasado se les dé capacidad para ponerse al día con quienes tuvieron la oportunidad de desarrollarse y promocionarse en términos de gestión y otras competencias».

Tras explicar detalladamente el significado del programa de acción positiva, cuyo objetivo era corregir las desigualdades del pasado, Mandela apeló al pueblo para que rehusase «escuchar a los falsos profetas que pretenden perpetuar las divisiones del *apartheid* y las desigualdades del pasado esgrimiendo que la acción positiva es un programa para favorecer a unos y perjudicar a otros por motivos de raza y etnia».[68]

Sin embargo, Mandela tuvo que mostrarse franco al exponer los contratiempos y las actuaciones previstas para solventarlos. En febrero de 1996 explicó ante el Parlamento que, aunque el gobierno tenía previsto cumplir su promesa de establecer un «servicio público unificado, funcional, eficiente y transparente y destinar más recursos públicos a inversiones en bienes de capital», había llegado el momento de ser «honestos y decir que el actual servicio es demasiado grande y ha de racionalizarse. No queda otra alternativa.

»No obstante, nuestras actuaciones no pueden ignorar la dolorosa circunstancia de que las zonas pobres, con escasa actividad económica y pocas perspectivas de empleo alternativo, serán las más afectadas. Esto implica, entre otras cosas, buscar soluciones negociadas creativas que ayuden a estimular la actividad económica.

»En el proceso de reconversión no habrá represalias. Tampoco se llevará a cabo de modo aleatorio, sino que afectará a todas las razas y provincias. Nos encontramos en una fase muy avanzada de conversaciones con el ministerio correspondiente para crear la Comisión de Control de la Presidencia,* que redefinirá la estructura, las funciones y los procedimientos del servicio público, y en breve se realizarán los anuncios pertinentes.

---

* El marco normativo de la Comisión de Control de la Presidencia (PRC), presidida por el destacado académico doctor Vincent Maphai e integrada por expertos en diversos campos, fue publicado en la *Government Gazette* (n.º 17020) el 8 de marzo de 1996, con poderes para recomendar la transformación del servicio público.

»Uno de los mayores retos para 1996 es afianzar la capacidad del gobierno para servir a las comunidades. Esto es especialmente necesario a nivel local, donde el gobierno interactúa a diario con las comunidades. De ahí que uno de los principales temas de este año sea la introducción de programas de formación a gran escala para los nuevos concejales y el resto del personal».[69]

Durante el mandato de Mandela se encargaron dos informes importantes sobre la administración pública. El director general del Departamento de Servicios y Administraciones Públicas, el doctor Paseka Ncholo, dirigió un equipo de trabajo a nivel provincial que analizó las administraciones provinciales. Con base en el informe remitido al gabinete en agosto de 1997, Mandela concluyó: «[...] Desde el punto de vista administrativo, el sistema es costoso, caótico y prohibitivo».[70]

Según el informe que presentó la PRC en 1998, tras dos años de trabajo, el Ejecutivo y la administración heredados debían ser reestructurados para mejorar la reconstrucción y el desarrollo. Sus recomendaciones, de gran alcance, impulsaron los cambios realizados por la siguiente administración. Ahondó en la necesidad de una mejora en la coordinación de las estructuras en el seno del gobierno, en la presidencia y en la secretaría del gabinete.

Las distintas comisiones y grupos de trabajo ponían de relieve el deseo de Mandela de adquirir la máxima preparación posible a fin de cumplir su sueño de crear una sociedad mejor. Esa sociedad únicamente sería viable si la población abrazaba el ideal de convertir a Sudáfrica en el país de sus sueños. Así lo manifestó en la apertura de la tercera sesión parlamentaria el 9 de febrero de 1996:

«Efectivamente, Sudáfrica no solo va por buen camino. Llevamos recorrido un gran trecho para hacer de este el país de nuestros sueños. Aprovecho la ocasión para felicitar a todos los sudafricanos de los sectores público y privado —desde las figuras más destacadas hasta la persona más humilde de la nación—, los cuales se están esforzando por colocar otro ladrillo en el edificio de nuestra democracia. Hemos emprendido este camino juntos y juntos deberíamos alcanzar las estrellas».

Además de alabar los logros de la población, que «ha sentado las bases para ejercer un verdadero impacto sobre las injusticias del pasado», reconoció «estar tan solo en el inicio de un largo camino, un camino que deberíamos emprender sin demora si nuestra conciencia no es inmune a los gritos de desesperación de millones de personas. Pero también es un viaje que requiere una minuciosa planificación y una perseverante diligencia si pretendemos mantener el rumbo y ser capaces de mantener el paso [...]. Todos nosotros, todos los sudafricanos, estamos llamados a convertirnos en constructores y sanadores. Pero, por mucho júbilo y emoción que genere nuestra creación, construir y curar son empresas difíciles.

»No podemos curar ni construir si dicha recuperación y construcción se percibe como un proceso de un único sentido en el que las víctimas de las injusticias del pasado perdonen y los beneficiarios se contenten con un mero agradecimiento. Juntos debemos tomar la determinación de enmendar los errores del pasado».[71]

Chapter One

The Challenge

An unprecedented challenge faced the first democratically elected government of the Republic of South Africa.

It was a major rubicon to cross for the generation of dynamic and steeled freedom fighters who, for almost half a century, had sacrificed everything for the liberation of their country.

Some of them had given up lucrative careers, spent almost a lifetime under harsh conditions in exile, mobilising the international community to condemn apartheid and to isolate white South Africa.

That white South Africa was in due course shunned by almost every country in the world, and apartheid condemned as a crime against humanity was a measure of the success of their historic campaign.

Those in exile crisscrossed the five continents briefing heads of state and government on our situation, attending world and regional gatherings, and flooding the world with material exposing the inhumanity of apartheid.

It was this worldwide campaign which made the African National Congress (ANC) and its leaders inside and outside the country, one of the most well-known liberation movement of the world.

The fighters of Umkhonto we Sizwe (M.K.) displayed unrivalled courage and infiltrated the country, attacked government installations, and clashed with the apartheid forces and, now

Página manuscrita original del tercer borrador de las memorias de Mandela sobre sus años presidenciales. Su secretaria personal, Zelda la Grange, pasaba a máquina el texto ayudada por sus colaboradores y Mandela volvía a corregir a mano la versión mecanografiada o escribía desde cero un nuevo borrador manuscrito. Algunos capítulos se corregían una y otra vez de esta forma.

Mandela se dirige a la gente tras su salida de la cárcel, Ayuntamiento de Ciudad del Cabo, 11 de febrero de 1990. «Me presento ante vosotros no como un profeta, sino como vuestro humilde servidor, como un servidor del pueblo —dijo—. Vuestro incansable y heroico sacrificio ha hecho posible que hoy me encuentre aquí. Por ello, pongo en vuestras manos los días de vida que puedan quedarme».

Cantando *Nkosi Sikelel' iAfrika* con su mujer, Winnie Mandela, en su mitin de bienvenida en el estadio FNB de Soweto, el 13 de febrero de 1990, dos días después de su salida de prisión. Asistieron más de 100.000 personas para escucharle hablar.

Mandela se dirige al Comité Contra el Apartheid de las Naciones Unidas, Nueva York, 1990, instando a que se mantengan las sanciones impuestas a Sudáfrica por la ONU y algunos Estados a título individual hasta que sea abolido el *apartheid*. Las sanciones económicas, que las Naciones Unidas impusieron a Sudáfrica en 1962, se levantaron en octubre de 1993.

En enero de 1991 los líderes del beligerante IFP y del CNA, Mangosuthu Buthelezi y Nelson Mandela, se reunieron para realizar una declaración conjunta de paz dirigida a frenar la violencia política. Esta viñeta, publicada en *Die Transvaler*, sugiere que los sentimientos soterrados de ambos líderes respecto a su oponente no eran tan magnánimos.

Junto a Mangosuthu Buthelezi, líder del IFP, y a F. W. de Klerk, presidente, en una rueda de prensa para anunciar la participación del IFP en las primeras elecciones democráticas de Sudáfrica, apenas unas semanas antes de los comicios, en abril de 1994.

Mandela y Walter Sisulu despiden el ataúd del popular activista político Chris Hani, estadio FNB, Soweto, 19 de abril de 1993. El asesinato de Hani estuvo a punto de conducir al país a una guerra civil. En un discurso televisado, Mandela instó a la nación a actuar con dignidad y comprometerse de nuevo con la causa democrática.

Mandela saluda a la multitud durante un mitin en el estadio Galeshewe, cerca de Kimberley, 1994. Uno de sus veteranos guardaespaldas, Mzwandile Vena, relata que Mandela era imprevisible cuando se encontraba rodeado de gente, lo que resultaba una pesadilla para sus escoltas. «Tenías que estar alerta a todas horas».

Durante la campaña electoral, 1994. Mandela escribió que «para la mayoría negra», el día de las elecciones «supuso la materialización de un sueño».

Mandela vota por primera vez en el instituto Ohlange, Inanda, 27 de abril de 1994. El lugar estaba cerca de la tumba del primer presidente del CNA, John Dube.

En esta viñeta, publicada en *The Sowetan*, Nanda Sooben yuxtapone el espectáculo y la emoción que rodean la investidura de Mandela a las esperanzas de los votantes por que se satisfagan sus necesidades básicas.

Separado de su mujer, Winnie, la hija de Mandela —su alteza real la princesa Zenani Dlamini—
le acompaña en el almuerzo posterior a su investidura, Pretoria, 10 de mayo de 1994.

El presidente Mandela flanqueado por sus dos vicepresidentes —Thabo Mbeki (izquierda) y
F. W. de Klerk, presidente saliente—, Union Buildings, Pretoria, 10 de mayo de 1994.

En el exterior de Tuynhuys, el despacho presidencial en Ciudad del Cabo, en el día de apertura del primer Parlamento democrático. Junto a Mandela aparecen (de izquierda a derecha) el diputado Cyril Ramaphosa; Zanele Mbeki y su marido, el vicepresidente Thabo Mbeki; Frene Ginwala, presidenta del Parlamento; Kobie Coetsee, presidenta del Senado hasta 2008, y el vicepresidente F. W. de Klerk.

Mandela acompañado de algunos miembros de su primer gabinete y altos funcionarios de Presidencia. Aparece flanqueado por el líder del IFP, Mangosuthu Buthelezi, a su derecha y por el vicepresidente Thabo Mbeki a su izquierda.

11. E. P. Jordaan : Minister of Environment & Fisheries: Post & Communication
12. S. Sigcau : Minister of Public Enterprises
13. S. W. Tshwete : Minister of Sport & Recreation.
14. S. R. Maharaj. : Minister of Transport.
15. N. C. Dlamini Zuma : Minister of Health.
16. A. B. Nzo : Minister of Foreign Affairs
17. D. M. Hanekom : Minister of Lands
18. S. F. Mufamadi. : Minister of Safety & Security
19. T. T. Mboweni Minister of Labour

Professor Jakes Gerwel was Director-General in the Office of the President and Secretary of the Cabinet

Soon after the formation of the Government of National Unity, and long before Deputy-President De Klerk pulled out of that joint Cabinet, the ANC was repeatedly accused of racism and of promoting only the interests of Africans and neglecting those of other ~~a~~ the minority ~~groups~~ all groups There still people today who still peddle this fable. ~~Irrespective of ethnic group to which they~~

A glance at the above list of members of the GNU below ~~no fact~~
I have deliberately set out the names of the ~~full~~ cabinet of the GNU in full and those who have respect for truth and themselves will refrain from tarnishing their image by endorsing a senseless propaganda and transparent subterfuge by those who have no credible alter. policy to ~~present to the people of~~ to our country to the ~~people of~~ South Africans

How can we be accused of racism

The subterfuge becomes all the more ~~transparent~~ glaring when you consider that apart from Mr Williams, a member of the ~~Coloured~~ Community, the remaining 5 cabinet members of Mr De Klerk's National Party were all whites and Afrikaners. No ~~Indian, no~~ African

As far as the ANC is concerned we ~~had no~~ less
Yet all these national groups were represented in the ANC cabinet

Con Jessie Duarte, jefa de operaciones en la presidencia del CNA.

Con Joe Slovo, nombrado ministro de Vivienda del gobierno de unidad nacional.

Con Trevor Manuel, el ministro de Finanzas que más tiempo ejerció el cargo.

Mandela y el director general en la presidencia, Jakes Gerwel, conocido como «el Profesor».

En el Parlamento, junto a su viejo amigo, compañero de prisión y consejero político Ahmed Kathrada.

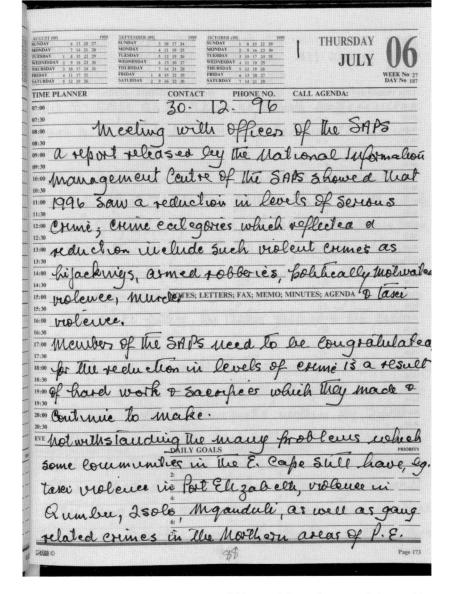

AUGUST (08) 1995	SEPTEMBER (09) 1995	OCTOBER (10) 1995	THURSDAY
SUNDAY 6 13 20 27	SUNDAY 3 10 17 24	SUNDAY 1 8 15 22 29	JULY 06
MONDAY 7 14 21 28	MONDAY 4 11 18 25	MONDAY 2 9 16 23 30	
TUESDAY 1 8 15 22 29	TUESDAY 5 12 19 26	TUESDAY 3 10 17 24 31	WEEK No 27
WEDNESDAY 2 9 16 23 30	WEDNESDAY 6 13 20 27	WEDNESDAY 4 11 18 25	DAY No 187
THURSDAY 3 10 17 24 31	THURSDAY 7 14 21 28	THURSDAY 5 12 19 26	
FRIDAY 4 11 17 25	FRIDAY 1 8 15 22 29	FRIDAY 6 13 20 27	
SATURDAY 5 12 19 26	SATURDAY 2 9 16 23 30	SATURDAY 7 14 21 28	

TIME PLANNER   CONTACT   PHONE NO.   CALL AGENDA:

30. 12. 96

Meeting with officer of the SAPS

A report released by the National Information
Management Centre of the SAPS showed that
1996 saw a reduction in levels of serious
crime; crime categories which reflected a
reduction include such violent crimes as
hijackings, armed robberies, politically motivate
violence, murder NOTES; LETTERS; FAX; MEMO; MINUTES; AGENDA & taxi
violence.

Member of the SAPS need to be congratulated
for the reduction in levels of crime is a result
of hard work & sacrifices which they made &
continue to make.

EVE notwithstanding the many problems which
DAILY GOALS   PRIORITY
some communities in the E. Cape still have, eg.
taxi violence in Port Elizabeth, violence in
Qumbu, Isolo, Mganduli, as well as gang
related crimes in the Northern areas of P.E.

Page 173

Mandela tomaba notas constantemente y reflejaba actas de las reuniones en su diario, como hizo en esta, celebrada el 30 de diciembre de 1996, con miembros del Servicio de Policía de Sudáfrica.

El presidente Mandela visita al expresidente sudafricano y firme defensor del *apartheid*
P. W. Botha, conocido como «Die Groot Krokodil» (El Gran cocodrilo), en su residencia de Wilderness, 1995.

Practicando la reconciliación de forma activa, Mandela visitó a Betsie Verwoerd —la viuda del arquitecto del *apartheid*, el doctor H. F. Verwoerd—, en su casa de Orania, población «solo para blancos», 1995.

Firmando la Constitución de la República de Sudáfrica, Sharpeville, 10 de diciembre de 1996, junto a (desde la derecha) Cyril Ramaphosa y Yunus Chamda, alcalde del Consejo Metropolitano de Lekoa-Vaal.

En Libertas, la residencia presidencial de Pretoria, que Mandela rebautizó como Mahlamba Ndlopfu, que significa en xitsonga «El nuevo amanecer» o, literalmente, «el baño de los elefantes».

En su antigua celda de la isla de Robben, en una reunión de prisioneros políticos, 10 de febrero de 1995.

Con el presidente estadounidense Bill Clinton en la Casa Blanca, Washington D. C. Mandela se benefició de sus relaciones personales con los líderes internacionales para influir en negociaciones y resoluciones de conflictos.

Con el presidente cubano Fidel Castro. Mandela insistió mucho en que este acudiera a su investidura.

The combination of talent and humility, of being able to be at home with both the poor and the wealthy, the weak and the mighty, ordinary people and royalty, young and old, men and women with _irrespective of their race or background_ a common touch, are admired by humankind all over the globe.

The ANC has _always_ ~~also~~ been rich with talented men and women, who preferred to remain in the background, and to push forward promising young people to positions of eminence and responsibility, to expose them early in their political careers to the basic principles and problems of leadership, and on how to manage such problems. This kind of leader has always made a formidable impression on many of us. _Comrade Walter Sisulu is such a man; that is why he has always towered about all of us irrespective of the offices we occupied in the movement and government_ I urged the three senior leaders that I would prefer to serve without holding any position in the organisation or government. One of them, however, put me flat on the carpet.

He reminded me that I had always advocated the crucial importance of collective leadership, and that as long as we scrupulously observed that principle, we could never go wrong. He bluntly asked whether I was now rejecting what I had consistently preached down the years.

En esta página original del manuscrito, del capítulo seis, Mandela presenta una descripción de su amigo y antiguo socio Oliver Tambo comentando que el CNA siempre ha contado con miembros que prefirieron permanecer en un segundo plano y elevar a jóvenes prometedores a cargos relevantes. Más adelante, anota las siguientes palabras: «El camarada Walter Sisulu es un ejemplo; por eso siempre ha estado muy por encima de todos nosotros, al margen de los cargos que ocupáramos en el movimiento o en el gobierno».

Con el presidente francés Jacques Chirac, en el desfile militar del día de la Bastilla, Campos Eliseos, París, 1996.

Con el líder palestino Yasser Arafat.

Con Graça Machel, la reina Margarita II y el príncipe Enrique de Dinamarca, Copenhague, 1999.

Con la reina Isabel II, cruzando el Mall hacia el palacio de Buckingham, Londres, 1996.

Con el príncipe Bandar bin, sultán de Arabia Saudita, y el líder libio Muamar el Gadafi, 1999.

Con Graça Machel, aeropuerto de Heathrow, 1997. Comenzaron a mantener correspondencia después de que Mandela le enviara una carta de condolencia desde la cárcel por la muerte de su marido, el presidente de Mozambique Samora Machel, en 1986. Contrajeron matrimonio el día del octogésimo cumpleaños de Mandela, en 1998.

Mandela insistía en ocuparse de muchas tareas mundanas personalmente, hasta el punto de hacerse la cama en los hoteles o cepillarse los zapatos a bordo del avión presidencial. «Más te valía no dejar nada por medio en su presencia —comenta su viuda, Graça Machel—. Estando él, todo tenía que estar en orden […], impoluto».

✗ The apartheid regime had put law and order in
disrepute. Human rights were ruthlessly suppressed,
There was detention without trial, torture and murder of
political activists, open villification of appeal Court
Judges who were independent and gave judgments
against the regime, and the packing of the judiciary with
conservative and pliant lawyers. The police,
especially the security branch, were law unto themselves.
Because of this crude practice, and out of my own
convictions, I exploited every opportunity to promote
respect for law and order and for the judiciary.
        Two examples will illustrate this point:
During my presidency parliament authorised me to
issue two proclamations dealing with elections in the
Western Cape Province. That provincial government took
me to the Constitutional Court which overruled me in
a unanimous judgment. As soon as I was informed of

En esta página manuscrita del capítulo seis de las memorias de Mandela, explica que debido a las corruptas e inhumanas prácticas de las fuerzas de la ley y el orden bajo el régimen del *apartheid*, él «aprovechaba cualquier oportunidad para promover el respeto hacia la ley y el orden y hacia el poder judicial» en la nueva Sudáfrica democrática.

En un partido de rugby del torneo Tres Naciones con Zelda la Grange, quien trabajó para él durante diecinueve años, primero como su secretaria particular y después como ayudante, portavoz y administradora durante sus años de jubilación.

Mandela y Graça Machel visitan la prisión de Pollsmoor, 1997, lugar en el que él había estado preso diez años antes, para reunirse con internos que denunciaban haber sido atacados.

Con el capitán de los Springboks, Francois Pienaar, en el estadio Ellis Park, Johannesburgo, después de que Sudáfrica ganara la Copa del Mundo de Rugby de 1995. El gesto de Mandela de lucir la gorra y el polo de los Springboks se ganó el corazón de miles de afrikáners.

En la 50ª Conferencia Nacional del CNA, Mandela abandona la presidencia de la organización y entrega el testigo a Thabo Mbeki, Mafikeng, 20 de diciembre de 1997. Al clausurar la conferencia, dijo: «Anhelo el momento en el que pueda despertarme al alba; caminar por las colinas y valles de Qunu en paz y tranquilidad».

Recibiendo el informe de la Comisión para la Verdad y la Reconciliación de manos del presidente de la misma, el arzobispo Desmond Tutu, Pretoria, 1998. La comisión investigó las violaciones de los derechos humanos que tuvieron lugar entre 1960 y 1994. Consciente de las dudas que generaba el proceso, Mandela admitió sus imperfecciones, pero insistió en que debían reconocerse los crímenes del pasado.

Saludando a niños en Qunu, su ciudad natal, Navidad, 1995. En 1993, para describir Qunu a Richard Stengel, Mandela dijo: «Allí, la gente, no sé, demuestra una dimensión completamente diferente y me [...] gusta tanto cuando les escucho hablar; su forma de ser..., me recuerda a mi juventud».

Hablando con estudiantes en la presentación del Fondo para la Infancia Nelson Mandela, Pretoria, 1995. La sanidad y la educación de los niños estuvieron siempre entre sus principales preocupaciones Mandela donaba un tercio de su salario presidencial al fondo.

Jóvenes dan la bienvenida a su héroe, que realiza uno de sus famosos bailes al ritmo de una banda local en una visita al *township* de Oukasie, en Brits, 1995.

Siempre motivado por su contacto con el público, Mandela abraza aquí a un miembro de la plantilla del Hospital Hanover Day, Hanover Park, 1996.

Tras su jubilación, Mandela se convirtió en uno de los referentes africanos de la concienciación acerca del HIV/sida. En esta ocasión, aparece en un evento de Red Ribbon en apoyo a dicha sensibilización en 1998.

El presidente Mandela recibe una cerrada ovación tras realizar su último discurso en el primer Parlamento democrático de Sudáfrica antes de abandonar la presidencia, Parlamento, Ciudad del Cabo, 26 de marzo de 1999.

En esta viñeta de Zapiro, la recién nacida democracia sudafricana deja escapar un suspiro colectivo y melancólico al ver ponerse el sol de la «era de Mandela» en el momento en el que su primer presidente democrático abandona el cargo en marzo de 1999.

CAPÍTULO DIEZ

La reconciliación

En un fugaz fragmento de la grabación de la noticia que fue retransmitida al mundo entero el 12 de junio de 1964, el día que debía comenzar a cumplir su condena, Nelson Mandela queda parcialmente oscurecido por la malla metálica que cubre la ventanilla del furgón donde se traslada a los hombres condenados.[1] Aunque ocultos, los presos dejan una huella imborrable de rebeldía al asomar los puños por los huecos de ventilación de los laterales del vehículo precintado, un gesto acorde con los desafiantes vítores de los espectadores, muchos de los cuales habían abarrotado la galería durante el juicio.

A pesar de que los agentes de policía habían salido por una puerta trasera para eludir a la muchedumbre, muchas personas consiguieron aclamar a sus héroes de camino a la prisión. Por encima del molesto zumbido del tráfico y el intermitente rugido de las motos de la escolta, Mandela pudo oír el griterío de fuera, las llamadas y respuestas de consignas y cánticos que habían congregado a los incondicionales de la lucha a lo largo del tiempo. Una potente voz gritó *«Amandla!»* («¡Poder!» en xhosa) y la gente respondió *«Awethu!»* («¡Al pueblo!»). Jamás en la historia de la lucha en Sudáfrica existió nada tan elocuente como esas dos sencillas palabras para expresar la agonía de millones de personas y su determinación de cambiar radicalmente los siglos de opresión.

Para una persona de raza negra, ingresar en prisión en junio de 1964, unos dieciséis años después de que el National Party llegara al poder, significaba quedar a merced de funcionarios atrapados en el escalafón inferior de la jerarquía administrativa del Estado. Los funcionarios de prisiones eran blancos, por lo general de estirpe afrikáner, de escasa formación y poderosos. Se trataba principalmente de hombres y mujeres jóvenes, los que habían inducido al escritor estadounidense James Baldwin a señalar que «la ignorancia, aliada con el poder es el enemigo más atroz que la justicia pueda tener».[2]

Los celadores negros, también víctimas de la violencia inherente a la política del *apartheid* que los había convertido en instrumentos de opresión, constituían en su mayoría una versión más benévola de sus hermanos de tez clara. No obstante, eran los funcionarios blancos quienes estaban a cargo de Mandela y la población de presos políticos.

Este era el nuevo mundo de Mandela, un mundo en el que los reclusos negros primero eran sometidos a la humillación de desnudarse y luego obligados a llevar pantalón corto, a diferencia de los presos indios y mestizos, que vestían pantalón largo. A él le enorgullecía su manera de vestir en el mundo exterior, pues la indumentaria simbolizaba el concepto que tenía de sí mismo. Cuando fue procesado en una comparecencia anterior ante los tribunales, en 1962, se abstuvo de vestir con traje de estilo occidental y optó por el *umbhaco*, el atuendo tradicional isiXhosa, que llevó con gracia y altanería.

En 1965, cuando cumplía cadena perpetua en la isla de Robben, las diversas fotografías* que se sacaron clandestinamente y que fueron publicadas por el Fondo Internacional de Ayuda y Defensa en Londres, en las que Mandela y su compatriota Walter Sisulu aparecen con la cabeza afeitada enfrascados en un debate, no auguraban un futuro gesto de generosidad. Lo único que les rodeaba era la inhóspita desolación de la cantera y los muros de piedra. Era, como el difunto Indres Naidoo lo denominó, una auténtica «isla encadenada».[3] No era un lugar para alimentar el espíritu de la reconciliación.

Con todo, treinta y un años más tarde, la imagen de Mandela esbozando una radiante sonrisa en el transcurso de un partido de rugby de los Springboks en la victoriosa final de la Copa del Mundo de Rugby de 1995 se ha convertido por derecho propio en un símbolo gráfico de reconciliación y sensatez. Se suma al misterio que siempre rodeó al hombre al que los medios llamaban la Pimpinela Negra.

A principios de los años sesenta, el sistema penal del National Party constituía una de las armas coercitivas más aterradoras del estado del

---

* Las fotografías fueron tomadas por Cloete Breytenbach, que trabajaba para el *Daily Express* en Londres.

apartheid. Mandela ya había tenido encontronazos con la justicia, sobre todo como voluntario jefe del CNA durante la Campaña de Desafío de las Leyes Injustas iniciada el 26 de junio de 1952, y fue uno de los imputados en el maratoniano Juicio por Traición* celebrado entre 1956 y 1961. Antes de ser sentenciado a cadena perpetua, cumplió una condena de cinco años, desde el 7 de noviembre de 1962, por salir del país sin pasaporte e incitar a los trabajadores a la huelga.

En todos estos reveses Mandela hizo gala de una gran dignidad. La negativa a degradarse infunde un sentimiento de dignidad, y Mandela reconoció en los primeros tiempos de su encarcelamiento que no tendría más remedio que frustrar los designios del régimen y sus acólitos. Al igual que ocurre en el caso de cualquier persona obligada a luchar por su vida, descubriría su propia fortaleza en el apogeo de la batalla. Fuera, antes de su arresto, gozaba del apoyo del CNA y de su infraestructura; la prisión era diferente y exigía tácticas distintas. Allí se tenía a sí mismo, a sus camaradas más cercanos y a una población reclusa integrada por personas de distintas filiaciones políticas. Sin embargo, todos compartían una cosa: eran presos políticos cuyo objetivo era la caída del régimen del *apartheid.* Juntos aprendieron a usar las reglas en beneficio propio. Plantaron cara a quienes consideraban inaceptables y, con el tiempo, tras repetidos desacatos, se hicieron indomables.

Recordando esta época, Michael Dingake, que fue liberado de la isla en 1981 tras cumplir quince años de condena, escribió que, de entre todos los internos, Mandela «era el participante más infatigable de los debates, fuera en deliberaciones formales restringidas a miembros del CNA o en charlas informales, bilaterales o de grupo con miembros de otras organizaciones. Algunos, siempre que podíamos, preferíamos enfrascarnos en el *mlevo* (algarabía, charla trivial). El camarada Nelson no. Todos y cada uno de los días, además de la agenda de su organización, tenía numerosas citas a título individual, siempre a iniciativa propia, para tratar temas relativos a las relaciones entre las organizaciones, quejas de los presos, estrategias conjuntas contra las autoridades penitenciarias y otros de índole general. Nelson Mandela es un incansable activista en pro de los derechos humanos».[4]

Mac Maharaj, un activista político enérgico y con carácter —y un inconformista entre los ministros del primer gabinete de Mandela—, resultó ser un hueso duro de roer para sus carceleros en la isla de Robben. Ideó ingeniosos planes para sacar de prisión los escritos de Mandela clandestinamente. Su labor de mediador durante la transición resolvió coyunturas difíciles; no adulaba a nadie, lo cual desconcertaba a algunos. Atribuye la

---

*   Juicio por Traición: *véase* Gente, lugares y acontecimientos.

supervivencia de su antiguo compañero de prisión al «excepcional autocontrol» del líder veterano.

«Las mayores hazañas de Mandela son producto de su compromiso con los demás a la hora de proceder según las asunciones de estos y esgrimir cuidadosamente argumentos para llevárselos a su terreno. Su manera de proceder se desarrolla con la línea de ataque de la otra parte. En privado, nunca ceja en su empeño de entender a su interlocutor, sea el enemigo, un adversario, un opositor o su propio colega».[5]

Pero lo que pondría de manifiesto la altura de Mandela entre sus partidarios y enemigos por igual era su infalible don de la oportunidad. Aprovechaba cualquier ocasión para causar impacto sin permitir, en ningún momento del proceso, que ninguna afrenta, por insignificante que fuera, quedara sin respuesta. Se encaraba con las autoridades cada dos por tres, reivindicando los derechos de los presos y oponiéndose a cualquier forma de humillación hacia su persona o hacia sus compañeros. Con el tiempo, se enfrentó a los funcionarios penitenciarios por nimiedades, por pequeñas libertades, por los pantalones largos. Lenta e inevitablemente —sobre todo a través de los testimonios de antiguos presos y de cordiales magistrados que pudieron visitar a los reclusos—, las luchas y privaciones del interior de la prisión salieron a la luz en el mundo exterior. De igual modo lo hizo el espíritu invencible de un hombre.

El hecho de que el mundo haya podido apreciar la contagiosa humanidad de Mandela ha sido únicamente gracias a la cultura popular, al deporte y a las artes, especialmente a la música, el cine y el baile. Las canciones de libertad que inspiraron a una generación de activistas políticos entre las décadas de los sesenta y los noventa invocaban el nombre de Mandela. A nivel internacional, artistas como Miriam Makeba y Hugh Masekela, en su época pájaros enjaulados en su tierra natal que se liberaron para volar alto en el exilio, colaboraron con nombres de la aldea global como Harry Belafonte, Quincy Jones y otros muchos para popularizar la lucha del pueblo sudafricano, una lucha que se había convertido en sinónimo de Mandela.* Tony Hollingsworth, que produjo los «conciertos de Mandela», tachonados de estrellas, en el estadio de Wembley en 1988 y 1990, atribuye el éxito de estos macroespectáculos al gancho de Mandela a nivel mundial.

---

* Miriam Makeba y Hugh Masekela, dos de los músicos más destacados de Sudáfrica, huyeron del país durante el *apartheid* y consolidaron sus carreras con éxito en el extranjero.

La lucha en Sudáfrica, que obligó al mundo a hacer su propio examen de conciencia —de ahí las diversas resoluciones de las Naciones Unidas donde se condenaba el *apartheid* como un crimen contra la humanidad—, encontró su tabla de salvación en Mandela. A medida que la lucha se definía, el mensaje de valor que se propagó a todos los rincones del mundo se anunciaba con la imagen de un hombre. Era habitual que los representantes del CNA comenzasen sus discursos ante organismos internacionales con las palabras: «Os damos la bienvenida en nombre de Nelson Mandela y de las masas oprimidas de Sudáfrica».

Cuanto más se prolongaba su condena, más abría el mundo sus brazos a los familiares y a las amistades políticas de Mandela, sobre todo precisamente en aquellos ámbitos que le estaban vetados a Sudáfrica. Exiliados como Barry Feinberg, Ronnie Kasrils, Pallo Jordan, John Matshikiza, Billy Nannan —y muchos otros que posteriormente ocuparon puestos de relevancia en la nueva Sudáfrica— formaron Mayibuye, la unidad cultural del CNA, cuyo repertorio constaba de lecturas, cantos y pequeñas representaciones de la vida en Sudáfrica, incluido el discurso de Mandela en el banquillo de los acusados.*

Las giras por varios países de Europa del Este en los años setenta continuaron en los ochenta bajo la dirección del Amandla Cultural Ensemble, una compañía cuyo origen se remontaba a los campamentos del CNA en Angola, donde alguna que otra vez el presidente O. R. Tambo hacía una aparición estelar y dirigía la compañía.[6] En otros lugares, activistas culturales como James Phillips fundaron y formaron coros en la República Federal Alemana, Holanda, Bélgica, Suecia, Gales y Estados Unidos para entonar los cantos de libertad en las lenguas indígenas del pueblo de Sudáfrica. Para el público del abarrotado Kulturhuset de Estocolmo, ver a una compañía de jóvenes de pelo rubio platino y mejillas sonrosadas cantando y bamboleándose al ritmo de *Shosholoza Mandela* era infinitamente más elocuente que cualquier discurso político.

Para cuando fue puesto en libertad, Mandela se había convertido en el preso político más famoso del mundo. Representaba —según un sondeo realizado por la presidencia— la imagen de marca más reconocible después de la Coca-Cola, y no solo en los círculos de Occidente.[7] El presidente de la Alianza Mundial de la Juventud, el ruandés Obadias Ndaba, escribe:

---

* Barry Feinberg, activista *antiapartheid*, exiliado, poeta y director de cine, reside actualmente en Sudáfrica. Ronnie Kasrils luchó por la libertad con Umkhonto we Sizwe. Trabajó en el gabinete de Mandela como viceministro de Defensa y más tarde, bajo la presidencia de Mbeki, como ministro de Inteligencia. Pallo Jordan trabajó para el CNA en el exilio y en el gabinete de Mandela como ministro de Correos, Telecomunicaciones y Radiodifusión. John Matshikiza fue actor, poeta, director de teatro y periodista. Se exilió con sus padres, Todd y Esme Matshikiza, cuando era niño y regresó al país en 1991. Murió en Sudáfrica en 2008. Billy Nannan fue un activista *antiapartheid* que se exilió en los años sesenta tras ser detenido y torturado. Trabajó para el CNA en Londres hasta su muerte en 1993.

«Desde finales de la década de 1980 hasta principios de la década de 1990, mucha gente de mi patria remota bautizó a sus hijos con su nombre. Hoy tengo varios amigos de la infancia llamados Mandela, aun cuando el nombre es totalmente ajeno a nuestra cultura. Así pues, crecí con unos patrones en los que el nombre de Mandela se asociaba con algo bueno que emular: el amor, la libertad y la paz, que no existían bajo la locura de [el difunto dictador zaireño] Mobutu [Sese Seko]. Como pueblo de pastoreo que éramos, incluso nos regocijábamos en el hecho de que Mandela había sido pastor de pequeño».[8]

Nelson Mandela desafió las expectativas con su inquebrantable causa de humanizar —de palabra y obra— a sus adversarios y hasta a su propia gente, maltrecha y traumatizada por los excesos del régimen del *apartheid*. Acogió a sus antiguos carceleros, Christo Brand, James Gregory y Jack Swarb, otorgándoles un lugar de honor durante su investidura el 10 de mayo de 1994. Almorzó con Percy Yutar, quien —según George Bizos— había «demostrado su falta de respeto hacia el ejercicio ético de la jurisprudencia».[9] Durante el juicio de Rivonia, celebrado entre 1963 y 1964, Yutar había expresado su preferencia por que Mandela y el resto de imputados fueran procesados por alta traición, un delito condenado con la horca, antes de cambiar los cargos a sabotaje.[10]

Mandela consideraba que la reconciliación y la unidad nacional eran una cara de la moneda y que la otra, la reconstrucción y el desarrollo, era algo que podía alcanzarse «por medio de un proceso de reciprocidad» en el que todos debían «participar —y dejar constancia de ello— en la tarea de reconstrucción y transformación del país».[11]

El proyecto de nación por el que abogaba Mandela requería armonía entre los diversos elementos de la sociedad sudafricana. Dicha armonía únicamente era posible si los beneficiarios de la explotación de la era del *apartheid* entendían que había llegado la hora de compartir los recursos en beneficio de todos. Solo entonces Sudáfrica tendría la oportunidad de crear un futuro equitativo. La alternativa era la conflagración.

Desde el punto de vista político, pese a que el CNA se había llevado la mejor parte de la representación en el gobierno de unidad nacional (GNU), Mandela quería estudiar la idea de la participación de partidos minoritarios en el gobierno. Lo discutió con el Congreso Panafricanista, la Organización del Pueblo Azanio, el Partido Democrático, el Partido Conservador y el Freedom Front. Si bien la Constitución no contemplaba la inclusión de esos partidos en el gabinete, Mandela sostuvo que estaba dispuesto a trabajar para cambiar la Constitución e incorporarlos.

No se trataba de un acto altruista que no venía al caso, sino del entendimiento de, entre otros preceptos, la *Carta de la Libertad,* donde se declara que «Sudáfrica pertenece a todos los que viven en ella» y «Todos los grupos nacionales tendrán los mismos derechos».[12] Pero Mandela tenía presente que sería una negligencia por su parte ignorar que la única vía hacia el ubicuo ideal de igualdad partía de una serie de iniquidades históricas. Y sabía que las injusticias del presente tenían su origen en las injusticias del pasado. Mandela estaba resuelto a asumir el reto de lograr que el partido que había monopolizado el poder aceptase la pérdida del mismo y se comprometiese a la creación de una sociedad justa y reconciliada.

Esa sociedad no podía crearse sin trabajar arduamente. Mandela tenía que calar hondo en personas a las que el tiempo y la historia habían obligado a mirarse desde ambos lados de un gran abismo. Se había metido de lleno en el estudio de la historia y la cultura afrikáans, recurriendo a sus viejos carceleros en su proceso de investigación. Estaba tan familiarizado con el modo en el que los afrikáners trataban de controlar sus miedos aferrándose al poder como con el daño potencial si las masas de raza negra sospecharan que sus victorias, obtenidas con tanto esfuerzo, no estarían a la altura de las expectativas a la hora de asegurarles el poder político duradero. La que fuera primera dama de Sudáfrica y defensora de los derechos de la mujer, Zanele Mbeki, conversando con un amigo en un aparte, resumió la tragedia de las recíprocas percepciones entre negros y blancos. Los negros, comentó, ven a los blancos como personas que se han ido al cielo sin morir previamente.[13]

Mandela había señalado a los afrikáners para su iniciativa de reconciliación por la sencilla razón de que era un sector de población cuyo respaldo había propiciado en gran medida el ascenso al poder del National Party. Por encima de todo, no obstante, estaba la constancia de que los afrikáners eran oriundos de Sudáfrica, sin raíces en ningún otro lugar. Tenían fama de ser personas de fiar, sin la malicia y falta de honestidad de sus homólogos de habla inglesa, a quienes la población negra acusaba de ser los causantes de todo. La «barrera racial»* era una invención colonial británica; al idear el *apartheid,* el afrikáner se limitó a funcionar conforme a un patrón seguro. Mandela sabía asimismo que si los afrikáners —que tienen en común una historia de pobreza con los africanos— aceptaban el cambio que representaba la nueva democracia, constituirían el eje central de su defensa.

---

* En la Sudáfrica del *apartheid* existía una «barrera racial» aplicable legalmente en virtud de la cual se asignaban determinados trabajos a la gente según su clasificación racial.

Con todo, Mandela era consciente de los matices existentes en los distintos colectivos y de que cometería un error si medía a los afrikáners por el mismo rasero y pasaba por alto el hecho de que, como colectivo, estaba socialmente diferenciado y políticamente dividido en la transición.

Aunque con las primeras elecciones democráticas se había evitado una guerra civil y graves disturbios por parte de los defensores de la autodeterminación afrikáner, el poso de descontento aún hacía mella, sin tregua, cuando el nuevo gobierno asumió el poder. El establecimiento del Consejo del Volkstaat aplacó el resquemor de la comunidad afrikáner, pues contribuyó a persuadirles de que tenían un hueco en la Sudáfrica global. El instinto de supervivencia afrikáner de cara a una inexorable oleada de cambios constituía una razón de mucho mayor peso para que los partidarios de la línea dura decidiesen participar en el proceso. Con su don de la oportunidad, Mandela, que siempre buscó acomodo a los que pudieran estar descontentos, se aseguró de que los acuerdos fueran inviolables, minimizando así el riesgo de que se emprendiesen acciones destructivas que llevaran al país a la ruina.

No escatimó esfuerzos en su firme propósito de evitar cualquier cosa que pusiese en peligro la estabilidad del país. La mayoría de los agitadores se dejaban llevar por el corazón. Mucho más tarde, expresaría la necesidad de que los líderes impusieran el buen juicio sobre las emociones. Comentó a Oprah Winfrey: «El corazón nos decía: "La minoría blanca es un enemigo. No debemos dialogar con ellos bajo ningún concepto". Pero la cabeza nos decía: "Si no dialogas con este hombre, el país arderá en llamas y, en los años venideros, quedará sumido en ríos de sangre". De modo que teníamos que resolver ese dilema; nuestra decisión de dialogar con el enemigo fue resultado de anteponer la cabeza al corazón».[14]

Si bien De Klerk se había enfrentado anteriormente a la oposición de los halcones de las fuerzas de seguridad del *apartheid* para alcanzar un acuerdo con Mandela, recientemente liberado, resultaba en cierto modo irónico —lo cual Mandela debió de percibir— que tuviese que enfrentarse a vientos adversos procedentes de distintas direcciones en contra del *volkstaat*. Como siempre, Mandela debía tener presentes ciertas actitudes intransigentes entre las filas del CNA, que no consentirían que se cediese nada del territorio en beneficio de un grupo de especial interés dado que las políticas del CNA abogaban por un Estado sudafricano unitario. Mandela también tenía presente que, incluso en la época en la que sondeaba a los funcionarios del *apartheid* en prisión, hubo intentos de desvincularle —y por lo tanto de alinearle— de su base política, el CNA. En los círculos de poder del CNA existía la sensación de que el régimen —en su reconocido deseo de dividir y sembrar la confusión entre los mandos del movimiento de liberación— se esforzaba en dar la impresión de que Mandela se encontraba «comprometido».

En el seno del CNA había radicales a los que todavía se les ponía la carne de gallina ante la transición, que seguía su curso lento y pacífico. Estos, imbuidos del espíritu de Harry Gwala o incluso de Chris Hani, habrían preferido un golpe militar de Umkhonto we Sizwe (MK), sin necesidad de las coacciones propias de la negociación política. Pero para Mandela se trataba de los asaltos decisivos de un combate de boxeo donde al contrincante, que había asestado golpes contundentes al inicio de la pelea, le empezaban a temblar las piernas. Así pues, por el bien de culminar el proyecto de la reconciliación, Mandela siguió adelante y no cedió a las presiones para faltar a su palabra con respecto a los compromisos previos adquiridos con relación al *volkstaat* como concesión a ciertos elementos del seno del CNA. En junio de 1995, después de que el Consejo del Volkstaat presentara su primer informe —en el que desechaba la idea de un *homeland* afrikáner y optaba por un Consejo Cultural de la Ciudadanía, una región de desarrollo económico y una cuota del área de Pretoria—, Mandela respondió a los argumentos contra el *volkstaat* en el Senado:

«En cuanto a la cuestión más general del informe del Volkstaatraad [Consejo del Volkstaat] deseo reiterar que mi organización y yo personalmente estudiaremos el informe con sensibilidad. Lo haremos teniendo en cuenta la cooperación de estos líderes en el curso pacífico de la transición. Al mismo tiempo, mantenemos nuestro firme compromiso con los principios de democracia, igualdad racial y equidad».[15]

Consideró necesario recordar a la asamblea los fuegos que se habían sofocado. «Muchos no saben a qué peligros se enfrentaba el país justo antes de las elecciones —dijo—. Sin embargo, quienes llevamos negociando desde 1986, y especialmente poco antes de las elecciones, sabemos que estábamos al borde de una catástrofe que podría haber sumido a este país en un baño de sangre [...]. Os resulta fácil decir que no habrá un *volkstaat* en este país. Os resulta fácil porque no hicisteis esa labor. Ignoráis los peligros que se cernían.

»No voy a hacer demagogia con el futuro de este país. Si se ha dado un giro y la gente ahora está cooperando, nosotros, como líderes, tenemos la responsabilidad de sentarnos a estudiar cómo podemos cumplir sus expectativas. Como he dicho antes, y deseo reiterarlo, la decisión de la cuestión del *volkstaat* está en manos del pueblo de Sudáfrica. El pueblo deberá decirnos si desea o no un *volkstaat*. No se trata de una cuestión que vaya a resolverse sin más de manera oportunista».[16]

Si bien pensaba que no había dado tregua alguna a los pesimistas, Mandela se encontró ante otra encrucijada cuando, en marzo de 1996, una comisión de deportes recomendó que se retirara el símbolo del Springbok. Invocando la amenaza de la derecha, Mandela criticó a personas de dentro y fuera del CNA por «no ser conscientes de que entre los blancos todavía existen elementos peligrosos que no asumen la actual reconciliación y que pretenden valerse de cualquier pretexto con el fin de sumir al país en un baño de sangre. Esa es la realidad de la situación. Pero hay mucha gente que no se hace cargo de esto».[17]

El himno nacional era otro asunto espinoso. Antes de las elecciones de 1994, el CNA y el National Party alcanzaron un acuerdo provisional en el Consejo Ejecutivo de Transición para utilizar tanto *Nkosi Sikelel' iAfrika (Dios bendiga a África)* como *Die Stem van Suid Afrika (La llamada de Sudáfrica)* cantados sucesivamente. Al tomar posesión del cargo, Nelson Mandela encomendó a un equipo crear una versión mucho más corta y menos enrevesada que combinara fragmentos de ambos himnos.[18]

No obstante, durante la redacción de la Constitución definitiva, en septiembre de 1996, el Comité Ejecutivo Nacional del CNA tomó dos decisiones con respecto al himno antes de que Mandela llegase a la reunión. La primera fue que la nueva Constitución no debía dar detalles concretos sobre el himno, sino proveer que fuera competencia del presidente. La segunda fue que el himno nacional debía ser *Nkosi Sikelel' iAfrika* traducido a cuatro idiomas. Mandela no tuvo conocimiento de ello hasta el término de la reunión. Expuso a sus colegas en el Comité Nacional de Trabajo que dicha decisión no debía tomarse en su ausencia y exigió que el Comité Ejecutivo Nacional lo reconsiderara.[19] La cuestión del himno quedó tal cual figuraba en la Constitución provisional y, en octubre de 1997, cuando el equipo finalizó su trabajo, Mandela anunció que la composición híbrida sería el himno nacional.

En este contexto reconciliatorio, Mandela estaba dispuesto a asumir riesgos, a sabiendas de que sus actos podían prestarse a malas interpretaciones. Esto no era una novedad. En la vorágine que sucedió a los comicios en Sudáfrica, cabía la posibilidad de olvidar los riesgos que se habían asumido, las apuestas, para conducir al país al lugar donde se encontraba. Mandela había comenzado como voluntario jefe de la Campaña de Desafío de 1952 hasta llegar a convertirse en comandante en jefe de la MK en 1961, periodo durante el cual —al igual que en el caso de los coetáneos Viajeros por la Libertad del movimiento por los derechos civiles del sur de Estados Unidos— una persona de raza negra ponía en juego su vida por reivindicar un trato digno de ser humano. Ser voluntario en aquel entonces era ser, desde el punto de vista de una fuerza policial pronta a entrar en acción, un agitador.

Mandela asumió riesgos al convertirse en comandante en jefe de la MK; cuando pasó a la clandestinidad; y, qué duda cabe, cuando se sentó en el banquillo de los acusados y pronunció un desafiante discurso a sabiendas de que el juez que iba a dictar su sentencia tenía potestad para otorgarle la vida o condenarlo a muerte. Si la puesta a punto de un sistema injusto había requerido valor, Mandela estaba predestinado a saber que doblegar el mismísimo sistema al servicio de la democracia requeriría más determinación y astucia si cabe.

Tenía presente que debía hacer acopio de toda su fortaleza y habilidad —y dotes de persuasión— para solventar los problemas que presentaba la comunidad negra. Esa era la gente que había sido engañada de manera sistemática por el poder racista. Aunque, cuando a la salida de prisión manifestó a la muchedumbre expectante que no se presentaba «como un profeta, sino como un humilde servidor vuestro, del pueblo», probablemente —dado el extremadamente convulso periodo de la historia de Sudáfrica— la gente no tomara en serio su exención de responsabilidad.[20] Su puesta en libertad, símbolo de la liberación del yugo de la opresión, la violencia, la pobreza y el sufrimiento, suponía para ellos la materialización de una profecía. Él era la personificación de las promesas de paz, libertad y prosperidad realizadas en infinidad de campañas políticas. Aun cuando el grueso del CNA y sus socios de la Alianza Tripartita no fueran racistas, nadie había preparado a las masas para el hecho de que el camino hacia delante se desviaría hacia la reconciliación.

Mandela había emprendido el camino de la reconciliación, lo cual significaba aplacar los temores de los blancos y ganarse a los medrosos para que aceptasen la vía de la paz. Si bien Mandela gozaba de admiración por escuchar a gente con puntos de vista discrepantes, como señala el psicólogo y activista *antiapartheid* Saths Cooper en una entrevista, al recordar el tiempo que pasó con él en la isla de Robben, ahora debía ocuparse de un electorado que, aunque coincidía con él en casi todo, veía con malos ojos su afán por la reconciliación.[21] En este sentido, Mandela se encontró cada vez más a menudo en la obligación de defenderse de la acusación de que su causa de la reconciliación significaba aplacar los miedos de los blancos a costa de las necesidades de los negros. Esta acusación persistió, aun cuando explicaba la conexión dialéctica entre, por un lado, la reconstrucción y el desarrollo y, por otro, la construcción de la nación y la reconciliación, y que los beneficiarios de la futura estabilidad serían todos los sudafricanos y muy especialmente la mayoría negra. Ello había caracterizado su presidencia desde los primeros días. Respondiendo a la pregunta formulada por un miembro del CNA durante el debate presupuestario en el Senado en 1994, se explayó para aclarar el asunto manifestando:

«El programa socioeconómico que nos hemos propuesto llevar a cabo requiere ingentes recursos. No podemos plantar cara a estos problemas si hay inestabilidad en nuestro país». Dijo que el gobierno se enfrentaba «a un problema que algunos hemos planteado en alguna que otra ocasión. Me refiero a la dificultad que tiene la minoría blanca de este país, con su pasado de privilegios que excluían a los negros no solo de los ejes del poder, sino también del disfrute de los recursos de este país».

La minoría blanca, señaló, «afronta ahora la posibilidad de colaborar con una mayoría que ha sido excluida, lo cual ha generado la inquietud de que los cambios democráticos [...] podrían conllevar la dominación de los blancos por parte de la mayoría negra. Esa actitud adolece de enfoque respecto a los problemas por parte de nuestros compatriotas blancos».

La contrapartida de lo anterior atañía a la gente negra del movimiento de liberación que había interiorizado la resistencia hasta el punto de que se había convertido en una costumbre «en un momento en el que es preciso construir, y piensa que debe oponerse a todo lo que propicie una futura reconciliación y la construcción de la nación».

A modo ilustrativo, Mandela contó con su habitual autocrítica una anécdota sobre una conversación que mantuvo «con una destacada figura de habla afrikáans [... que] dijo que yo no tenía ni idea de lo que había hecho por su gente, los afrikáners. Él consideraba que este también era su país. En su opinión, no solo me habían liberado a mí; a él también lo habían liberado. Estaba dispuesto a ponerse al servicio de Sudáfrica gracias a mi entereza.

»Cuando empezaba a henchirme de orgullo, se dio la vuelta y añadió que esto también era un signo de debilidad por mi parte. Dijo que me preocupaba tranquilizar a los blancos y desatendía a mi propia gente, que me había llevado al poder. Enseguida le hablé del Proyecto del Presidente[*] que había tratado en el Parlamento. Él estaba al corriente de esa iniciativa y manifestó que la imagen que se había dado —y que era más peligrosa que los hechos— era la que me había expuesto.

»Fue más allá y me advirtió de que ni a la prensa ni a los restantes medios de comunicación les interesaba lo que yo le estaba contando. Él sabía que yo no había abandonado a mi gente, pero los medios de comunicación fomentaban la imagen de que estaba desatendiendo los asuntos del país. Lo que les desconcierta es que un hombre que ha pasado tanto tiempo en la cárcel adopte ahora esta actitud conciliadora. Han creado la imagen de que eso es lo único que me preocupa. Da la impresión de que incluso mis propios camaradas, que están al tanto de las actividades que desarrollo entre nues-

---

[*] Estos proyectos, supervisados directamente por el presidente, incluían atención médica gratuita para niños menores de seis años y embarazadas, un plan de alimentación nutricional en cada escuela de enseñanza primaria con necesidades, suministro eléctrico a 350.000 viviendas, así como la restauración de servicios y creación de empleo en áreas rurales.

tra propia gente, se ven atrapados en esta propaganda alimentada por los medios de comunicación».

A continuación, Mandela pasó a la pregunta que le había formulado su interlocutor del CNA: «Mi camarada acaba de advertirme de que hay algo de cierto cuando se dice que he desatendido a nuestra gente y que ahora me centro en los blancos. No obstante, entiendo el ánimo con el que se dice esto, porque la gente está enojada, impaciente, lleva siglos sufriendo y aún sufre [...]. El Programa para la Reconstrucción y el Desarrollo está ahí para abordar las necesidades básicas de las masas de este país. Estas necesidades son las de la gente de color, es decir, africanos, mestizos e indios. Este es el propósito del RDP.

»El éxito o el fracaso del gobierno de unidad nacional de este país dependerá de en qué medida se lleven a cabo todos los planes recogidos en el RDP. Nuestros ministros están trabajando las veinticuatro horas del día para asegurar la mejora de vida de nuestro pueblo con suficientes puestos de trabajo; suficientes escuelas, instalaciones educativas y viviendas; electricidad; transporte y abastecimiento de agua corriente potable y limpia. Todo ello está enfocado al servicio de los intereses y las necesidades básicas de las masas de este país».[22]

Los cambios que llevó aparejados la nueva democracia redujeron al National Party, antaño un bastión de expresión política afrikáner, a un socio minoritario en un gobierno de transición. Los responsables de las fuerzas de seguridad, del servicio público y del Banco de Reserva habían sido conservados temporalmente en aras de la estabilidad y el ultraconservador Freedom Front había aceptado perseguir sus objetivos por medios legales y constitucionales.

Pero la reducida representación no se tradujo en una disminución del poder en la sociedad blanca. Los blancos habían comenzado con ventaja a la hora de controlar los recursos económicos en perjuicio de la mayoría negra, castigada por siglos de desigualdad estructural, cuyas consecuencias no podían borrarse de la noche a la mañana. Puede que la población negra fuera mayoritaria, pero las instituciones educativas y religiosas de Sudáfrica, incluso la agricultura, cimentaban la base del poder de los blancos. Así lo había manifestado Mandela en una recepción organizada por el alcalde de Pretoria el 26 de agosto de 1994.[23]

La reconciliación, por tanto, debía trascender las instituciones oficiales y calar directamente en los distintos sectores de la sociedad. Como de costumbre, fue Mandela quien creó confusas expectativas, especialmente con la adopción de símbolos intrínsecamente afrikáners. Uno de los primeros ejemplos en este sentido fue su grandilocuente —e inesperada— muestra de apoyo a la selección nacional en la Copa del Mundo de Rugby en 1995. Poco después, dio un té a las viudas de líderes de ambos bandos de la lucha en su residencia oficial en Pretoria. Por otro lado, visitó a aquellas cuyo delicado estado de salud les impidió asistir, entre ellas Betsie Verwoerd, viuda del odiado cerebro del *apartheid*, el doctor H. F. Verwoerd,* en su casa en Orania, en la provincia septentrional del Cabo. Cuando P. W. Botha sufrió un ataque de apoplejía, fue a visitarle a su residencia en George, en la provincia occidental del Cabo. El hecho de que los medios cubrieran estos conmovedores momentos —un Mandela de pelo cano escuchando pacientemente a P. W. Botha sermoneándole acerca de las consecuencias de las políticas gubernamentales o ayudando a Betsie Verwoerd a leer en afrikáans un texto demandando un *volkstaat*— aseguraba que a la inclusión se le diera cobertura nacional. Pero, del mismo modo, demostraba que Mandela estaba al mando.

Días después de la victoria de la Copa del Mundo de Rugby, Mandela se reunió con representantes de veinte organizaciones de ideología derechista y conservadora, una iniciativa del líder del Freedom Front, Constand Viljoen. Cuando un periodista le preguntó en una de tales ocasiones cuáles eran las razones de esos encuentros, Mandela explicó que todo era en aras de la construcción y reconciliación de la nación. «Era importante —dijo— mantener abiertas las líneas de comunicación entre dichas organizaciones y el gobierno para evitar cualquier posible malentendido que pudiera generar tensiones».[24]

En una intervención en la Afrikaanse Taal en Kultuurvereniging (Asociación de Cultura y Lengua Afrikáans), conocida por sus siglas AKTV, Mandela manifestó que entendía los temores ante una política lingüística que perjudicase a los afrikáners. Les aseguró que la protección y el fomento de todas las lenguas del país, incluido el afrikáans, era una premisa inquebrantable tanto del gobierno como del CNA.[25]

En 1996, el Ruiterwag, el ala juvenil del Broederbond —una poderosa organización secreta cuyo principal objetivo era promover la cultura, la economía y el poder político de los afrikáners—, invitó a Mandela a una conferencia de jóvenes líderes afrikáners. Mandela les instó a alentar a sus comunidades a convertirse en agentes activos de la reconstrucción y el desarrollo.[26]

Impregnado del entusiasmo de su encuentro con los jóvenes líderes afrikáners y con el deseo de difundir el mensaje al conjunto de la sociedad, Mandela se desplazó rápidamente al abarrotado First National Bank Stadium de Johannesburgo, donde comenzaba el primer partido de fútbol de la Copa Africana de Naciones.

---

* H. F. Verwoerd: *véase* Gente, lugares y acontecimientos.

Mandela también se aventuró a realizar intervenciones en universidades como la de Stellenbosch, Pretoria, Potchefstroom —históricamente de idioma y cultura afrikáans— y en iglesias, normalmente previa invitación, pero en alguna que otra ocasión a iniciativa propia, haciendo las delicias de los fieles. Dondequiera que hubiese un sentimiento de nacionalismo afrikáner, hablaba. Su mensaje siempre era el mismo.

«Para mí —escribió— es de suma importancia que todos nos involucremos en un serio debate sobre el futuro colectivo de este país [...]. La última vez que mencioné el legado de reconciliación y unidad nacional que pretendo dejar a mi paso, los mercados estuvieron a punto de hundirse. Abrigo la esperanza de que no vuelva a ocurrir. Pero hoy quiero reiterar que considero que uno de mis cometidos más importantes es trabajar en aras de la reconciliación nacional y dejar a mi paso un país donde reine la paz duradera y donde todas las personas y colectivos del país convivan en mutua armonía, respeto y consenso nacional».[27]

Teniendo presente que a los afrikáners les preocupaban la educación y los centros de enseñanza afrikáans, distribuía ejemplares de la *Carta de la Libertad* al público. Con respecto al documento, redactado y aprobado en 1955 en el Congreso del Pueblo, decía: «Es el documento de directrices políticas básicas del CNA. Hoy continúa representando los postulados fundamentales de la organización. Así pues, cuando hablo de reconciliación y respeto hacia todas las lenguas y culturas de nuestra nación no es, como a menudo se afirma, a título individual. Es una postura recogida en las directrices políticas básicas del CNA, el partido mayoritario del gobierno de unidad nacional. Digo esto para dejar constancia de que el respeto hacia la diversidad de nuestra sociedad está muy arraigado en la organización política que hoy dirige nuestro país [...].

»La lucha por la liberación que se ha librado a lo largo de ocho décadas en nuestro país se fundamentaba en una profunda reflexión y búsqueda de respuestas a cuestiones acerca de la naturaleza de nuestra sociedad. La llamada "cuestión nacional" ha estado continuamente presente en el movimiento de liberación. ¿Cómo van a integrarse los diferentes grupos nacionales en la unidad no racial? Y, antes de comenzar a debatir los intereses afrikáners, es importante tener en cuenta que la cuestión nacional no concierne únicamente a los afrikáners. Si uno se plantea el lugar de un grupo lingüístico o cultural en nuestra patria común, debe tomar en consideración al mismo tiempo los intereses del resto».

Mandela hizo hincapié en que el futuro del afrikáans «no puede equipararse al racismo. Al mismo tiempo, existe una minoría que indudablemente se aprovecha de la cuestión con fines racistas. Hay una minoría que se vale del pretexto de la preocupación por el afrikáans para tratar de salvaguardar los privilegios existentes interponiéndose en el camino de los cambios, los cuales redundan en interés del conjunto de la nación.

»Quienes se preocupan verdaderamente por el afrikáans deberían denunciar tal enfoque y a quienes abogan por él. De este modo también ayudarán a garantizar que no se siembren dudas entre la mayoría de sus compatriotas siempre que sale a relucir la cuestión del afrikáans». Conciliador hasta el final, Mandela exhortó a los afrikáners a «tratar el tema con talante positivo. Estamos aquí para escucharnos mutuamente y buscar soluciones a cualquier problema que pueda existir».[28]

Cuando Mandela firmó el acuerdo de autodeterminación afrikáner entre el Freedom Front, el CNA y el National Party en abril de 1994, se cimentó la idea de un *volkstaat* y se despejaron los nubarrones de guerra civil.

El día de la elección de Mandela como presidente, se apartó de la comitiva ceremonial al entrar a la Asamblea Nacional para estrechar la mano a Viljoen, convertido en diputado parlamentario. Viljoen relata cómo, tras la investidura, Mandela le dijo: «Mi gran anhelo es ser presidente no solo del CNA, sino de todos, y deseo que acudas con toda libertad a mi despacho. Si tienes cualquier cuestión relativa a los afrikáners que desees discutir, no tienes más que plantearla».

«Y créame —señala Viljoen—, nunca tardé más de dos días en ver al presidente cuando tenía algo que quería discutir».[29]

La continua existencia del Consejo del Volkstaat se plasmó en la nueva Constitución como institución de transición.[30] Hubo asimismo consenso sobre el reconocimiento constitucional de los derechos de las comunidades de voluntarios frente a los grupos de derechos del *apartheid*. Esto, a su vez, sentó las bases para la instauración de consejos culturales de voluntarios en cada escalafón gubernamental y el establecimiento de la Comisión para la Promoción y Protección de los Derechos de las Comunidades Culturales, Religiosas y Lingüísticas (también conocida como Comisión CRL), con potestad para examinar reclamaciones y resolver conflictos.[31]

En realidad, sin embargo, el Consejo del Volkstaat alcanzó poca sustancia. Se consumió en 1999; su estatuto de constitución fue revocado en 2001 y sus informes remitidos a la Comisión CRL. La idea de que las preocupaciones de los afrikáners hacían necesario un territorio independiente o un partido político representativo había perdido el auge de antaño.[32]

El Consejo del Volkstaat había propiciado un foro, un arca en el que una persona podía encontrar refugio a su desasosiego, si bien en una tormenta más ilusoria que real. Lo cierto era que las aguas habían vuelto a su cauce. A ello había contribuido el cambio de poder político, al igual que la reconciliación, concretamente la decisión de Mandela de invertir gran parte de su energía en un compromiso con la sociedad afrikáner. Lo hizo a sabiendas de la longeva antipatía hacia los afrikáners. «Los sentimientos se enardecen particularmente cuando nuestra gente piensa en los afrikáners, el grupo que domina las instituciones políticas del país, lo cual dificulta el debate sereno».[33]

Tomó como punto de partida la perspectiva de que era una equivocación «tratarles [a los afrikáners] como un grupo homogéneo con una ideología coherente e inalterable en cuestiones de raza, sosteniendo que tratando de razonar con ellos no se llegará a buen puerto».[34]

Continuó con perseverancia dialogando con los afrikáners que a su parecer podían sumarse a su proyecto de instaurar una democracia estable. En un principio creó desconcierto, especialmente entre algunos de los propios afrikáners. Acuciados por el sentimiento de culpabilidad, naturalmente esperaban una reacción hostil y vengativa por parte de Mandela y de sus seguidores negros. Al ocurrir lo contrario, provocó sorpresa, desconcierto y, según la conocida poeta y académica Antjie Krog, mucho más.[35] En sus contactos con miembros de la comunidad afrikáner durante su etapa como locutora radiofónica encargada de cubrir la información sobre la Comisión para la Verdad y la Reconciliación, Krog llegó a la conclusión de que los afrikáners interpretaban la disposición del pueblo africano para perdonar como un síntoma de debilidad e inferioridad. Si la mitad de lo que el pueblo africano había padecido se hubiese infligido a los afrikáners, consideraban estos, el país estaría bañado en sangre.

En julio de 1995, el *South African Times,* con sede en Londres, preguntó a diversas personas cuál sería en su opinión el deseo de cumpleaños de Mandela. En su respuesta, el satírico Pieter-Dirk Uys formuló las preguntas: «¿Qué querría Mandela? ¿Una vida larga? Sí, cómo no. ¿Una vida feliz? Con toda nuestra alma. ¿Una vida normal? ¿Cómo? No tiene que demostrar nada. Ahora cabe el peligro de que pueda incitar y desafiar, poniendo en juego su posición como espécimen raro en vías de extinción, a fin de hacer entender su punto de vista. Es muy obvio cuál es. El hombre está entregado a la causa del perdón y la reconciliación. El hombre encarna lo mejor de todas las religiones: ¡ama al prójimo, aunque te haya encerrado durante veintisiete años!».[36]

«Fue Mandela —recordaría más tarde Viljoen, como encajando finalmente la última pieza de un rompecabezas—. Mandela cautivó a los afrikáners. Se cosechó una gran aceptación. Creó tales expectativas hacia una solución real en Sudáfrica que hasta el pueblo afrikáner aceptó la idea».[37]

❦

La Comisión para la Verdad y la Reconciliación (TRC), presidida por el arzobispo Desmond Tutu, se ha convertido en el símbolo de la nueva

Sudáfrica del mismo modo que el *apartheid* lo fue del viejo régimen, en segundo lugar después de la nueva Constitución. Para el mundo exterior, constituye una muestra palpable de la valerosa misión de afianzamiento de la democracia en Sudáfrica.

Desde sus inicios, la comisión investigó las violaciones de los derechos humanos y desarrolló mecanismos para quienes confesaran sus crímenes. La cruda realidad de los escuadrones de la muerte y la violencia de la «tercera fuerza» del régimen del *apartheid* eran de dominio público gracias a la labor de audaces periodistas, especialmente del *Vrye Weekblad* y del *Weekly Mail*. Dado que las sesiones se desarrollaban bajo la atenta mirada de las cámaras, la tremenda barbarie que se había cometido en defensa del *apartheid* se puso en evidencia en las salas de estar de un público que ya no podía permitirse el lujo de ampararse en la ignorancia. Durante el proceso se trataron asimismo las flagrantes violaciones de los derechos humanos cometidas en la lucha por la liberación. Así, la TRC se convirtió en una infractora de la igualdad de oportunidades desde el punto de vista de los citados a comparecer, que por lo general analizaban sus actos desde el prisma de la falta justificada. En todo el país surgieron debates sobre si las violaciones cometidas por los luchadores en pro de la libertad podrían llegar a equipararse algún día al estado de violencia existente bajo el *apartheid*.

La TRC no podría haber realizado su labor sin un líder con la valía y altura moral de Mandela. Tuvo que lidiar con argumentos en contra de la TRC en cada etapa: durante las negociaciones sobre los estatutos de fundación, en el nombramiento de los miembros de la comisión, en el transcurso de las sesiones y cuando finalmente se publicó el informe.

Por ejemplo, aprovechando la iniciativa de «puertas abiertas» de Mandela, Constand Viljoen intentó en un principio, si bien es cierto que en vano, poner a Mandela en contra de la TRC aduciendo que tendría más consecuencias negativas que positivas.[38] Aunque más tarde se convenció de las ventajas de participar en la TRC, Constand Viljoen tuvo que considerar la vulnerabilidad de sus partidarios si la fecha límite para los infractores con derecho a amnistía se mantenía a medianoche del 6 de diciembre de 1993. Consiguió el apoyo del vicepresidente de la TRC, Alex Boraine, para instar a Mandela a que prorrogara el plazo hasta el 10 de mayo de 1994. Con el respaldo de De Klerk, Mandela opuso resistencia a Viljoen. Sin embargo, la perseverancia del general retirado tuvo su compensación, pues al final logró convencer a Mandela de que prorrogase el plazo para la presentación de solicitudes de amnistía desde diciembre de 1993 hasta la fecha de la toma de posesión de Mandela en 1994.

No obstante, no fue una decisión que agradara a Mandela. Reflexionando sobre esta concesión tres años después, Mandela dijo: «Llevamos negociando [...] desde 1990 y las personas que cometieron delitos tras el inicio de las negociaciones no me merecen la menor consideración». Sin embargo, reconoció el papel de Viljoen diciendo: «Hemos sido capaces de evitar una situación similar a la de Bosnia gracias a la cooperación entre los líderes de un amplio abanico de filiaciones políticas [...]. No podía continuar ignorando sus insistentes llamamientos».[39]

Viljoen compareció posteriormente ante la TRC y solicitó la amnistía por haber urdido el desbaratamiento de las elecciones por la fuerza.

Niël Barnard, el antiguo responsable del Servicio Nacional de Inteligencia que había iniciado conversaciones en secreto con Mandela durante su encarcelamiento a instancias de P. W. Botha, también intentó persuadir a Mandela. Organizó un encuentro con Mandela y Johan van der Merwe, jefe de las fuerzas policiales, en un piso franco. Los dos oficiales de seguridad trataron de aducir que el proceso resultaría divisorio y que no reportaría ningún beneficio permanente. Tras escucharles, Mandela manifestó que entendía sus argumentos, pero que no los compartía. El pasado debía salir a la luz para informar a la gente de lo sucedido. Era la única vía para comenzar a cicatrizar las heridas del país.[40]

No iba a resultar fácil.

Cuando P. W. Botha fue citado para comparecer ante la TRC en octubre de 1997, se negó, lo cual planteó un dilema a Mandela.

En una entrevista para la Corporación pública de radio y televisión de Sudáfrica, Mandela advirtió de que era un «error pensar que la transformación se ha llevado a cabo sin complicaciones. Nos enfrentamos a una situación de guerra civil en la que la derecha decidió boicotear las elecciones por medio de la violencia. Tuvimos que negociar, que recurrir a personas influyentes que pudieran impedirlo. No voy a decir que algún individuo en particular nos ayudase en ese sentido. Pero tuvimos que acudir a personas que eran nuestros enemigos mortales a fin de desactivarlo. Y cuando surgen problemas hemos de pensar en ello.

»He hablado en dos ocasiones con P. W. Botha sobre la cuestión de la TRC. He hablado con todos sus hijos. He puesto al corriente a las Fuerzas de Defensa de Sudáfrica, al Servicio de Policía de Sudáfrica y a la Iglesia reformada holandesa, entre otros, porque estoy un poco más al tanto de lo que está ocurriendo a simple vista.

»Y es un grave error analizar los asuntos desde el punto de vista de lo que uno percibe y de lo que es obvio para todo el mundo. Hay temas que uno debe considerar de los que muchas personas no son conscientes. Es necesario tratar de serenar los ánimos. Pero nuestra determinación en este sentido no puede ir tan lejos como para permitir que se incumpla la ley. Yo he hecho lo que me corresponde y puedo asegurarles que P. W. Botha no está por encima de la ley y que jamás le permitiré que desacate las decisiones de la TRC. Y he instado a su familia a que ayude a evitar su humillación. Y si continúa por ese camino, la ley deberá seguir su curso. De eso no cabe la menor duda».[41]

Llevar a una persona como P. W. Botha, el último de los generales combatientes afrikáners, ante un tribunal era una tarea de envergadura. Por mucho que Mandela se hubiera ganado el apoyo de Botha para tranquilizar a los derechistas, que andaban buscando pelea, se mantenía firme en su convicción de que la ley era de primordial importancia. La ley era la ley. No quería poner al anciano en la picota, pero llegados a un punto, que así fuera. Por lo tanto, pidió a Barnard que le ayudase a persuadir a Botha, pero Barnard rehusó hacerlo. Botha se negaría. Obligarle únicamente lo convertiría en un mártir.[42] Es posible que Barnard tuviera razón o —tal vez más probable— que sencillamente no quisiera lidiar con Botha, que con el paso de los años se había vuelto más irascible. Mandela tal vez fuera un hombre de firmes convicciones, pero no imprudente. Lo último que deseaba era reavivar el fantasma de la sublevación afrikáner. Finalmente, Botha no llegó a comparecer ante la TRC.

El informe de la Comisión para la Verdad y la Reconciliación, publicado en 1999 en siete volúmenes, algunos de los cuales se extendían durante centenares de páginas, constituyó un documento exhaustivo —y con frecuencia doloroso—. En parte su finalidad era «proporcionar una perspectiva general del contexto en el que se desarrolló el conflicto y se cometieron execrables violaciones de los derechos humanos». El segundo volumen pone énfasis «en los autores de execrables violaciones de los derechos humanos y pretende entender los patrones de abuso, las formas de execrables violaciones de los derechos humanos y la autorización y responsabilidad de las mismas».[43]

Dirigir el proceso entrañó tantas dificultades como recabar información de utilidad. Pese a estos escollos, se expuso que:

> «[...] Se recopiló un inmenso corpus de documentación [...]. Sin embargo, las fuentes de información, aunque ricas, no se distribuyeron equitativamente, lo cual dificultó la identificación de organizaciones e individuos que fueron autores de la violencia, de asesinatos y de otras violaciones execrables. Las solicitudes de amnistía remitidas por antiguos miembros de la policía sudafricana (SAP) constituyen una inestimable fuente de material novedoso. La comisión recibió numerosas solicitudes de oficiales de policía en ejercicio o retirados donde se especificaban sus respectivas participaciones en abominables

violaciones de los derechos humanos. Algunos de estos casos, como la muerte del señor Steve Biko durante su detención, eran muy conocidos tanto en el país como en el extranjero; otros se conocían solamente en un círculo muy reducido de los propios autores. La información aportada en las solicitudes de amnistía esclareció con más profundidad la verdad sobre el destino de una serie de víctimas individuales».[44]

No es de sorprender que hubiese reservas y críticas por doquier. Ante esta constancia, Mandela manifestó tras aceptar el informe: «No tuve dudas al aceptar el informe que la TRC me presentó en octubre, con todas sus imperfecciones.

»Era inevitable que una labor de semejante magnitud, realizada en tan escaso margen de tiempo y en una fase tan temprana de un proceso que todavía tardará muchos años en concluir, sufriera diversas limitaciones. Y sin duda el propio informe pone de relieve algunas de ellas.

»También era inevitable, dada la naturaleza de las divisiones que aún existen en nuestra sociedad y las heridas recientes que aún deben cicatrizar, que las conclusiones de este órgano diverjan respecto del criterio con el que alguno que otro vemos las cosas.

»Como preveíamos, cuando se remitió el informe en octubre se plantearon cuestiones acerca de una ficticia imparcialidad que parecía colocar a los que luchaban por una guerra justa a la misma altura que a quienes se oponían y defendían un sistema inhumano.

»Es más, en la práctica, las consecuencias del compromiso que posibilitó el proceso de amnistía como instrumento de transición pacífica resultan dolorosas para muchas de la víctimas de violaciones de los derechos humanos y para sus familiares.

»A muchos de los que perdieron a sus seres queridos o que vivieron un terror incomprensible por su cinismo y crueldad les desconcertará el aparente rechazo de la existencia de una "tercera fuerza": el hecho de la existencia de una estrategia y un programa concebidos expresamente por los poderes fácticos de aquellos tiempos para fomentar la violencia entre los oprimidos, para suministrar armas y liderar a grupos que sembraron la muerte y la destrucción antes de 1990 y especialmente a partir de entonces [...].

»Se han planteado asimismo cuestiones relativas a la imparcialidad de la comisión y de otra índole. Y algunos han pretendido equiparar la labor de este órgano a una caza de brujas contra un grupo lingüístico en concreto.

»No es mi cometido pronunciarme sobre todos estos asuntos; algunos de ellos sin duda tendrán una connotación distinta cuando la TRC proporcione conclusiones más definitivas al término del proceso de amnistía.

»Será a partir del debate nacional que hoy iniciamos aquí cuando se alcance una resolución donde eso sea posible».[45]

Tras reconocer los escollos, Mandela insistió en la necesidad de un reconocimiento nacional de lo que había sucedido en el pasado y de los esfuerzos coordinados que serían precisos para hacer realidad las recomendaciones de la TRC.

«El éxito de la reconciliación y la unidad de la nación —dijo— dependerá de que todos los sectores de la sociedad reconozcan, al igual que el mundo y la TRC, que el *apartheid* fue un crimen contra la humanidad cuyos viles actos trascendieron nuestras fronteras y sembraron las semillas de la destrucción de una cosecha que hoy continuamos recogiendo.

»En este sentido no puede haber evasivas, pues es este reconocimiento lo que subyace en la esencia del pacto nacional que es nuestra nueva Constitución, de nuestra nueva democracia y de la cultura de derechos humanos que estamos instaurando juntos.

»A pesar de todas sus limitaciones, la TRC ha realizado una monumental labor a la hora de ayudar a nuestra nación a llegar a este entendimiento».[46]

Al margen de sus limitaciones y logros, la TRC ha brindado la oportunidad de arrojar luz —y acaparar la atención nacional e internacional— sobre los crímenes no reconocidos y el sufrimiento del pasado.

Pero las opiniones en torno a la TRC continuaron siendo muy divergentes. Un sondeo llevado a cabo por el Consejo de Investigación de Ciencias Humanas en diciembre de 1998 reflejó la polarización. El 72% de la población africana opinaba que la TRC era «algo positivo para el país», mientras que el mismo porcentaje de población blanca opinaba lo contrario.[47]

Algunos de los encuestados —incluidos los que consideraban una flagrante traición la renuente y forzada cooperación de autores como De Klerk y otros miembros del National Party— deseaban olvidar el pasado. Para ellos, el hecho de reconocer haber sido cómplices —o beneficiarios— de un sistema cuyo anacronismo se estaba poniendo en evidencia resultaba duro de digerir. No fueron pocos los que se ampararon en el argumento de que el hecho de haber accedido a ceder al poder político era castigo suficiente.

Para algunas de las víctimas, sin embargo, revivir las espantosas experiencias reavivó traumas superados. La mayoría tenía la expectativa de que —al margen de resarcimientos— el proceso de la TRC haría pagar a los beneficiarios del *apartheid* contribuciones significativas encaminadas a resarcir los errores del pasado mediante una transformación más rápida.

Mandela era consciente de estas tensiones, al igual que era sensible al hecho de que una considerable proporción de la comunidad blanca había aceptado gradualmente el proceso de la TRC y sus repercusiones en la nueva dispensa constitucional. En el discurso sobre el estado de la nación de 1997, Mandela reconoció que el gobierno era «consciente de la inquietud que algunos afrikáners sentían con respecto a, en particular, la labor de la Comisión para la Verdad y la Reconciliación.

»Por supuesto —continuó—, ya no resulta tan fácil como antaño hablar sobre los afrikáners en términos homogéneos, del mismo modo que tampoco resulta tan sencillo que alguien reivindique hablar en representación del pueblo afrikáner.

»Los afrikáners están repartidos a lo largo y ancho de nuestra sociedad en diferentes ámbitos, ostentando diferentes cargos, expresando diferentes puntos de vista y criterios.

»Los afrikáners constituyen una parte intrínseca de nuestra nación irisada, reflejando la rica diversidad donde reside su fuerza.

»Con todo, nos hacemos eco de las voces que se han alzado en contra de la TRC, voces que sugieren que constituye una caza de brujas».

Haciendo hincapié en que los objetivos de la TRC estaban claramente definidos en la Constitución provisional y en la legislación, Mandela aconsejó a los parlamentarios —y al conjunto del país— que debían «salir de ese proceso con una imagen nítida de esa parte de nuestra historia. Hemos de hacer justicia a los que sufrieron y hemos de terminar en el camino hacia la reconciliación duradera, decididos a no volver a cometer jamás semejantes injusticias los unos contra los otros.

»No ha lugar a la menor impresión de que un grupo racial, étnico, lingüístico, religioso o de cualquier otra índole esté sentado a título colectivo en el banquillo. La diversidad de la población afrikáner significa que los afrikáners sabrán que cuando un determinado autor de execrables violaciones de los derechos humanos afrikáner comparezca ante la comisión, no será el grueso de los afrikáners el que deba rendir cuentas. Porque, al igual que en el caso de otras comunidades lingüísticas y culturales, la brutalidad hacia los demás no está en la naturaleza innata del afrikáner.

»Todos nosotros, como nación que acaba de descubrirse a sí misma, compartimos la indigna capacidad de los seres humanos de cualquier grupo racial o lingüístico de infligir un trato inhumano a otros congéneres. Todos deberíamos compartir el compromiso por una Sudáfrica en la que eso jamás se repita».[48]

Mandela se entregó a la causa de la reconciliación con la plena esperanza de que la futura Sudáfrica contrarrestara los horrores infligidos a la mayoría de la población en el pasado. Como en la mayor parte de las leyendas de valor, el hombre o la mujer primero ha de marcharse y sufrir grandes privaciones para ser capaz de regresar a servir al pueblo. En noches sofocantes, los soldados de los campamentos del CNA en Angola solían cantar y bailar durante la llamada *jazz hour,* un tiempo de reafirmación. Mientras el jolgorio continuaba en la plaza, una sección del contingente daba clases a los analfabetos; se había corrido la voz a través de los muros de la isla de Robben, a miles de kilómetros, de que Mandela y los restantes presos políticos estaban estudiando, preparándose para regresar a su tierra natal.

CAPÍTULO ONCE

La transformación social y económica

Cualquier estudiante de historia —y Nelson Mandela ciertamente lo era— asumía que los blancos que se habían beneficiado del botín del pasado aún tenían un férreo control sobre las instituciones socioeconómicas y que lucharían con uñas y dientes para mantener el *statu quo*. Cuando se puso de relieve que no se produciría ningún trastorno traumático y que el recurrente llamamiento a «perseguir al hombre blanco hasta el mar» era tan inocuo como el graznar de las gaviotas, cambiaron de táctica y trataron de achacar todos los males de la sociedad a la incompetencia de la administración vigente.

Ya fuera intramuros en prisión, al frente de las negociaciones en la transición o, finalmente, como cara visible del CNA y de la democracia en las elecciones, Mandela se había mantenido al día de los problemas de Sudáfrica —la amenaza derechista, los altos niveles de delincuencia y pobreza—, pero no se hizo una idea definida hasta que llegó al poder. Una vez en la presidencia, enseguida se percató de que el mayor problema era el socioeconómico.

En los comienzos del gobierno de unidad nacional (GNU), Mandela no pudo ignorar el análisis económico llevado a cabo por el Programa para la Reconstrucción y el Desarrollo (RDP). En el capítulo relativo a la construcción de la economía se expone que «la economía sudafricana se encuentra en una crisis estructural profundamente arraigada y, como tal, requiere una reestructuración profunda».[1] Esto se debía a que durante décadas la minoría blanca se había valido de su monopolio del poder político y económico para la promoción de sus intereses sectarios en detrimento de la mayoría negra. Sudáfrica «tiene hoy uno de los patrones de distribución de renta y riqueza con más desigualdades del mundo».[2] En una intervención en Adís Abeba el 15 de diciembre de 1994, el secretario de la Comisión Económica para África (CEPA), el argelino Layashi Yaker, realizó una valoración de la economía africana en 1994 y las perspectivas para 1995. Expuso que el crecimiento económico se aceleraría en Sudáfrica si «los trabajadores y empresarios [...] establecieran una nueva relación pragmática basada en la buena disposición y el entendimiento mutuo de las preocupaciones fundamentales de ambas partes y procedieran a corregir los desequilibrios del mercado laboral enquistados tras cuarenta años de *apartheid*».[3]

Mandela consideraba el mandato encomendado a su gobierno como el primer paso para abordar el legado económico del *apartheid,* caracterizado por desequilibrios que perjudicaban a la mayoría negra.

El nuevo gobierno dio los primeros pasos para hacer frente al déficit socioeconómico cuando el nuevo gabinete se reunió el día siguiente a la investidura. Aparte del mandato general para cambiar el país conforme a los preceptos extraídos en los grupos de trabajo, conferencias y foros populares, carecía de programa. Uno de los puntos que se registraron en el orden del día reza: «El presidente ha subrayado la importancia de la puesta en marcha inmediata y entusiasta del Programa para la Reconstrucción y el Desarrollo y ha hecho un llamamiento a todos los miembros para que lo apoyen».[4]

Esta iniciativa tenía su origen en *Ready to Govern,* el manifiesto político adoptado en la Conferencia Nacional del CNA celebrada a finales de mayo de 1992. El controvertido asunto de la propiedad pública de activos económicos frente a la privatización también se había sometido a debate. A su salida de prisión, Mandela había defendido a ultranza la nacionalización de sectores clave de la economía, postura que no había tenido más remedio que reconsiderar, como se ha visto en el capítulo cuatro. Con la liberalización de restricciones para el movimiento de capital, el CNA formuló unas directrices que abogaban por una economía mixta.

En la conferencia Ready to Govern de 1992 se había registrado formalmente el cambio con el reconocimiento de la necesidad de flexibilidad tras un debate que se alargó durante horas. A partir de entonces el CNA evitó los términos «privatización» y «nacionalización» en su política. La propiedad pública se expandiría con flexibilidad según «el balance de resultados al reestructurar el sector público para llevar a cabo objetivos nacionales».[5]

A pesar de las definiciones, cuando el gobierno sometió a debate la privatización de bienes públicos hubo una gran controversia en el seno del CNA. Pero Mandela era de la opinión de que debía «negociarse caso por caso».[6]

El país estaba sumido en una crisis económica cuya gravedad se hizo más patente si cabe tras los comicios. La necesidad de dar un nuevo rumbo había sido el acicate del CNA para trabajar en aras de un gobierno de unidad nacional en vez de iniciar un prolongado proceso de movilización de masas y negociaciones que, aunque fueran fructíferas en última instancia, habrían tenido un coste muy elevado.

El Estado no estaba en condiciones de poner en marcha programas para mejorar la calidad de vida de la gente, especialmente la de los pobres. Fragmentado por el *apartheid*, solo había sido eficaz a la hora de servir a los intereses de la minoría blanca y oprimir a la mayoría. Se encontraba expandido artificialmente para acomodar a paniaguados tanto a nivel central como en las administraciones regionales y provinciales. El desarrollo de políticas había quedado inutilizado por la estrechez de miras. Por citar un ejemplo, los representantes del CNA que formaban parte del Consejo Ejecutivo de Transición (TEC) encontraron, para su sorpresa, que el estado del *apartheid* únicamente disponía de laxos mecanismos de supervisión y control financiero.[7] La coordinación y dirección estratégica a nivel nacional se habían llevado a cabo, principalmente teniendo en cuenta consideraciones en materia de seguridad, a través del Sistema de Gestión de Seguridad Nacional que De Klerk había desmantelado en 1989, dejando un vacío aún mayor.

Dado el legado sistemático de negligencia y empobrecimiento, hacer frente a la pobreza y la desigualdad exigía una transformación profunda del Estado y al mismo tiempo un crecimiento y una redistribución sostenidos.

El diseño del marco político y legislativo para llevar a cabo el cambio tuvo un rápido arranque. En la primera reunión del gabinete al completo se sometieron a debate unos veinte memorandos. Tal vez el mérito se atribuyera a la visión del secretariado del gabinete, que de entrada había indicado que los memorandos de los distintos ministerios y departamentos constituían el componente esencial de las reuniones del gabinete.[8] Estos fueron los comienzos de largos procedimientos; en algunos casos se tardó hasta dos años en convertir los memorandos en proposiciones de ley y a partir de ahí más tiempo en conseguir autoridad operativa para darles fuerza legislativa. Así pues, el advenimiento de la democracia no llevaría aparejados los cambios postergados por la tiranía de manera inmediata. Los primeros años se dedicaron a preparar el marco legislativo para conferir poderes al Estado con el fin de llevar a cabo la tan necesitada y larga transformación.

Los sondeos, a veces muy poco realistas, reflejaban una aceptación generalizada entre los desfavorecidos de que los cambios significativos llevarían tiempo. Lo cierto era que la amenaza de la frágil impaciencia siempre estaba latente en el panorama nacional. Con su eterno optimismo, Mandela, consciente de la impaciencia, señalaría que se tardaría «como mínimo cinco años» en afianzar los cambios recogidos en el programa político.[9]

Así pues, existía un gran sentimiento de apremio en implementar los programas orientados a «las principales áreas de necesidad imperiosa» en el plazo de los primeros cien días de legislatura, tal y como Mandela anunció en su discurso ante el Parlamento en mayo de 1994.[10] Los programas se sumarían a iniciativas previas; su éxito tendría un impacto visible y las cifras indicarían que el progreso se convertiría en un componente fundamental de los comunicados del presidente. Otros proyectos, sin embargo, requirieron mayor preparación. Acometer la reforma de la vivienda y de la tierra era similar a levantar un castillo, que necesitaría profundos cimientos y recios muros para resistir los embates de los vientos del cambio. Los programas debían salvar escollos profundamente enraizados en el Estado y en el conjunto de la sociedad sudafricana.

Mandela era plenamente consciente de que la vivienda y la tierra son esenciales en todo movimiento de liberación. En las memorias que no llegó a publicar, escribe:

«El saqueo de territorio indígena, la explotación de su riqueza mineral y de otras materias primas, el confinamiento de sus habitantes a áreas específicas y la restricción de sus movimientos han constituido, con notables excepciones, la piedra angular del colonialismo a escala nacional.

»Esta fue la estrategia del colonialismo británico en Sudáfrica, hasta tal punto que, tras la promulgación de la Ley de la Tierra en 1913 por el gobierno sudafricano, una minoría blanca de apenas el 15% de la población del país poseía el 87% del territorio, mientras que la mayoría de la población de color —africanos, mestizos e indios— ocupaba menos del 13%. Se vieron obligados a vivir en la miseria y la pobreza o a buscar trabajo en granjas de blancos, en minas y en núcleos urbanos.

»Cuando el Nationalist Party de los afrikáners llegó al poder en 1948, estos actuaron con una crueldad inaudita e intentaron arrebatar a los negros incluso los exiguos derechos que aún poseían sobre sus tierras.

»Grandes y pequeñas comunidades que habían poblado áreas desde tiempos inmemoriales donde estaban enterrados sus antepasados y seres queridos fueron desarraigadas sin piedad y abandonadas a su suerte en la inmensidad del *veld* [estepa africana]. Y ello a manos de una comunidad blanca dirigida por un clero culto e infame y sus sucesores, que se valieron de su habilidad y poder religioso para cometer atrocidades contra la mayoría negra en contra de los designios de Dios. Aun así, reivindicaban hipócritamente que sus execrables actos eran de inspiración divina».[11]

En este manuscrito, Mandela hace un inciso entre paréntesis con una «cita de Sol Plaatje* sobre la Ley de la Tierra de 1913».[12] La cita de Plaatje acerca de la desposesión reza: «Al amanecer del viernes 20 de junio de 1913, el nativo sudafricano se encontró no como un esclavo propiamente dicho, sino como un paria en la tierra que le vio nacer».[13]

Mandela continúa: «De ahí que, teniendo en cuenta estos antecedentes, el Programa para la Reconstrucción y el Desarrollo del Congreso Nacional Africano subrayara la importancia de la reforma agraria reivindicando la abolición de la Ley de la Tierra y garantizando territorio habitable y productivo para los pobres de "áreas rurales y urbanas, arrendatarios, empleados de granjas y granjeros que se habían visto perjudicados anteriormente"».[14]

A los seis meses de asumir el cargo, Mandela prometió en el preámbulo del *Libro blanco sobre la Reconstrucción y el Desarrollo* que la «transformación calará en todos los escalafones gubernamentales, en todos los departamentos y en todas las instituciones públicas». Por lo tanto, las actuaciones del RDP gubernamental no debían considerarse como un nuevo paquete de medidas, sino más bien «como una reestructuración y reconstrucción de alcance de las actuaciones existentes. El crecimiento y el desarrollo no se limitan a ser interdependientes. Se refuerzan mutuamente. Abordar las desigualdades expandirá los mercados a nivel interno, abrirá mercados en el extranjero y creará oportunidades para promover la repartición representativa de la economía. La expansión de la economía sudafricana incrementará las arcas públicas mediante un aumento de la base imponible en vez de incrementar de manera permanente los tipos impositivos».[15]

El éxito de ambas iniciativas exigía que el gobierno trabajara «activamente con la sociedad civil, y en particular con los empresarios y los trabajadores [... para] perseguir conjuntamente un reto de mayor alcance: brindar oportunidades a los millones de sudafricanos adultos a los que actualmente no les es posible encontrar un espacio en la economía formal [...].

»Nuestro pueblo nos ha elegido porque quiere el cambio —dijo Mandela para concluir—. Y va a tener el cambio. Nuestro pueblo tiene grandes expectativas, que son legítimas. Aunque al gobierno no le es posible satisfacer todas las necesidades de la noche a la mañana, debemos definir los objetivos concretos, los plazos y las estrategias para lograr este cambio».[16]

---

*   Sol Plaatje: *véase* Gente, lugares y acontecimientos.

En su primer discurso ante el Parlamento en mayo de 1994, Mandela anunció que se habían desviado 2.500 millones de rands del presupuesto para financiar el RDP del año siguiente y que, para dar fe de su compromiso, el gobierno implantaría un paquete de programas de iniciativa presidencial en los cien días siguientes. Dichos programas se centraban en la atención médica gratuita para niños menores de seis años y embarazadas; un plan de alimentación nutricional en cada escuela de enseñanza primaria con necesidades; el mantenimiento del programa de suministro eléctrico a 350.000 viviendas en el ejercicio presupuestario corriente; y un proyecto de obras públicas para revitalizar los *townships* y restaurar los servicios en áreas rurales y urbanas. Además, habría un gravamen especial del 5% para la reconstrucción aplicable a individuos y empresas con ingresos gravables superiores a 50.000 rands.[17]

Dada la crisis económica heredada en los primeros años, el gobierno a menudo se veía obligado a mantener un complejo equilibrio entre proceder a erradicar la pobreza o estimular el crecimiento. El punto de partida para instaurar el orden democrático era que la dependencia exclusiva de préstamos internacionales llevaba aparejada una pérdida de soberanía; la economía debía desarrollarse en una vía sostenible que fomentase el crecimiento y atrajese las inversiones internas y externas. El gobierno también debía reorientar el Estado mediante la reasignación de los recursos existentes.[18] Esto incluía reducir la inestabilidad del tipo de cambio. En una entrevista televisiva realizada en aquellos tiempos, Mandela manifestó: «El presidente del FMI dijo en su visita: "La razón por la que su moneda es inestable es que sus reservas extranjeras son muy exiguas. Estoy dispuesto a ayudarles, a concederles fondos". Y yo dije: "No, el problema es que ustedes exigen condiciones que violan la soberanía de un país". Él repuso: "No, no haré tal cosa". Eso me satisfizo. Entonces llamé al vicepresidente Thabo Mbeki y le dije: "Amigo, esto es lo que dice el FMI". Él dijo: "De ninguna manera". No voy a entrar en las razones que esgrimió, pero consideraba que tenían más conocimiento que yo en cuestiones de esta naturaleza y acepté su sugerencia de que no debíamos endeudarnos con nadie. Queremos confiar en nuestros propios recursos, régimen tributario, etcétera».[19]

En octubre de 1994, el gabinete llevó a cabo una reestructuración «para contribuir a la transformación del sector público con el fin de promover la implementación del RDP, el crecimiento y la prosperidad».[20] Predicando con el ejemplo, el presidente y los dos vicepresidentes recortaron sus respectivos sueldos en un 20% y los ministros en un 10%; se congelaron los sueldos de los altos cargos públicos y se incrementó el salario de los funcionarios del Estado a 15.000 rands.[21] Tal vez ello supusiera una gota en el océano en lo que a presupuesto se refiere, pero fue un mensaje efectivo a la hora de combinar el recorte de gastos y limitar las diferencias salariales. Mandela consideraba que los recortes salariales constituían un ejemplo que debía seguirse mientras los sudafricanos hacían frente a los males sociales heredados del *apartheid*.

Además de promover el RDP, el gobierno tenía que reducir el déficit fiscal y al mismo tiempo restringir los gastos a los caudales de las arcas públicas para evitar caer en la trampa del endeudamiento a largo plazo. Por consiguiente, el gasto público se orientó hacia una mayor inversión de capital y el RDP se financió principalmente mediante la reestructuración de presupuestos conforme a las prioridades del programa. La administración pública sería reorganizada y se formaría a los funcionarios para proveer a la ciudadanía de un servicio eficaz y operativo (como se vio en el capítulo nueve). El desarrollo de los recursos humanos, la reforma del mercado laboral y los derechos universales a la negociación del convenio colectivo eran «esenciales para alcanzar los objetivos definidos en el RDP».[22]

Era inevitable que el austero panorama económico, un legado del derroche del pasado, tuviera un impacto negativo en la financiación de los objetivos del RDP. Cada día se conocían datos más preocupantes sobre el alcance de la crisis. En el transcurso de las negociaciones, Derek Keys, el ministro de Finanzas del National Party, había informado a Trevor Manuel, por entonces al frente del Departamento de Política Económica del CNA. Manuel trasladó a Mandela la información que había recibido. Mandela llegó a la conclusión de que tras las prolongadas negociaciones el gobierno democrático heredaría una economía de imposible recuperación.[23]

Mandela nunca olvidó esto. Años después, durante la campaña electoral de 1999, respondió a una pregunta sobre el paro explicando el estado de la economía que él y su gobierno habían heredado:

«Me gustaría poner en su contexto la cuestión del paro, porque sería un error pensar que la cuestión del desempleo ha surgido de la noche a la mañana, que carece de antecedentes. Todos sabemos que en la década previa a abril de 1994, 5.100 millones de rands salieron del país a consecuencia de la incertidumbre.

»En segundo lugar, la tasa de crecimiento económico del país era negativa. Y había unos altos niveles de inflación, que ascendían a dos dígitos; el déficit presupuestario también ascendía a dos dígitos.

»Pero lo más alarmante fue descubrir al llegar al poder que la deuda pública de este país ascendía a nada menos que 254.000 millones de rands, que estamos pagando ahora a 50.000 millones de rands anuales. Ello supone 50.000 millones de rands menos para crear puestos de trabajo y reducir la tasa de desempleo. Estos son los antecedentes de este asunto.

»Ahora bien, resulta bastante complicado de abordar, porque una de las principales decisiones que tomamos al formar gobierno fue reducir la tasa de inflación, reducir el déficit público, y en ese sentido el resultado ha sido tremendamente positivo.

»Pero reducir la tasa de inflación y el déficit presupuestario suponía un recorte drástico en el gasto público, decisión que tomamos. Y tenemos la firme determinación de reducir el gasto público, la tasa de inflación y el déficit presupuestario. Logramos reducir entre el cuatro y el cinco por ciento la inflación que existía cuando llegamos al poder, que giraba en torno al trece por ciento [...]. Por consiguiente, heredamos una situación en la que existía una tasa de paro desorbitante en este país. Carecíamos y carecemos de recursos para hacer frente a ese desempleo [...].

»Tuvimos la oportunidad de estar presentes en las Naciones Unidas en una época en la que se debían más de 100 millones de dólares de atrasos en las cuotas de miembro a las que el gobierno del *apartheid* no había hecho frente durante la suspensión de Sudáfrica [...]. Tuve que comparecer ante las Naciones Unidas y solicitar a [Bill] Clinton, Boris Yeltsin, Jacques Chirac y Jiang Zemin, entre otros, que se nos exonerara de esta deuda, lo cual hicieron.

»A continuación regresé al país con la confianza de que al conseguir cancelar la deuda de dichos atrasos se nos exoneraría de esos 254.000 millones de rands y solicité al ministro de Finanzas que me facilitase un desglose pormenorizado de esa deuda. Casi me caigo de espaldas cuando me proporcionó los datos. Más del 90% de la deuda se había contraído con los trabajadores. Lo que el régimen del *apartheid* hizo fue apoderarse de los fondos de pensiones para sustentarse, para enriquecerse a costa de esos fondos. No podíamos cancelar la deuda porque, si un gobierno cancela una deuda que debe a sus trabajadores, pierde toda credibilidad. De modo que no nos quedó más remedio que saldar la deuda».[24]

Volviendo a 1994, aparte de la deuda a los fondos de pensiones sudafricanos, había préstamos de bancos extranjeros y del FMI.*

Inicialmente, para lidiar con los limitados recursos, el gobierno acordó mantener el recurrente gasto público a un nivel sostenible y de ese modo reforzar el programa RDP con el fin de que sirviera de palanca para reorientar el servicio público hacia la reconstrucción y el desarrollo, una mayor eficiencia y un personal más representativo.[25]

---

* El TEC recibió un préstamo de 889 millones de dólares (2.800 millones de rands) del FMI a través del Servicio de Financiamiento Compensatorio y para Contingencias (SFCC), destinado a «ayudar a los países a paliar los choques exógenos temporales que afectan a los ingresos de las exportaciones sin necesidad de llevar a cabo ajustes excesivos o innecesarios». El objetivo era evitar una crisis en la balanza de pagos en el periodo previo a las elecciones de 1994, cuyo origen se remontaba a la sequía de 1992, que interrumpió las exportaciones de cereales. El préstamo del SFCC representaba el 1,5% de la deuda total del Estado.

Estas medidas, incluida la privatización limitada de patrimonio del Estado, resultaron inadecuadas para atraer las inversiones extranjeras que tanto se necesitaban. A pesar del enfoque gubernamental favorable a la inversión, hubo una reacción de descontento entre el sector privado. Muchos empresarios recelaban del gobierno pensando que podrían llevarse un chasco.

En agosto de 1995 —a raíz de una recomendación de la ejecutiva nacional del CNA—, el gabinete creó un comité *ad hoc* en materia de crecimiento presidido por el presidente Mandela e integrado por los ministros de Finanzas, Comercio e Industria, Interior y el ministro responsable de la RDP, además de los dos vicepresidentes.[26] Entre las competencias del comité figuraba la supervisión de la Estrategia de Crecimiento y Desarrollo Nacional. Estaba previsto que este amplio proceso finalizase a finales de 1996.[27] Antes de la fecha límite, sin embargo, ante la volatilidad de la moneda y el deficiente clima de confianza para los inversores, el gobierno respondió anunciando en junio de 1996 un plan macroeconómico, la Estrategia de Crecimiento, Empleo y Redistribución (GEAR).

Al introducir la GEAR, Mandela tuvo que hacer un llamamiento a la austeridad económica, ganarse a los inversores y reabrir las puertas a la economía mundial. Tuvo asimismo que dialogar con los socios de la alianza con el CNA y dar largas a los ministros que pugnaban por llevarse un pedazo más grande del pastel.

Hubo un acalorado debate en torno al alcance de las repercusiones de la estrategia GEAR. Hubo críticas feroces a lo que algunos consideraban «un giro de una política de desarrollo de tinte socialista —el RDP— a otra decididamente neoliberal en forma y esencia —la estrategia de Crecimiento, Empleo y Redistribución (GEAR)—».[28] Pese a dichas diatribas, sin embargo, en la sociedad hubo una aceptación generalizada, si bien con reservas, de que se debía dar una oportunidad a la GEAR. Recibió un nuevo empuje en la 50ª Conferencia Nacional del CNA, celebrada en diciembre de 1997, donde se concluyó que el «énfasis que el RDP pone en el equilibrio macroeconómico es coherente con la política del CNA y se ha mencionado en cada documento de directrices políticas desde 1990. La estrategia de Crecimiento, Empleo y Redistribución (GEAR) tiene como objetivo la creación del marco de equilibrio macroeconómico necesario para la consecución del RDP. En este sentido, por consiguiente, la GEAR no pretende reemplazar al RDP».[29]

Siempre que le preguntaban sobre el sistema social que perseguía el CNA, las respuestas de Mandela ponían de relieve su enfoque pragmático. «No nos preocupan las etiquetas —dijo tras una charla que dio en Singapur en 1997—, si nuestro sistema es capitalista o socialista. Nuestra preocupación es proveer de servicios a las masas que fueron privadas de todo derecho básico de ciudadanía, que no pudieron ir a la escuela, que no pudieron adquirir conocimientos, habilidades y técnicas. Hemos declarado en nuestro manifiesto electoral que nuestro objetivo es mejorar la vida de nuestro pueblo».[30]

También hubo críticas por parte del sector empresarial. Mandela alabó la respuesta del sector empresarial a sus llamamientos personales para financiar la construcción de escuelas y clínicas o para participar en proyectos como Empresas contra el Crimen, así como el de Seguridad Rural. En realidad, sin embargo, el empresariado se mostraba remiso a invertir en el futuro del país. No se podía depender del empresariado como socio para la reconstrucción y el desarrollo.

La aplicación de la estrategia GEAR no siempre fue coherente, pero en líneas generales aspiraba a alcanzar el equilibrio. Sin embargo, las dificultades a menudo se vieron agravadas por acontecimientos externos, tales como la crisis financiera que se produjo en Asia entre 1997 y 1998. La retrógrada política del Banco de Reserva en su empeño por defender el tipo de cambio utilizando el rand, de ínfimo valor, como moneda extranjera y las reservas de oro tuvo un efecto contraproducente y disparó los tipos de interés a niveles que no se habían registrado desde la década de 1980.

Una de las propuestas de la Comisión del Mercado Laboral, que Mandela había refrendado, propugnaba un pacto social de gobierno, empresa y mano de obra. Si bien el Consejo Nacional de Desarrollo Económico y Laboral se había fundado en 1995 con la gran esperanza de que contribuyese a forjar ese pacto, hacia finales del mandato de Mandela el objetivo solamente se había alcanzado más en teoría que en la práctica.

Hacer frente a la crisis económica heredada era tan solo uno de los requisitos previos para abordar la doble lacra de la pobreza y la exclusión.

Reflexionando sobre este periodo, Mandela escribe: «Hicimos referencia a la postura del señor Meyer Kahn cuando expresó su descontento porque el incremento del presupuesto para la policía solo fue del 3,7% en términos monetarios. Hubo muchos otros, incluidos ministros del gabinete, que también manifestaron sus quejas por el recorte del gasto público.

»Discutí el asunto con la señora Gill Marcus, [que en 1999 asumió el cargo de] vicegobernadora del Banco de Reserva Sudafricano, y señaló que, al analizar el desarrollo de Sudáfrica desde 1994, no cabía duda de que nuestro país había alcanzado éxitos extraordinarios. Las políticas económicas tenían que hacer frente a las consecuencias de décadas de discriminación con el *apartheid* y al mismo tiempo satisfacer las exigencias de un mundo de rápidos cambios cuya tónica dominante era la globalización.

»Conforme Sudáfrica emergía de su largo periodo de aislamiento, se internaba en un mundo que en sí mismo estaba experimentando cambios a gran velocidad. La era de la información y las nuevas tecnologías, la desregulación y la liberalización habían contribuido a configurar un mundo que apenas reconocíamos. Para nosotros el reto no se reducía a ponernos al día con el resto del mundo, sino de hecho a integrarnos en la dinámica de un mundo cuyos principios y patrones, códigos de conducta, reglas de buenas prácticas, gobiernos corporativos, etcétera, definían los parámetros según los cuales se juzga la idoneidad de los países como destinos para la inversión o como socios para el comercio.

»La integración en la red financiera internacional se vio reforzada con la participación de Sudáfrica en varios foros internacionales, tales como la Organización Mundial del Comercio, el Comité Monetario y Financiero Internacional, el Grupo de los 20, la Organización Internacional de Comisiones de Valores (que promueve el desarrollo de valores solventes y futuros mercados) y el Comité de Supervisión Bancaria de Basilea.

»Las iniciativas gubernamentales para integrar a Sudáfrica en los mercados financieros internacionales se centraron en la inversión extranjera y en la liberalización de los flujos de capitales.

»Los retos a los que se enfrentó el gobierno democrático en 1994 fueron de enorme envergadura, y con frecuencia se subestiman. Los espectaculares logros a menudo no se reconocen debido a que no se tiene plena conciencia de la magnitud del problema. Desenmarañar la infraestructura del estado del *apartheid,* incluidos los bantustanes, que estaban entretejidos en gran medida por una intrincada telaraña legal, fue un logro de por sí. Pero, por encima de todo, el gobierno se encontró con el caos económico y las arcas prácticamente vacías.

»Aun cuando reconocemos que todavía debemos asumir multitud de retos, muy especialmente contrarrestar las altas tasas de desempleo y alcanzar niveles de crecimiento más elevados, incluso los críticos más acérrimos reconocerán que el gobierno del CNA ha puesto en marcha sólidas políticas monetarias y fiscales y que la economía jamás se ha gestionado mejor que hasta ahora.

»Hasta 1994, las tasas de crecimiento económico de Sudáfrica se encontraban en declive. En el periodo comprendido entre 1985 y 1990, la tasa media de crecimiento anual de la economía sudafricana era del 1% y en el periodo 1990-1994 cayó a un 0,2%. En contraste, durante el periodo 1994-2000 Sudáfrica registró una tasa media de crecimiento económico anual del 3%. A pesar de que seguía siendo insuficiente para absorber nuevos entrantes al mercado laboral, se han acometido reformas estructurales significativas, creando así unos sólidos cimientos que contribuyan a garantizar un crecimiento sostenible de cara al futuro.

»El gobierno debía lidiar con un considerable déficit presupuestario. Tuvo que diseñar una nueva política económica combinada con miras a estabilizar los fundamentos macroeconómicos y ganarse la confianza de los inversores extranjeros.

»La apertura de la economía sudafricana a partir de 1994 (medida por la suma de las importaciones y exportaciones de productos sobre el PIB) ha tenido numerosos efectos positivos, muy especialmente el desarrollo de un importante mercado de exportación. La relevancia de la demanda exterior de productos sudafricanos se refleja en los cinco superávits consecutivos que se han registrado en la balanza por cuenta corriente hasta junio de 2001.

»El déficit gubernamental se ha reducido al 2% del PIB en el año 2000, significativamente inferior al 7,2% [del] ejercicio fiscal 1992-1993. Este resultado se halla muy por debajo de los niveles de la mayoría de las economías de los países desarrollados.

»En el ámbito de la política monetaria, el Banco de Reserva Sudafricano ha contribuido a mejorar el entorno del tipo de interés, otro factor positivo de crecimiento desde los elevados niveles de los años ochenta, del 25% al 13,75% en junio de 2001. Los niveles bajos o normalizados del tipo de interés fomentan la inversión de capital fijo.

»La tasa de inflación ha disminuido de manera significativa. Desde un nivel del 15,5% en el periodo 1985-1990 al 12,5% en el periodo 1990-1994, la inflación se ha mantenido en una media del 7,3% en el periodo 1994-2000. Reconociendo la importancia de la estabilidad de los precios, el gobierno introdujo junto con el Banco de Reserva Sudafricano un marco de objetivos de inflación con un objetivo inicial de una media del 3-6% [sic] en 2002. Así, la tendencia actual de la inflación es a la baja.

»Un factor decisivo al que se enfrentan muchos países en transición es la recaudación de impuestos, una de las claves de la gestión gubernamental. La joven democracia de Sudáfrica presenta un mayor desafío si cabe dado que la mayoría africana se resistía al régimen tributario (por ejemplo, la rebelión bambata contra el impuesto de capitación),* pues no estaban dispuestos a financiar su propia esclavitud. Por consiguiente, la tarea no se limitaba a incorporar a millones de nuevos contribuyentes al sistema tributario, sino también asegurarse de que cada cual pagase en su justa medida. La reforma tributaria constituía una parte integral de la estrategia fiscal global.

»El éxito obtenido en lo tocante a la reorganización integral del sistema tributario, incluidos los aranceles y la gestión transfronteriza, ha desempe-

---

* La rebelión que estalló en 1905 en Greytown, KwaZulu-Natal, fue liderada por el jefe Bambatha en protesta contra la aplicación del impuesto de una libra, cuyo objetivo era forzar a la población negra de las áreas rurales a trabajar en las minas.

ñado un papel significativo a la hora de reducir las necesidades de préstamo del gobierno y por lo tanto también el déficit presupuestario. Ha permitido llevar a cabo una significativa reforma del sistema tributario [...]. El impuesto corporativo sobre la renta se ha reducido considerablemente.

»Además de reducir los impuestos tanto a nivel individual como corporativo y prácticamente eliminar la carga fiscal, el Servicio Tributario Sudafricano ha superado sistemáticamente los estrictos objetivos establecidos para la recaudación fiscal total. Esto ha sido posible gracias una mejora de las infraestructuras, métodos de trabajo más operativos, mejores sistemas y ejecución, así como al reconocimiento por parte de los contribuyentes de que todo el mundo tiene la obligación de pagar lo que le corresponde.

»La confianza de los inversores extranjeros se ha reforzado de forma notoria como resultado del compromiso del gobierno con la disciplina macroeconómica. Tan solo en el año 2000 el volumen del mercado de bonos de renta fija registró un récord de 10,5 billones de rands y un resultado sin precedentes en acciones que ascendió a 537.000 millones de rands.

»Los costes del servicio de la deuda aumentaron en la década de 1990 del 15% al 20% del presupuesto del ejercicio 1998-1989. Esto supuso una merma constante de los recursos disponibles para el suministro de servicios; por ejemplo, la cifra destinada al servicio de la deuda equivalía a la cifra del gasto en educación, la mayor partida del presupuesto. Esta tendencia se ha invertido y se estima que en 2002-2003 los costes del servicio de la deuda disminuyan al 4,4% del PIB, liberando 10.000 millones de rands adicionales para invertir en servicios. Se calcula que para 2005 el interés de la deuda se reduzca al 16,4% del gasto consolidado.

»La estrategia macroeconómica aplicada a partir de 1996 se centró firmemente en consolidar el crecimiento sostenible a largo plazo. Esto requiere un aumento de los niveles de ahorro (actualmente en torno al 15,5% del PIB) e inversión. El gobierno ha reducido de manera significativa el gasto en función de los recursos existentes y el sector de las administraciones locales no tardará en realizar una contribución positiva al esfuerzo de ahorro nacional.

»El déficit presupuestario se ha reducido del 7,2% del PIB en 1992-1993 al 4,6% del PIB en 1996-1997 y al 2% en 2000-2001.

»De no haber seguido esta línea estratégica, nuestra economía no habría prosperado tanto».[31]

Hacia finales del mandato presidencial de Mandela, en 1999, el Parlamento democrático había aprobado más de quinientas leyes, ochenta y siete de ellas en materia socioeconómica, lo cual creó un marco para la transformación de la sociedad sudafricana.[32]

Mandela comentó: «Hacia finales de septiembre de 1999 los ministerios habían aprobado 436 proyectos de redistribución de la tierra que afectaban a 55.507 hogares. Estos proyectos abarcaban 1.3780.4463[*] hectáreas de tierra, lo cual asciende al 1,6% del territorio rural del país.

»Asimismo, la legislación pretende devolver la tierra y proveer de recursos a personas que han sido despojadas de sus bienes por leyes y prácticas racialmente discriminatorias. Para el 31 de diciembre de 1998 un total de 13.931 familias recuperaron sus tierras, lo cual ascendía a 264.615 hectáreas. Se han destinado 13 millones de rands para indemnizar a 782 familias más.

»Se promulgaron leyes para proteger del desahucio a los arrendatarios. También se concibió un mecanismo para que estos adquiriesen los terrenos donde vivían. Hasta finales de septiembre de 1999, el Departamento de Asuntos de la Tierra ha aprobado 349 proyectos en materia de arrendamiento que afectan a 434 familias y abarcan 7.181 hectáreas.

»Existe otra ley que refuerza la garantía de los derechos de los arrendatarios agrícolas y les ampara de desalojos injustos.

»Se han realizado muchos avances desde 1994 pese a ciertos desafíos, algunos de los cuales son de sobra conocidos».[33]

La vivienda, al igual que la tierra, reflejaba —de manera especialmente dramática— las consecuencias de una historia de desigualdad en la legislación de Sudáfrica. Como en el caso de la reforma agraria, tanto el plan de vivienda como la legislación que lo posibilitó tuvieron que enmendar multitud de restricciones y barreras impuestas por el *apartheid*.

«La segregación constituía la piedra angular del gobierno del *apartheid,* con *townships* negros superpoblados y escasamente patrullados situados a gran distancia de las zonas para blancos.

»El objetivo primordial del gobierno democrático era introducir un plan nacional de vivienda uniforme y no discriminatorio, así como sustituir las más de 17 administraciones gestionadas por funcionarios bantustanes, mestizos e indios.

---

[*] La extraña cifra de «1.3780.4463» hectáreas de «tierra aprobada» para los proyectos de redistribución de tierra es un error en el manuscrito original de Mandela. Se ignora cuál fue la cifra aprobada. Sin embargo, un informe del Departamento de Planificación, Control y Evaluación cataloga las hectáreas de tierra redistribuida «entregadas». En 1999 se habían entregado para proyectos de redistribución de tierra 521.276 hectáreas. En 2014 esta cifra había ascendido a 4.313.168 hectáreas (Informe de Índices de Desarrollo 2014, p. 35).

»Nos enfrentamos al tremendo reto de proporcionar viviendas a la gran cantidad de personas que nunca habían disfrutado del privilegio básico de disponer de un techo, y con un lastre de entre dos y tres millones. Por encima de todo, la prioridad del nuevo gobierno era reducir dicho lastre.

»Aparte de la construcción de viviendas, el nuevo gobierno proporcionó financiación para permitir que los contratistas, algunos de los cuales eran mujeres, participasen en la industria. También se diseñó un plan para posibilitar que las personas sin recursos accediesen a préstamos para ampliar sus casas. A los asalariados con bajos ingresos se les dotó de paquetes financieros alternativos. Era necesario que la gente tuviese viviendas al margen de sus circunstancias.

»Durante cierto tiempo, el ritmo de entrega se vio obstaculizado por la falta de capacidad para llevarlo a cabo en los tres niveles gubernamentales. Pese a los tremendos escollos, como la existencia de barrios marginales en todo el país, logramos realizar avances.

»Desde 1994 hasta marzo de 1999 se invirtió un total de 10.700 millones de rands en viviendas y concedimos más de 800.000 subvenciones que proporcionaron techo a tres millones de personas.

»Mediante la Operación Mayibuye* restauramos el derecho a la propiedad a aquellas personas que habían perdido sus propiedades a raíz de los disturbios en la provincia de Gauteng.

»Lanzamos un proyecto piloto de remodelación de los albergues y habilitamos viviendas familiares en 32 de ellos; actualmente se están llevando do a cabo mejoras en 25.

»Nuestro programa ha fomentado la participación de la mujer en una industria que hasta la fecha estaba bajo el monopolio de los hombres.

»Asimismo, existen subvenciones de viviendas para personas discapacitadas y habitantes de áreas rurales.

»El proyecto piloto sobre viviendas con ahorro energético, que se centra en el segmento de bajos ingresos, está ganando popularidad y ha reducido la incidencia del envenenamiento por monóxido de carbono entre estos colectivos.

»El suministro de viviendas de bajo coste ha contribuido directa e indirectamente al crecimiento económico, así como a un notable incremento del producto interior bruto.

---

* Es posible que aquí Mandela en realidad se refiera a la Operación Masakhane (Construyamos juntos) en vez de a la Operación Mayibuye. Según Jay Naidoo, que entonces era ministro al frente del Programa para la Reconstrucción y el Desarrollo del CNA, el principal objetivo de Masakhane era facilitar «la reestructuración de las instituciones gubernamentales para sentar las bases del desarrollo sostenible del país» (Naidoo, 1997). Uno de los elementos clave del programa era instar a los contribuyentes a pagar servicios como el agua, la electricidad, el alcantarillado y la recogida de basura.

»Se calcula que con cada vivienda que se construye se crean tres puestos de trabajo temporales y uno indefinido. Desde el inicio de nuestro programa se han creado 681.203 puestos de trabajo indefinidos y dos millones temporales.

»Además, el sector de la vivienda influye en la balanza de pagos a través de las importaciones que se destinan directamente a la construcción de viviendas.

»Al centrarnos en los discapacitados, los pensionistas y un amplio abanico de personas sin hogar hemos dado prioridad a los pobres en la agenda de entrega de nuestros planes de vivienda.

»Estamos mejorando a un ritmo constante la capacidad de reparto de más viviendas a una media de 200.000 al año. También hemos promulgado una ley de garantía de tenencia de la tierra a los arrendatarios del campo, uno de los sectores más oprimidos y explotados de nuestro pueblo.

»Resumiendo, a través de los diversos planes mencionados anteriormente, en los últimos cinco años hemos conseguido proveer de techo a tres millones de personas, aprobar más de un millón de subvenciones y restaurar la dignidad de las personas convirtiendo albergues* en viviendas familiares.

»Por primera vez en la historia de nuestro país hemos introducido una política no discriminatoria que ha posibilitado que los miembros más vulnerables de nuestra sociedad tengan acceso a viviendas asequibles: viudas, pensionistas, desempleados y personas discapacitadas».[34]

Aunque el objetivo del CNA de crear un millón de viviendas en los primeros cinco años no se cumplió, a Mandela le reconfortó que su gobierno hubiera logrado avances que no tenían parangón con ningún otro lugar del mundo. A millones de personas se les devolvió la dignidad y el derecho de disponer de un techo decente. Sin embargo, el lastre apenas daba señales de recuperación. El gobierno de Sudáfrica se convirtió involuntariamente en víctima de su propio éxito al desbaratar el *apartheid*, la eliminación de las restricciones de circulación de los africanos provocó una migración interna masiva y estimuló el cambio social, lo cual llevó aparejado el desmembramiento de las familias en unidades más pequeñas. En 1999, el porcentaje de asentamientos ilegales (o de viviendas situadas en asentamientos ilegales) había ascendido del 7,5% al 12,3%.[35]

A Mandela también le preocupaba el reducido tamaño de las viviendas, lo cual era irremediable dados los limitados recursos públicos. Al ver las primeras casas, bromeó diciendo que los pies de los ocupantes asomarían

---

*   Durante la era del *apartheid,* los campesinos emigraban a las ciudades, donde se les proporcionaba trabajo y alojamiento en pésimas condiciones en bloques de albergues y se les prohibía llevar a sus familias.

por la puerta. Posiblemente influenciado por los recuerdos de la sucesión de exiguas celdas en las que había vivido desde el momento de su arresto en 1962 hasta su puesta en libertad en 1990, consultó a Joe Slovo, el ministro de Vivienda, si no existía una medida alternativa, como emplazamientos dotados de servicios donde se pudiera conceder subsidios para que la gente construyese sus propias casas.[36]

Stephen Laufer, por entonces asesor de Joe Slovo, recuerda que el Ministerio de Vivienda barajó varias ideas para solucionar el déficit de viviendas al que se enfrentaba el gobierno. El asunto de las viviendas subvencionadas fue rechazado por considerarse una vuelta a las prácticas del *apartheid;* existía, no obstante, la idea de crear naves de construcción dotadas de personal adecuado y debidamente equipadas de materiales para ayudar a la gente a construir sus propias viviendas. Esto, no obstante, se paralizó con la muerte de Joe Slovo en 1995.[37]

Mandela se tomaba un interés especial y personal en los ámbitos donde los más pobres de entre los pobres normalmente son los más vulnerables: la educación y la salud. Le preocupaban en particular la eficacia del plan de nutrición escolar, el acceso a la atención sanitaria primaria para embarazadas y niños menores de seis años y la construcción y mejora de clínicas y escuelas tanto por iniciativa gubernamental como a través de colaboraciones que creó personalmente con corporaciones del sector privado.

Sensible a la lacra de la desigualdad en Sudáfrica, Mandela persiguió su misión a título personal. Desde el momento en que cruzó las puertas a su salida de la prisión de Victor Verster en Paarl la tarde del 11 de febrero de 1990, Mandela había tratado de ganarse la empatía de la comunidad empresarial hacia la mayoría y de animarla a emprender iniciativas de inversión dirigidas a la sociedad. Mientras procuraba estos acercamientos, también tenía presente la contranarrativa utilizada por los medios de comunicación, que representaban a los nuevos actores políticos como avaros, e hizo lo posible por limpiar esa imagen. Alguna que otra vez, sin embargo, los comentarios los realizaban personas a las que respetaba, lo cual le resultaba mucho más difícil de sobrellevar. Por ejemplo, John Carlin, que había entrevistado a Mandela en numerosas ocasiones, publicó un artículo en el diario británico *The Independent* titulado «El CNA se sube al carro: John Carlin en Johannesburgo con los desfavorecidos convertidos en potentados». En él decía: «Mandela prometió en su discurso tras la victoria electoral que la era de los potentados había tocado a su fin, que el "gobierno del pueblo" no toleraría que la gente se subiera al carro. Lo que no anticipó fue que la brecha entre el gobierno y el pueblo se agrandaría con el advenimiento de la democracia». En el mismo artículo citó una declaración del arzobispo Desmond Tutu donde afirmaba que el nuevo gobierno había «parado el carro el tiempo justo para subirse».[38]

Con todo, incluso antes de tan punzantes críticas por parte de sus amigos y aliados de confianza, Mandela había decidido donar un tercio de su salario para promover la causa de los derechos de los menores. En un discurso pronunciado en junio de 1994 para celebrar el aniversario del levantamiento de Soweto, declaró:

«Estoy realizando consultas a individuos y organismos relevantes para crear un fondo fiduciario presidencial representativo de los seguidores del CNA y el movimiento democrático de masas para abordar concretamente los problemas de los niños de la calle y detenidos. Tengo la intención de realizar una aportación anual de 150.000 rands a este fondo al margen de la decisión que tome el Parlamento con respecto a los sueldos de los representantes elegidos. A su debido tiempo se facilitarán más detalles.

»El fondo al que he hecho referencia ayudará a paliar estos problemas. Pero reconozco, al igual que todos ustedes, que la solución a largo plazo reside en programas socioeconómicos de desarrollo a gran escala. Al mismo tiempo, es preciso que la juventud, especialmente la de comunidades desfavorecidas, se conciencie de que no se puede contar únicamente con programas y entidades benéficas gubernamentales. También se han de emprender iniciativas locales que se sumen a nuestros exiguos recursos para proyectos tales como becas y mejora de las capacidades».[39]

El fondo fiduciario presidencial sentaría las bases de la Fundación Infantil Nelson Mandela, que se convirtió en un vehículo no solo para contribuir a establecer colaboraciones con directivos de empresas, sino también para garantizar que estas colaboraciones no dependiesen de la maquinaria estatal y que de ese modo produjesen resultados rápidos en áreas de gran necesidad. Aunque los resultados fueron visibles y espectaculares, Mandela reconoció que no reemplazaban el suministro masivo de servicios por parte del Estado.

Él tenía presente que el destino de Sudáfrica estaba irremediablemente ligado a su capacidad para educar al pueblo. De ello dependía el progreso; la educación siempre había sido una de sus causas prioritarias. «La emancipación del pueblo de la pobreza y las privaciones está estrechamente ligada a una educación de calidad», dijo.

«Aunque los pobres y las masas soportaron el peso de la lucha por la liberación, hemos de reconocer que no habríamos progresado de la manera que lo hicimos de no haber sido por la educación que recibieron muchos de nuestros líderes y cuadros. Reconocimos que la erradicación del analfabetismo y la incultura constituía una parte importante de nuestra lucha por la liberación, y en ello era clave la educación.

»Precisamente por esa razón, una de las primeras cosas que nos dispusimos a hacer cuando nos encarcelaron en la isla de Robben, por ejemplo, fue prepararnos como reclusos en educación básica y superior. Muchos presos políticos aprendieron a leer y a escribir en la isla de Robben. Muchos se sacaron títulos de enseñanza primaria y superior. La formación no reglada a través de la lectura y el debate probablemente fueran el aspecto más significativo de nuestra estancia en esa prisión.

»Uno de los peores castigos infligidos por el sistema del *apartheid* a nuestro pueblo fue el de socavar deliberadamente la calidad de la educación pública y destruir la educación no estatal, por ejemplo, de las iglesias que trataban de ofrecer una educación de calidad. Hoy, en nuestro afán por reconstruir y desarrollar nuestro país, hemos de contrarrestar ese legado de infraeducación que se proporcionó deliberadamente a las masas de color.

»De no haber [sido] por los misioneros, probablemente hoy no estaría aquí. Las iglesias presbiteriana, metodista, anglicana y católica fueron las que introdujeron la educación para los negros en Sudáfrica [...]. Compraron tierras, construyeron centros educativos, los equiparon, contrataron a maestros para enseñarnos. Estudié en escuelas de las misiones desde la educación primaria hasta la Universidad de Fort Hare, con la iglesia presbiteriana, la metodista, la anglicana y la católica. Precisamente por eso llevamos la religión en la sangre: porque somos producto de la educación de las misiones.

»La educación y la formación constituyen uno de los ejes centrales de las políticas de desarrollo de nuestro gobierno democrático. Tenemos presente que sin una amplia cantera de personas altamente cualificadas y formadas no podemos convertirnos en la nación victoriosa que aspiramos a ser a fin de proporcionar una vida mejor a todo nuestro pueblo».[40]

Los futuros historiadores sin duda formularán perspicaces preguntas acerca de la labor de Mandela con los pobres y su tendencia a indagar en temas —o competencias— que debían ser del ámbito de los ministerios o departamentos gubernamentales. ¿Cómo era posible —o incluso preferible—, por ejemplo, que con sus esfuerzos suplantara la labor de los ministerios de Educación y de Salud? Al hacerse cargo e intentar contrarrestar las brutales secuelas de más de tres siglos de saqueo organizado, ¿nunca se preguntaba, por importante que pudiera ser su contribución, si solo sería un mero paliativo contra una enfermedad crónica? Cuando recorría los *townships* y asentamientos ilegales y veía devastación y miseria, a niños con el vientre hinchado, piernas escuálidas y caras donde las moscas campaban a sus anchas, ¿no había un momento en el que sentía unas ganas irresistibles de agarrar a De Klerk por el cuello y obligarle a mirar diciéndole: «Mira la devastación en la que ahora pretendes no haber tomado partido jamás»?

Dichas preguntas, claro está, habrían desviado la atención del programa de instauración de la democracia que Mandela tenía la firme determinación de llevar a cabo desde el momento en que entabló negociaciones con sus captores. La obra de estos —la destrucción que la nación ahora debía reparar— brillaba por su ausencia, una ausencia nacida del abandono. Apenas había consultorios; los que había permanecían sumidos en el abandono en los barrios bajos de las aldeas, a la espera de mejoras. Tal desidia tiene mucho que ver con la actitud de los que supuestamente proporcionaban estos servicios —e incluso cobraban por ello—; refleja un tipo de crueldad incalificable.

Aquí, de nuevo, como en los programas prioritarios abordados en los primeros cien días, Mandela diseñó continuas iniciativas gubernamentales para la construcción y mejora de instalaciones como ambulatorios y centros de salud, captando al sector privado para fomentar e incluso emprender proyectos en colaboración con el gobierno. También se valió de su posición para cambiar actitudes que entorpecían el suministro de servicios como la atención sanitaria.

Mucho más tarde, Mandela rememoró en una conferencia algunos de sus esfuerzos. «Cuando era presidente de Sudáfrica —dijo—, recorría el país con la ministra de Bienestar Social, Geraldine [Fraser-]Moleketi. En cada ciudad o zona rural que visitábamos, decíamos a los padres que fueran acompañados con los hijos que sufrieran enfermedades terminales, como VIH/sida, cáncer, tuberculosis o malaria. También les animábamos a llevar a los menores con discapacidades, fueran físicas o mentales. El hecho de que el presidente de un país aparezca sentado a una mesa con niños con VIH/sida y enfermedades terminales, con niños discapacitados, hace que los padres no se avergüencen tanto de sus hijos. Y los padres comentaban: "Si el presidente y la ministra de Bienestar Social de un país pueden sentarse a una mesa y disfrutar de una comida con nuestros hijos, que padecen enfermedades terminales, ¿por qué vamos a avergonzarnos de ellos nosotros? Queremos que salgan, que se dejen ver y que disfruten de la vida como cualquier individuo"».[41]

Mandela valoraba que todas las personas recibiesen el mismo trato como individuos, principalmente porque su vida —y las de sus compatriotas— entre rejas había sido una prueba de entereza, una carrera de obstáculos donde aspirar a ser tratado como personas normales, como seres humanos, era tentar a la suerte. Estaba demasiado familiarizado con la enfermedad y la muerte. Sus seres queridos habían fallecido y no le había sido posible enterrarlos. Ahora también era plenamente consciente de la actitud hacia los enfermos de sida, una plaga que asolaba la nación, dejando a su paso un reguero de muerte y destrucción.

«Actualmente —explicó a los periodistas en su última rueda de prensa como presidente el 10 de mayo de 1999—, la cuestión del sida constituye, por supuesto, un problema muy complicado porque nos enfrentamos a una sociedad conservadora. Estarán al corriente de que una señora de KwaZulu-Natal que confesó [ser] VIH positiva fue asesinada, lapidada hasta la muerte. Y no se trata de un caso aislado. Allá por 1991, fui a Mpumalanga, donde convoqué una reunión de padres para tratar el tema del sida, y les dije: "En nuestra sociedad no se habla de sexo, independientemente de lo que se pretenda decir. El sexo es un tabú". Y señalé: "Pero nos enfrentamos a esta amenaza, que podría convertirse en una epidemia. Ningún gobierno dispone de recursos para erradicarlo. Es algo a lo que deben hacer frente el gobierno y la sociedad". Y añadí: "Ha llegado la hora de que enseñéis a vuestros hijos a mantener relaciones sexuales seguras; que se debería tener una sola pareja, que deben usar anticonceptivos, etcétera". Mientras charlaba, me di cuenta de que lo que les estaba diciendo, en fin, les parecía repugnante. Al término del encuentro, se acercaron a mí y me dijeron: "¿Cómo puede hablar así? ¿Acaso pretende fomentar la prostitución entre nuestros hijos? ¿Piensa que alguno de los padres presentes realmente puede decirle a su hijo o a su hija que mantenga relaciones sexuales seguras, que tome anticonceptivos, etcétera?". Mis explicaciones cayeron en saco roto.

»Y fui a Bloemfontein. Esta vez estaba advertido; ahora tenía que ser prudente y consulté a la directora del colegio. "Mire, quiero hablar del sida". Ella contestó: "Bueno, soy una directora con estudios, con título universitario. Le ruego que no lo haga. Si continúa así, perderá las elecciones". Y, por supuesto, no estaba dispuesto a perder unas elecciones. No tuve más remedio que desistir.

»Así pues, es absolutamente necesario llevar a cabo una campaña educativa a gran escala para convencer a la opinión pública de que debe abandonar las viejas costumbres y tabúes, porque se trata de una enfermedad que ataca al sector económicamente activo de la población. Puede destruir la economía del país. Pero no es tarea fácil, porque nos enfrentamos al problema del conservadurismo de la sociedad, así como de las distintas iglesias. Todavía existen iglesias que sostienen que no estamos manejando el tema como es debido al hablar con los padres y los hijos para instarles a mantener relaciones sexuales seguras, que afirman que el sexo debe reservarse para el matrimonio. Hoy todavía existen iglesias con ese punto de vista.

»Con todo, es algo que se está abordando. No hay más remedio. Han de emprenderse diversas iniciativas para educar al público y, por supuesto, asegurarse de que este fármaco [AZT] esté disponible, pero no al elevado precio actual. Ha de ser asequible y no disponemos de recursos para suministrarlo gratuitamente. Y lo adquiriremos y distribuiremos en función de nuestros recursos».[42]

Tal vez escasearan los recursos, pero el timón del nuevo gobierno lo capitaneaba Mandela, un hombre con una fe inquebrantable en su propia valía para conseguir que se hicieran las cosas. Ese poder se lo infundía el propio pueblo. Dondequiera que fuera, seguían recibiéndole con el mismo entusiasmo que cuando juró el cargo para dirigir el país como primer presidente democrático; correspondía a este afecto con dignidad y satisfacción, al igual que un atleta alentado por sus seguidores a obtener un resultado asombroso. Tenía setenta y cinco años cuando juró el cargo de presidente de la República de Sudáfrica, una edad a la que la mayoría de la gente decide retirarse; pero él no era como la mayoría de la gente y, al igual que muchos de sus compatriotas que habían languidecido en prisión, consideraba la jubilación —una existencia ociosa— como una repetición, si no una invitación, del retiro permanente que había vivido en lo que Thabo Mbeki denominó «una casita de madera».[43] La jubilación, parcial o permanente, habría de esperar. Mandela todavía tenía trabajo por delante y había una larga lista de tareas pendientes.

El programa de la campaña electoral del CNA en 1994 había fijado compromisos concretos sobre las actuaciones a lo largo de los cinco años siguientes. Se trataba de un ambicioso programa y Mandela vigiló con ojos de lince que se cumpliera a lo largo de todo su mandato. Quería que la opinión pública fuera consciente de los éxitos; también quería que el gobierno se centrase en los objetivos que aún quedaban pendientes. En la apertura de la última sesión parlamentaria, Mandela hizo un resumen de cómo había cambiado la vida de los sudafricanos durante los cinco años que había estado al frente de la presidencia.

Dijo al Parlamento que el censo de 1996, «cuyo resultado se hizo público ayer, por primera vez ha proporcionado a Sudáfrica una imagen detallada y completa de sí misma. Y es con este baremo con el que debemos medir nuestro progreso».

A continuación Mandela procedió a leer las estadísticas, mencionando los logros de abastecimiento de agua a millones de personas en las inmediaciones de sus hogares; igualmente en el caso de la electricidad, el acceso a la telefonía, los programas de nutrición escolares y los servicios a colectivos de discapacitados.

«El significado de esto —señaló— va más allá del tono frío de las estadísticas. La señora Gladys Nzilane, de Evaton, a quien le entregaron las llaves de su nueva casa el año pasado, parecía hablar de corazón al declarar: "Oigo a gente decir en la radio y la televisión que el gobierno ha fracasado, pero no estoy de acuerdo [... El gobierno] nos ha dado la vida".

»Con ello se hizo eco de los sentimientos de millones de personas, entre ellas Mama Lenah Ntsweni, de Mpumalanga, que hace unas semanas fue la persona tres millones en disponer de agua potable de manera accesible».

Mandela continuó enumerando los avances, los puestos de trabajo y la construcción de instalaciones que beneficiarían a generaciones venideras de la sociedad. Cotejó los logros gubernamentales con todo lo que quedaba por hacer y mencionó, aunque sin entrar en detalles, los problemas de un proceso que no había sido continuo ni había estado exento de complicaciones. También reconoció que se habían pasado por alto algunos objetivos. Pero, con todo, se mostró optimista:

«Desde la cumbre en materia de empleo han surgido nuevas iniciativas —dijo—, fruto de la magnífica colaboración entre los empresarios y el gobierno, para emprender proyectos de envergadura que darán techo a quien lo necesite. A medida que este proyecto comience a desatascar el problema de la limitación de recursos públicos, se multiplicarán sus beneficiarios, desde el proveedor de materiales de construcción hasta los pequeños contratistas; desde los nuevos trabajadores hasta los ocupantes de estas viviendas».[44]

Durante los cinco años de presidencia de Mandela se había producido un enorme cambio social, si bien menor de lo previsto. El cambio había sido más acusado si cabe donde las actuaciones dependían en menor medida de la colaboración nacional que Mandela propugnaba sin cesar, más acusado en lo concerniente a servicios públicos dirigidos a familias y hogares que en avances y oportunidades económicas, más acusado en la erradicación de la pobreza que en la reducción de la desigualdad.

Había otros déficits, síntomas de los males propios del orden social, que impactaban en la vida de la mayoría de la población de la manera más directa y visceral. Los sudafricanos, en especial las personas de raza negra, siempre habían convivido con la violencia; la violencia estructural desarrollada por el aparato del estado del *apartheid*, camuflada e intangible; y la violencia de la delincuencia, que reflejaba la descomposición del tejido social. La segunda era más palpable y dramática. Algunos iban tan lejos como para decir que ser de piel oscura en una sociedad racista era una incitación a la violencia.

La oposición tenía tendencia a magnificar la violencia propagando historias y estudios con la intención de poner en evidencia la incompetencia del gobierno democrático. También existía la persistente cantinela de que la delincuencia había comenzado con la llegada al poder del nuevo gobierno. Las fuentes consultadas apuntan lo contrario. Un artículo publicado en el diario digital *The Conversation* ilustra en profundidad a los lectores sobre el verdadero estado de la situación. Dice que «a partir de 1994, la cifra de homicidios [en Sudáfrica] registró una caída media del cuatro por ciento anual» y que «la cifra de homicidios no comenzó a aumentar en 1994; ocurrió precisamente lo contrario. Se produjo un incremento constante hasta la década de 1950, un repunte ligeramente más acelerado hasta la década de 1960, unos años de relativa estabilidad y luego se disparó en 1993. A partir de entonces se volvieron las tornas».[45]

La mayor parte de los periódicos, dirigidos a unos lectores atemorizados, incidían en la problemática de los altos niveles de delincuencia, pero ignoraban las estadísticas policiales que demostraban que el índice de delitos estaba comenzando a remitir.[46] Mandela se mostró rotundo. Escribe:

«Los partidos de la oposición, algunos de los cuales eran artífices o herederos de esa fuerza autoritaria y represiva, junto a otros que condenaban la supremacía blanca pero que se oponían al uso de cualquier acción legítima por parte de los oprimidos para liberar al país, ahora acusan al gobierno de ser laxo con la delincuencia. Rara vez alaban al gobierno y a los empresarios por su excelente actuación y por la eficacia y entrega de las fuerzas de la SAPS [Servicio de Policía de Sudáfrica] que hoy se legan a nuestro país.

»La razón de esta peculiar actitud por parte de algunos políticos sudafricanos no es difícil de encontrar. Como se ha mencionado en un capítulo, la minoría blanca ha dominado Sudáfrica durante más de tres siglos.

»Algunos de ellos, ebrios de poder y sin visión, jamás imaginaron que sufrirían en su vida el trauma de perder el poder político a manos de una mayoría a la que habían aprendido a despreciar desde que nacieron.

»Incluso a tenor de la pacífica transformación de gran alcance que se ha producido, aparte del afán con el que el partido gobernante ha promovido e implementado la política de la reconciliación, debido a la herencia, la educación y la formación política de ciertos sectores de la oposición, están sordos y ciegos ante lo que actualmente acontece en nuestro país.

»Se ha mencionado anteriormente que desde abril de 1994 nuestro apoyo por parte del electorado se ha incrementado de manera considerable tanto a nivel del gobierno central como local, así como en las megalópolis. Todos estos datos no han causado la menor impresión entre algunos miembros de la oposición. Siguen recurriendo a la misma perorata y falsa propaganda que nadie, excepto ellos mismos, cree. Critican al gobierno por falta de actuación, prevén una escisión en la Alianza para el Congreso y acusan al gobierno de laxitud ante la delincuencia. Si hubiese un ápice de verdad en todas estas acusaciones, ¿por qué iba a continuar creciendo nuestro apoyo como ha sucedido en los últimos siete años?

»El supuesto New [nuevo] National Party* está dando los últimos coletazos que le quedan de vida. No tiene un líder de la talla del expresidente De Klerk, que tuvo la valentía y la visión de tomar el camino correcto al llegar a la encrucijada.

»Pero en Sudáfrica se han forjado grandes liberales que condenaron con valentía el *apartheid*. Aunque discrepaban con nuestros métodos de actuación e insistían en que debíamos ceñirnos a formas de lucha exclusivamente constitucionales, eran mucho menos arrogantes y destructivos que algunos de sus herederos».[47]

Sin embargo, el origen del problema de la delincuencia residía en asuntos de mayor envergadura. Dirigiéndose a los líderes eclesiásticos en la cumbre de valores morales convocada por el Foro Nacional de Líderes Religiosos en 1998, Mandela señaló que «el inhumano sistema bajo el que hemos vivido durante tanto tiempo socavó y menoscabó el respeto mutuo y por la propia vida. Que el *apartheid* fuera un pecado y que incitara a actos pecaminosos ha dejado de cuestionarse.

»Los síntomas de nuestro malestar espiritual nos resultan especialmente familiares. Incluyen el alcance de la corrupción tanto en el sector público como en el privado, donde los funcionarios del Estado y los cargos de responsabilidad se consideran oportunidades para el enriquecimiento personal; la corrupción imperante en nuestro sistema de justicia; la violencia en las relaciones personales y familiares, en particular la vergonzosa cifra de abusos infligidos a mujeres y niños; la magnitud de la evasión de impuestos y la negativa a pagar por los servicios utilizados».[48]

Dados los antecedentes de resistencia a la autoridad, donde las estructuras del Estado eran un blanco fácil y el lema de la época era «Apoyaremos todo aquello a lo que el régimen se opone y nos opondremos a todo lo que apoya», era necesario un cambio de mentalidad. Mandela manifestó: «Dado nuestro pasado, era de esperar que encontrásemos problemas de esta índole, pero no, a mi parecer, la gran envergadura de los mismos. Tampoco que sería tan difícil movilizar nuestra sociedad a un esfuerzo conjunto para erradicar los problemas».[49]

Incluso en la época en la que se comprometió a dirigir su país, en mayo de 1994, Mandela posiblemente ya se hiciera eco de las palabras de algunos de sus colegas de mayor confianza. Una de ellas, Gill Marcus, por

---

* El New National Party se fundó en 1997, un año después de la salida del National Party del gobierno de unidad nacional. El primer líder del partido, F. W. de Klerk, fue relevado por Marthinus van Schalkwyk, pero el partido se disolvió en 2005.

entonces vicegobernadora del Banco de Reserva Sudafricano, resumió la complejidad de la emergente Sudáfrica. En una entrevista con Allister Sparks, manifestó: «Daba la sensación de que, si se lidiaba con el *apartheid,* a la larga se resolverían gran cantidad de asuntos, pero ese no ha sido el caso. Es mucho más difícil de lo que preveíamos; existen multitud de problemas mucho más profundos. —Continuó—: Hay tantas expectativas depositadas en nosotros simultáneamente que no hay posibilidad de secuenciarlas. Hay demasiado que hacer y estamos intentando hacerlo todo».⁵⁰

Para Mandela, «hacerlo todo» significaba equilibrar el desequilibrio del pasado con la realidad del presente. Para que ello ocurriera, no obstante, el cambio requerido debía ser llevado a cabo por personas íntegras. Le inquietaba el potencial del poder para corromper a antiguos luchadores por la libertad y la renuencia de los que habían sacado partido del pasado para usar sus ilícitos privilegios en un esfuerzo por construir el futuro. Abogó por un cambio de actitud y valores, un giro paradigmático de pensamiento para engendrar un nuevo patriotismo. Hizo un llamamiento al pueblo para que trabajase en aras del bien común en vez de por exclusivo interés personal.

Reiteró este llamamiento en la conferencia del Congreso de los Sindicatos de Sudáfrica en septiembre de 1994, tras una huelga de los trabajadores del sector público. Dijo:

«Hay como mínimo cinco millones de personas sin empleo, que no saben cómo ingeniárselas para comer una vez al día, que no saben dónde dormir, que no saben cómo vestir a sus hijos, cómo pagar los gastos de sus escuelas. Ese problema debéis solucionarlo vosotros. Al secundar la huelga, no tengáis en consideración vuestros intereses personales ni los intereses de vuestro sindicato exclusivamente; debéis tener amplitud de miras. Debéis crear las condiciones propicias para que las empresas puedan expandirse realmente y absorber a estos cinco millones de desempleados. Es vuestro cometido. También debéis tener presente que, aunque tengamos derecho a luchar por una mejora de las condiciones de vida, no debemos precipitarnos; cuanto mayor sea el coste de producción, más querrán economizar las empresas y aumentará la legión de desempleados: tenedlo en cuenta».⁵¹

Cinco años después haría un llamamiento similar a ponerse el listón alto en una comparecencia ante el Parlamento. La sociedad, dijo, también debía tener en cuenta la necesidad de mantener el «equilibrio entre la libertad y la responsabilidad. Está bastante claro que algo ocurre en una sociedad donde la libertad significa que los maestros o los alumnos vayan ebrios a la escuela; los funcionarios de prisiones ahuyenten a los directivos y nombren a sus amistades para dirigir las instituciones; los trabajadores en huelga recurran a la violencia y a la destrucción de la propiedad; los empresarios no escatimen en gastos simplemente para retrasar mediante procesos judiciales la entrada en vigor de la legislación que les desagrade; y la evasión de impuestos convierta a los individuos en héroes de las conversaciones de sobremesa. Se han de tomar medidas drásticas al respecto. Es preciso que en la sociedad sudafricana —en las escuelas y universidades, en el entorno de trabajo, en el deporte, en el ámbito profesional y en todas las esferas del contexto social— cale el valor de la disciplina, la ética de trabajo y la responsabilidad de las acciones que llevamos a cabo».[52]

La impaciencia de Mandela, al igual que su frustración, se dejó sentir en el discurso sobre el estado de la nación que pronunció el último año de su mandato presidencial. Pero adoptó un tono sereno al tocar temas que consideraba de importancia prioritaria. Tal fue el caso al hablar de la «reconstrucción del alma de la nación, el "RDP del alma"». Así lo explicó: «Con ello me refiero, en primer lugar y ante todo, al respeto por la vida y al orgullo y amor propio como sudafricanos en vez de a la idea de regodearnos en la autoflagelación. Significa afianzar nuestra identidad colectiva e individual como africanos comprometidos con el renacimiento del continente, ser respetuosos con los demás ciudadanos y honrar a las mujeres y niños de nuestro país, que están expuestos a todo tipo de violencia doméstica y abusos. Cuando digo africanos, me refiero a todo el que considera el continente africano su patria. Me refiero a convertir nuestras escuelas en centros de aprendizaje y mejora del carácter. Me refiero a movilizarnos los unos a los otros y no esperar simplemente que el gobierno limpie las calles o conceda partidas para plantar árboles y ocuparse de los patios de las escuelas.

»Estas son las cosas que hemos de asumir como nación que está gestando un nuevo patriotismo. Constituyen un importante marco para educar a las generaciones venideras. Tratan de la involucración de los sudafricanos en aras de una vida mejor. Así pues, no daremos pequeños pasos, sino gigantescos saltos hacia un futuro brillante en el nuevo milenio».[53]

El día que se despidió del Parlamento, en marzo de 1999, Mandela se encontraba con un estado de ánimo más indulgente. Hizo un largo repaso de los objetivos globales que el gobierno se había marcado y enumeró los retos:

«Esos retos eran: evitar la pesadilla de la extenuante lucha racial y el derramamiento de sangre y reconciliar a nuestro pueblo partiendo de la base de que nuestro objetivo primordial ha de ser superar el legado de pobreza, división e injusticia.

»Estos retos siguen estando ahí en tanto en cuanto aún hemos de reconciliar y curar nuestra nación; en tanto en cuanto las secuelas del *apartheid* continúan latentes en nuestra sociedad y definen la vida de millones de sudafricanos como vidas de privaciones».[54]

En la Sudáfrica contemporánea se han realizado avances, pero la sociedad todavía ha de lidiar con la reaparición periódica de las antiguas brechas. Esto ocurre cuando los partidos y sus dirigentes detectan el beneficio de reavivar o aprovecharse de los miedos y rescoldos de viejos prejuicios, o donde las comunidades y colectivos sociales se sienten vulnerables ante los ataques. Los retos continúan existiendo en proporción directa al grado en el que la reciprocidad inherente a la reconciliación se obstaculiza. Con todo, hoy no hay vez que los sudafricanos oigan la palabra «reconciliación» que no la asocien con Nelson Mandela.

CAPÍTULO DOCE

Sorteando a los medios

Hay un antiguo dicho afrikáans que normalmente se utiliza en alusión a alguien cuya historia o testimonio se pone en entredicho: *Hy lieg soos 'n koerant* («Miente como un periódico»). Con su consciente rehabilitación de la lengua afrikáans de su deshonroso estatus como herramienta del opresor, posiblemente Nelson Mandela hubiera escuchado la expresión. No obstante, su actitud con la prensa —y con los medios de comunicación en general— era de cariz práctico. Desde principios de los años noventa, cuando se sentó en su despacho de Shell House, la sede central del CNA, para ser entrevistado por Jessie Duarte y exponer su programa, siempre tendría a mano sobre su escritorio el periódico afrikáans *Beeld*.

Desde el momento en que hizo juramento del cargo, Mandela asumió que, en calidad de presidente, encarnaba la Constitución y todas sus disposiciones, incluida la sección 16, acerca de las garantías del derecho a la libertad de expresión, que también refrendaron la prensa y otros medios. Por encima de todo era abogado y leía con interés las sentencias relativas a los medios, especialmente el fallo dictado por el juez Cameron, a saber, «una afirmación difamatoria relacionada con la "actividad política libre y legítima" está amparada constitucionalmente en la Constitución provisional, aun siendo falsa, a menos que el demandante pueda demostrar que el editor actuó de manera poco razonable».[1]

Los medios sudafricanos nunca tuvieron tanta actividad como en la carrera electoral de 1994, situación que se prolongó hasta el final de la presidencia de Mandela. El foco de la cobertura de la actualidad en Sudáfrica era Nelson Mandela. Envalentonados por su recién adquirida libertad, los medios de comunicación cubrieron con el mismo entusiasmo los casos de injusticias y rectitud entre los funcionarios del Estado. Una retahíla de columnistas emitió su veredicto sobre la democracia emergente, principalmente erigiendo a Mandela como un modelo de integridad y al mismo tiempo poniendo en entredicho la gestión gubernamental en asuntos como la delincuencia.

Como resultado de ello, existía una paradoja, una tensión entre la percepción que Mandela tenía de sí mismo y la que tenía la opinión pública —y el mundo—. Consciente de la delicada naturaleza de la nueva Sudáfrica y del lugar que ocupaba en ella, se aproximó a las instituciones mediáticas con cautela, igual que un boxeador que asesta golpes cortos a un contrincante, tanteándolo y, al mismo tiempo, sin sorprenderse del todo ante el potente gancho del adversario. «Hemos tenido fuertes encontronazos con los medios —dijo—. Dichas diferencias no pueden suprimirse ni evitarse en una democracia».[2]

Como todo líder, albergaba sentimientos encontrados hacia los medios, pues los consideraba un mal necesario. Como señala Thami Mazwai, un decano del periodismo negro de Sudáfrica, «él respetaba la independencia de los medios de comunicación como institución. Así era Mandela el estadista. Pero Mandela el político tendía a reaccionar muy enérgicamente cuando pensaba que se había hecho una valoración injusta del CNA, del gobierno o de su persona».[3]

La estrecha relación entre los medios y la lucha por la liberación venía de lejos, de los tiempos de las colonias del siglo XIX, cuando destacados pensadores africanos aireaban sus opiniones en la prensa. Ello contribuyó a articular la unidad y la resistencia de los negros que conduciría al nacimiento del CNA en 1912.[4]

El propio Mandela admitió que en los años cincuenta, cuando lo declararon proscrito y restringieron sus movimientos a Johannesburgo, dependía de la prensa para mantenerse informado. No obstante, también dijo: «Aunque leo diversos periódicos de todo el país, los periódicos son un pobre reflejo de la realidad: su información es de interés para un luchador por la libertad no porque revele la verdad, sino porque refleja el sesgo y la percepción tanto de quien publica el diario como de quienes lo leen».[5]

El 29 de marzo de 1961, cuando el Juicio por Traición finalizó y todos los imputados fueron absueltos, Mandela pasó a la clandestinidad. Se reunió en secreto con los editores de los periódicos más liberales y les informó de la campaña organizada por el CNA para convocar una convención nacional. Fomentaba las noticias para «alimentar el mito de la Pimpinela Negra cogiendo un puñado de *tickeys* (monedas de tres peniques) y llamando a periodistas independientes para ponerles al día de lo que planeábamos o contarles anécdotas de la ineptitud de la policía».[6]

Por mucho que jugara al ratón y al gato con la policía, en su trato con los medios se mostraba directo, rogando en vano a los editores de diarios de lengua inglesa que hicieran publicidad a la convocatoria de huelga en oposición a la salida de Sudáfrica de la Commonwealth y el inminente advenimiento de la república.* Los periódicos desaconsejaron secundar la huelga y restaron importancia a su impacto, adoptando una posición que Mandela calificó de «absolutamente vergonzosa».[7]

Posteriormente, en prisión, encontró que, pese a su opinión ambivalente, la prensa era «más valiosa para los presos políticos que el oro o los diamantes, más ansiada que la comida o el tabaco; era el contrabando más preciado de la isla de Robben». Revestía mayor importancia a la hora de divulgar noticias sobre la lucha de los presos al mundo exterior. «Para que una huelga de hambre tenga éxito —dijo Mandela—, el mundo exterior debe conocerla. De lo contrario, los presos simplemente mueren de inanición sin que nadie lo sepa. La filtración de la noticia de nuestra huelga de hambre dio que hablar en la prensa, lo cual a su vez generó presión por parte de nuestros seguidores».[8]

La ambivalencia se reflejó en el discurso de despedida que pronunció ante un selecto grupo de editores y formadores de opinión en el quinto aniversario de su investidura, donde manifestó: «Hemos afirmado en repetidas ocasiones, especialmente en el periodo previo a las elecciones generales de 1994, que consideramos que la prensa libre es un pilar de la democracia y que no tenemos la menor intención de restringir dicha libertad de prensa».

Reconoció que la relación entre el gobierno y la prensa no siempre había estado exenta de tensiones. «Tenemos nuestras diferencias —dijo— porque cuando la prensa nos critica y contestamos, a continuación aduce: "Bueno, se está amenazando la libertad de expresión", lo cual apunta a que son los únicos que pueden ejercer la libertad de expresión, dando a entender que no debemos pronunciarnos ante las críticas. No lo compartimos y jamás lo haremos. Si se nos critica, se nos ha de otorgar el derecho a hacer lo mismo [...]. No queremos perritos falderos; queremos perros guardianes. Habéis desempeñado ese papel y considero que lo correcto es que

---

* Sudáfrica se retiró de la Commonwealth en 1961 para convertirse en república.

continuéis siendo independientes a toda costa. Lo único que queremos es que, aun cuando nos critiquéis y discrepemos con vuestras críticas, haya integridad en lo que decís.

»Y muchos de vosotros hacéis gala de esa cualidad al tratar los asuntos, especialmente a la hora de lidiar con un gobierno como el nuestro, donde ningún individuo ha tenido nunca experiencia en materia gubernamental antes de asumir el cargo de ministro o ministra del gabinete. Hemos cometido multitud de errores y este debate nacional debe proseguir. Y habrá diferencias. Lo importante es que la presencia de la prensa se utilice como espejo donde poder contemplar nuestras actuaciones; hemos cambiado de parecer en diversos temas porque, a juzgar por la reacción de la prensa, nos dimos cuenta de que estábamos equivocados o bien no habíamos hecho los preparativos necesarios para que la nación aceptase el punto de vista que defendíamos [...].

»Con todo —concluyó—, tampoco debemos precipitarnos demasiado, porque no es posible cambiar de la noche a la mañana algunos de los asuntos que abordamos. Cambiarlos conlleva un proceso. Y me satisface que, en ese sentido, la prensa esté representando un importante papel».[9]

La convicción de Mandela respecto al derecho inalienable de los medios de comunicación a desempeñar su papel libre de restricciones estatales se reflejó en su comparecencia ante el Congreso del Instituto Internacional de Prensa. Manifestó: «Solo una prensa libre puede templar el apetito de cualquier gobierno de amasar poder a expensas del ciudadano. Solo una prensa libre puede mantener la vigilancia del interés público como un perro guardián frente a la tentación de abusos por parte de quienes ostentan el poder. Solo dicha prensa tiene capacidad para sacar a la luz los excesos y la corrupción por parte del gobierno, de los funcionarios del Estado y de otras instituciones que ostentan el poder en la sociedad.

»El CNA no alberga ningún temor a las críticas. Os doy mi palabra de que no nos amilanaremos bajo el escrutinio riguroso. Desde nuestro meditado punto de vista, tales críticas no hacen sino ayudarnos a crecer, pues llaman la atención sobre aquellos actos y omisiones que no están a la altura de las expectativas de nuestro pueblo y de los valores democráticos que defendemos».[10]

Participó activamente en la proyección de su imagen pública y, con el tiempo, se convirtió —dada la avalancha de invitaciones a dar conferencias— en víctima de su propia popularidad. Abrumado por la apretada agenda, reprochaba a su elegante, avispado y energético portavoz, Parks Mankahlana, que sus compromisos le dejaban muy poco tiempo para leer documentos oficiales y periódicos y para reflexionar sobre los asuntos. Bromeaba con que echaba de menos los días que había pasado en la isla de

Robben, donde disponía de tiempo para pensar, y sugería dejar tiempo libre por la tarde siempre que fuera posible.[11]

Mandela hacía publicidad con sus actos lanzando mensajes mediante su manera de vestir. Cuando se puso el polo de la selección nacional de rugby, los Springboks, en Ellis Park, transmitió un mensaje de suma importancia a todos los sudafricanos y al mundo. También transmitió un mensaje al prescindir del sombrero de copa y del frac en la ceremonia de investidura y decantarse por un traje sencillo, y siempre utilizaba atuendo formal para sus comparecencias ante el Parlamento. Con el tiempo, comenzó a vestir las vistosas y holgadas «camisas Madiba» que llegarían a asociarse con sus encuentros con el público.

Los compromisos con los medios, planificados principalmente por sus asesores, también se organizaron por iniciativa de Mandela. En 1995 se reunió con editores afrikáners para discutir el candente asunto del futuro de la lengua afrikáans; y, cuando la tensión alcanzó su punto álgido en KwaZulu-Natal por el tema de la redacción de la Constitución, invitó a los editores de los periódicos de la provincia a un encuentro para ponerles al corriente de la dirección que el gobierno estaba sopesando tomar al respecto.[12]

A través de Mankahlana, Mandela entabló relaciones personalmente con diversos periodistas y editores. Las ruedas de prensa eran un escenario donde Mandela hacía gala de su prodigiosa memoria para los nombres y se dirigía a ellos tuteándolos. Mostraba modales de la vieja escuela y trataba a todos aquellos que se encontraba con simpatía y firmeza al mismo tiempo. Durante el tiempo que trabajó para Mandela, Mankahlana se aventuró a entrar en las salas de redacción, pasando —aparentemente— muy poco tiempo en su despacho.[13]

Cuando Mandela deseaba tratar un asunto con algún editor o periodista veterano, cogía el teléfono y la mitad de las veces le invitaba a almorzar para exponerle el tema. Recordando esto, Mazwai comenta que Mandela «intentaba caminar por la cuerda floja y reaccionar de tal manera que no entrase en conflicto con el derecho de los medios a escribir y contar las cosas tal cual eran. Lo que solía hacer era invitar a desayunar a determinados periodistas. Entonces comentaba: "Mira, esto es lo que dijiste, pero esta es la realidad de la situación". Así era como intentaba manejar la situación».[14]

Mandela mantuvo un encuentro extraoficial, por ejemplo, con el editor jefe de *Die Burger* por considerar que el periódico no había dado suficientes explicaciones del contexto en el que se había producido el tiroteo en Shell House, la sede central del CNA, en marzo de 1994.[15] En el mismo sentido, invitó al editor jefe del *City Press* a un encuentro por considerar que había pasado por alto una idea importante en un editorial al argumentar que los mandamases del críquet y del rugby estaban utilizando a Mandela para hacer de la reconciliación un proceso leonino a expensas de la población negra. Ambos coincidieron, sin que ninguna de las partes revelase nada, en que había sido un debate fructífero.[16]

A veces los encuentros de Mandela con los medios de comunicación se convertían en una farsa, ante lo cual hacía caso omiso. Jakes Gerwel recordó un incidente que le hizo percibir una faceta diferente de su jefe. La revista de porno masculino *Hustler* había nombrado a Mandela «el capullo del mes», lo cual desencadenó que se alzaran voces de indignación exigiendo que se prohibiese la distribución del número. A Mandela, por el contrario, le hizo mucha gracia y dijo bromeando: «No deberíamos prohibir cosas».[17]

Aunque recibía un análisis diario de noticias poco después del comienzo de la jornada laboral, para entonces Mandela había leído varios periódicos, en la mayoría de los casos mientras desayunaba en su casa. Para cuando llegaba a la oficina, la mitad de las veces había telefoneado a ministros y miembros de su equipo de comunicación para conocer sus valoraciones acerca de los temas que aparecían en los medios.

Delegaba de buen grado la elaboración de sus discursos cuando, como casi siempre era el caso, confiaba en que reflejarían su criterio y prioridades. Había ocasiones en las que indicaba en qué debía ponerse énfasis, pero, dado que tenía la suficiente perspicacia para saber que los periodistas se aferraban sistemáticamente a los comentarios ajenos al discurso preparado, pedía que los puntos importantes no se incluyesen en el guion. A menudo los periodistas que cubrían su agenda únicamente aguzaban el oído y tomaban notas cuando comenzaba a hablar extemporáneamente. En el preámbulo a sus comentarios con frecuencia decía que lo que acababa de leer era lo que le habían dicho sus jefes que dijera y que a partir de ese momento hablaría con el corazón en la mano.

Contrariamente a la creencia popular de que Mandela era proclive a improvisar y a no tener pelos en la lengua, lo cierto es que la mayoría de esos comentarios los hacía adrede; los meditaba previamente, pero sabía que encontraría objeciones si consultaba a sus colegas. Es más, las frecuentes redundancias que caracterizaban sus discursos no se debían a que fuese olvidadizo. En los preámbulos de los discursos realizaba una autocrítica señalando que su equipo le había comentado que tenía tendencia a ser redundante. Pero se trataba de una estrategia no solo para dejar constancia de un asunto, sino para asegurarse de que se convirtiera en el tema central de disertación entre la opinión pública. La planilla de anotaciones de la ampliación de los servicios básicos, por ejemplo, pasó a ser un lema de comunicación en todo tipo de ámbitos, formales o informales, preparados o improvisados, en discursos o notas.

De conocida fama por ser una pesadilla para las unidades de protección de vips —tanto en el país como en el extranjero—, Mandela era partidario de la interacción social directa con el público. Le estimulaban las constantes muestras de reconocimiento por parte de personas corrientes de toda condición. El final de una jornada en contacto con el público le resultaba más gratificante que sentarse en su despacho o en las reuniones del gabinete. «Me habéis hecho rejuvenecer, me habéis cargado las pilas»,[18] comentaba.

Si bien reconocía que se había convertido en un icono mundial que posiblemente despertara interés en prácticamente todas las facetas de su vida, Mandela también demostraba firmeza a la hora de marcar distancias cuando el interés adquiría tintes demasiado intrusivos. Se mostraba tan remiso a compartir lo que le entristecía —por ejemplo, su divorcio de Winnie Madikizela-Mandela— como a airear ante el foco de los medios su relación con Graça Machel, que indiscutiblemente era un motivo de dicha para él. Cuando se casó con Graça Machel ni siquiera reveló el secreto a su portavoz, de ahí que este asegurara a los medios con toda su buena fe que no se estaba celebrando la boda en el preciso momento en el que esto estaba ocurriendo.

Aunque la transparencia era el lema del gobierno democrático, tenía que operar dentro de ciertos límites que no podían restringirse a asuntos personales. También existía una línea divisoria entre la transparencia y la necesidad del gobierno de trabajar con discreción en áreas donde la constancia pública socavaría la labor o bien la dificultaría aún más. Consciente de que cualquier medida que se aproximara a coartar la libertad de expresión o el acceso a la información provocaría la indignación de los defensores de una sociedad abierta, Mandela apelaba a los periodistas para que entendiesen los procesos en curso. Los periodistas acabaron acostumbrándose a escucharle decir: «Estamos tratando temas muy delicados, de modo que confío en que no me presionéis para que entre en detalles». Lo hacía con tal firmeza y a la vez gentileza que se aceptaba.

A menudo hubo menos compenetración, sin embargo, entre el gobierno y los medios en lo que respecta a cómo veían la transformación ambas instituciones. El gobierno consideraba que estaba recibiendo un trato injusto cuando un objeto de información errónea basaba estas imprecisiones en la ideología. Los periodistas, despechados por el menoscabo a su profesionalidad, simplemente no daban crédito a estas acusaciones. Mandela estaba convencido de que la actitud negativa hacia el gobierno liderado por el CNA no difería de la acción de retaguardia, fuera o no deliberada, en defensa de los privilegios del pasado.

«Los medios de comunicación sudafricanos —dijo en febrero de 1994— aún siguen dirigidos en su mayor parte por personas procedentes casi exclusivamente de un único grupo racial. Con la excepción de *The Sowetan*, los equipos de redacción veteranos de todos los diarios sudafricanos están cortados por el mismo patrón racial: son blancos; son varones; son de extracción social de clase media; tienden a compartir experiencias vitales muy similares. Lo mismo se aplica a los escalafones más elevados de los medios de comunicación electrónicos, salvo escasas excepciones recientes.

»Si bien en principio nadie puede poner objeciones ante editores con dicho perfil, lo que es alarmante es la amenaza de unidimensionalidad que esto representa para los medios de comunicación de nuestro país. Es claramente injusto que, en un país cuya población es negra por aplastante mayoría (el 85%), los principales actores de los medios desconozcan las experiencias vitales de dicha mayoría».[19]

La expectativa implícita de que los editores y periodistas negros serían necesariamente más empáticos en sus reportajes no tardó en resultar falsa. A partir de ahí Mandela se mostró cada vez más partidario de la titularidad de los medios de comunicación. Esto reflejaba una postura del CNA que, mucho antes, había generado tensiones entre el CNA y los periodistas negros. Los periodistas opinaban que el CNA ponía en duda su integridad y profesionalidad al retratarles como incapaces de informar en términos que no fueran autorizados por los propietarios y editores blancos; esto despreciaba el papel que habían desempeñado en circunstancias muy difíciles. El incipiente Foro de Editores Negros inició encuentros con el CNA en agosto y septiembre de 1994 para intentar resolver el asunto. En una de las reuniones, Mandela abogó por hacer un llamamiento a la discriminación positiva en los medios y al nombramiento de más editores negros. Los periodistas valoraron muy positivamente el encuentro. Mazwai dijo: «Nos tenía comiendo de su mano».[20]

Pero la relación con los medios continuaba siendo tirante. Las críticas vertidas en los medios contra el gobierno —y, por extensión, contra el CNA y Mandela— se focalizaron en la expulsión de Bantu Holomisa del CNA y su cese en el gobierno, así como en acusaciones de corrupción contra la ministra de Salud, Nkosazana Dlamini-Zuma, en el caso del musical *Sarafina II*, como se ha visto en el capítulo siete. Mandela interpretó esto como una cruzada de los medios contra la transformación del país y el CNA. Arremetió contra dos periodistas negros, lo cual agriaría las relaciones con los medios como mínimo durante un año.

Algunos, comentó en una entrevista en televisión, no entendían los problemas del país. Los periodistas negros que le acusaban de anteponer los temores de los blancos a las necesidades de los negros, dijo, no entendían la estrategia de neutralizar a quienes pretendieron impedir las elecciones de 1994 por medio de la violencia.[21] El profesor Guy Berger, por entonces decano de la Escuela de Periodismo y Comunicación de la Universidad de Rhodes, comentó la ambivalencia de los periodistas negros con respecto al ritmo del cambio: «A menudo parecen olvidar la necesidad de recordar, a la comunidad blanca en general y a sus colegas blancos en particular, el pasado y el presente de los prejuicios y del poder de los blancos. Al haber sido víctimas en mucho mayor grado que los periodistas blancos, muchos se muestran remisos a aceptar la reconciliación sin resarcimiento. El resultado ha sido una postura crítica ante la política oficial de reconciliación, lo cual ha provocado la cólera del propio Nelson Mandela, que siente que no aprecian los motivos que le impulsaron a alcanzar compromisos que resarcieron solamente a una pequeña parte de la sociedad».[22]

Mandela puso sobre el papel sus pensamientos y subrayó que hacía referencia a «diversos periodistas negros veteranos. Hoy hay periodistas veteranos —y no son pocos— que lamentan que hayamos erradicado la supremacía blanca en este país y que están envenenando la única organización que ha propiciado cambios radicales en este país. No tienen idea de los problemas a los que se enfrenta el país. Como he dicho anteriormente, piensan —asumen— que derrotamos a los blancos en el campo de batalla y que estos están ahora tirados por tierra, indefensos y suplicando clemencia.

»Tuvimos que adoptar una estrategia para dejar fuera de juego, al margen, a aquellos elementos que pretendían malograr las elecciones por medio de la fuerza. Ni siquiera algunos periodistas veteranos son conscientes de eso. Solo lo tienen presente unos cuantos periodistas negros».[23]

La otra acusación vertida era que algunos periodistas negros eran cooptados por intereses retrógrados. Mandela escribió lo que había sostenido en repetidas ocasiones en plataformas públicas: «Tanto los periodistas negros como los blancos están urdiendo una campaña tendenciosa y emponzoñadora contra el CNA».

Continuó recriminando a los medios por sacar a relucir los asuntos de Holomisa y Dlamini-Zuma, censurando el papel de «algunos periodistas negros veteranos» que habían sido «cooptados en este sórdido asunto […]. Históricamente, los partidos de los blancos y sus sucedáneos están resentidos con el movimiento democrático por haber erradicado la supremacía blanca y los privilegios monopolizados por la antigua minoría gobernante».

De entre esos periodistas, uno de ellos «mostró una asombrosa honestidad y franqueza ante la pregunta de un dirigente del CNA. Dijo que el CNA ni le pagaba ni promocionaba como periodista y su periódico sí». El sesgo de parcialidad a la hora de comentar los asuntos públicos nunca se ha ilustrado de manera tan patente como en el caso de la disidencia de Bantu Holomisa, de cuya situación, en opinión de Mandela, estaban sacando partido estos periodistas utilizándole «como instrumento para destruir al CNA, haciendo caso omiso de los hechos básicos en los que deberían fundarse los análisis objetivos».[24]

En el informe político que Mandela presentó en la Conferencia Nacional del CNA celebrada en 1997 puso de relieve su inquietud por la titularidad y dirección de los medios de comunicación. Dijo: «Incluso un somero análisis de las posiciones que han adoptado los principales partidos blancos en los tres últimos años de legislatura, el National Party, el Partido Democrático y el Freedom Front, pondrá de relieve que estos y los medios que representan la misma base social se han opuesto tajantemente siempre que se han introducido medidas legislativas y ejecutivas dirigidas a erradicar las disparidades raciales que continúan caracterizando a nuestra sociedad».[25]

Además de advertencias de que ciertas redes del *apartheid* continuaban representando una amenaza para la seguridad —así como la preocupación ante la posición disconforme de algunas ONG—, este comentario provocó una oleada de críticas por parte de muchos medios y partidos de la oposición. En vez de replegarse, Mandela entró al trapo. En las notas que preparó antes de dar su discurso de clausura, escribe: «El pánico entre los partidos de la oposición y algunos editoriales en respuesta a mi informe político no fue inesperado.

»El rasgo más singular del NP [National Party] y el DP [Partido Democrático] en lo tocante a las críticas siempre ha sido el de un puñado de individuos de tez delicada y nervios a flor de piel; no son capaces de asumirlas. Miembros progresistas de ambos partidos desertaron y dejaron atrás a un arrogante grupo de racistas sin escrúpulos cuya única finalidad es demonizar el movimiento democrático y dirigir sin ningún reparo una perniciosa campaña de desinformación».[26]

Continuó exponiendo cómo el abandono de celebridades del Partido Democrático, gente que «ahora está sirviendo a nuestro país con distinción» había «puesto firmemente al DP a la derecha del NP».[27]

Asimismo, personas con honor que «ya no se sentían cómodas en una organización decidida a defender el *apartheid* y sus privilegios para la minoría blanca» abandonaron el National Party.[28]

Los mismos medios de comunicación que «intentaron encubrir el hecho de que existía una tercera fuerza en este país [...] ahora sostienen que no existen elementos contrarrevolucionarios en este país.

»La hostilidad de los medios de comunicación de los blancos de este país ha inducido a los comentaristas de principios a decir que los periodistas sudafricanos escriben como si fueran extranjeros en su propia tierra.

»Thami Mazwai, un veterano periodista negro que fue encarcelado por sus principios y que más tarde ascendió al cargo de presidente del Foro

Nacional de Editores, intentó fomentar en vano el espíritu de patriotismo entre sus colegas. No tuvo más remedio que dimitir».[29]

Tras decidir abstenerse de leer en voz alta lo que había redactado, Mandela resumió sus opiniones en una frase al término de la conferencia: «La respuesta a mi informe político por parte de algunos partidos políticos y sectores de la sociedad, incluidos los medios, era de esperar; y, en todo caso, confirma todo lo que habíamos manifestado».[30]

Una de las primeras resoluciones del Foro Nacional de Editores de Sudáfrica (SANEF), una asociación del sector fundada en octubre de 1996, fue criticar las declaraciones de Mandela sobre los periodistas negros. Posteriormente veintidós periodistas negros, airados por los comentarios de Mandela, los cuales consideraban denigrantes, solicitaron reunirse con él. Tras un acalorado intercambio de palabras, se organizó una rueda de prensa conjunta en la que Mandela manifestó que era partidario de una prensa libre que actuara de guardiana del gobierno, pero que mientras los conservadores blancos controlasen los medios de comunicación los periodistas negros no actuarían con libertad. Los periodistas protestaron unánimemente ante esa declaración.[31]

Al final, decepcionado como estaba por el curso de la transformación de los medios de comunicación —y crítico ante la calidad de gran parte de los contenidos—, Mandela asumió la aceptación de las discrepancias entre los medios y el gobierno como un rasgo democrático, concediendo ciertas alabanzas justificadas al acierto de la euforia casi unánime que reflejó la cobertura de su investidura:

«Hemos mantenido fuertes encontronazos con la prensa. En algunos casos, las palabras utilizadas se midieron cuidadosa y exclusivamente para transmitir únicamente lo que ambas partes consideraban cierto. Otros fueron más que acalorados, asestando duros golpes y desequilibrando al adversario. Dichos encontronazos acalorados son inevitables e inherentes a la democracia.

»Es positivo para nosotros, para los medios y para el conjunto del país saber que nuestros periodistas pueden estar a la altura de las circunstancias y desenvolverse magníficamente, como en el día de la investidura y en otras muchas ocasiones».[32]

En definitiva, Mandela mostró una consumada desenvoltura a la hora de gestionar las relaciones públicas. A su salida de prisión, los medios de comunicación habían pasado a ser un sistema en perpetuo estado de fluctuación, una bestia voraz con un ansia insaciable de citas cortas. De alguna manera —y podría decirse que con cierta ayuda de su infatigable equipo de comunicación—, parecía haber analizado y asumido esta nueva realidad; valiéndose de su estatus, se aprovechó de las necesidades de los propios medios para comunicar importantes mensajes que mantenían la línea de su misión en una difícil transición.

Aceptó con gracia el intrusismo de los medios al entender que también era motivado por la fascinación que sentían hacia su faceta humana. Valiéndose de su condición de figura célebre, que creció en consonancia con su edad, llegó a dominar la disciplina del autocontrol para transmitir importantes mensajes sobre los intereses colectivos de la humanidad y el lugar y el papel de Sudáfrica en un mundo en proceso de globalización.

CAPÍTULO TRECE

El panorama africano y mundial

Para Nelson Mandela, África era un lugar tan complejo como lo había sido Sudáfrica a su salida de prisión. Lo habían encarcelado precisamente en la época en la que cada vez más Estados africanos estaban independizándose o, en ciertos casos, liberándose del yugo de administraciones coloniales. Hasta su discurso, o las palabras que elegía, reflejaban su vínculo con un periodo anclado en el pasado; continuaba utilizando, por ejemplo, el vocablo en desuso «emancipación» en vez de «liberación», evocando la jerga utilizada por eruditos y activistas políticos de antaño como W. E. B. du Bois y Marcus Garvey, o que podía encontrarse en libros como *La cabaña del tío Tom,* de Harriet Beecher Stowe, o *De la esclavitud a la libertad,* de Booker T. Washington.[1]

Si bien su lenguaje estaba impregnado de un singular anacronismo o imbuido de extravagancias, su empeño era asegurarse de que la relación de la Sudáfrica democrática con el resto de África se basase en la dura realidad. El continente que había recorrido en la clandestinidad, donde también se había hecho una idea de lo que significaba ser tratado como un verdadero ser humano —y que había nutrido el movimiento de liberación pagando un alto precio— captaría toda su atención.

Durante sus primeros seis meses en libertad, Mandela pasó la mitad del tiempo fuera de Sudáfrica. A pesar de que visitó tres continentes —África, Europa y Norteamérica—, su objetivo primordial y el primero que recorrió fue África, aparte de una rápida visita a Suecia para ver a su achacoso amigo y mentor, O. R. Tambo, en un hospital de Estocolmo.

El continente al que Mandela regresó tras su condena era muy distinto al que conocía. Muchos líderes habían fallecido por causas naturales, pagando un alto precio en golpes de Estado, en el exilio o ejecutados. También se había alterado la situación geopolítica, pues los líderes existentes ahora lidiaban con las repercusiones de los trascendentales cambios globales. Por consiguiente, en julio de 1990, mientras en la cumbre de jefes de Estado y de gobierno de la Organización para la Unidad Africana (OUA) se dictaminaban resoluciones con el fin de acelerar las etapas finales de la liberación de Sudáfrica, fue preciso hacerse cargo de las cambiantes relaciones Oriente-Occidente, el fin de la Guerra Fría y la formación de nuevos bloques económicos regionales.

La disminución de la intervención directa de poderes externos en los asuntos africanos posibilitó que sus pueblos y gobiernos asumieran toda la responsabilidad de sus destinos mediante la cooperación regional, el avance de la democratización y la participación popular. Dado que el «doble reto de enormes proporciones de desarrollo económico y transformación democrática» exigía paz y estabilidad, la resolución de conflictos resultaba crucial.[2] La expresión lógica del nuevo paradigma fue el establecimiento del mecanismo de prevención de conflictos de la OUA en 1993, que trabajaría conjuntamente con las Naciones Unidas. Se preveía que la Comunidad de Desarrollo de África Austral (SADC), aunque en estado embrionario, desempeñase un papel en el futuro.[3] La organización sucedía al Comité de Coordinación para el Desarrollo de África Austral, que había sido formado en 1980 por dirigentes de naciones independientes para coordinar la inversión y el comercio y para reducir la dependencia económica de la Sudáfrica del *apartheid*. En 1992, con Namibia ya independiente y Sudáfrica en transición a la democracia, el comité se afianzó con la creación de la SADC, cuyo objetivo se había reorientado a la integración económica.

La participación de Mandela y el CNA en los encuentros y cumbres de la OUA sentó las bases de la contribución que la Sudáfrica democrática haría en pro de la paz y el desarrollo en África y en el mundo. También reflejó los esfuerzos iniciales de Mandela encaminados a la resolución de conflictos. Para cuando Sudáfrica ingresó en la OUA en 1994, la Unión había marcado un nuevo rumbo. Tenía previsto afrontar desafíos. Se producirían tensiones —en vista del ingente territorio del continente y las distintas prioridades de los numerosos países— entre, por un lado, los compromisos colectivos en aras del fomento de la paz y la democratización y, por otro, el respeto a la soberanía de los Estados miembros. Si la OUA no conseguía ayuda de la ONU y de otros países, encontraría dificultades a la hora de reunir recursos y experiencia para desarrollar su capacidad de mantenimiento de la paz y resolución de conflictos. No obstante, se respiraba un nuevo optimismo: las nuevas direcciones estaban bien definidas.

Así pues, la comparecencia del presidente Nelson Mandela en la cumbre de la OUA al mes siguiente de su investidura, en junio de 1994, fue un momento de gran excitación. Para muchos, supuso el emotivo cumplimiento de una promesa. El discurso de Mandela, elaborado a conciencia para transmitir la política de su país en lo tocante a la naciente África, definió el enfoque, los compromisos y las responsabilidades de Sudáfrica para con el continente. Así lo expuso:

«La liberación absoluta de África del dominio extranjero y blanco ya se ha logrado. Nuestros colegas del Comité de Liberación de la OUA, que han servido con distinción, ya han realizado la histórica labor de clausurar esta institución, a la que siempre recordaremos como un agente de primer orden para la emancipación de los pueblos de nuestro continente».

Después, en lo que posiblemente sonara extraño incluso para sus propios oídos, Mandela dijo: «Por último, en esta cumbre de Túnez, eliminaremos del orden del día la consideración de la cuestión de la Sudáfrica del *apartheid*».

Este asunto se había presentado en el orden del día de convenciones, cumbres y congresos de prácticamente cada reunión de las fuerzas progresistas durante todo el tiempo que Mandela había estado en prisión. Su eliminación de la agenda simbolizaba una victoria de enormes proporciones, una victoria alcanzada por una sección significativa de la comunidad internacional.

Mandela hizo hincapié en ello señalando que una época «con tareas históricas ha tocado a su fin. Ciertamente ha de comenzar otra con sus propios retos. África pide a gritos un renacimiento, Cartago espera la restauración de su gloria.

»Si la libertad era la corona que los luchadores por la liberación aspiraban a colocar sobre la cabeza de la madre África, que el aliento, la felicidad, la prosperidad y el confort de sus hijos sean la joya de la corona».

Con el imperativo de que el continente concentrara «todos sus esfuerzos en reconstruir las economías africanas», Mandela recordó a los dirigentes que la esencia «de lo que es necesario hacer es conocida por todos nosotros. Cabe destacar la necesidad de afrontar la realidad de que África continúa siendo un exportador neto de capital con una relación real de intercambio en deterioro. Nuestra capacidad de autosuficiencia para encontrar los recursos internos que generen un desarrollo sostenible sigue siendo muy limitada».

Advirtió sobre los riesgos de caer en el victimismo, de que los dirigentes achacaran sus problemas a agentes externos, cuando lo que debían hacer en cierto modo era un examen de conciencia. Rindió homenaje a los «grandes pensadores del continente» y reconvino a África por su fracaso a la hora de resolver la tragedia humana de Ruanda, que suponía «una dura y severa reprimenda a todos nosotros por no haber sido capaces de hacer frente a estos temas relacionados entre sí. A consecuencia de ello, una terrible matanza de inocentes ha tenido y está teniendo lugar delante de nuestros propios ojos».

Mandela prometió: «Sabemos a ciencia cierta que es nuestra obligación como africanos cambiar todo esto. Debemos, mediante actuaciones, corroborar nuestra voluntad de hacerlo. Debemos, mediante actuaciones, afirmar que no habrá obstáculos por grandes que sean que nos impidan propiciar un renacimiento africano [...].

»El punto de vista en el que todos coincidíamos era el de utilizar los recursos de nuestro país para crear una sociedad donde todo nuestro pueblo se emancipase del azote de la pobreza, la enfermedad, la ignorancia y el atraso.

»Los objetivos que todos perseguíamos era la creación de una Sudáfrica que fuese un buen país vecino y un socio equitativo con todos los países de nuestro continente, que se valiese de su habilidad y potencial para contribuir a avanzar en la lucha común por asegurar el lugar que le corresponde a África en el sistema económico y político mundial».[4]

Durante los años de presidencia de Mandela, Sudáfrica desempeñó un papel activo en la reconfiguración de la OUA. En 2002 se culminó con el nacimiento en Durban de la Unión Africana (UA), dotada de nuevos sistemas y estructuras para estar a la altura de las demandas posindependentistas del continente. La presencia de Mandela en la OUA, señala Nkosazana Dlamini-Zuma, «ejerció una profunda influencia», porque «era un hombre con el que la OUA y los Estados miembros habían trabajado a lo largo de los años desde el primer momento, cuando se estableció Umkhonto we Sizwe. Él había estado en muchos países antes de ser arrestado. Y mientras cumplía condena, la OUA representó un importante papel de apoyo en la lucha por su liberación y la de otros presos políticos, así como en la lucha que se libraba en Sudáfrica. De modo que el hecho de que este hombre, que también era un icono mundial, formase parte de la OUA tuvo un tremendo impacto».[5]

En 1996 causó un impacto igualmente enorme como presidente de la SADC. Ansioso por liderar una organización que no fuera otra tertulia burocrática, Mandela, en una comparecencia en la cumbre de la SADC celebrada en Malaui en septiembre de 1997, sacó a relucir los retos a los que la SADC se enfrentaría al armonizar el desarrollo con la seguridad y —ante la experiencia de la OUA— reconciliar el respeto hacia la soberanía de los Estados miembros con el compromiso por los principios democráticos. Para él era esencial que los representantes de los Estados miembros «formularan preguntas francas y dieran respuestas honestas sobre el estado en el que nos encontramos y el futuro rumbo».[6]

Tras una larga intervención donde se incluían algunos de los puntos que había planteado con aspereza en la cumbre de la OUA de 1994, los cuales reflejaban su preocupación por los procesos democráticos, Mandela enumeró las tareas de la organización intergubernamental. Subrayó que no habría progreso real sin igualdad de género, respeto a los derechos humanos y a los «principios básicos de buen gobierno».[7]

Uno de los asuntos que no mencionó fue el del estatus del Órgano de Cooperación en Política, Defensa y Seguridad, una institución formal de la SADC fundada en junio de 1996. Presidido por el presidente Robert Mugabe, este organismo, que se había reunido en la víspera de la cumbre en Gaborone, Botsuana, había sido objeto de intensos debates en los últimos meses, centrados en su estructura y competencias, pues tenía capacidad para suplantar a la propia cumbre en el sentido de que podía «operar al mismo nivel que la cumbre y [...] funcionar con independencia de otras estructuras de la SADC».[8] Indignado por la falta de transparencia del ente —y con el deseo de que su estructura fuera coherente y sencilla—, Mandela tenía sus dudas sobre que el órgano operase a nivel de cumbre, como pone de manifiesto en sus notas:

1. Asistí a la cumbre de la SADC en Gaborone en junio de 1996 y refrendé la decisión de crear el órgano.

2. Sin embargo, ignoraba que operaría a nivel de cumbre [en vez de] a nivel ministerial.

3. Cuando nos reunimos en Luanda el 1 de octubre de 1996 tuve conocimiento de que el órgano en sí era una cumbre. Me quedé atónito; ignoraba la existencia de tal organización.
   De haber estado al corriente, no habría aceptado la presidencia [de la SADC].

4. Luego realicé un largo viaje para ver al presidente Mugabe para discutir el asunto. Posteriormente vi al presidente Masire, mi predecesor, y al presidente Chissano, el vicepresidente.* Más tarde los cuatro nos reunimos en Ciudad del Cabo.

---

* Robert Mugabe, presidente de Zimbabue desde 1987; Quett Masire, presidente de Botsuana entre 1980 y 1998; Joaquim Chissano, presidente de Mozambique entre 1986 y 2005.

5. En todas estas ocasiones, explicaron con todo detalle por qué el órgano debía operar a nivel de cumbre. Acordamos que el asunto se debatiera en esta cumbre [en Blantyre, Malaui].

6. Me reuní con los dos presidentes en Gaborone y propuse una solución.[9]

Al día siguiente los miembros expusieron sus puntos de vista en la cumbre sin que se llegara a alcanzar un consenso claro salvo en la necesidad de la existencia del órgano, dados los retos de la región. La decisión se postergó; instaron a Mandela a que no dimitiera. En el debate que tuvo lugar seis meses después en un encuentro de jefes de Estado en Maputo tampoco se alcanzó una resolución.[10] Hubo, no obstante, mayor consenso en que el órgano debía ser un ente adscrito a la SADC en vez de una entidad autónoma.

Se ha hablado mucho sobre la relación de Mandela y Mugabe, por ejemplo del hecho de que desde el primer momento era evidente que no existía empatía entre ambos líderes. Mugabe, el más veterano de los estadistas, lisonjeado por sus jóvenes homólogos por el respeto reverencial que les infundía su combativa posición antiimperialista, se sentía en cierto modo eclipsado por Mandela, que hizo su entrada en escena con loables credenciales morales y éticas. Es más, como alguien a quien se atribuía el dicho de que el único hombre blanco digno de confianza era el hombre blanco muerto, no era en absoluto de extrañar que a Mugabe no le cautivara el proyecto de reconciliación de Mandela. No obstante, dado el imperativo de supervivencia de la SADC, ambos trabajaron conjuntamente en varios asuntos, a pesar de que el estatus del órgano siguiese constituyendo una fuente de tensiones entre ellos. Quett Masire cuenta en sus memorias cómo la tensa relación continuó así con el paso de los años.[11]

La inestabilidad en el Congo y en la región de los Grandes Lagos tuvo un impacto negativo en la mayoría de los países pertenecientes a la SADC. La implicación de Sudáfrica en el conflicto comenzó cuando acordó participar en una fuerza multinacional que iba a desplegarse en el este de Zaire para hacer frente a la crisis humanitaria que se había producido con el desplazamiento de, según las estimaciones, un millón de refugiados que huían del genocidio en la vecina Ruanda. El presidente de Zaire, Mobutu Sese Seko, solicitó a Sudáfrica que actuase de intermediario en el diálogo entre el gobierno zaireño y la Alianza de Fuerzas Democráticas para la Liberación del Congo (AFDLC) de Laurent Kabila. La AFDLC, establecida en el este, estaba avanzando hacia la capital, Kinsasa. A instancias de Estados Unidos, la AFDLC de Kabila participó en una serie de conversaciones para posibilitar un acercamiento en Sudáfrica en febrero de 1996. Esto allanó el terreno para un diálogo cara a cara entre Mobutu y Kabila a bordo de la nave sudafricana *SAS Outeniqua* en Pointe Noire, en la desembocadura del río Congo. En las conversaciones también estuvieron presentes los delegados especiales de la OUA y la ONU.[12]

Conocedor del éxito de las conversaciones para instaurar una nueva administración democrática —y erradicar el espíritu revanchista entre los beligerantes—, Mandela creía que podía lograrse igualmente el fin de la debacle zaireña. Pensaba que bastaría con persuadir al anciano Mobutu —desacreditado a nivel internacional— para que dejase el cargo con dignidad y a Kabila para que aceptase un arreglo global para formar un nuevo gobierno.

El avance de las fuerzas rebeldes mermó la voluntad de Kabila para encontrar una solución global. Mencionando el temor como un factor disuasorio de su negativa a asistir a las conversaciones en el barco a los diez días de las charlas iniciales, la vacilación pública de Kabila enardeció a Mandela, a quien los medios de comunicación escucharon echando un rapapolvo al líder rebelde. Se acordó que Kabila se desplazase al día siguiente a Ciudad del Cabo para que Mandela le pusiese al corriente de las propuestas redactadas tras la primera reunión, las cuales habían sido fruto de una amplia consulta con gobiernos africanos, Francia y Estados Unidos. Mientras estaba a bordo del *SAS Outeniqua*, Mandela también telefoneó a diversos jefes de Estado de la región para disuadirles de la intervención militar en la República Democrática del Congo.[13]

Mandela conoció la noticia de que Kabila no había interrumpido su avance en Kinsasa a pesar de haber dado su palabra. Las notas de Mandela reflejan su frustración:

1. Avance hacia Kinsasa.
   Comunicado de Bizima Karaha.*
   Rodear, pero no atacar.
2. Es muy censurable que uno haga una declaración firme y clara y que más tarde niegue haberla hecho. Tiende a destruir la confianza y el respeto mutuos que deberían existir entre camaradas. Tu preocupación por la seguridad es comprensible.

---

* Bizima Karaha, que fue ministro de Asuntos Exteriores de la AFDLC antes y después de que Kabila accediera a la presidencia de la República Democrática del Congo en 1997, también participó en las conversaciones de paz.

Pero mucha gente considera tu argumento, cuando menos, ridículo.

3. Prometiste en dos ocasiones que subirías a bordo en Pointe Noire. Falta de respeto = vicepresidente [Mbeki] y el representante de la ONU y la OUA, el presidente Mobutu.
Pasamos el día entero esperando sin noticias de tu paradero.
Un gesto desafortunado, sin sensibilidad, sin consideración humana, sin respeto hacia un hombre agonizante.*
Martti Ahtisaari, famoso diplomático int.

4. Falta de apreciación de los ingentes gastos que mi país ha tenido a costa de los contribuyentes.
El propio barco.
30 soldados.

5. [Has ido] a la carrera a la prensa.

6. Tu imagen se está empañando; tu moral se ha puesto en tela de juicio.

7. Se dicen cosas desafortunadas de tu persona. Te he defendido y estoy seguro de que otros también lo han hecho.

8. Sadako Ogata†

9. Kofi Annan‡
[Me] lo has puesto difícil, pero te empeñas en echar a perder nuestra confianza mutua.
¿Cómo voy a ser de servicio a una persona que no me trata con respeto?[14]

La intervención militar en Lesoto llevada a cabo el 22 de septiembre de 1998 por las Fuerzas Nacionales de Defensa de Sudáfrica (SANDF) y, en grado desdeñable, por las Fuerzas de Defensa de Botsuana (BDF) fue la primera crisis que puso a la SADC y a sus dirigentes —Mandela incluido— en el punto de mira de la comunidad internacional de los derechos humanos. Y, como es habitual en tales maniobras, la intervención era bienintencionada. Se realizó a raíz de unas controvertidas elecciones aclamadas por su curso pacífico tanto por observadores nacionales como internacionales y simultáneamente, según sus detractores, que sostenían

---

*   Mobutu padecía cáncer de próstata y murió en Marruecos el 7 de septiembre de 1997.
†   Sadako Ogata fue el alto comisionado para los refugiados de las Naciones Unidas entre 1991 y 2000 y se reunió con Mandela en marzo de 1997 para discutir la crisis de los refugiados en Zaire.
‡   Kofi Annan, secretario general de las Naciones Unidas, había respaldado las conversaciones de paz con la esperanza de que condujeran a un alto el fuego.

que habían sido amañadas, caracterizadas por profundas tensiones y animadversión.

Con el amotinamiento del ejército y las dos peticiones de intervención redactadas por escrito por el primer ministro de Lesoto se concluyó que el curso del proceso político no era posible sin estabilizar la situación y establecer la seguridad por vía militar, lo cual acometieron Sudáfrica y Botsuana en nombre de la SADC.[15]

El 22 de septiembre, seiscientas tropas sudafricanas entraron en Lesoto; más tarde se incorporaron doscientas tropas de la BDF. El contingente de las Fuerzas de Defensa de Lesoto (LDF) opuso mucha más resistencia de lo previsto y perdieron la vida ocho miembros de la SANDF y veintinueve de la LDF.

El presidente en funciones sudafricano, Mangosuthu Buthelezi, informó a la Asamblea Nacional mientras se estaba llevando a cabo la intervención y, con el ministro de Defensa, deliberó con el gabinete al día siguiente. El gabinete apoyó la valoración de la SADC de que el objetivo de la intervención, denominada Operación Boleas, era estabilizar la situación y crear un marco que posibilitase la continuidad de las negociaciones para alcanzar un acuerdo duradero.[16]

A su regreso a Sudáfrica de Norteamérica, Mandela manifestó: «Nuestra presencia allí no ha sido luchar, sino poner freno a estas violentas actividades —ilegales— para que las partes pudieran sentarse a alcanzar un acuerdo pacífico. Nuestra presencia ha tenido ese propósito. Nosotros no disparamos primero».[17]

Los objetivos de la SADC se alcanzaron. Lesoto realizó diversos cambios políticos y constitucionales, entre ellos la adopción de un sistema electoral de representación proporcional para dar a los partidos minoritarios mayor voz y voto que el sistema previo de mayoría relativa.

«No cabe duda —dijo Mandela— de que la iniciativa conjunta de la SADC logró crear un espacio para que los dirigentes políticos de ese país encontrasen una solución pacífica a sus discrepancias y deberíamos aprovechar esta oportunidad para felicitar a las fuerzas de defensa de Botsuana y Sudáfrica por su contribución decisiva y rendir tributo a quienes perdieron la vida».[18]

Los conflictos, especialmente donde hay pérdidas de vidas, generan recriminaciones. La invasión de la SADC, denominación que recibió en numerosas crónicas, se prestó a duras preguntas y acusaciones de que Sudáfrica —Botsuana salió bastante mejor del atolladero— se había extralimitado en sus funciones; que la intervención de la SADC contravenía la Carta de las Naciones Unidas y que la operación debía haber contado con la autorización del Consejo de Seguridad de la ONU. Pese a las dificultades en la consecución del objetivo —algunas de índole operativa, otras derivadas de las reacciones negativas de la opinión pública en Lesoto, etcétera—, la primera intervención militar de Sudáfrica y la SADC fue un éxito; no obstante, la SADC aún no disponía de equipamiento completo para realizar intervenciones de esa magnitud. La operación sirvió de lección práctica a todos los implicados sobre el desarrollo de un criterio más apropiado para el mantenimiento de la paz y la resolución de conflictos en el continente.

Hubo otras situaciones en las que Mandela intentó intervenir, comprometido como estaba con el principio de inculcar los valores de los derechos humanos en todo el continente. Existía una reivindicación recíproca por parte de los ciudadanos de esos países, desde el sur hasta el norte, que sentían que Sudáfrica tenía la obligación moral de asistirles en compensación por el apoyo que habían prestado a la lucha por la liberación.

Para la supervivencia del continente, sin embargo, era preciso crear un clima propicio para la inversión. La agitación y los conflictos a menudo tenían su origen en la inestable coyuntura económica. En este sentido, Mandela manifestó: «Necesitamos apoyo de los antiguos países industrializados. Nos deben ese apoyo; no es cuestión de caridad, sino porque tenemos derecho a ello. Nuestro país y muchos otros se vieron sometidos a la forma más brutal de explotación durante la era colonial».[19]

Como de costumbre, aunque Mandela había redactado pormenorizadamente el manual de estrategias de las virtudes de la reconciliación, cuyo objetivo era afianzar el futuro, se mostraba remiso en la misma medida a permitir que las iniquidades del pasado, como el impacto del colonialismo, quedaran en el olvido. El renacimiento de África no sería posible en el aislamiento; tenía que producirse en colaboración con el resto del mundo.

Ⓥ

En sus casi dos mil días como presidente de la República de Sudáfrica, Mandela puso en el punto de mira a su país y al mismo tiempo propició que Sudáfrica —un país que había estado sumido en su propio drama— se involucrase en los acontecimientos internacionales. Los elogios que le prodigaron a un hombre negro respetadas luminarias, especialmente de Occidente, edificaron a una considerable proporción de blancos. Más importancia si cabe revestía la aceptación de Sudáfrica en prestigiosos organismos internacionales y la abolición del estatus del país —lo cual se sentía de manera más honda entre la población blanca durante los boicots y embargos— como la escoria entre las naciones.

La emergente política exterior sudafricana, que en parte evolucionó a partir de las relaciones que el CNA había desarrollado en múltiples frentes a lo largo de los años con el establecimiento de más delegaciones en el extranjero que el régimen del *apartheid*, reflejó los dinámicos cambios que el mundo estaba sufriendo tras el fin de la Guerra Fría.

Además del objetivo prioritario de la renovación de Sudáfrica, las relaciones con países del hemisferio sur ocuparon un lugar esencial. Mandela expuso su visión en líneas generales en el discurso que pronunció en 1998 en una cumbre de Mercosur, el Mercado Común del Sur, donde concurren varias economías latinoamericanas. Habló de la «experiencia común del mundo en vías de desarrollo y del magnífico potencial existente para reforzar el sur por medio de la cooperación y el establecimiento de relaciones entre nosotros y cómo al mismo tiempo esto podría ser la base para promover una sinergia mutuamente beneficiosa con los países del norte [...].

»Los contextos comunes de la región meridional de África y del cono sur de Latinoamérica nos condujeron a establecer y crear asociaciones regionales movidos por un compromiso con la democracia; por los imperativos del desarrollo en una economía mundial en rápida globalización; y por el reconocimiento de que la paz y la seguridad dependen del desarrollo, de la igualdad social y de la gestión adecuada del medioambiente en el contexto del objetivo de desarrollo sostenible [...].

»Las intervenciones coordinadas en organizaciones multilaterales brindan una de las mayores oportunidades para lograr una cooperación fructífera a fin de promover políticas y actuaciones que redunden en beneficio de los países en vías de desarrollo [...]».

»Uno piensa, como extraordinario ejemplo del potencial para dicha cooperación, en la iniciativa en materia nuclear de la Zona de Paz y Cooperación del Atlántico Sur, que incluye tanto a miembros de Mercosur como de la SADC.

»Para promover la idea del establecimiento de vínculos y cooperación entre las cuatro existentes o futuras zonas libres de armas nucleares del mundo, la organización ha abierto una vía con el fin de consolidar el estatus del hemisferio sur y las áreas adyacentes libres de la amenaza de las armas nucleares.[*]

---

[*] En la década de 1960, el CNA ingresó en el Movimiento de Países No Alineados para reivindicar cuatro zonas libres de armas nucleares en África, Asia, Latinoamérica y Europa.

»Dicha iniciativa, fundamentada en el hecho de que las cuatro zonas y la Antártida, desmilitarizada, abarcan más de la mitad de la masa terrestre del planeta, podría promover la no proliferación y reforzar los avances realizados en pro del desarme nuclear. El éxito del consenso en un tema tan complejo pone de relieve el potencial de la cooperación en el hemisferio sur para contribuir a configurar el emergente orden mundial. Los foros para dicha acción conjunta son numerosos. La democracia ha brindado a Sudáfrica la oportunidad de jugar un papel en este proceso y se compromete firmemente a desempeñarlo hasta las últimas consecuencias, sea en calidad de nuevo miembro del grupo de Estados de África, el Caribe y el Pacífico; como miembro de la Organización para la Unidad Africana y de la SADC; desde la presidencia de la UNCTAD [Conferencia de las Naciones Unidas sobre Comercio y Desarrollo]; o como miembro de la Asociación de la Cuenca del Océano Índico, recientemente creada.[20]

Cuatro años antes, en su primer discurso como presidente de la Asamblea de las Naciones Unidas, Mandela había subrayado la urgencia de redefinir las prioridades de la comunidad internacional y la dependencia mutua entre las naciones y regiones.

«La respuesta de la comunidad internacional al desafío del *apartheid* confirmó precisamente la idea en la que todos coincidíamos: que mientras existiera el *apartheid* en Sudáfrica el conjunto de la humanidad se sentiría denigrada y degradada».[21]

Las Naciones Unidas, dijo, «entendieron muy bien que el racismo en nuestro país alimentaba irremediablemente el racismo en otras partes del mundo. La lucha universal contra el *apartheid* no fue, por consiguiente, un acto de caridad fruto de la compasión hacia nuestro pueblo, sino una afirmación de nuestra condición humana común.

»Creemos que un acto de afirmación exige que esta organización debía una vez más dirigir la atención de una manera focalizada y sostenida hacia los fundamentos de todo lo que contribuye a un mundo mejor para el conjunto de la humanidad».[22]

Mandela creía a pies juntillas en la capacidad de los organismos multilaterales para acometer cambios, sin importar el tiempo que se tardase. Le resultaba satisfactorio observar cómo una tendencia adquiría forma; si bien esto era cuestión de sentido común —del entendimiento de que cuanto más consenso se alcanzase al tomar una decisión, más legítima sería—, también se fundamentaba en la filosofía estratégica del CNA. El camino hacia el establecimiento de una Sudáfrica democrática —los diversos pasos desde las negociaciones hasta la firma de la nueva Constitución— se había caracterizado por una escrupulosa adherencia al principio de consenso.

Mandela tenía fe en la sensibilidad de la toma de decisiones colectivas que cambiarían la sociedad.

En la cumbre del Movimiento de Países No Alineados (MPNA) celebrada en Durban en 1998, Mandela subrayó el imperativo de reconfigurar el orden mundial. Fundado durante el apogeo de la Guerra Fría en Bandung, Indonesia, en 1955, durante el colapso del sistema colonial y el auge de los movimientos independentistas en África, Asia y Latinoamérica, el MPNA fue crucial en el proceso del fin de la colonización y desempeñó un papel clave en el mantenimiento de la paz y la seguridad mundiales.

Mandela manifestó: «Hemos de redefinir el orden mundial común. Sin duda ha de hacerse frente de manera contundente y sostenida a la violencia que nos rodea contra personas que son tan humanas como las que ocupamos posiciones privilegiadas».[23]

Habló de la «violencia del hambre que mata, la violencia de la falta de vivienda que mata, la violencia del desempleo que mata, la violencia de la malaria y del VIH/sida que mata, el narcotráfico que mata. Hablo del aniquilamiento de vidas humanas que lleva aparejado el subdesarrollo [...], la violencia de la guerra [...].

»Me refiero a los temas estrechamente relacionados con el desarrollo y la paz, los cuales han sido los objetivos centrales desde la fundación de nuestro movimiento [de Países No Alineados] y continúan siendo sus principales retos».[24]

Trasladando el mensaje al hemisferio norte, Mandela compareció en una sesión conjunta del Congreso estadounidense. Al igual que en ocasiones anteriores, antes de iniciar su discurso tuvo que esperar a que los vítores se apagaran en una cámara de peces gordos normalmente serena. En el silencio salpicado de murmullos, su voz se dejó sentir hasta en los rincones más recónditos de la cámara; los distinguidos hombres y mujeres presentes asentían alguna que otra vez cuando el ponente les tocaba la fibra al coincidir con sus convicciones. Mencionó a Martin-Luther King Jr. y citó a T. S. Eliot y Walt Whitman.

«Tal vez suceda que esa interrelación propicie entre ustedes, distinguidos miembros de esta cámara del Congreso, al igual que entre otros agentes del panorama mundial, políticas fruto del reconocimiento común de que a estas alturas no es posible medir el éxito o el fracaso en la gestión de los temas que afectan al ser humano en el limitado ámbito definido por las fronteras nacionales, que son legado de una realidad ancestral a miles de kilómetros de la cual la propia existencia ha movido a la sociedad. Si lo dicho es cierto de una manera tan manifiesta, si el mundo es un escenario y los actos de todos sus habitantes forman parte de la misma obra, de ello se deriva que cada uno de nosotros, como naciones, incluidos ustedes mismos, debería comenzar a definir el interés nacional para aspirar a la verdadera felicidad de todos, por distancia que medie en el espacio y el tiempo.

»Ustedes, honorables miembros del Congreso estadounidense, pertenecen y representan a la nación más poderosa del universo. Yo, por mi parte, soy africano.

»Procedo de un continente cuyas tribulaciones y sufrimiento les resultan muy familiares. Por consiguiente, entenderán fácilmente por qué alzo la voz al decir que para un país tan poderoso como el suyo, la democracia, la paz y la prosperidad en África redundan en interés de ustedes a nivel nacional en la misma medida que en el nuestro.

»Tengo la certeza de que entenderán que, como africano, he de alzar la voz para decir que creemos profundamente que el nuevo orden mundial que está gestándose debe focalizarse en la creación de un mundo de democracia, paz y prosperidad para el conjunto de la humanidad».[25]

Realizó más viajes al extranjero, estableciendo lazos económicos con países de la región de Asia y el Pacífico, en pleno proceso de convertirse en una de las principales zonas económicas a nivel mundial. Primero visitó India, después Japón y Corea del Sur, más tarde Filipinas, Malasia, Singapur, Bangladesh, Tailandia y Paquistán y, al final de su mandato, China.

Mandela amplió sus visitas también a los países escandinavos y Finlandia, que no habían escatimado esfuerzos en apoyar al CNA durante los tiempos más duros de la lucha. El apoyo había sido tanto a nivel material como político y se había sumado a los esfuerzos de prácticamente todos los movimientos de liberación en el sur de África. En fechas avanzadas de su mandato, agradeció al pueblo escandinavo su apoyo en el pasado y expresó su confianza en una futura cooperación.

«La consecución de nuestros objetivos también depende de que otros alcancen los mismos objetivos. En el mundo moderno, cualquier cosa que ocurra en un país tiene consecuencias en todas partes, incluso al otro lado del planeta. El desarrollo integrado del sur de África, la paz y la estabilidad de todo el continente, y la gestación de un orden internacional que garantice que el crecimiento económico mundial se traduzca en desarrollo constituyen premisas esenciales de nuestra línea de actuación al tiempo que ocupamos nuestro lugar en la comunidad internacional de naciones».[26]

Ciertas iniciativas de Mandela dirigidas a instaurar los derechos humanos en jurisdicciones situadas a lo largo y ancho del continente —como se puso de manifiesto con su desastrosa interacción con el general nigeriano Sani Abacha, como se comentó en el capítulo nueve— encontraron resistencia y acabaron fracasando. La única sanción impuesta a Nigeria por la ejecución de Ken Saro Wiwa y los restantes activistas ogoni fue la expulsión de la prestigiosa Commonwealth por un periodo de tres años y medio. A raíz de ello, la política exterior de Sudáfrica se enfocó hacia un mayor grado de participación de organismos multilaterales sin constreñir el espacio para intervenciones a iniciativa del presidente Mandela.

No obstante, sí que logró un tanto decisivo en el asunto de Lockerbie. Había levantado ampollas en EE. UU. cuando, en una gira conciliadora por los Estados africanos en mayo de 1990, agradeció a Muamar el Gadafi el apoyo de Libia. Posteriormente reaccionaría ante las ruinas de la residencia de Gadafi en Libia, que habían sido objetivo de un bombardeo estadounidense en 1986 con el pretexto de una represalia por un acto terrorista del que Libia era presuntamente responsable. «Al margen de las diferencias que puedan existir entre los países y los individuos —señaló Mandela—, es inaceptable que alguien intente asesinar a un adversario y a su familia».[27]

Cuando Mandela volvió a Libia en 1992, se habían dictado órdenes de detención en Escocia de dos ciudadanos libios sospechosos de la explosión de una bomba en el avión de pasajeros de la Pan Am mientras sobrevolaba Lockerbie (Escocia) en 1988. Se había saldado con 270 víctimas mortales entre pasajeros, tripulación y residentes en la zona.

Libia rehusó extraditar a los sospechosos y el país movilizó a la Liga Árabe y a la OUA; para estos organismos el episodio de Lockerbie resultó tan preocupante como la imposición unilateral de sanciones a Libia por parte de Estados Unidos y las repercusiones en el resto de África.[28]

Mandela abogó por que, si existían pruebas fehacientes de la culpabilidad de los sospechosos, fueran juzgados en la Corte Internacional de Justicia de La Haya a fin de evitar la humillación a un jefe de Estado. Instó a «los países involucrados a dar ejemplo de gobierno y liderazgo. Esto garantizará que la década de los noventa esté exenta de enfrentamientos y conflictos».[29]

Mandela había comentado su declaración a una serie de representantes internacionales. El estadounidense Hank Cohen, vicesecretario de Estado para Asuntos Africanos, confirmó que la declaración coincidía con la resolución que tenía previsto adoptar el Consejo de Seguridad de la ONU sobre el asunto de Lockerbie a lo largo del día. En la lista de Mandela también figuraban Kofi Annan, secretario general de la ONU; Lynda Chalker, ministra de Desarrollo Exterior británica; y las embajadas española y francesa.

Pese a esta incesante actividad, el Consejo de Seguridad de las Naciones Unidas había impuesto sanciones de tráfico aéreo a Libia por no haber entregado a los sospechosos. De camino a un encuentro de jefes de gobierno de la Commonwealth en Escocia, Mandela hizo escala en Libia para ver a Gadafi con la esperanza de convencerle para que llegara a un entendimiento con Occidente.[30] Antes de llegar a Libia, Mandela hizo un llamamiento para que se levantaran las sanciones sobre el país, resolución que había sido adoptada en la cumbre de la OUA ese mismo año.[31]

En esta ocasión, Mandela entró a Libia por carretera desde la vecina Túnez para evitar violar el embargo aéreo sobre Libia dictado por la ONU. En su comparecencia ante los medios de comunicación en Libia, reiteró su postura:

«La Organización para la Unidad Africana exige que los sospechosos sean juzgados en un país neutral. Esta es la propuesta que traté en 1992 con los americanos, con el presidente Mitterrand, con el rey [Juan] Carlos de España, así como con el primer ministro [John] Major. Abogamos por que los sospechosos sean juzgados en un país neutral. No podemos aceptar que un país sea demandante, fiscal y juez al mismo tiempo. No solo ha de hacerse justicia, sino también ha de dejarse constancia de que se hace justicia».[32]

Al preguntarle si le había afectado la airada reacción, especialmente por parte del gobierno estadounidense, Mandela respondió: «Bueno, un político debe tener tablas. Si eres político, has de estar preparado para sufrir por tus principios. Por eso optamos por permanecer recluidos en prisión durante veintisiete años, por no cambiar nuestros principios. —Señalando hacia Gadafi, añadió—: Es mi amigo. Nos ayudó en una época en la que no contábamos con apoyo alguno, cuando los que sostienen que no deberíamos haber venido aquí estaban ayudando al enemigo. Quienes sostienen que yo no debería estar aquí no tienen moral y no voy a sumarme a ellos en su falta de moralidad».[33]

Las negociaciones se prolongaron y combinaron los esfuerzos de Mandela; su enviado, Jakes Gerwel; un diplomático saudí, el príncipe Bandar bin Sultan; y la ONU. Trabajaron en pro de una solución conjunta para los tres países involucrados y sus respectivos dirigentes, a saber, Gadafi, Bill Clinton y Tony Blair. La iniciativa se vio reforzada por el creciente apoyo multilateral por parte de la OUA, el MPNA y la Liga Árabe, así como por una resolución de la Corte Internacional de Justicia que dictaminó que tenía jurisdicción sobre el episodio de Lockerbie; con ello se concluyó que el tema era de carácter legal y no una cuestión de seguridad internacional de competencia de la ONU.[34]

En este contexto, Mandela y sus enviados crearon un foro público de negociación para alcanzar un acuerdo mediante la persuasión e incluso ejerciendo presión a nivel privado. En público, por ejemplo, mostraba hacia Gadafi el máximo respeto que puede profesarse hacia ciudadanos de cualquier otro país. En privado, sin embargo, lo reconvenía cuando considera-ba que era oportuno e insistía en la necesidad de hablar con respeto, por ejemplo de las Naciones Unidas, aun cuando estuviera en desacuerdo con ellos.[35] En esos momentos cruciales, Mandela se valió de sus relaciones personales con Gadafi, Clinton y Blair, lo cual puso de relieve la impor-tancia de los vínculos personales directos entre los líderes en su visión del diálogo y de la resolución de conflictos.

Como resultado de estas iniciativas diplomáticas, el 19 de marzo de 1999 Mandela pudo comunicar al pueblo libio con la cabeza bien alta que el caso Lockerbie había concluido. «Con gran admiración hacia el pueblo libio, hoy puedo anunciar al mundo que Libia ha decidido escribir al se-cretario general de las Naciones Unidas para fijar una fecha concreta para la extradición de dos ciudadanos libios sospechosos en el caso Lockerbie con el fin de que sean juzgados en los Países Bajos [...]. Vosotros, los ciu-dadanos libios, habéis hecho gala del potencial de África para liderar la paz, la igualdad y la prosperidad para todos en la entrada del nuevo milenio. Os rendimos homenaje y os deseamos mucha suerte y prosperidad».[36]

Algunas de las decisiones que tomaba Mandela le resultaban incómo-das, pero le movían los intereses generales del país. Sirva de ejemplo el cambio de criterio que Sudáfrica tuvo que adoptar cuando se vio obligada a retirar el reconocimiento de la República de China para reconocer la República Popular China.* Jakes Gerwel recuerda el momento en el que a Mandela ya no le fue posible postergar la decisión durante más tiempo:

«Él siempre decía: "Verás, no podemos romper las relaciones con Taiwán de manera indecorosa por lo que hayan hecho antes de las elecciones". De repente, una mañana me dijo: "Ha llegado la hora". Yo siempre se lo comentaba a los demás, al principio uno tenía la sensación de ser un asesor político de Madiba, pero en cierto modo es imposible asesorar a Madiba; tiene lo que se denomina "olfato". A veces toma una decisión política porque tiene un don innato para la oportunidad. Eso es lo que ocurrió. Al despertarse una mañana, lo primero que hizo fue llamar al embajador para decirle el rumbo que íbamos a tomar y a continuación lo anunció».[37]

---

* Acorde con la premisa de la «China única» del gobierno de Pekín, que sostiene que la República Popular China es el único gobierno que representa a todo el pueblo chino. Se remonta a finales de la guerra civil de 1949, cuando el Kuomitang de Chiang Kai-Shek se replegó a Taiwán tras la derrota y lo convirtió en sede de su gobierno, mientras los victoriosos comunistas, dirigidos por Mao Zedong, centraron su dominio en la China continental.

En noviembre de 1996, en una reunión informativa especial ante los medios de comunicación organizada en su casa, Mandela explicó que se había reunido con los respectivos representantes de los dos gobiernos chinos para «transmitirles la esperanza de que a lo largo de los doce meses siguientes sea posible lograr una transición sin complicaciones, ni para la República Popular China ni para el gobierno de la República de China en Taiwán, en la que Sudáfrica otorgue por vía diplomática el reconocimiento de la República Popular China y al mismo tiempo continúe manteniendo relaciones fructíferas con Taiwán».[38]

Insistió en su propósito de persuadir al mundo de que se tomara en serio el multilateralismo y se convirtió en un frecuente mediador en asuntos internacionales. En todas estas circunstancias mostraba su habitual respeto hacia el prójimo. Por ejemplo, poco después de expresar la aceptación de su gobierno de la República Popular China sobre Taiwán, invitó al ministro de Asuntos Exteriores taiwanés, John Chang, a un encuentro en Sudáfrica, tras el cual Mandela y este ofrecieron una rueda de prensa conjunta en Union Buildings.[39] Con este gesto Mandela no pretendía dorar la píldora, sino reflejar el dilema en el que se había encontrado Sudáfrica al tomar la decisión debido a requerimientos diplomáticos.

El último viaje oficial al extranjero de Mandela como presidente, donde se despediría de la comunidad internacional, fue a China. En su último discurso, pronunciado en la Universidad de Pekín, reiteró el imperativo de un enfoque multilateral en pro del desarrollo, la paz y la seguridad. Condenó los acontecimientos de Kósovo: «Por un lado, con la limpieza étnica se están violando los derechos recogidos en la Declaración Universal de los Derechos Humanos. Por otro lado, el Consejo de Seguridad de las Naciones Unidas está siendo ignorado con la acción unilateral y destructiva de algunos miembros permanentes. Ambas actuaciones han de ser condenadas en los términos más enérgicos».*[40]

A su regreso a Sudáfrica, preguntaron a Mandela por qué no había sacado a relucir el tema de los derechos humanos durante su visita a China. En su respuesta subrayó su profunda preocupación por la autoridad de los organismos internacionales.

«La experiencia histórica ha demostrado que no son los individuos quienes cambian las políticas de los países, sino sus organismos. En Sudáfrica se produjo el cambio de la política del *apartheid* debido a la intensa

---

*   Mandela hacía referencia a la guerra de Kósovo, por un lado a las actuaciones de las fuerzas yugoslavas contra los albano-kosovares por las que los militares yugoslavos fueron posteriormente procesados por crímenes de guerra y contra la humanidad y, por otro, a la intervención de la OTAN sin autorización del Consejo de Seguridad de la ONU, que bombardeó Yugoslavia para forzar la retirada de las tropas yugoslavas de Kósovo. Mandela hizo estas declaraciones cinco semanas antes de que el Consejo de Seguridad de la ONU interviniera para poner fin al conflicto.

presión ejercida por el movimiento de liberación y otras corrientes democráticas de dentro y fuera del país, especialmente el movimiento de liberación respaldado por la comunidad internacional. Eso es lo que cambió la política de Sudáfrica. No es de recibo que un individuo meta las narices en los asuntos internos de otro país. Eso hay que respetarlo; si se pretende hacer algo con respecto a la política interna de un país, ha de recurrirse a organismos internacionales o nacionales. Y es un error pensar que un individuo puede constituir un factor a la hora de ejercer influencia, de cambi[ar] la política de un país».[41]

Epílogo

Nelson Mandela cruzó las puertas de prisión el 11 de febrero de 1990 para internarse en un país que necesitaba desesperadamente una solución a sus problemas ancestrales, problemas que habían causado un daño incalculable. Se hacía una idea del mundo en el que se adentraba al ser puesto en libertad, pero era una visión incompleta y sesgada fruto de noticias censuradas y confidencias filtradas en los últimos tiempos de su condena.

Una vez fuera, lo abstracto se hizo concreto y tangible; el polvo, el ruido y la sangre cobraron realidad. Cada día, durante el proceso de las negociaciones, se codeaba con hombres y mujeres, algunos de los cuales eran mecenas de la carnicería. Le sonreían por deferencia a su edad y por algo inexplicable que despedía un hombre que había sobrevivido incólume al encarcelamiento y en cuyos ojos veían reflejada la barbarie de sus actos. En los ojos de su propio pueblo, él veía el dolor del intento de encontrarle sentido a todo ello.

Uno de los primeros actos de los representantes del pasado fue protagonizado por los generales y responsables de los servicios de seguridad; uno de ellos le entregó a Mandela una carpeta que, según le dijo, contenía los nombres de altos mandos del CNA que habían sido agentes del régimen del *apartheid*. Mandela echó un vistazo a la carpeta, pero se la devolvió a la fuente. Su visión de una nueva sociedad no se vería maleada por el pasado. Se había dicho a sí mismo que haría partícipe del proyecto a todo el mundo, fueran amigos o enemigos. No había ni tiempo ni recursos que malgastar en cazas de brujas.

Mandela tenía setenta y cinco años cuando se convirtió en el primer presidente de una Sudáfrica democrática. Su mentor, Walter Sisulu, a quien él llamaba con afecto y respeto por su nombre de clan, Xhamela, tenía ochenta y uno; su otro amigo y confidente, Oliver Tambo, que había regresado al país después de tres décadas en el exilio, había fallecido el año anterior. Muchos de sus incondicionales camaradas, algunos de los cuales habían estado con él en la isla de Robben, también habían envejecido y estaba claro que, aun cuando hubieran sobrevivido a la prisión, el reloj seguía marcando las horas.

Tal vez se viera privado del consejo de algunos de sus viejos camaradas, pero le alentaba la certidumbre de que lo respaldaban los millones de sudafricanos que habían votado por primera vez el 26 y 27 de abril de 1994. El rotundo mandato encomendado al CNA le infundió ánimo para capitanear la nación con confianza.

Quería resolver el máximo posible de problemas de Sudáfrica en el poco tiempo del que disponía. En parte ese fue el motivo por el que mantuvo una agenda tan extenuante en el transcurso de su presidencia. No obstante, también reconocía que la prisión había acentuado su capacidad de resistencia y le había enseñado que, dado que no podía controlar el tiempo, necesitaba hacer de él su aliado para que trabajase a su favor.

La prisión, un lugar de castigo, se convirtió, por el contrario, en un espacio donde pudo encontrarse a sí mismo. Un espacio donde poder reflexionar, recrearse en lo único que le aportaba un sentimiento de identidad. Y fue, por supuesto, en prisión donde nació su concepción de la nueva Sudáfrica como nación democrática.

En vista de los millones de elementos móviles que conforman una nación, hacer realidad de manera coherente esa visión sería una tarea de gran envergadura. Lo primero que Mandela hizo fue declarar que su presidencia duraría una sola legislatura. Son escasos los líderes que tienen la generosidad de hacer esto. En la historia abundan los ejemplos de quienes han pretendido ampliar su mandato. Mandela, por el contrario, puso esa condición porque le constaba que contaba con el apoyo de las personas en las que confiaba incondicionalmente, las cuales le guiarían.

Hay un hermoso proverbio isiZulu que reza: *Inyathi ibuzwa kwabaphambili* («Quienes hayan caminado por delante de ti, quienes conocen las características del terreno, te dirán si el camino es seguro o si hay un búfalo herido entre la espesura»). Mandela siempre tenía una idea bastante definida del rumbo que quería tomar. No obstante, contaba con dos guías, ambos unos años mayores que él, a quienes acudiría en busca de asesoramiento en empresas peligrosas y arriesgadas: Sisulu y Tambo.

Graça Machel recuerda que cuando se produjo un avance decisivo en las conversaciones iniciales con Kobie Coetsee, portavoz de P. W. Botha, que condujo a la liberación de los presos políticos, Walter Sisulu reprendió a Mandela:

—¿Por qué no planteaste esto antes? —preguntó Sisulu.

—¡Estaba a la espera de tus instrucciones! —contestó Mandela.[1]

Antes de la puesta en libertad de Mandela era a Tambo a quien se mantenía informado de cada movimiento que hacía Mandela en lo concerniente al acuerdo con sus captores. Se mantenía al corriente al CNA en Lusaka aun cuando la distancia y las condiciones del confinamiento dificultaran el intercambio de información sensible —y dieran lugar a posibles jugarretas y malentendidos—. En un momento dado incluso se llegó a rumorear que Mandela se había vendido; fue Oliver Tambo quien contrastó esos rumores.

Esta relación —y la honestidad de Mandela— convencieron al CNA para utilizar la imagen y el icónico estatus de Mandela —a pesar de no ser considerada como persona «a efectos legales»— como imagen de sus campañas internacionales. De ahí que su nombre y las diferentes representaciones de su rostro se convirtieran en sinónimos de la lucha contra el *apartheid*. En los campamentos se compusieron canciones de liberación en honor de muy pocos líderes. Cuando Mandela fue puesto en libertad, un buen número de beneficiarios del *apartheid* que esperaban la caricatura de un sanguinario vengador se encontraron, en vez de eso, a un ejemplo de reconciliación. Esperaban venganza, pues sabían de buena tinta lo que le habían hecho. Pero Mandela no se ajustaba al concepto que tenían de él. Al otro lado del espectro, las fechorías de sus héroes, Botha y su extremista sombra, Eugène Terre'Blanche, de repente parecían inaceptables.

Líderes mundiales de países a los que ellos admiraban hacían cola a la puerta del exrecluso. Con los ricos y famosos ocurrió de manera similar. Dondequiera que Mandela fuera, dentro o fuera del país, recibía una acogida multitudinaria y era objeto de elogios.

Pero todo el renombre, el estatus de celebridad, iba en servicio del pueblo de Sudáfrica. A pesar de los oropeles, se lograron multitud de cosas. El carisma de Mandela se ponía de manifiesto donde la belicosidad probablemente habría reducido a cenizas Sudáfrica. El ala derechista —incluidos los que opinaban que la guerra civil habría conducido a cierto respeto mutuo entre los beligerantes— estaba armada y tascando el freno. Mandela neutralizó esa facción con rapidez y serenidad. Fue un típico ejemplo de maniobra que debería emularse en otras zonas de conflicto.

¿Podría haber realizado la labor de reconciliación de manera diferente? Tal vez. Las impresiones importan. Cuando la gente te ve con Betsie Verwoerd o P. W. Botha —y el contexto es confuso o el simbolismo se pierde bajo el clamor— posiblemente saque conclusiones precipitadas. Los sudafricanos negros poseen una larga historia de traiciones y necesitaban que se les recordara constantemente que su hijo más brillante no los había abandonado.

Por otro lado —y es preciso señalar esto—, tal vez existieran elementos en el seno del CNA que, con propósitos de cualquier índole, encontraran una razón para sostener que Mandela había perdido el contacto con los ciudadanos de a pie. Esto, por supuesto, era desechado por quienes entendían que el CNA era, como se ha mencionado en reiteradas ocasiones, una amplia congregación. Mandela aspiró, en todo momento, a decir al mundo que no era un mesías, sino un santo que seguía intentándolo.[2]

Hubo una conmovedora analogía con la vida de Mandela. En 1994, en su primer día como presidente en Union Buildings, los edificios parecían sin vida y abandonados mientras caminaba por el pasillo hacia el que sería su despacho en los cinco años siguientes. El último día, en 1999, cuando ya había dejado de ser presidente de Sudáfrica, el edificio estaba desierto cuando fue a recoger sus pertenencias.[3] Era día festivo, la tarde del día en el que Thabo Mbeki tomó posesión del cargo de presidente.

Se habían producido numerosas despedidas antes de ese día. Al retirarse de la presidencia del pueblo de Sudáfrica y de países y organismos multilaterales de todo el mundo, Mandela imaginaba pasar una vida de serena reflexión en su aldea natal en el campo. Desde ese idílico emplazamiento privilegiado observaría los acontecimientos con preocupación por los problemas que debía afrontar Sudáfrica y el mundo, pero no obstante con la esperanza de que los líderes estuviesen a la altura de los retos en pro de la paz, la igualdad y el desarrollo. Había llegado el momento de disfrutar de la vida de un modo que, debido a las presiones de su cargo y a su vida como activista antes de ello, simple y llanamente le había resultado imposible.

El largo adiós había comenzado coincidiendo con la Conferencia Nacional del CNA celebrada en 1997. En una entrevista emitida en televisión la víspera de la conferencia, mientras se preparaba para dejar su puesto al frente del CNA, Mandela habló con el corazón en la mano:

«Una de las cosas que he echado mucho en falta es la oportunidad de sentarme a reflexionar. Mi apretada agenda como presidente de la organización no me ha brindado esa posibilidad. También añoro la oportunidad de leer, la cual tuve en prisión, por irónico que pueda parecer. Pero la oportunidad de sentarse a reflexionar forma parte intrínseca de la labor política y lo he echado tremendamente de menos. Y, por último, la oportunidad de sentarme con mis hijos y nietos, de escuchar sus sueños y de intentar ayudarles en todo lo posible».[4]

Cuando clausuró la conferencia del CNA en Mafikeng fue como si estuviera visualizando su aldea natal. «Anhelo el momento —dijo— en el que pueda despertarme al alba; caminar por las colinas y valles de Qunu en paz y tranquilidad».[5]

Durante el último año de su legislatura expresó ese deseo en diversos países y foros, desde la Asamblea General de la ONU hasta paseando entre la muchedumbre congregada en la calle durante unas elecciones.

«Cada uno de vosotros sabe que me retiro como presidente de este país, y he salido a la calle solamente para despedirme de todos vosotros y agradeceros el apoyo e incluso el cariño que me habéis brindado. Me marcho a mi aldea en el campo. Es allí donde voy a estar, porque en esencia soy un chico de campo. Quiero ver una brizna de hierba, quiero ver el vuelo de los pájaros y quiero escuchar el sonido de los arroyos».[6]

Se respiraba una mezcla de liviandad y emoción contenida entre los diputados e invitados a la última sesión parlamentaria mientras Mandela relataba por última vez los logros y las tareas pendientes. Como siempre, subrayó que el progreso de Sudáfrica era el resultado de un esfuerzo colectivo que debía continuar.

«Cada periodo histórico —dijo— define los retos concretos del progreso y el liderazgo nacional; y ningún hombre es una isla.

»Y, en mi opinión personal, pertenezco a la generación de líderes para los que la instauración de la democracia constituía el reto absoluto.

»Me considero afortunado de no haber tenido que vivir los rigores del exilio y décadas de clandestinidad y luchas de masas que consumieron las vidas de figuras de la talla de Oliver Tambo, Anton Lembede, Duma Nokwe, Moses Kotane y J. B. Marks, Robert Sobukwe y Zephania Mothopeng, Oscar Mpetha, Lilian Ngoyi, el obispo Alpheus Zulu, Bram Fischer, Helen Joseph, Alex La Guma, Yusuf Dadoo y Monty Naicker.[*] Por desgracia, Steve Biko falleció en su juventud, pero era una estrella en alza. Si le hubieran dado la oportunidad, lo habría citado entre ellos.

»Me considero afortunado de que, entre esa generación, la historia me permitiera participar en la transición de Sudáfrica desde ese periodo hasta la nueva era cuyos cimientos hemos colocado juntos.

»Abrigo la esperanza de que en las décadas venideras, cuando se escriba la historia, se valore el papel de esa generación y que yo no llegue a cuestionar el alcance de su fortaleza y visión. Qué duda cabe, señora presidenta, de que he apreciado con gran gratitud los generosos elogios que a menudo me han profesado como individuo. Pero permítame manifestar lo siguiente:

»En la medida en que haya sido capaz de lograr cualquier cosa, tengo presente que ha sido porque soy producto del pueblo de Sudáfrica.

»Soy producto de las masas del campo, que me inspiraron el orgullo por nuestro pasado y el espíritu de resistencia.

---

[*] Para reseñas biográficas de estos individuos: *véase* Gente, lugares y acontecimientos.

»Soy producto de los trabajadores de Sudáfrica, que, en las minas, fábricas, campos y oficinas de nuestro país han reivindicado el principio de que los intereses individuales se fundamentan en el interés colectivo de todos.

»Soy producto de la inteligencia de las múltiples etnias de Sudáfrica, que han trabajado incansablemente para proporcionar a nuestra sociedad la conciencia de sí misma y para moldear las aspiraciones de nuestro pueblo en un sueño razonable. Soy producto del sector empresarial de la industria y la agricultura, el comercio y las finanzas, que con su espíritu emprendedor ha contribuido a convertir los ingentes recursos naturales de nuestro país en la riqueza nacional.

»En la medida en que haya tenido la capacidad de llevar adelante a nuestro país en esta nueva era, se debe a que soy producto de los ciudadanos del mundo que han acariciado la aspiración de una vida mejor para toda la humanidad. Insistieron, con espíritu de sacrificio, en que esa aspiración también se hiciera realidad en Sudáfrica. Nos infundieron esperanza porque sabíamos que con su solidaridad no podrían silenciarse nuestros ideales, dado que eran los ideales de la humanidad.

»Soy producto de África y su sueño largamente acariciado de un renacimiento que hoy puede hacerse realidad para que todos sus hijos puedan jugar bajo el sol.

»En la medida en que haya sido capaz de contribuir a que nuestro país dé el paso hacia la democracia, la igualdad racial y la igualdad de sexos, es porque soy producto del Congreso Nacional Africano, del movimiento en pro de la justicia, la dignidad y la libertad que vio nacer a infinidad de grandiosas figuras bajo cuya sombra encontramos nuestra gloria.

»Cuando, tal y como sucederá en unos meses, me convierta de nuevo en un ciudadano de nuestra tierra, seré uno cuyas inquietudes y capacidades estén configuradas por la gente de nuestra tierra.

»Me contaré a mí mismo entre los ancianos de nuestra sociedad; como un miembro de la población rural; como uno preocupado por los menores y la juventud de nuestro país; y como un ciudadano del mundo comprometido, mientras me queden fuerzas, a trabajar en aras de la mejora de vida para todos. Como siempre he hecho, haré lo que pueda ciñéndome a la disciplina del amplio movimiento por la paz y la democracia al que pertenezco.

»Entonces me contaré entre los hombres y mujeres de a pie cuyo bienestar ha de ser, en cualquier país, el baremo por el que un gobierno democrático ha de ser valorado.

»Entre estos criterios, es primordial el Programa para la Reconstrucción y el Desarrollo en aras de una vida mejor para todos.

»Entre estos criterios, son primordiales la unidad nacional y la reconciliación entre las comunidades y los ciudadanos, cuyo destino es inseparable.

»Honorables miembros de esta cámara: que una comunidad internacional que nos infundió esperanza a su vez encuentre esperanza en cómo superamos las divisiones seculares tendiéndonos la mano los unos a los otros es indicativo del éxito de nuestra nación. Sin duda nos sentimos agradecidos y dichosos en la medida en que hayamos sido capaces de corresponder infundiendo esperanza a los ciudadanos del mundo. Y ni que decir tiene que todos deberíamos estar a la altura de esas expectativas ante el mundo.

»Como se me ha recordado una vez más en la visita que acabo de realizar a los Países Bajos y a cuatro países nórdicos, el mundo nos admira por nuestro éxito como nación al estar a la altura de los desafíos de nuestra época.

»Esos desafíos eran: evitar la pesadilla de la extenuante guerra racial y el derramamiento de sangre y reconciliar a nuestro pueblo partiendo de la base de que nuestro objetivo primordial ha de ser superar juntos el legado de pobreza, división e injusticia.

»Dichos desafíos permanecen inalterables en la medida en que aún hemos de reconciliar y sanar nuestra nación; en la medida en que las secuelas del *apartheid* aún calan en nuestra sociedad y definen la vida de privaciones de millones de sudafricanos [...].

»¡El largo camino continúa!».[7]

Información suplementaria

Apéndice A

Abreviaturas de organizaciones, partidos políticos
e instituciones gubernamentales

AFDLC   Alianza de Fuerzas Democráticas para la Liberación del Congo-Zaire

ANCWL   Liga de Mujeres del Congreso Nacional Africano

ANCYL   Liga de la Juventud del Congreso Nacional Africano

AVF   Afrikaner Volksfront

AWB   Afrikaner Weerstandsbeweging

CNA   Congreso Nacional Africano

CODESA   Convención para una Sudáfrica Democrática

CONTRALESA   Congreso de Líderes Tradicionales de Sudáfrica

COSATU   Congreso de los Sindicatos de Sudáfrica

CPA   Congreso Panafricanista

GNU   Gobierno de unidad nacional

IEC   Comisión Electoral Independiente

IFP   Inkatha Freedom Party

JSC   Comisión de Servicios Judiciales

MK   Umkhonto we Sizwe

MPLA   Movimento Popular de Libertação de Angola (Movimiento Popular
               para la Liberación de Angola)

MPNA   Movimiento de Países No Alineados

NCPS   Estrategia Nacional de Prevención del Crimen

NEC   Comité Ejecutivo Nacional

NIA   Agencia Nacional de Inteligencia

NP   National Party

OUA   Organización para la Unidad Africana

SACP   Partido Comunista Sudafricano

SADC   Comunidad de Desarrollo de África Austral

SADF   Fuerzas de Defensa de Sudáfrica

SAIC   Congreso Indio de Sudáfrica

SANDF   Fuerzas Nacionales de Defensa de Sudáfrica

SAPS   Servicio de Policía de Sudáfrica

SASS   Servicio Secreto de Sudáfrica

SAUF   Frente Unido Sudafricano

SWAPO   Organización Popular del África del Sudoeste

TEC   Consejo Ejecutivo de Transición

TRC   Comisión para la Verdad y la Reconciliación

UDF   Frente Democrático Unido

UNITA   União Nacional para a Independência Total de Angola (Unión Nacional
                        para la Independencia Total de Angola)

Apéndice B

Gente, lugares y acontecimientos

Afrikaner Volksfront (Frente Nacional del Pueblo Afrikáner, AVF)

Esta organización, fundada el 19 de mayo de 1993 para unir a la comunidad de habla afrikáans, aglutinó agrupaciones como el Afrikaner Weerstandsbeweging (AWB) y a antiguos generales de las fuerzas del ejército y de la policía de la era del *apartheid*. Exigía la independencia de los sudafricanos de lengua afrikáans y reivindicaba un *volkstaat* o *homeland* afrikáner.

Alianza para el Congreso

Fundada en la década de 1950, estaba integrada por el CNA, el Congreso Indio Sudafricano (SAIC), el Congreso de los Demócratas (COD), la Organización del Pueblo Mestizo de Sudáfrica (SACPO) y, más tarde, el Congreso del Pueblo Mestizo (CPC). Cuando se fundó la Federación Sindical Sudafricana (SACTU) en 1955 pasó a ser el quinto miembro de la alianza. Fue clave a la hora de organizar el Congreso del Pueblo e impulsar las cláusulas que se incluirían en la *Carta de la Libertad*.

Autshumao (o, como Mandela escribe, Autshumayo)

(† 1663). Líder koi-koi. Aprendió inglés y neerlandés y trabajó de intérprete en el transcurso de la colonización holandesa en el Cabo de Buena Esperanza en 1652. Jan van Riebeeck lo encarceló junto a dos de sus simpatizantes en la isla de Robben en 1658 tras declarar la guerra a los colonos holandeses. Fue uno de los primeros presos de la isla y el único que logró escapar.

Barnard, Dr. Lukas (Niël)

(1949-). Académico y catedrático de Ciencias Políticas en la Universidad del Estado Libre de Orange desde 1978. Estuvo al frente del servicio de inteligencia sudafricano entre 1980 y 1992. Mantuvo reuniones clandestinas con Mandela mientras este cumplía condena para preparar su puesta en libertad y su ascenso al poder, así como para facilitar encuentros entre Mandela y los presidentes P. W. Botha y, posteriormente, F. W. de Klerk. Fue director general de la administración de la provincia occidental del Cabo desde 1996 hasta 2001.

Biko, Stephen Bantu

(1946-1977). Activista *antiapartheid*, nacionalista africano y líder del Movimiento de Conciencia Negra. Fundó la Organización de Estudiantes Sudafricanos en 1968 y la presidió en 1969. Fue cofundador de la Convención del Pueblo Negro en 1972. Fue declarado proscrito y se le prohibió participar en actividades políticas en 1973. En agosto de 1977 fue detenido y asesinado por la policía.

Bizos, George

(1928-). Abogado de origen griego especializado en derechos humanos, miembro y cofundador del Consejo Nacional de Abogados en pro de los Derechos Humanos. Formó parte del Comité Constitucional y Legislativo del CNA. Trabajó de consejero legal en la Convención para una Sudáfrica Democrática (CODESA). Formó parte del equipo de abogados defensores en el juicio de Rivonia y representó a destacados activistas *antiapartheid*, entre ellos a los familiares de Steve Biko y Chris Hani y a los Cuatro de Cradock ante la Comisión para la Verdad y la Reconciliación. Mandela lo colocó al frente de la Comisión de Servicios Judiciales de Sudáfrica.

Botha, Pieter Willem (P. W.)

(1916-2006). Primer ministro de Sudáfrica entre 1978 y 1984, primer presidente ejecutivo entre 1984 y 1989 y líder del National Party. En 1985, Mandela declinó el ofrecimiento de Botha de ponerlo en libertad con la condición de que renunciara a la violencia. Botha rehusó testificar ante la Comisión para la Verdad y la Reconciliación que investigó los crímenes del *apartheid*.

Buthelezi, Mangosuthu

(1928-). Político sudafricano y príncipe zulú. Militó en el CNA hasta que la relación se deterioró en 1979. Fundó y presidió el Inkatha Freedom Party (IFP) en 1975. Gobernó el bantustán de KwaZulu. Estuvo al frente del Ministerio del Interior entre 1994 y 2004 y ejerció de presidente en funciones en varias ocasiones durante el mandato de Mandela.

Campaña de Desafío de las Leyes Injustas

Emprendida por el CNA en diciembre de 1951 y lanzada con el apoyo del Congreso Indio de Sudáfrica (SAIC) el 26 de junio de 1952 contra seis leyes promulgadas por el *apartheid*. Actividades como el incumplimiento de las leyes racistas, tales como entrar a instalaciones restringidas «solo para blancos», romper los toques de queda e incitar al arresto formaban parte de las actividades de la campaña. Mandela fue nombrado voluntario jefe y Maulvi Cachalia su ayudante. Más de 8.500 voluntarios fueron recluidos en prisión por su participación en la Campaña de Desafío.

Carta de la Libertad

Declaración de principios de la Alianza para el Congreso adoptada en el Congreso del Pueblo celebrado en Kliptown, Soweto, el 26 de junio de 1955. La alianza reunió a miles de voluntarios de todo el país para recabar las demandas del pueblo. La *Carta de la Libertad* propugnaba la igualdad de derechos para todos los sudafricanos sin distinción de raza, la reforma agraria, la mejora de las condiciones laborales y de vida, la distribución equitativa de la riqueza, la educación obligatoria y leyes más justas. Fue un poderoso instrumento en la lucha contra el *apartheid*.

CODESA (Convención para una Sudáfrica Democrática)

Plataforma en la que se reunieron diecinueve partidos políticos a partir de diciembre de 1991 con el fin de negociar una nueva dispensa para Sudáfrica. En CODESA 1 se firmó una declaración de intenciones y se crearon ocho grupos de trabajo para elaborar una nueva Constitución para la Sudáfrica democrática, realizar los preparativos para un gobierno provisional y decidir el futuro de los *homelands,* entre otros temas. Sin embargo, las conversaciones de CODESA 2, que comenzaron en mayo de 1992, se interrumpieron por discrepancias en torno al voto de la mayoría y el reparto del poder. Pasado más de un mes, en junio, Mandela suspendió el diálogo a raíz de la implicación de la policía en la masacre de Boipatong. Los encuentros mantenidos por el ministro del gabinete Roelf Meyer y el miembro del CNA Cyril Ramaphosa finalmente condujeron a la reanudación de las negociaciones por medio del foro de negociación multipartidista, que se reunió por primera vez el 1 de abril de 1993.

Coetsee, Hendrik (Kobie)
(1931-2000). Político del National Party, abogado, administrador y negociador. Fue nombrado ministro de Defensa y de Inteligencia en 1978 y ministro de Justicia en 1980. A partir de 1985 mantuvo encuentros con Mandela con el fin de allanar el terreno para establecer el diálogo entre el National Party y el CNA. Fue elegido presidente del Senado tras las primeras elecciones democráticas de Sudáfrica, celebradas en 1994.

Comisión para la Verdad y la Reconciliación (TRC)
Fundada por Mandela en 1995 con el fin de sanar las heridas causadas por las décadas de brutales abusos cometidos durante la era del *apartheid* en Sudáfrica, la TRC investigó las violaciones de los derechos humanos entre 1960 y 1994 en comparecencias televisadas. Los autores podían solicitar la amnistía para evitar ser procesados por dichos abusos. La amnistía se concedía con la condición de que testificasen sobre los delitos cometidos siempre y cuando hubieran sido por motivos políticos.

Comunidad de Desarrollo de África Austral (SADC)
Organización intergubernamental de quince Estados del sur de África fundada el 17 de agosto de 1992 con el fin de fomentar la cooperación socioeconómica y la integración de sus miembros. Sucedió al Comité de Coordinación de Desarrollo de África Austral (SADCC), fundado el 1 de abril de 1980 cuando nueve países democráticos del sur de África firmaron la Declaración de Lusaka, «rumbo a la liberación económica».

Congreso de Líderes Tradicionales de Sudáfrica (CONTRALESA)
Formado en 1987 en KwaNdebele, uno de los *homelands* o bantustanes de Sudáfrica. Gracias al apoyo del por entonces ilegalizado CNA y el Frente Democrático Unido (UDF), se convirtió en un grupo de presión contra el *apartheid* en los *homelands* de Sudáfrica. CONTRALESA continúa siendo una plataforma de peso para reivindicar más derechos para los líderes tradicionales.

Congreso del Pueblo
El Congreso del Pueblo supuso la culminación de una campaña de un año de duración en la que miembros de la Alianza para el Congreso visitaron hogares a lo largo y ancho de Sudáfrica con el fin de recopilar las demandas del pueblo con miras a una Sudáfrica libre, las cuales fueron incluidas en la *Carta de la Libertad.* Organizado el 25 y 26 de junio de 1955 en Kliptown, Johannesburgo, asistieron 3.000 delegados. La *Carta de la Libertad* fue adoptada en la segunda jornada del congreso.

Congreso Nacional Africano (CNA)

Fundado como Congreso Nacional Sudafricano (SANNC) en 1912, en 1923 fue rebautizado como Congreso Nacional Africano (CNA). A raíz de la masacre de Sharpeville de marzo de 1960, el gobierno sudafricano ilegalizó el CNA, que pasó a la clandestinidad hasta que se levantó la prohibición en 1990. Su brazo militar, Umkhonto we Sizwe (MK), fue fundado en 1961 y Mandela fue nombrado comandante en jefe. El CNA se convirtió en el partido gobernante de Sudáfrica tras las primeras elecciones democráticas del 26 y 27 de abril de 1994.

Congreso Panafricanista de Azania (CPA)

Organización escindida del CNA fundada en 1959 por Robert Sobukwe, que abogaba por la filosofía de «África para los africanos». Una de las campañas promovidas por el CPA fue una protesta a nivel nacional contra el sistema de pases, organizada diez días antes de que el CNA lanzara la suya. Desembocó en la masacre de Sharpeville, el 21 de marzo de 1960, en la que la policía abatió a disparos a sesenta y nueve manifestantes desarmados. Fue ilegalizado junto con el CNA en abril de 1960 y fue legalizado el 2 de febrero de 1990.

Consejo Ejecutivo de Transición (TEC)

En 1993, en el transcurso de las negociaciones para poner fin al gobierno de minoría blanca, el CNA propuso la creación de este comité con el fin de «organizar los preparativos y la transición a un orden democrático en Sudáfrica». El CNA sostenía que el gobierno de la época, dominado por los blancos, no podía actuar de árbitro y a la vez de jugador en las elecciones. El TEC equilibró el campo de juego y propició un clima de actividad política libre en el periodo previo a los comicios de abril de 1994. El TEC estaba integrado por siete subcomités: ley y orden —estabilidad y seguridad—; defensa; inteligencia; asuntos exteriores; el estatus de las mujeres; finanzas; y gobiernos regionales y locales junto con autoridades tradicionales.

Constitución de la República de Sudáfrica

Negociada en la Asamblea Constituyente entre mayo de 1994 y octubre de 1996. Los objetivos del gobierno de unidad nacional (GNU) se centraron en contrarrestar las injusticias sociales y económicas heredadas del *apartheid*. Su misión prioritaria, no obstante, fue la de crear una Constitución definitiva. La Constitución fue básicamente un proceso de dos fases. Durante las conversaciones de CODESA —iniciadas en 1991—, el National Party y el CNA acordaron crear una Constitución provisional que sentaría las bases para el documento final. La Constitución definitiva sería redactada por los miembros de las dos cámaras parlamentarias, que servirían de Asamblea Constituyente. El 8 de mayo de 1996 la Asamblea Nacional aprobó la Constitución definitiva y al día siguiente el vicepresidente segundo, F. W. de Klerk, anunció que la retirada de su partido, el National Party, del gobierno de unidad nacional se haría efectiva el 30 de junio.

Corbett, Michael

(1923-2007). Presidente del Tribunal Supremo entre 1989 y 1996. Conoció a Mandela durante una visita a la isla de Robben. Posteriormente le tomaría juramento a Mandela cuando fue elegido presidente de Sudáfrica en el Parlamento, el 9 de mayo, y en la ceremonia de investidura al día siguiente.

Dadoo, Dr. Yusuf

(1909-1983). Médico, activista *antiapartheid* y orador. Fue presidente del Congreso Indio de Sudáfrica (SAIC) y mano derecha de Oliver Tambo en el Consejo Revolucionario de la MK. Presidió el Partido Comunista Sudafricano (SACP) entre 1972 y 1983. Fue un destacado miembro del CNA encarcelado en 1940 por llevar a cabo actividades antibelicistas y posteriormente durante seis meses en el transcurso de la Campaña de Resistencia Pasiva de 1946. Fue uno de los veinte imputados en el juicio por la Campaña de Desafío de 1952. Pasó a la clandestinidad durante el estado de emergencia de 1960 y se exilió para evitar ser arrestado. Fue galardonado con la máxima distinción del CNA, el Isitwalandwe Seaparankoe, en el Congreso del Pueblo en 1955.

De Klerk, Frederik Willem (F. W.)

(1936-). Abogado y presidente de Sudáfrica desde 1989 hasta 1994. Dirigió el National Party entre 1989 y 1997. En febrero de 1990 legalizó el CNA y otras organizaciones y liberó a Mandela de prisión. Fue vicepresidente junto a Thabo Mbeki durante el mandato de Mandela, desde 1994 hasta 1996. En 1997 se convirtió en líder del New National Party. En 1993 fue galardonado con el Premio Nobel de la Paz junto a Mandela por su papel en las negociaciones para poner fin al *apartheid*.

Dlamini-Zuma, Nkosazana

(1949-). Médica, activista *antiapartheid* y política. Licenciada en Medicina por la Universidad de Bristol, Inglaterra, en 1978, trabajó en el Comité Regional de Salud del CNA y posteriormente en la Health and Refugee Trust, una ONG británica. Tras la legalización del CNA regresó a Sudáfrica y participó en las negociaciones de CODESA. Fue nombrada ministra de Salud en 1994 y más tarde ministra de Asuntos Exteriores (1999-2009) bajo la presidencia de Mbeki y Motlanthe respectivamente. Asumió la cartera de Interior durante el mandato de su exmarido, el presidente Jacob Zuma, del 10 de mayo de 2009 al 2 de octubre de 2012. Fue presidenta de la Unión Africana desde finales de 2012 hasta principios de 2017.

Duarte, Jessie Yasmin

(1953-). Activista *antiapartheid* y política. Fue secretaria personal de Mandela cuando este fue puesto en libertad y antes de ser elegido presidente de Sudáfrica. Miembro del gabinete provincial de Gauteng. Fue embajadora de Sudáfrica en Mozambique y fue nombrada vicesecretaria general del CNA en 2012.

Dube, John Langalibalele

(1871-1946). Educador, editor, redactor, escritor y activista político. Fue el primer presidente del SANC (que en 1923 sería rebautizado como CNA), fundado en 1912. Creó la Escuela Industrial Cristiano-Zulú de Ohlange. Fundó el primer periódico en lengua zulú e inglesa, *Ilanga lase Natal (Sol de Natal)* en 1904. Se opuso a la Ley de la Tierra de 1913. Fue miembro de la ejecutiva de la Convención Panafricana (AAC) en 1935. Mandela votó por primea vez en su vida en el instituto de Ohlange en 1994 y seguidamente visitó la tumba de Dube para dejar constancia de que Sudáfrica ya era libre.

Erwin, Alexander (Alec)

(1948-). Político, sindicalista y académico. Participó en representación del CNA en las negociaciones que pusieron fin al gobierno de la minoría blanca y fue miembro del Comité para la Reconstrucción y el Desarrollo. Fue elegido para formar parte del Comité Ejecutivo Nacional (NEC) del CNA en 1990. Durante la presidencia de Mbeki, fue ministro de Empresas Públicas del 29 de abril de 2004 al 25 de septiembre de 2008.

Estado de emergencia, 1960

Declarado el 30 de marzo de 1960 a raíz de la masacre de Sharpeville, se caracterizó por las detenciones masivas y el encarcelamiento de la mayoría de los líderes negros. El 8 de abril de ese mismo año el CNA y el CPA fueron ilegalizados en virtud de la Ley de Organizaciones Ilegales.

Fischer, Abram (Bram)

(1908-1975). Abogado, político y activista *antiapartheid*. Fue líder del CPSA y miembro del Congreso de los Demócratas (COD). Fue acusado por provocación a raíz de su participación en la huelga de mineros de 1946, donde se reivindicaba una mejora salarial. Defendió con éxito a Mandela y otros destacados miembros del CNA en el Juicio por Traición y dirigió el equipo de defensa en el juicio de Rivonia entre 1963 y 1964. Sufrió continuas órdenes de proscripción y en 1966 fue sentenciado a cadena perpetua por violar la Ley de Supresión del Comunismo y orquestar un sabotaje. En 1967 fue galardonado con el Premio Lenin de la Paz.

Fivaz, George

Oficial de policía. Fue nombrado primer comisario nacional del Servicio de Policía de Sudáfrica por Nelson Mandela. Su cometido primordial era integrar once agencias de seguridad en un único servicio policial y en segundo lugar facilitar la adhesión del nuevo servicio policial a la nueva legislación y al proceso de transformación en Sudáfrica. Cuando expiró su contrato en el año 2000 fue relevado por el comisario nacional Jackie Selebi.

Gerwel, G. J. (Jakes)

(1946-2012). Académico. Director general de la oficina del presidente durante el mandato de Mandela, de 1994 a 1999. En el mismo periodo fue secretario del gabinete del gobierno de unidad nacional. Fue rector de la Universidad de Rhodes y un destacado catedrático de Humanidades en la Universidad de la Provincia Occidental del Cabo. Fue presidente de la Fundación Nelson Mandela.

Ginwala, Frene Noshir

(1932-). Activista *antiapartheid,* periodista, política y miembro del CNA. Abandonó el país en 1960 tras contribuir a establecer rutas de escape seguras para activistas *antiapartheid.* Ayudó a Oliver Tambo y Yusuf Dadoo a crear la primera delegación del CNA en el exilio. En su faceta de periodista fue jefa de redacción de los dos periódicos de habla inglesa de Tanzania, *The Standard* y el *Sunday News.* Regresó a Sudáfrica en 1991. Fue la primera mujer en ocupar el cargo de presidenta del Parlamento sudafricano, puesto que desempeñó desde 1994 hasta 2004.

Gobierno de unidad nacional (GNU)

Gobierno existente en Sudáfrica entre el 27 de abril de 1994 y el 3 de febrero de 1997 dirigido por el CNA en conformidad con los términos recogidos en la cláusula 88 (2) de la Constitución provisional sudafricana, donde se estipulaba que cualquier partido que contase a partir de veinte escaños en la Asamblea Nacional tenía potestad para asumir como mínimo una cartera en el gabinete y formar parte del gobierno. El National Party y el IFP obtuvieron cargos en el gabinete para sus líderes y diputados. F. W. de Klerk retiró a su partido, el National Party, del GNU el 3 de junio de 1996 aduciendo que habían sido excluidos de la toma de decisiones conjuntas en la Constitución definitiva y la falta de influencia del National Party en la política gubernamental.

Goldberg, Denis

(1933-). Activista y político *antiapartheid*. Fue miembro del SACP y cofundador y líder del Congreso de los Demócratas. Prestó servicios como oficial técnico en la MK. Fue arrestado en Rivonia en 1963 y condenado a cadena perpetua en la prisión de Pretoria. Tras su puesta en libertad en 1985 se exilió al Reino Unido y ejerció de representante del CNA ante el Comité Contra el Apartheid de las Naciones Unidas. En 1995 fundó la Comunidad HEART para ayudar a los sudafricanos negros desfavorecidos. Regresó a Sudáfrica en 2002 y fue nombrado consejero del ministro de Asuntos Hídricos y Forestales Ronnie Kasrils.

Gumede, Josiah Tshangana

(1867-1946). Activista político y editor de prensa. Fue cofundador del CNA (a partir del antiguo Congreso Nacional Sudafricano) el 8 de enero de 1912. En 1906 viajó a Inglaterra para discutir las reivindicaciones de territorio del pueblo soto. Fue presidente del CNA entre 1927 y 1930. Su hijo, Archie Gumede, fue activista del CNA y cumplió condena en prisión. Nelson Mandela mantuvo correspondencia con él desde prisión.

Gwala, Themba Harry

(1920-1995). Maestro de escuela y activista político. Trabajó clandestinamente para el CNA hasta su arresto en 1964. Fue acusado de sabotaje y condenado a ocho años de prisión en la isla de Robben. Tras su puesta en libertad en 1972 continuó su activismo y en 1977 fue sentenciado a cadena perpetua en la isla de Robben. Fue excarcelado en noviembre de 1988 por padecer una enfermedad de las neuronas motoras que le había paralizado los brazos. En 1991 fue elegido miembro del Consejo Ejecutivo Nacional del CNA. Tras las los comicios prestó sus servicios en la administración de KwaZulu-Natal.

Hani, Thembisile (Chris)

(1942-1993). Activista y político *antiapartheid*. Ingresó en la Liga de la Juventud del CNA (ANCYL) a los quince años. También se afilió al SACP y fue miembro de la MK hasta convertirse en responsable. Se mantuvo activo como militante del CNA en la clandestinidad en las provincias oriental y occidental del Cabo hasta el exilio, donde ascendió en los escalafones de la MK. Regresó a Sudáfrica en 1990. Fue nombrado secretario general del SACP en 1991. Fue asesinado por Janusz Waluś en la puerta de su casa en Johannesburgo en 1993. Le otorgaron a título póstumo la máxima distinción del CNA, el Isitwalandwe Seaparankoe, en 2008.

Hartzenberg, Ferdinand (Ferdi)

(1936-). Político y agricultor de maíz. Trabajó de ministro de Educación en el gabinete de P. W. Botha entre 1979 y 1982 y fue uno de los miembros más conservadores del National Party. Abandonó el partido en 1982 para fundar el Partido Conservador (CP), del cual fue vicesecretario general y, tras la muerte del líder Andries Treurnicht en 1993, lo relevó al frente del mismo. El CP boicoteó las elecciones de 1994 en Sudáfrica. Fue el segundo y último dirigente del CP cuando el partido se fusionó con el Freedom Front y el Afrikaner Unity Party en 2004 para aglutinarse en el Freedom Front Plus. Se retiró de la política tras la fusión.

Holomisa, Bantubonke (Bantu) Harrington

(1955-). Político y comandante. Comenzó su carrera militar en las fuerzas de defensa del Transkei en 1976 y ascendió a brigadier en 1985. Forzó la dimisión del primer ministro del supuestamente Estado independiente del Transkei en octubre de 1987 y dos meses después derrocó a su sucesora, Stella Sigcau. Fue comandante de las fuerzas de defensa del Transkei y jefe de gobierno desde 1987 hasta 1994, fecha en la que fue integrado en Sudáfrica. En 1994 fue elegido miembro del Consejo Ejecutivo Nacional del CNA y viceministro de Medio Ambiente y Turismo durante el mandato de Mandela. Fue expulsado del CNA el 30 de septiembre de 1996 tras acusar al partido de corrupción. En 1997 fue cofundador del Movimiento Democrático Unido (UDM), partido que lidera desde 1997.

Inkatha Freedom Party (IFP)

Conocido como Inkatha y denominado en su origen Movimiento Cultural Nacional Inkatha, fue fundado por el jefe Mangosuthu Buthelezi en 1975. El 14 de julio de 1990 se estableció como partido político al frente de Buthelezi. El IFP se unió a la Freedom Alliance, una coalición de agrupaciones políticas derechistas de blancos opuesta al CNA que amenazó con boicotear las elecciones de 1994, pero se sumó a última hora. Obtuvo el 10,5% de los votos a nivel nacional y tres cargos en el gabinete presidencial de Nelson Mandela. El IFP también amenazó con salirse del GNU, pero desistió.

Isla de Robben

Isla situada en la bahía de la Mesa, a siete kilómetros de la costa de Ciudad del Cabo, con una superficie aproximada de 3,3 kilómetros de largo y 1,9 de ancho. Desde la colonización de los holandeses en el siglo XVII ha sido utilizada principalmente como lugar de destierro y confinamiento, especialmente de presos políticos. En ella han estado recluidos tres hombres que llegaron a ser presidentes de Sudáfrica: Nelson Mandela (1964-1982), Kgalema Motlanthe (1977-1987) y Jacob Zuma (1942-). Hoy alberga un museo y es Patrimonio de la Humanidad.

Jordan, Zweledinga Pallo

(1942-). Activista y político *antiapartheid*. Trabajó para el CNA en Londres desde 1975. Entre 1979 y 1988 estuvo al frente de la división de investigación del CNA, con sede en el Centro de Estudios Africanos de la Universidad Eduardo Mondlane, en Maputo (Mozambique), donde en 1982 resultó gravemente herido al recibir un paquete bomba del régimen del *apartheid,* en cuya explosión perdió la audición de un oído y a su compañera, la activista *antiapartheid* Ruth First. Fue ministro de Correos, Telecomunicaciones y Radiotelevisión durante el mandato de Mandela (1994-1996). Posteriormente asumió la cartera de Asuntos Medioambientales y Turismo (1996-1999) y la de Arte y Cultura durante la presidencia de Mbeki (2004-2009).

Joseph (apellido de soltera Fennell), Helen

(1905-1992). Maestra, trabajadora social, activista *antiapartheid* y feminista. Fue una de las fundadoras del Congreso de los Demócratas (COD) y secretaria nacional de la Federación de Mujeres Sudafricanas (FEDSAW). Organizó la marcha de 20.000 mujeres a los edificios de Union Buildings, en Pretoria. Procesada en el Juicio por Traición en 1956, en 1962 fue condenada a arresto domiciliario. Se ocupó de Zindzi y Zeni Mandela mientras sus padres cumplían condena. Fue condecorada con el máximo galardón del CNA, el Isitwalandwe Seaparankoe, en 1992.

Juicio de Rivonia

Proceso celebrado entre 1963 y 1964 en el que diez miembros destacados de la Alianza para el Congreso fueron acusados de sabotaje y se enfrentaron a la pena de muerte. Recibe el nombre del barrio periférico de Rivonia, en Johannesburgo, donde seis miembros del alto mando de la MK fueron arrestados en su escondite, Liliesleaf Farm, el 11 de julio de 1963. Se requisaron documentos que los incriminaban, incluida una llamada a la insurgencia guerrillera denominada Operación Mayibuye. Mandela, que ya estaba cumpliendo condena por incitación y por salir del país ilegalmente, fue imputado, y también se requisaron sus notas sobre la organización de la guerrilla y el diario de su viaje por África en 1962. En vez de ser interrogado como testigo, Mandela pronunció su famoso discurso en el banquillo el 20 de abril de 1964, donde dijo: «Estoy dispuesto a morir». El 11 de junio de 1964 ocho de los acusados comparecieron ante el juez Qartus de Wet en el Palacio de Justicia de Pretoria y al día siguiente fueron condenados a cadena perpetua.

Juicio por Traición

(1956-1961). Con este proceso el régimen del *apartheid* intentó acabar con el poder de la Alianza para el Congreso. Durante las redadas llevadas a cabo a primera hora de la mañana del 5 de diciembre de 1956, fueron arrestadas 156 personas y acusadas de alta traición. En marzo de 1961, en la fase final del juicio, se retiraron los cargos contra los imputados o, en el caso de los últimos veintiocho acusados —entre los que se encontraba Mandela—, fueron absueltos.

kaBhekuzulu, rey Goodwill Zwelithini

(1948-). Rey de la nación zulú. Heredó el trono tras la muerte de su padre, el rey Cyprian Bhekhuzulu kaSolomon, en 1968; se nombró a un regente hasta que alcanzó la mayoría de edad. El 3 de diciembre de 1971, al cumplir los veintiuno y contraer matrimonio por primera vez, Zwelithini se convirtió en el octavo monarca del pueblo zulú.

Kahn, Jacob Meyer (Meyer)

Empresario. Comisario nacional adjunto del Servicio de Policía de Sudáfrica entre 1997 y 1999. Director ejecutivo del grupo cervecero SAB Miller (anteriormente South African Breweries) entre 1981 y 2012 y director general entre 1990 y 2012.

Kathrada, Ahmed Mohamed (Kathy)

(1929-2017). Activista y político *antiapartheid*, preso político y diputado. Fue miembro de la ejecutiva del CNA y del SACP y cofundador del Cuerpo de Voluntarios Indios del Transvaal, posteriormente conocido como Congreso de Jóvenes Indios del Transvaal. En 1946 cumplió un mes de condena por su participación en la Campaña de Resistencia Pasiva contra la Ley de Posesión Asiática y Representación India. Fue condenado por su participación en la Campaña de Desafío de 1952 y declarado proscrito en 1954. Fue coorganizador del Congreso del Pueblo y miembro del comité general de la Alianza para el Congreso. Fue detenido durante el estado de emergencia de 1960. Fue uno de los veintiocho imputados en el Juicio por Traición y fue absuelto en 1961. En 1962 fue condenado a arresto domiciliario. En julio de 1963 fue detenido en Liliesleaf Farm, procesado por sabotaje en el juicio de Rivonia y encarcelado en la isla de Robben desde 1964 hasta 1982; a continuación fue internado en la de Pollsmoor hasta su puesta en libertad el 15 de octubre de 1989. Fue diputado desde 1994, tras las primeras elecciones democráticas en Sudáfrica, y consejero del presidente Mandela. Presidió el Consejo de la Isla de Robben entre 1994 y 2006. Recibió el Isitwalandwe Seaparankoe, la máxima distinción del CNA, en 1992; el premio Pravasi Bharatiya Samman, otorgado por el presidente de India; y varios títulos de doctor *honoris causa*.

Keys, Derek

(1931-). Político y empresario. Tras su trayectoria en el mundo de los negocios, en diciembre de 1991 De Klerk lo nombró ministro de Coordinación Económica y de Comercio e Industria. Estuvo al frente del Ministerio de Finanzas de Sudáfrica durante los mandatos de De Klerk y de Mandela. Tras formar parte del gabinete de Mandela, dimitió el 6 de julio de 1994 y fue relevado por Chris Liebenberg el 19 de septiembre.

Kotane, Moses

(1905-1978). Activista y político *antiapartheid*. Fue secretario general del SACP entre 1939 y 1978 y tesorero del CNA entre 1963 y 1973. Fue procesado en el Juicio por Traición de 1956 y uno de los veinte imputados en el juicio por la Campaña de Desafío. En 1955 asistió a la Conferencia de Bandung en Indonesia. Fue detenido durante el estado de emergencia de 1960 y condenado a arresto domiciliario. Se exilió en 1963. Fue condecorado con el máximo galardón del CNA, el Isitwalandwe Seaparankoe, en 1975.

Kriegler, Johann

(1932-). Juez. En diciembre de 1993 fue nombrado presidente de la Comisión Electoral Independiente (IEC), cuya misión era supervisar las primeras elecciones organizadas por sufragio universal en Sudáfrica. Fue uno de los primeros nombramientos del Tribunal Constitucional en 1994, del que fue presidente hasta el fin de su mandato, en 2002. Desde que se retiró ha trabajado para las Naciones Unidas, la Unión Africana, la Commonwealth e infinidad de organizaciones no gubernamentales en los cinco continentes. Actualmente es vicepresidente de Section 27, un centro jurídico de interés público que promueve la igualdad y la justicia social en Sudáfrica.

Ley de Supresión del Comunismo n.º 44, 1950

Ley aprobada el 26 de junio de 1950 en virtud de la cual se ilegalizó el SACP y se prohibió toda actividad que pudiera considerarse comunista; el «comunismo» se definía en términos tan amplios que cualquiera que protestase contra el *apartheid* incumplía dicha ley.

Liebenberg, Chris

(1934-). Banquero y político. Fue ascendiendo desde el puesto de mensajero en un banco hasta convertirse en uno de los banqueros más destacados de Sudáfrica como director ejecutivo de Nedbank. Fue ministro de Finanzas de 1994 a 1996 durante el mandato del presidente Mandela, quien le pidió que relevase a Derek Keys tras la dimisión de este unos meses después de llegar a la presidencia.

Liga de la Juventud del Congreso Nacional Africano (ANCYL)

Fundada en 1944 por Nelson Mandela, Anton Lembede, Walter Sisulu, A. P. Mda y Oliver Tambo en respuesta a la filosofía conservadora del CNA, sus actividades incluían la desobediencia civil y huelgas en protesta por el sistema del *apartheid*. Muchos de sus miembros abandonaron la liga para formar el Congreso Panafricanista de Azania (CPA) en 1959. Fue ilegalizada entre 1960 y 1990.

Liga de Mujeres del Congreso Nacional Africano (ANCWL)

Creada en 1948, la liga se implicó de manera activa en la Campaña de Desafío de 1952 y en las campañas antipases.

Luthuli, jefe Albert John Mvumbi

(1898-1967). Maestro, activista *antiapartheid* y ministro religioso. Fue jefe de la reserva de Groutville y presidente del CNA desde 1952 hasta 1967. En 1953 fue condenado a arresto domiciliario por orden gubernamental. Procesado en el Juicio por Traición de 1956, en 1960 fue sentenciado a seis meses por quemar públicamente su pase y convocar un día de duelo nacional a raíz de la masacre de Sharpeville. Ese mismo año recibió el Premio Nobel de la Paz por su papel en la lucha no violenta contra el *apartheid*. En 1955 fue galardonado con la máxima distinción del CNA, el Isitwalandwe Seaparankoe, en el Congreso del Pueblo.

Machel (apellido de soltera Simbine), Graça

(1945-) Oriunda de Mozambique, fue maestra, activista en pro de los derechos humanos, defensora de los derechos de la mujer y los niños a nivel internacional y política. Viuda del presidente de Mozambique Samora Machel († 1986), contrajo matrimonio con Nelson Mandela en julio de 1998. Fue miembro del Frente de Liberación de Mozambique (FRELIMO), movimiento de resistencia que logró la independencia mozambiqueña de Portugal en 1975. Tras la independencia, estuvo al frente del Ministerio de Educación y Cultura de Mozambique. Entre otros muchos galardones, ha recibido la Medalla Nansen de las Naciones Unidas en reconocimiento a su dilatada labor humanitaria, especialmente a favor de los niños refugiados.

Madikizela-Mandela, Nomzamo Winifred (Winnie)

(1936-). Trabajadora social, activista *antiapartheid* y en pro de los derechos de la mujer. Se afilió al CNA. Estuvo casada con Nelson Mandela entre 1958 y 1996 (se separaron en 1992). Madre de Zenani y Zindziswa Mandela. Fue la primera trabadora social negra titulada que trabajó en el Hospital Baragwanath de Johannesburgo. Pasó diecisiete meses recluida en una celda de confinamiento en 1969. En 1970 se dictó una orden de arresto domiciliario contra ella y fue sometida a una serie de prohibiciones entre 1962 y 1987. Fundó la Federación de Mujeres Negras en 1975 y la Asociación de Padres Negros en 1976 en respuesta al alzamiento de Soweto. Presidió la Liga de Mujeres del CNA (ANCWL) desde 1993 hasta 2003. Es diputada del CNA.

Maharaj, Satyandranath (Mac)

(1935-). Académico, político y activista *antiapartheid*, preso político y diputado. Fue un destacado miembro del CNA, el SACP y la MK. Procesado por sabotaje en 1964, fue condenado a doce años de prisión en la isla de Robben. Colaboró en la transcripción de la autobiografía de Mandela, *El largo camino hacia la libertad,* y la sacó clandestinamente de prisión cuando fue puesto en libertad en 1976. Estuvo al frente de la Operación Vulindlela (Vula), una estrategia clandestina del CNA para establecer una ejecutiva interna en la clandestinidad. Maharaj trabajó en la secretaría de CODESA. Fue ministro de Transportes entre 1994 y 1999 y posteriormente delegado del presidente Jacob Zuma.

Malan, Magnus

(1930-2011). Comandante y político. Fue cadete en las fuerzas permanentes de la Marina de Sudáfrica en 1949 y estuvo destinado en la isla de Robben antes de ingresar en el ejército como teniente. En 1973 se le asignó el mando del ejército y en 1976 el de las fuerzas de defensa sudafricanas. Fue ministro de Defensa entre 1980 y 1991; el presidente De Klerk lo cesó en julio de ese año a raíz de un escándalo de financiación gubernamental encubierta al Inkatha Freedom Party y otros partidos opuestos al CNA. En noviembre de 1995 se le imputó el asesinato de trece personas, entre ellas siete niños, junto a otros oficiales. Todos fueron absueltos tras un juicio de siete meses. El presidente instó a la opinión pública a respetar el fallo del tribunal.

Mandela, Winnie

(Véase Madikizela-Mandela, Nomzamo Winifred).

Manuel, Trevor

(1956-). Activista y político *antiapartheid*. En 1983 fue nombrado secretario regional y miembro de la ejecutiva nacional del UDF. Entre 1985 y 1990 sufrió repetidas detenciones sin juicio y arrestos domiciliarios por sus actividades políticas. En 1994 fue elegido diputado al Parlamento y fue nombrado ministro de Comercio e Industria por Mandela. Fue el ministro que más tiempo estuvo al frente de Finanzas, pues desempeñó el cargo durante el mandato de Mandela en 1996, posteriormente durante el de Thabo Mbeki y por último durante el de Kgalema Motlanthe hasta 2009. Entre 2009 y 2014, durante la presidencia de Jacob Zuma, fue ministro de la Comisión de Planificación Nacional. Presidió el Comité de Desarrollo del Fondo Monetario Internacional. Ejerció de enviado especial de los secretarios generales de la ONU Kofi Annan y Ban Ki-Moon para desarrollo financiero. En 2011 fue elegido copresidente del Comité de Transición del Fondo Verde para el Clima, un fondo de las Naciones Unidas cuya misión es ayudar a países en vías de desarrollo a combatir y adaptarse al cambio climático.

....

Marcus, Gill

(1949-). Activista política y banquera. Sus padres, activistas, se exiliaron de Sudáfrica en 1969. Marcus comenzó a trabajar a jornada completa para el CNA en Londres en 1970. En 1994 fue elegida diputada parlamentaria y fue la primera presidenta del Comité de Finanzas. Ejerció de viceministra de Finanzas en el gobierno de Mandela desde 1996 hasta 1999, fecha en la que dejó el cargo para asumir el de gobernadora adjunta del Banco de Reserva Sudafricano. Dimitió al cabo de cinco años para dedicarse a la enseñanza de la política, el liderazgo y la condición de la mujer en el Instituto de Ciencias Empresariales Gordon antes de ingresar en el sector privado. Fue gobernadora del Banco de Reserva Sudafricano desde julio de 2009 hasta noviembre de 2014.

....

Masacre de Sharpeville

Enfrentamiento en el *township* de Sharpeville, en la provincia de Gauteng, el 21 de marzo de 1960, en el que sesenta y nueve personas que participaban en una manifestación contra los pases resultaron abatidas y más de ciento ochenta heridas por los disparos efectuados por la policía. La manifestación, organizada por el CPA, congregó a entre 5.000 y 7.000 manifestantes. Esta fecha, actualmente día festivo, se conmemora anualmente en Sudáfrica como el Día de los Derechos Humanos.

....

Masekela, Barbara Mosima Joyce

(1941-). Activista política, académica y embajadora. Abandonó Sudáfrica en los años sesenta y estudió en Botsuana, Suazilandia y Ghana. Se graduó en la Universidad Estatal de Ohio y fue profesora adjunta de Literatura Inglesa en el Staten Island Community College de Nueva York y más tarde en la Universidad de Rutgers, en Nueva Jersey, hasta 1982. Presidió el comité político regional del Congreso Nacional Africano en EE. UU. Estuvo al frente del Departamento de Arte y Cultura del CNA en 1983. Regresó a Sudáfrica en 1990; ese año fue nombrada secretaria personal de Mandela y, al año siguiente, miembro del Comité Ejecutivo Nacional del CNA. Ha sido embajadora de Sudáfrica en Estados Unidos, Francia y la UNESCO.

....

Masemola, Jafta Kgalabi (Jeff)

(1929-1990). Maestro, miembro de la Liga de la Juventud del CNA y más tarde del CPA. Conocido como el Tigre de Azania, fue fundador del brazo armado del CPA. Tras ser arrestado en 1962 y acusado de sabotaje por volar líneas eléctricas y sacar clandestinamente de Sudáfrica a activistas en pro de la libertad, fue sentenciado a cadena perpetua en julio de 1963. El 13 de octubre de 1989, mientras cumplía condena, coincidió con Nelson Mandela en la prisión de Victor Verster. Se rumoreó que discutieron sobre la unidad del CNA y del CPA. Fue puesto en libertad el 15 de octubre de 1989 y murió en un misterioso accidente de tráfico el 17 de abril de 1990.

....

Mbeki, Archibald Mvuyelwa Govan (nombre de clan Zizi)

(1910-2001). Historiador y activista *antiapartheid*. Padre de Thabo Mbeki (presidente de Sudáfrica desde 1999 hasta 2008). Fue un destacado miembro del CNA y del SACP y sirvió en el alto mando de la MK. Fue procesado en el juicio de Rivonia y condenado a cadena perpetua. En 1987 salió de la prisión de la isla de Robben. Fue vicepresidente del Senado democrático de Sudáfrica entre 1994 y 1997 y posteriormente de su institución sucesora, el Consejo Nacional de las Provincias, entre 1997 y 1999. Fue galardonado con la máxima distinción del CNA, el Isitwalandwe Seaparankoe, en 1980.

Mbeki, Mvuyelwa Thabo

(1942-). Político y activista *antiapartheid*. Fue vicepresidente de Sudáfrica desde 1994 hasta 1999 y presidente desde 1999 hasta 2008. Hijo de Govan Mbeki, a los catorce años ingresó en la ANCYL. Se marchó de Sudáfrica con otros estudiantes en 1962. No tardó en ascender en los escalafones del CNA en el exilio y realizó entrenamiento militar en la Unión Soviética. Trabajó estrechamente con O. R. Tambo y lideró la delegación del CNA que mantuvo conversaciones secretas con el gobierno sudafricano, involucrándose de manera activa en todas las negociaciones del gobierno. Presidió el CNA entre 1997 y 2007.

Mboweni, Tito Titus

(1959-). Activista *antiapartheid,* político y banquero. Se marchó de Sudáfrica en 1980 e ingresó en el CNA durante su exilio en Lesoto. Regresó al país en 1990 tras la legalización del CNA. Fue ministro de Trabajo en el gabinete de Mandela desde 1994 hasta julio de 1998. En 1998 fue nombrado responsable del Departamento de Policía del CNA. Dimitió de sus cargos en el CNA para asumir el de asesor del gobernador del Banco de Reserva Sudafricano en julio de 1998 y al año siguiente fue nombrado gobernador. En junio de 2010 fue nombrado asesor internacional de Goldman Sachs International.

Meiring, Georg

(1939-). Comandante. Ingresó en el ejército sudafricano en 1963 tras licenciarse en Física en la Universidad del Estado Libre de Orange. Fue responsable de las fuerzas de defensa sudafricanas entre 1990 y 1993 con el rango de teniente general. Estuvo al frente de las nuevas fuerzas de defensa nacionales de Sudáfrica desde 1993 hasta 1998.

Mhlaba, Raymond (nombre de clan Ndobe)

(1920-2005). Activista *antiapartheid,* político, diplomático y preso político. Fue un destacado miembro del CNA y del SACP y comandante de la MK. En 1963 fue arrestado en Rivonia y condenado a cadena perpetua tras ser procesado en el juicio de Rivonia. Tras cumplir condena en la isla de Robben, fue trasladado a la prisión de Pollsmoor en 1982 y puesto en libertad en 1989. Participó en las negociaciones con el gobierno del National Party que condujeron a la instauración de la democracia en Sudáfrica. En 1991 ingresó en el Comité Ejecutivo Nacional del CNA. En 1994 fue elegido primer ministro de la provincia oriental del Cabo y en 1997 alto comisionado para Uganda. Fue galardonado con la máxima distinción del CNA, el Isitwalandwe Seaparankoe, en 1992.

MK

(Véase Umkhonto we Sizwe).

....

Mkwayi, Wilton Zimasile (nombre de clan Mbona; apodado Bri Bri)

(1923-2004). Sindicalista, activista y preso político. Fue miembro del CNA y del Congreso Sindical Sudafricano (SACTU). Fue coordinador del Sindicato de Trabajadores Africanos del Sector Textil en Port Elizabeth. Formó parte de la Campaña de Desafío de 1952 como voluntario y más tarde se involucró activamente en la campaña para el Congreso del Pueblo. Huyó a Lesoto durante el Juicio por Traición de 1956. Ingresó en Umkhonto we Sizwe y recibió entrenamiento militar en la República Popular China. Tras los arrestos en Liliesleaf Farm, se convirtió en comandante de la MK. Fue detenido y sentenciado a cadena perpetua en el llamado «pequeño juicio de Rivonia». Cumplió condena en la isla de Robben y fue puesto en libertad en octubre de 1989. En las elecciones generales de 1994 fue elegido como senador y posteriormente destinado a la administración de la provincia oriental del Cabo, donde prestó sus servicios hasta su retirada de la vida pública en 1999. Fue condecorado con el Isitwalandwe Seaparankoe, la máxima distinción del CNA, en 1992.

....

Mlangeni, Andrew Mokete (nombre de clan Motlokwa; apodado Mpandla)

(1926-). Activista *antiapartheid,* preso político y diputado. Fue miembro de la ANCYL, del CNA y de la MK. Fue procesado en el juicio de Rivonia en 1963 y sentenciado a cadena perpetua. Cumplió dieciocho años de condena en la isla de Robben y en 1982 fue trasladado a la prisión de Pollsmoor. Recibió el máximo galardón del CNA, el Isitwalandwe Seaparankoe, en 1992.

....

Modise, Johannes (Joe)

(1929-2001). Conductor de autobuses, activista y político *antiapartheid.* Fue procesado junto a Mandela y otros 155 acusados en el Juicio por Traición de 1956; todos fueron absueltos. Comenzó su activismo en pro de la libertad en la década de 1960 y ascendió a comandante de la MK, el brazo armado del CNA, cargo que desempeñó durante veinte años, entre 1965 y 1990. Tras la liberación de Mandela, Modise regresó a Sudáfrica y formó parte del equipo de negociación del CNA en las conversaciones con el gobierno del National Party. En la fase inicial de las negociaciones se firmó el Pacto de Groote Schuur, que allanó el terreno para el regreso de todos los exiliados y para el acuerdo negociado del fin del sistema del *apartheid.* Fue ministro de Defensa en el gabinete de Mandela entre 1994 y 1999.

....

Mokaba, Peter

(1959-2002). Activista y político. Tras trabajar durante un breve periodo en la enseñanza, Peter Mokaba fue arrestado en 1982 y acusado de posesión de armas y de realizar entrenamiento militar como miembro de la MK en Mozambique y Angola. Fue condenado a seis años de prisión, pero fue puesto en libertad después de su apelación. Fue uno de los fundadores del Congreso de la Juventud de Sudáfrica y en 1987, aclamado como héroe por gran parte de la juventud sudafricana, se convirtió en el primer presidente de la organización. Presidió la ANCYL entre 1991 y 1994. Fue viceministro de Asuntos Medioambientales y Turismo en el gabinete de Mandela.

....

Moosa, Mohammed Valli (Valli)

(1957-). Activista *antiapartheid,* político y empresario. Miembro del UDF, participó en las negociaciones multipartidistas que condujeron al fin de la supremacía blanca. Fue viceministro de Asuntos Provinciales y Constitucionales durante la legislatura de Mandela. Tras la salida del National Party del gobierno de unidad nacional en 1996, se colocó al frente de ese ministerio. En 1999 fue nombrado ministro de Medioambiente y Turismo. Tras abandonar la política se dedicó al mundo empresarial.

Moroka, doctor James Sebe

(1892-1985). Médico, político y activista *antiapartheid.* Presidió el CNA desde 1949 hasta 1942. Fue procesado en 1952 en el juicio de la Campaña de Desafío, en el que nombró a su propio abogado, se desvinculó del CNA y solicitó una atenuación de la pena. A raíz de ello no fue reelegido presidente del CNA y fue relevado por el jefe Luthuli.

Mothopeng, Zephania Lekoame (Zeph)

(1913-1990). Maestro y activista *antiapartheid.* En 1940 se afilió a la ANCYL. Ingresó en el CPA, del que sería presidente en 1989, durante su encarcelamiento. En 1960 fue condenado a dos años de prisión y en 1964 fue nuevamente encarcelado en la isla de Robben, donde pasó un tiempo en la misma sección que Mandela. En 1976 fue detenido de nuevo y condenado a quince años de prisión. Fue puesto en libertad en 1988 al diagnosticarle cáncer. Mientras fue presidente del CPA, la organización rehusó participar en las negociaciones multipartidistas en pro de una Sudáfrica democrática.

Motsoaledi, Elias (nombre de clan Mokoni)

(1924-1994). Sindicalista, activista *antiapartheid* y preso político. Fue miembro del CNA, del SACP y del Consejo de Sindicatos No Europeos (CNETU). Lo declararon proscrito tras la Campaña de Desafío de 1952. En 1955 contribuyó a la fundación del Congreso Sindical Sudafricano (SACTU). Fue encarcelado durante cuatro meses durante el estado de emergencia de 1960 y volvió a ser detenido al amparo de las leyes de detención de noventa días en 1963. Fue sentenciado a cadena perpetua en el juicio de Rivonia y cumplió condena en la isla de Robben desde 1964 hasta 1989. Tras su puesta en libertad ingresó en el Comité Ejecutivo Nacional del CNA. Recibió el máximo galardón del CNA, el Isitwalandwe Seaparankoe, en 1992.

Movimiento de Conciencia Negra

Movimiento *antiapartheid* de jóvenes y trabajadores negros que promovía el orgullo de la identidad negra. Se consolidó a mediados de los años sesenta tras el vacío creado por las continuas órdenes de proscripción y encarcelamiento de militantes del CNA y del CPA. Sus orígenes se remontan a la Organización de Estudiantes Sudafricanos (SASO) liderada por Steve Biko, fundador del movimiento.

Mpetha, Oscar Mafakafaka

(1909-1994). Sindicalista, activista político y miembro del CNA. Fue encarcelado durante cuatro años tras la masacre de Sharpeville del 21 de marzo de 1960. En 1983 fue condenado a cinco años de prisión tras ser acusado de terrorismo e incitación a la rebelión. Ese mismo año fue elegido copresidente del recién creado UDF. Pasó el último periodo de condena bajo custodia policial en el Hospital Groote Schuur, donde tuvieron que amputarle una pierna debido a la diabetes y quedó postrado en una silla de ruedas. Fue puesto en libertad el 15 de octubre de 1989 junto a un grupo de presos políticos tras la petición oficial realizada por Mandela.

....

Mufamadi, Fohlisani Sydney

(1959-). Activista *antiapartheid,* político, sindicalista y maestro. Se afilió al CNA en 1977. Fue uno de los fundadores de la Organización del Pueblo Azanio (AZAPO) en 1978. En 1981 ingresó en el SACP. En 1983 fue elegido secretario de comunicación del Transvaal en el UDF, cargo que desempeñó hasta 1990 y que compaginó desde 1985 con el de secretario general adjunto del Congreso de Sindicatos de Sudáfrica (COSATU). Fue ministro de Seguridad en el gabinete de Mandela hasta 1999 y a partir de ese año asumió la cartera de Administraciones Provinciales y Municipales hasta 2008.

....

Naidoo, Jayaseelan (Jay)

(1954-). Político y sindicalista. En su época de estudiante participó de manera activa en la Organización de Estudiantes Sudafricanos, que fue ilegalizada en 1977 a raíz del asesinato de su líder, Steve Biko, bajo custodia policial. Se convirtió en un cabecilla de la militancia de base y se unió al movimiento sindicalista. Fue elegido primer presidente del Congreso de Sindicatos de Sudáfrica en su fundación en 1975. En calidad de ministro sin cartera durante la presidencia de Nelson Mandela, su cometido fue el de coordinación del Programa para la Reconstrucción y el Desarrollo. Posteriormente estuvo al frente del Ministerio de Correos, Telecomunicaciones y Radiotelevisión. Presidente de la junta directiva y del comité de colaboración de la Alianza Mundial para la Mejora de la Nutrición.

....

National Party

Partido político conservador creado por nacionalistas afrikáners en Bloemfontein en 1914 que gobernó Sudáfrica desde junio de 1948 hasta mayo de 1994. Impuso el *apartheid,* un sistema de segregación racial que favorecía la supremacía de la población blanca minoritaria. Se disolvió en 2004.

....

Netshitenzhe, Joel Khathutshelo

(1956-). Activista *antiapartheid* y político. Pasó muchos años exiliado de Sudáfrica trabajando para el CNA. Fue responsable de comunicación de la oficina de Mandela. Estuvo al frente del Sistema de Comunicación e Información del Gobierno (GCIS) entre 1998 y 2006, antes de dirigir la unidad policial de Presidencia. Formó parte de la primera Comisión de Planificación Nacional de Sudáfrica desde 2010 a 2015. Actualmente es director ejecutivo y vicepresidente de la junta del Mapungubwe Institute for Strategic Reflection (MISTRA).

....

Ngoyi, Lilian Masediba

(1911-1980). Política, activista *antiapartheid* y en pro de los derechos de la mujer y oradora. Fue un destacado miembro del CNA y la primera mujer en formar parte del Consejo Ejecutivo Nacional. Presidió la Liga de Mujeres del CNA y la Federación de Mujeres Sudafricanas (FEDSAW) en 1956, año en el que lideró la marcha de las mujeres contra las leyes de los pases. Fue procesada y absuelta en el Juicio por Traición. En 1960 fue detenida durante el estado de emergencia y en 1963 confinada a una celda de aislamiento durante setenta y un días al amparo de la ley de detención de noventa días. Estuvo constantemente sometida a órdenes de proscripción. Fue condecorada con el máximo galardón del CNA, el Isitwalandwe Seaparankoe, en 1982.

Nkobi, Thomas Titus

(1922-1094). Activista *antiapartheid*, tesorero y diputado. Ingresó en el CNA en 1950 y participó en la Campaña de Desafío de las Leyes Injustas y en el Congreso del Pueblo de 1955. Fue secretario nacional de organización del CNA en 1958. Fue arrestado durante el estado de emergencia de 1960 por ser uno de los cerebros del Plan M de Mandela para establecer redes clandestinas del CNA. Se exilió en 1963 y vivió durante la mayor parte de su exilio en Lusaka. Fue tesorero general del CNA entre 1968 y 1973. Regresó a Sudáfrica en 1990 y fue reelegido tesorero general del CNA y diputado parlamentario.

Nyanda, Siphiwe

(1950-). Activista político y comandante. Ingresó en la MK, el brazo armado del CNA, en 1974. En 1992 fue nombrado jefe de personal de la MK. Formó parte del Consejo de Transición que supervisó el fin de la supremacía blanca. Cuando la MK fue incorporada a las fuerzas de defensa nacionales de Sudáfrica (SANDF) en 1994, Nyanda fue subiendo escalafones hasta colocarse al frente de la SANDF en 1998, cargo que ostentó hasta 2005. Fue ministro de Comunicaciones entre 2009 y 2010, durante la presidencia de Jacob Zuma.

Nzo, Alfred Baphetuxolo

(1925-2000). Destacado miembro de la ANCYL y el CNA. Participó en la Campaña de Desafío de 1952 y en el Congreso del Pueblo. En 1962 se dictó una orden de arresto domiciliario contra Nzo y en 1963 fue detenido durante 238 días. Tras su puesta en libertad, el CNA le ordenó que abandonara el país. Representó al CNA en varios países, entre ellos Egipto, India, Zambia y Tanzania. Sucedió a Duma Nokwe en la secretaría general desde 1969 hasta la primera conferencia del CNA que se celebró en Sudáfrica, en 1991, tras su legalización. Formó parte de la delegación del CNA que participó en las negociaciones con el gobierno de De Klerk a partir de 1990. En 1994 fue nombrado ministro de Asuntos Exteriores de la Sudáfrica democrática. Recibió diversos galardones, entre ellos el de oro de la Orden de Luthuli en 2003.

O. R.

(Véase Tambo, Oliver).

Organización para la Unidad Africana (OUA)

Fundada el 25 de mayo de 1963 en Adís Abeba (Etiopía) con treinta y dos países signatarios, con el tiempo llegó a incluir la práctica totalidad de los cincuenta y tres Estados africanos salvo Marruecos, que se retiró en 1984. Su misión era erradicar cualquier forma de colonialismo y de supremacía de minorías blancas en el continente africano, así como coordinar y fomentar la cooperación entre las naciones africanas con el fin de mejorar la vida de los habitantes del continente y defender la soberanía, la integridad territorial y la independencia de los Estados africanos. Se disolvió el 9 de julio de 2002, durante la presidencia de Sudáfrica de Thabo Mbeki, y fue sustituida por la Unión Africana.

Pahad, Aziz Goolam

(1940-). Político y activista *antiapartheid*. Se exilió en 1964 y a partir de 1966 se dedicó a hacer campaña a jornada completa en pro del CNA. Representó un papel clave en el desarrollo del movimiento *antiapartheid* en el Reino Unido y el resto de Europa. Fue nombrado miembro del Comité Ejecutivo Nacional del CNA en 1985. Tras la legalización del CNA en 1990, regresó a Sudáfrica y participó en las negociaciones que pusieron fin al dominio de la minoría blanca. Fue viceministro de Asuntos Exteriores durante la presidencia de Mandela y de su sucesor, Thabo Mbeki. Dimitió del gabinete en septiembre de 2008.

Partido Comunista de Sudáfrica (CPSA)

(Véase Partido Comunista Sudafricano).

Partido Comunista Sudafricano (SACP)

Fundado en 1921 como Partido Comunista de Sudáfrica (CPSA) en oposición al imperialismo y la dominación racista, cambió de denominación en 1953 tras su ilegalización en 1950. El SACP conforma una tercera parte de la Alianza Tripartita con el CNA y el COSATU.

Plaatje, Solomon Tshekisho (Sol)

(1876-1932). Escritor, periodista, lingüista, editor de prensa, publicista político y activista en pro de los derechos humanos. Fue miembro de la Organización del Pueblo Africano. Fue el primer secretario general del Congreso Nacional Sudafricano (SANNC) en 1912, que fue rebautizado como CNA en 1923, y el primer sudafricano negro que escribió una novela en inglés *(Mhudi,* publicada en 1913). En 1901 fundó el primer semanario en setsuana e inglés, *Koranta ea Becoana,* y *Tsala ea Becoana* en 1910. Formó parte de la delegación del SANNC que apeló al gobierno británico contra la Ley de la Tierra de 1913, que restringía severamente los derechos de propiedad y ocupación de la tierra a los sudafricanos.

Prisión de Máxima Seguridad de Pollsmoor

Centro penitenciario del barrio periférico de Tokai, en Ciudad del Cabo, donde Mandela fue recluido junto a Walter Sisulu, Raymond Mhlaba, Andrew Mlangeni y, en 1982, Ahmed Kathrada.

Prisión de Victor Verster

Prisión de baja seguridad situada entre Paarl y Franschhoek, en la provincia occidental del Cabo. En 1988 Mandela fue trasladado a una casa particular ubicada en el recinto penitenciario. En la entrada de la prisión hay una estatua de Mandela. Actualmente se denomina Centro Correccional de Drakenstein.

Programa para la Reconstrucción y el Desarrollo (RDP)

El RDP, una iniciativa llevada a cabo por el gobierno del CNA durante el mandato de Mandela, fue diseñado para abordar las tremendas desigualdades socioeconómicas creadas por el *apartheid*. Se centró en paliar la pobreza y subsanar las inmensas deficiencias de los servicios sociales. A partir de 1996 perdió auge frente a la estrategia macroeconómica de Crecimiento, Empleo y Redistribución (GEAR).

Qunu

Aldea sudafricana situada en la provincia oriental del Cabo donde Mandela vivió cuando su familia se mudó de su aldea natal, Mvezo.

Ramaphosa, Matamela Cyril

(1952-). Político, empresario y sindicalista. En 1982 se convirtió en el primer secretario del poderoso Sindicato Nacional de Mineros. Su papel fue decisivo en la fundación del COSATU. Presidió el Comité Nacional de Recepción, que coordinó la salida de prisión de Mandela. Fue elegido secretario general del CNA en 1991 y representó un papel clave en las negociaciones para poner fin a la supremacía de la minoría blanca, lo cual le hizo merecedor de la admiración de Mandela. En 1994, cuando perdió la candidatura a la vicepresidencia durante el mandato de Mandela contra Thabo Mbeki, se retiró del gobierno para dedicarse al mundo de los negocios. En diciembre de 2012 fue elegido vicepresidente del CNA y es vicepresidente de Sudáfrica desde el inicio de la legislatura de Zuma en 2014.

Sekhukhune

(1814-1982). Rey del pueblo marota (generalmente conocidos como baPedi). Gobernante ilegítimo que accedió al poder mediante un golpe militar. Como resultado de ello, su hermanastro y legítimo heredero, Mampuru, se vio obligado a huir del reino. Consolidó su poder estableciendo lazos diplomáticos con diversas dinastías reales, incorporando otras comunidades a su imperio y por medio de conquistas militares, lo cual aumentó su base de apoyo y le confirió legitimidad.

Seme, Pixley ka Isaka

(1881-1951). Activista político. Recibió su apellido inglés del misionero estadounidense S. C. Pixley, que lo envió a estudiar el bachillerato a EE. UU. Regresó a Sudáfrica tras cursar estudios en las universidades de Columbia y Oxford. Fue cofundador del Congreso Nacional Sudafricano (posteriormente el CNA) el 8 de enero de 1912 y su presidente entre 1930 y 1937.

Sisulu (apellido de soltera Thethiwe), Nontsikelelo (Ntsiki) Albertina

(1918-2011). Enfermera, matrona, activista *antiapartheid* y en pro de los derechos de la mujer. Destacado miembro del CNA y diputada. Estuvo casada con Walter Sisulu, a quien conoció a través de una amiga, la enfermera Evelyn Mase (la primera esposa de Mandela) en 1944. Militó en la ANCWL y en la Federación de Mujeres Sudafricanas (FEDSAW). Jugó un papel destacado en la protesta femenina contra los pases de 1956. Fue la primera mujer arrestada en 1963 al amparo de la Ley de Enmienda a la Ley General y recluida en una celda de confinamiento durante noventa días. A partir de esa fecha sufrió constantes órdenes de proscripción y acoso policial. En la fundación del UDF en agosto de 1983 fue elegida presidenta junto con otras dos personas. En 1985 fue acusada de traición junto a otros quince miembros del UDF y líderes sindicalistas en lo que se dio a conocer como el Juicio por Traición de Pietermaritzburg. Fue diputada desde 1994 hasta que se retiró en 1999 y presidenta del Consejo Mundial de la Paz entre 1993 y 1996. Recibió el premio sudafricano de distinción a la mujer Women for Women en 2003 en reconocimiento a su valentía durante toda una vida entregada a la lucha por los derechos humanos y la dignidad.

Sisulu, Walter Ulyate Max (nombres de clan Xhamela y Tyhopho)

(1912-2003). Activista *antiapartheid* y preso político. Casado con Albertina Sisulu. Conoció a Mandela en 1941 y le presentó a Lazar Sidelski, que lo contrató de pasante en su bufete. Líder del CNA, se le considera «el padre de la lucha». Fue cofundador de la ANCYL en 1944. Fue arrestado y procesado al amparo de la Ley de Supresión del Comunismo por representar un papel destacado en la Campaña de Desafío de 1952. En 1956 fue detenido y posteriormente absuelto en el Juicio por Traición. A raíz de la ilegalización del CNA y del CPA sufrió continuas órdenes de proscripción y arrestos domiciliarios. Contribuyó a la creación de la MK y prestó sus servicios en el alto mando. En 1963 pasó a la clandestinidad y se escondió en Liliesleaf Farm, en Rivonia, donde fue arrestado el 11 de julio de 1963. El 12 de junio de 1964 fue declarado culpable de sabotaje en el juicio de Rivonia y condenado a cadena perpetua. Cumplió condena en la isla de Robben y en la prisión de Pollsmoor y fue puesto en libertad el 15 de octubre de 1989. Formó parte del equipo del CNA que negoció con el gobierno del *apartheid* para poner fin a la supremacía blanca. Recibió la máxima distinción del CNA, el Isitwalandwe Seaparankoe, en 1992.

Slovo, Joe

(1926-1995). Activista *antiapartheid*. Contrajo matrimonio con Ruth First en 1949. Fue un destacado miembro del CNA y del CPSA, al que se afilió en 1942. Fue comandante de la MK. Estudió Derecho en la Universidad de Witwatersrand, donde conoció a Mandela y participó activamente en la política estudiantil. Fue uno de los impulsores del Congreso de los Demócratas (COD) y en 1956 fue procesado en el Juicio por Traición. Fue detenido en el estado de emergencia de 1960 y cumplió seis meses de condena. Contribuyó a la formación de la MK. Se exilió en 1963 y, tras vivir en el Reino Unido, Angola, Mozambique y Zambia, regresó al país en 1990. Fue nombrado secretario general del SACP en 1986 y responsable de la MK. Participó en las negociaciones multipartidistas para poner fin al dominio blanco. Fue ministro de Vivienda durante el mandato de Mandela, a partir de 1994. Recibió la máxima distinción del CNA, el Isitwalandwe Seaparankoe, en 1994.

Sobukwe, Robert Mangaliso

(1924-1978). Abogado, activista sindicalista y preso político. Fue miembro de la ANCYL y el CNA hasta que fundó el CPA partiendo de su premisa «África para los africanos». Fue editor del periódico *The Africanist*. Fue arrestado y encarcelado a raíz de la masacre de Sharpeville en 1960, acusado de instigación y condenado a tres años de prisión. Antes de su puesta en libertad se aprobó la Ley de Enmienda a la Ley General n.º 37 de 1963, que permitía la revisión de las penas de presos de delitos políticos ya encarcelados —lo que más tarde se conocería como «cláusula Sobukwe»—, a raíz de lo cual pasó seis años más en la isla de Robben. Fue puesto en libertad en 1969 y regresó con su familia a Kimberley, donde permaneció bajo arresto domiciliario de doce horas y vetado de la participación en cualquier actividad política a consecuencia de la orden de proscripción impuesta al CPA. Estudió Derecho en prisión y montó un bufete en 1975.

Stengel, Richard

Editor y escritor. Colaboró en la autobiografía de Mandela, *El largo camino hacia la libertad* (publicada en versión inglesa en 1994). Fue coproductor del documental *Mandela* en 1996. Es editor de la revista *Time*.

Tambo, Oliver Reginald (O. R.)

(1917-1993). Abogado, político y activista *antiapartheid*. Fue un destacado miembro del CNA y uno de los fundadores de la ANCYL. Montó con Mandela el primer bufete de abogados negros de Sudáfrica. Asumió la secretaría general del CNA tras la orden de proscripción dictada contra Walter Sisulu y fue nombrado vicepresidente de la organización en 1958. Desempeñó el cargo bajo una orden de proscripción de cinco años dictada en 1959. En 1967 fue nombrado presidente en funciones del CNA tras la muerte del jefe Albert Luthuli. Abandonó Sudáfrica en los años sesenta para coordinar las actividades del CNA en el extranjero, movilizar a los opositores al *apartheid* y establecer campos de entrenamiento militar. Fue elegido presidente del CNA en la Conferencia de Morogoro de 1969, cargo que desempeñó hasta 1991, fecha en la que se convirtió en el portavoz. En los años ochenta lanzó la campaña Liberad a Mandela. Vivió exiliado en Londres hasta 1990. Fue galardonado con la máxima distinción del CNA, el Isitwalandwe Seaparankoe, en 1992.

Terre'Blanche, Eugène

(1941-2010). Defensor de la supremacía blanca, policía, granjero y político fracasado. Fue fundador y líder del Movimiento de Resistencia Afrikáner (Afrikaner Weerstandsbeweging, AWB), que juró hacer uso de la violencia para preservar la supremacía de la minoría blanca y asaltó el World Trade Centre de Johannesburgo mientras se llevaban a cabo las negociaciones. Cumplió tres años de condena por agredir a un empleado de una gasolinera y por intento de asesinato de un guarda de seguridad. Fue puesto en libertad en junio de 2004 y asesinado el 3 de abril de 2010.

Trew, Tony

(1941-). Activista *antiapartheid* y en pro del ANC. Fue encarcelado entre 1964 y 1965. Se exilió de Sudáfrica para vivir en el Reino Unido. En 1980 fue nombrado director de investigación del Fondo Internacional de Ayuda y Defensa. Regresó a Sudáfrica en 1991 para trabajar de investigador para el CNA. Estuvo al cargo de análisis de comunicaciones durante la legislatura del presidente Nelson Mandela, entre 1994 y 1999.

Tshwete, Steve Vukile

(1938-2002). Activista *antiapartheid,* preso político, diputado y político. Fue miembro del CNA y de la MK. Cumplió condena en la isla de Robben desde 1964 hasta 1978 por pertenencia a una organización ilegal. Trabajó en el Comité Ejecutivo Nacional del CNA en 1988 y participó en las conversaciones previas entre el gobierno y el CNA para discutir los términos en los que se desarrollarían las negociaciones formales de Groote Schuur de 1990. Fue ministro de Deportes y Recreo entre 1994 y 1999. Promovió la erradicación del racismo en el deporte sudafricano. Estuvo al frente del Ministerio de Seguridad entre 1999 y 2002.

Tutu, arzobispo Desmond

(1931-). Arzobispo emérito y activista *antiapartheid* y en pro de los derechos humanos. Fue obispo de Lesoto entre 1976 y 1978. Ese año fue nombrado primer secretario general de raza negra del Consejo Eclesiástico Sudafricano. Tras las elecciones de 1994, presidió la Comisión para la Verdad y la Reconciliación, que investigó los crímenes de la era del *apartheid*. Su afán por poner fin al *apartheid* de manera pacífica le hizo merecedor del Premio Nobel de la Paz en 1984; del Premio Albert Schweitzer a la Labor Humanitaria; y del Premio Gandhi de la Paz en 2005.

Umkhonto we Sizwe (MK)

Umkhonto we Sizwe, que significa «la lanza de la nación», fue fundada en 1961 y se conoce comúnmente por su abreviatura, MK. Nelson Mandela fue su primer comandante. Se convirtió en el brazo militar del CNA. Tras las elecciones de 1994 fue disuelta y las tropas fueron incorporadas a las nuevas fuerzas de defensa nacionales de Sudáfrica (SANDF), recién creadas, integradas por soldados de las fuerzas de defensa sudafricanas, las fuerzas de defensa de los bantustanes, las unidades de autodefensa del IFP y el Ejército de Liberación del Pueblo Azanio (APLA), el ala militar del CPA.

Van der Merwe, Johan

(1950-2012). Oficial de policía. Ingresó en las fuerzas policiales sudafricanas en 1953. Estuvo al frente de la unidad de seguridad de la policía desde enero de 1986 hasta octubre de 1989, fecha en la que ascendió a subinspector de la policía sudafricana. Asumió el rango de general en enero de 1990 al ser nombrado inspector de la policía sudafricana. Se retiró en marzo de 1995.

Verwoerd, doctor Hendrik Frensch

(1901-1966). Político del National Party. Fue ministro de Asuntos Nativos entre 1950 y 1958 y primer ministro de Sudáfrica entre 1958 y 1966. Considerado el cerebro del *apartheid*, abogó por un sistema de «desarrollo segregado». Sudáfrica se convirtió en república el 31 de mayo de 1961, durante su mandato. Fue asesinado en el Parlamento por Dimitri Tsafendas.

Viljoen, Constand

(1933-). Político y comandante. Ingresó en el UDF en 1956 y en 1977 ya estaba al mando del ejército sudafricano. En 1993 fundó el Afrikaner Volksfront junto con diversos generales retirados. Antes de las primeras elecciones democráticas en el país reunió una fuerza de entre 50.000 y 60.000 reservistas para combatir la MK, el brazo armado del CNA. En marzo de 1994 lideró una operación militar para proteger la cúpula del *homeland* de Bophuthatswana contra un golpe militar. Más tarde abandonó el Volksfront para cofundar el Freedom Front, del que estuvo al frente. Su decisión de participar en las primeras elecciones democráticas de Sudáfrica en 1994 se atribuye a su propósito de prevenir pérdidas humanas. Se retiró en 2001 y cedió la batuta del Freedom Front a Pieter Mulder.

Xhamela

(Véase Sisulu, Walter).

Zuma, Jacob Gedleyihlekisa

(1942-). Político y activista *antiapartheid*. Ingresó en el CNA en 1959 y en su brazo armado, la MK, en 1962. Fue acusado de conspiración para derrocar al gobierno del *apartheid* en 1963 y condenado a diez años de prisión. Tras su puesta en libertad continuó trabajando para el CNA y ascendió al cargo de jefe de inteligencia. En 1977 fue nombrado miembro del Comité Ejecutivo Nacional del CNA. Regresó a Sudáfrica en 1990, tras la legalización del CNA. A partir de las elecciones de 1994 ejerció de ministro provincial de Asuntos Económicos y Turismo en su provincia natal, KwaZulu-Natal. Fue elegido vicepresidente del CNA en diciembre de 1997 y vicepresidente de Sudáfrica en junio de 1999. El 14 de junio de 2005, el presidente Mbeki lo cesó debido a acusaciones de corrupción y fraude. En mayo de 2009 juró el cargo de presidente de Sudáfrica.

Apéndice C

Cronología: 1990-1999

11 de febrero de 1990:   Nelson Mandela sale de la prisión de Victor Verster, cerca de Paarl.

27 de febrero de 1990:   Llega a Lusaka, Zambia, en su primer viaje fuera de Sudáfrica desde 1962.

4 de mayo de 1990:   Firma con el presidente F. W. de Klerk el Pacto de Groote Schuur, donde se establece un compromiso común hacia la resolución del conflicto político, la negociación pacífica, el regreso de los exiliados, la liberación de los presos políticos y el levantamiento del estado de emergencia.

6 de agosto de 1990:   Firma el Pacto de Pretoria por el que se suspende la lucha armada, se acuerda la liberación de los presos políticos y el regreso de los exiliados y se salvan los escollos de la Ley de Seguridad Interna.

12 de febrero de 1991:   Firma el Acuerdo D. F. Malan con el presidente De Klerk con la intención de resolver el punto muerto del diálogo entre el CNA y el gobierno por los pormenores del Pacto de Pretoria, entre ellos las implicaciones del cese de la lucha armada del CNA y el proceso de liberación de los presos políticos. Se acuerda que la MK ponga fin al entrenamiento en Sudáfrica.

14 de septiembre de 1991:   Firma el Acuerdo Nacional de Paz, con el que se pretende poner freno a la violencia de motivación política definiendo códigos de conducta para todos los partidos políticos. Lo firmaron veintisiete líderes de partidos políticos, sindicatos y el gobierno.

20 de diciembre de 1991:   Asiste a la apertura de las negociaciones multipartidistas, la Convención para una Sudáfrica Democrática (CODESA), en el World Trade Centre, en Kempton Park, cerca de Johannesburgo.

24 de septiembre de 1993:   Comparece ante las Naciones Unidas en Nueva York para solicitar el levantamiento de las sanciones contra Sudáfrica.

17 de noviembre de 1993:   Asiste a las negociaciones de CODESA, donde se ultiman los términos de la Constitución provisional.

10 de diciembre de 1993:   Recibe el Premio Nobel de la Paz en Oslo, Noruega, junto a F. W. de Klerk.

18 de diciembre de 1993:	Se reúne con el representante especial de las Naciones Unidas para intentar que la Alianza para la Libertad (grupos derechistas blancos, el IFP y los gobiernos de los bantustanes del Ciskei y Bophuthatswana) participe en el proceso de paz.
27 de abril de 1994:	Vota por primera vez en las primeras elecciones democráticas de Sudáfrica en el instituto de enseñanza secundaria Ohlange de KwaZulu-Natal.
6 de mayo de 1994:	La Comisión Electoral Independiente declara libres y justas las primeras elecciones democráticas de Sudáfrica.
10 de mayo de 1994:	Toma posesión en Pretoria del cargo de primer presidente de Sudáfrica elegido democráticamente.
24 de mayo de 1994:	Pronuncia su primer discurso sobre el estado de la nación como presidente de Sudáfrica ante el Parlamento.
13 de junio de 1994:	Comparece en la cumbre de la Organización para la Unidad Africana celebrada en Túnez.
18 de agosto de 1994:	Pronuncia un discurso ante el Parlamento para celebrar sus primeros cien días de presidencia.
17 de noviembre de 1994:	Promulga la Ley de Restitución de los Derechos sobre la Tierra para restituir los derechos de quienes se vieron privados de sus tierras en virtud de la antigua Ley de la Tierra de 1913.
15 de diciembre de 1994:	Publica su autobiografía, *El largo camino hacia la libertad*.
17 de diciembre de 1994:	Pronuncia un discurso en la 49ª Conferencia Nacional del CNA en Bloemfontein.
10 de febrero de 1995:	Regresa a la isla de Robben para asistir a una reunión con antiguos presos políticos.
15 de febrero de 1995:	Anuncia que no se presentará como candidato a la reelección al término de su legislatura como presidente.
18 de marzo de 1995:	Recibe el Premio África de la Paz en Durban, KwaZulu-Natal.
20 de marzo de 1995:	Recibe el premio de la Orden del Mérito de la reina Isabel II en Ciudad del Cabo.
8 de mayo de 1995:	Pronuncia un discurso en la Fundación Infantil Nelson Mandela, en Pretoria.
24 de junio de 1995:	Asiste a la final de la Copa del Mundo de Rugby, donde Sudáfrica sale victoriosa.
19 de julio de 1995:	Firma la Ley de Promoción de la Unidad Nacional y la Reconciliación para crear la Comisión para la Verdad y la Reconciliación (TRC).
15 de agosto de 1995:	Visita a Betsie Verwoerd, viuda del primer ministro H. F. Verwoerd, en el municipio blanco de Orania.

19 de agosto de 1995:	Da un mitin en el *township* de Alexandra, Johannesburgo.
3 de septiembre de 1995:	Mantiene conversaciones con Suharto, presidente de Indonesia, sobre el conflicto de Timor Oriental.
23 de octubre de 1995:	Pronuncia un discurso en el 50° aniversario de la Asamblea General de las Naciones Unidas en Nueva York.
9 de noviembre de 1995:	Asiste al encuentro de jefes de Estado y de gobierno de la Commonwealth en Nueva Zelanda.
23 de noviembre de 1995:	Se reúne con el fiscal del juicio de Rivonia, el doctor Percy Yutar, en su residencia oficial en Pretoria.
13 de enero de 1996:	Pronuncia un discurso en la inauguración de la Copa Africana de Naciones de fútbol.
23 de enero de 1996:	Mantiene un encuentro con Buthelezi en un intento por poner freno a la violencia en KwaZulu-Natal.
1 de febrero de 1996:	Inaugura el Foro de Inversión de la Conferencia Consultiva de la Comunidad de Desarrollo de África Austral en Johannesburgo.
23 de febrero de 1996:	Pronuncia un discurso en la Conferencia Nacional de Compromiso por la Igualdad de Género en Johannesburgo.
19 de marzo de 1996:	Se divorcia de su esposa Winnie Mandela (con apellido de soltera Madikizela).
8 de mayo de 1996:	Asiste a una cena en Ciudad del Cabo para celebrar la adopción de la nueva Constitución de Sudáfrica.
9 de mayo de 1996:	Hace unas declaraciones sobre la retirada del National Party del gobierno de unidad nacional.
14 de junio de 1996:	Hace unas declaraciones sobre el lanzamiento de la Estrategia de Crecimiento, Empleo y Redistribución (GEAR).
23 de junio de 1996:	Interviene en un servicio de acción de gracias con motivo de la jubilación del arzobispo Desmond Tutu en la catedral de St. George, en Ciudad del Cabo.
11 de julio de 1996:	Comparece en una sesión conjunta de las cámaras del Parlamento del Reino Unido en Londres.
14 de julio de 1996:	Acompaña al presidente francés Jacques Chirac en un desfile militar en los Campos Elíseos de París.
22 de agosto de 1996:	Se reúne con el dalái lama en Ciudad del Cabo.
1 de septiembre de 1996:	La oficina del presidente confirma que este mantiene una relación con Graça Machel.
2 de noviembre de 1996:	Asiste a una reunión con compañeros de la Facultad de Derecho de la Universidad de Witwatersrand, Johannesburgo.

27 de noviembre de 1996:	Anuncia que Sudáfrica suspende sus relaciones diplomáticas con Taiwán para entablar relaciones diplomáticas con la República Popular China.
7 de diciembre de 1996:	Da un discurso ante la Comisión de Evaluación del Comité Olímpico Internacional.
10 de diciembre de 1996:	Firma la nueva Constitución de Sudáfrica en Sharpeville.
3 de febrero de 1997:	Comparece ante el Foro Económico Mundial en Davos, Suiza.
2 de mayo de 1997:	Viaja a Pointe Noire, en Zaire, para actuar de mediador a bordo del buque sudafricano *SAS Outeniqua* entre el presidente zaireño Mobutu Sese Seko y el líder rebelde Laurent Kabila.
14 de mayo de 1997:	Se desplaza a Pointe Noire y se marcha poco después tras el fracaso de la segunda ronda de negociaciones de paz entre el presidente zaireño Mobutu Sese Seko y Laurent Kabila.
21 de mayo de 1997:	Asiste a la cumbre Económica del Sur de África del Foro Económico Mundial en Harare, Zimbabue.
2 de junio de 1997:	Asiste a la cumbre de la Organización para la Unidad Africana (OUA) en Harare, Zimbabue.
4 de julio de 1997:	Organiza una fiesta para más de mil niños afectados de VIH/sida y otras enfermedades terminales.
25 de julio de 1997:	Mantiene un encuentro con Xanana Gusmão, líder del Movimiento de Resistencia de Timor Oriental, encarcelado, en Yakarta, Indonesia.
25 de agosto de 1997:	Se reúne con Laurent Kabila, presidente de la República Democrática del Congo.
26 de agosto de 1997:	Rinde tributo a F. W. de Klerk el día que este anuncia su dimisión como líder del National Party.
8 de septiembre de 1997:	Asiste a una cumbre de la Comunidad de Desarrollo de África Austral en Blantyre, Malaui.
24 de septiembre de 1997:	Declara la isla de Robben como bien de patrimonio nacional.
25 de octubre de 1997:	Asiste a un encuentro de jefes de gobierno de la Commonwealth en Edimburgo, Escocia.
29 de octubre de 1997:	Visita Libia para condecorar al coronel Muamar el Gadafi con el máximo galardón de Sudáfrica, la Orden de la Buena Esperanza, en reconocimiento por el apoyo de Libia al pueblo sudafricano en la lucha contra el *apartheid*.
31 de octubre de 1997:	Asiste a la coronación del rey Letsie III en Maseru, Lesoto.
22 de noviembre de 1997:	Pronuncia un discurso en la marcha de hombres contra las violaciones, la violencia doméstica y el abuso de menores organizada en Pretoria.

4 de diciembre de 1997:	Se reúne con el coronel Prinsloo, el oficial al mando de la antigua prisión de Robben, en una residencia de ancianos de Pretoria.
20 de diciembre de 1997:	Entrega la batuta del CNA a Thabo Mbeki.
19 de marzo de 1998:	Comparece ante los tribunales por la demanda que presenta contra él la Unión de Rugby Sudafricana.
27 de marzo de 1998:	Visita la isla de Robben con el presidente estadounidense Bill Clinton.
28 de abril de 1998:	Mantiene un debate en Ciudad del Cabo con el Foro Nacional de Editores de Sudáfrica.
29 de abril de 1998:	Pronuncia un discurso ante la Asamblea Nacional en Angola.
19 de mayo de 1998:	Asiste a la cumbre de la Organización Mundial del Comercio en Ginebra, Suiza.
8 de junio de 1998:	Comparece en la cumbre de jefes de Estado y de Gobierno de la Organización para la Unidad Africana en Ouagadougou, Burkina Faso.
18 de junio de 1998:	Mantiene el primer encuentro con el papa Juan Pablo II en El Vaticano.
3 de julio de 1998:	Asiste a la conferencia de la Comunidad del Caribe (CARICOM) en Santa Lucía.
12 de julio de 1998:	Visita el lugar de la masacre sucedida en Richmond, KwaZulu-Natal.
18 de julio de 1998:	Se casa en terceras nupcias con Graça Machel el día de su octogésimo cumpleaños.
24 de julio de 1998:	Asiste a la cumbre del Mercado Común del Sur (Mercosur) en Argentina.
13 de septiembre de 1998:	Pronuncia un discurso en la inauguración de una cumbre de jefes de Estado y de gobierno de la Comunidad de Desarrollo de África Austral en Mauricio.
21 de septiembre de 1998:	Asiste a la 53ª Asamblea General de las Naciones Unidas en Nueva York.
23 de septiembre de 1998:	Recibe la medalla de oro del Congreso de Estados Unidos en Capitol Hill, Washington D. C.
24 de septiembre de 1998:	Se convierte en el primer mandatario extranjero en recibir el máximo galardón de la Orden de Canadá en Ottawa, Canadá.
8 de octubre de 1998:	Visita a la familia real suazi de Suazilandia.
22 de octubre de 1998:	Inaugura la cumbre de valores morales organizada por el Foro Nacional de Líderes Religiosos de Sudáfrica en Johannesburgo.

29 de octubre de 1998:	Recibe el informe definitivo de la Comisión para la Verdad y la Reconciliación en Pretoria.
30 de octubre de 1998:	Pronuncia un discurso en un encuentro de jefes de Estado de la Comunidad Económica de Países de África Occidental en Abuja, Nigeria.
17 de noviembre de 1998:	Da un mitin en Dar es Salaam en una visita oficial de un día a Tanzania.
7 de diciembre de 1998:	Asiste a la 19ª cumbre del Consejo de Cooperación del Golfo en Abu Dabi, EAU.
13 de diciembre de 1998:	Pronuncia un discurso en el 5º aniversario del Consejo Eclesiástico Mundial en Harare, Zimbabue.
29 de enero de 1999:	Pronuncia un discurso en el Foro Económico Mundial en Davos, Suiza.
5 de febrero de 1999:	Pronuncia su último discurso sobre el estado de la nación en el Parlamento, Ciudad del Cabo.
13 de febrero de 1999:	Realiza unas declaraciones sobre sus conversaciones con el coronel Muamar el Gadafi sobre el caso Lockerbie.
29 de abril de 1999:	Mantiene un encuentro con el presidente ruso Boris Yeltsin en una visita oficial a Moscú.
30 de mayo de 1999:	Asiste a su último mitin electoral del CNA.
2 de junio de 1999:	Vota en las segundas elecciones democráticas.
9 de junio de 1999:	Asiste a su última reunión del gabinete en Pretoria.
14 de junio de 1999:	Asiste a la elección y al juramento del cargo de su sucesor, Thabo Mbeki, en Ciudad del Cabo.
16 de junio de 1999:	Asiste a la investidura de su sucesor, el presidente Thabo Mbeki, en Pretoria.

Apéndice D

Mapa de Sudáfrica, *c.* 1996

Cuando el primer gobierno de Sudáfrica elegido democráticamente llegó al poder en 1994, integró los diez bantustanes o *homelands* y las cuatro provincias existentes en nueve provincias más pequeñas, tal y como se muestra en el mapa de la página anterior.

Las cuatro provincias existentes entre 1910 y 1994 fueron integradas en las nuevas provincias siguientes:

Antiguas provincias	Nuevas provincias
Provincia del Cabo	Provincia oriental del Cabo
	Provincia septentrional del Cabo
	Provincia occidental del Cabo
Natal	KwaZulu-Natal
Estado Libre de Orange	Estado Libre
Transvaal	Noroeste
	Limpopo
	Mpumalanga
	Gauteng

De los diez bantustanes, solo el Ciskei y Qwaqwa tenían áreas geográficas colindantes. Los otros ocho constaban de entre tres y cuarenta y cuatro zonas diseminadas.

Bantustán	Grupo lingüístico	Nuevas provincias
Bophuthatswana*	Tswana	Estado Libre
		Provincia septentrional del Cabo
		Provincia del Noroeste
Ciskei*	Xosa	Provincia oriental del Cabo
Gazankulu	Tsonga	Limpopo
		Mpumalanga
KaNgwane	Suazi	Mpumalanga
KwaNdebele	Ndebele	Mpumalanga
KwaZulu	Zulú	KwaZulu-Natal
Lebowa	Soto	Limpopo
QwaQwa	Soto	Estado Libre
Transkei*	Xosa	Provincia oriental del Cabo
Venda*	Venda	Limpopo

*Cuatro de los bantustanes habían sido declarados «independientes» por el régimen del *apartheid* entre 1976 y 1981.

Notas

Muchos de los discursos citados a continuación están disponibles en la página web de la Fundación Nelson Mandela: https://www.nelsonmandela.org/content/page/speeches.

Todas las entrevistas realizadas por Padraig O'Malley proceden del Archivo de O'Malley y están disponibles en la página web de Heart of Hope, albergada en la de la Fundación Nelson Mandela: https://www.nelsonmandela.org/omalley/index.php/site/q/03lv00017.htm.

Abreviaturas
AP: Associated Press
APNM: Archivo personal de Nelson Mandela
CNALH: CNA, Luthuli House
FNM: Fundación Nelson Mandela
NCOP: Consejo Nacional de las Provincias
NEC: Comité Ejecutivo Nacional
N. M.: Nelson Mandela
SABC: South African Broadcasting Corporation / Corporación pública de radio y televisión de Sudáfrica
SANA: Archivos nacionales de Sudáfrica
SAPA: Asociación de la Prensa de Sudáfrica
TRC: Comisión para la Verdad y la Reconciliación

PREFACIO

[1] Todas las citas han sido extraídas del discurso de N. M. en la 50ª Conferencia Nacional del CNA, Mafikeng, 16 de diciembre de 1997.

CAPÍTULO UNO: EL RETO DE LA LIBERTAD

[1] Ralph Waldo Emerson, «Self Reliance», de *Essays* (Boston, 1841). Reeditado en 1847: *Essays: First Series*.
[2] «SA is Rendered Lawless and Ungovernable», publicado en el *City Press*, 18 de abril de 2015.
[3] N. M., *El largo camino hacia la libertad*, Santillana Ediciones Generales, S. L., Madrid, 2010.
[4] C. L. R. James, prefacio de *Los jacobinos negros*, Turner, Madrid, 2003.
[5] N. M., *The Presidential Years*, p. 1, FNM, Johannesburgo, 1998.
[6] N. M., *The Presidential Years*, p. 1.
[7] Niël Barnard, *Secret Revolution*, Tafelberg, Ciudad del Cabo, 2015, p. 245.

[8] FNM, nota de prensa, «Ahmed Kathrada relata el reencuentro con Madiba tras su liberación», 13 de febrero de 2015.
[9] N. M., *The Presidential Years*, p. 1.
[10] N. M., *El largo camino hacia la libertad*.
[11] N. M., *The Presidential Years*, p. 1.
[12] N. M., *The Presidential Years*, pp. 1-2.
[13] N. M., conversación con Richard Stengel, Johannesburgo, *c.* abril-mayo de 1993, CD 61, FNM.
[14] Valli Moosa, entrevista concedida a Tony Trew, Ciudad del Cabo, 8 de septiembre de 2014.
[15] N. M., *El largo camino hacia la libertad*.
[16] Václav Havel, fuente desconocida.
[17] Barbara Masekela, entrevista concedida a Tony Trew, Ciudad del Cabo, 28 de agosto de 2014.
[18] N. M., *The Presidential Years*, p. 7.
[19] N. M., *The Presidential Years*, pp. 7-8.
[20] Hugh Macmillan, *The Lusaka Years: The ANC in Exile in Zambia 1963-1994*, Jacana Media, Johannesburgo, 2013, p. 258.

CAPÍTULO DOS: LA NEGOCIACIÓN DE LA DEMOCRACIA

[1] Robin Denselow, *When the Music's Over: The Story of Political Pop*, Faber and Faber, Londres, 1990, p. 276.
[2] N. M., discurso pronunciado a la muchedumbre en Ciudad del Cabo tras su puesta en libertad, Ayuntamiento de Ciudad del Cabo, 11 de febrero de 1990.
[3] Zoë Wicomb, «Nelson Mandela», *New Yorker*, 26 de diciembre de 2013.
[4] N. M., *El largo camino hacia la libertad*.
[5] Scott Kraft, «ANC President Tambo Returns to SA After a 30-Year Exile», *Los Angeles Times*, 14 de diciembre de 1990.

[6] N. M., entrevista concedida a James Lorimer y Des Latham en la casa de Mandela, Vilakazi Street, Orlando West, Soweto, 15 de febrero de 1990, archivos de Paddi Clay.

[7] N. M., *El largo camino hacia la libertad.*

[8] N. M., *The Presidential Years*, p. 2.

[9] N. M., *The Presidential Years*, p. 3.

[10] Sydney Mufamadi, entrevista concedida a Tony Trew, Johannesburgo, 29 de mayo de 2015.

[11] *ib.*

[12] *ib.*

[13] N. M., conversación con Richard Stengel, Johannesburgo, *c.* abril-mayo de 1993, CD 61, FNM.

[14] *ib.*

[15] Ferdi Hartzenberg, entrevista concedida a Padraig O'Malley, 25 de agosto de 1992, archivo de O'Malley, Fundación Nelson Mandela.

[16] Jessie Duarte, entrevista concedida a John Carlin, *Frontline*, página web de PBS Frontline.

[17] N. M., *The Presidential Years*, p. 3.

[18] *ib.*

[19] N. M., discurso televisado a la nación con motivo del asesinato de Chris Hani, 13 de abril de 1993.

[20] Wilson Ngqose, entrevista concedida a Mandla Langa, Johannesburgo, 17 de diciembre de 2016.

[21] Agostinho Neto, «Prisa», de *Sagrada esperança* [traducido de la versión inglesa de este manuscrito], Tanzania Publishing House, Dar es Salaam, 1974.

[22] N. M., discurso ante la Asamblea Nacional de Angola, Luanda, 29 de abril de 1998.

[23] Chris Hani, fragmento de *They Shaped Our Century: The Most Influential South Africans of the Twentieth Century*, Human & Rousseau, Ciudad del Cabo, 1999, reproducido en N. M., *The Presidential Years*, p. 3.

[24] Uno de esos sondeos fue realizado por Markinor en noviembre de 1992 entre negros, mestizos e indios de núcleos urbanos y blancos a nivel nacional.

[25] N. M., *The Presidential Years*, p. 4.

[26] N. M., *The Presidential Years*, p. 8.

[27] *Weekly Mail*, 30 de abril de 1993.

[28] N. M., *The Presidential Years*, p. 9.

[29] Hermann Giliomee, *The Afrikaners: Biography of a People*, C. Hurst & Co., Londres, 2003, p. 646.

[30] Georg Meiring, extracto de entrevista concedida a Hermann Giliomee, 11 de noviembre de 2002, recogido en *The Afrikaners: Biography of a People*, p. 646.

[31] Martin Luther King Jr., «Nobel Lecture: The Quest for Peace and Justice», 11 de diciembre de 1964.

[32] N. M., *The Presidential Years*, p. 9.

[33] *ib.*

[34] Joseph R. Gregory, «P. W. Botha, Defender of Apartheid, is Dead at 90», *New York Times*, 1 de noviembre de 2006.

[35] Hugh Robertson, «Intrigue Over "New" Offer to the Alliance», *The Daily News*, 2 de marzo de 1994.

[36] N. M., *The Presidential Years*, p. 9.

[37] Scott MacLeod, «Nelson Mandela: I Am No Prophet», *Time*, 26 de febrero de 1990.

[38] N. M, *The Presidential Years*, pp. 8-9.

[39] N. M, *The Presidential Years*, p. 9.

[40] N. M, *The Presidential Years*, pp. 9-10.

[41] N. M. a Winnie Mandela en la prisión de Kroonstand, 1 de febrero de 1975, de *Conversations With Myself*, Macmillan, Londres, 2010, p. 212.

[42] Niël Barnard, *Secret Revolution*, pp. 24-25.

[43] N. M., *The Presidential Years*, p. 10.

[44] Carl von Clausewitz, *De la guerra*, Berlín, 1832.

[45] Jonathan Hyslop, «Mandela on War», de *The Cambridge Companion to Nelson Mandela*, editado por Rita Barnard, Cambridge University Press, 2014, p. 179.

[46] N. M., *The Presidential Years*, p. 10.

[47] Constand Viljoen, entrevista concedida a Tony Trew, Pretoria, 19 de septiembre de 2015.

[48] Martin Challenor, «Victory for Alliance», *Daily News*, 22 de febrero de 1994.

[49] Princeton Lyman, *Partner to History: The US Role in South Africa's Transition*, Instituto Estadounidense para la Paz, Washington, D. C., 2002, pp. 171-179; acuerdo sobre la autodeterminación afrikáner, 23 de abril de 1994, archivos de O'Malley.

[50] N. M., *The Presidential Years*, p. 10.

[51] Bill Keller, «The South African Vote: The Overview; More Bombings Rattle South Africans», *New York Times*, 26 de abril de 1994.

[52] James Baldwin, *No Name in the Street*, Michael Joseph, Londres, 1972.

CAPÍTULO TRES: UNAS ELECCIONES LIBRES Y JUSTAS

[1] David Yutar, «No-show Troopies may face prosecution», *The Argus*, 12 de mayo de 1994.

[2] Johann Kriegler, entrevista concedida a Tony Trew, Johannesburgo, 2 de febrero de 2016.

[3] *ib.*

[4] *ib.*

[5] John S. Mbiti, *African Religions and Philosophy*, Heinemann, Londres, 1969.

[6] N. M., *The Presidential Years*, pp. 12-13.

[7] R. W. Johnson, Lawrence Schlemmer (eds.), *Launching Democracy in South Africa: The First Open Election, April 1994,* Yale University Press, New Haven, Connecticut, 1996.

[8] Johannes Rantete, *The African National Congress and Negotiated Settlement in South Africa,* J. L. Van Schaik, Pretoria, 1998, p. 243.

[9] N. M., *The Presidential Years,* pp. 13-14.

[10] «Dirty Tricks: Election Row», *The Argus,* 8 de abril de 1994.

[11] *ib.*

[12] Thabo Mbeki, entrevista concedida a Joel Netshitenzhe y Tony Trew, Johannesburgo, 17 de diciembre de 2014.

[13] N. M., *The Presidential Years,* pp. 14-15.

[14] N. M., *The Presidential Years,* p. 15.

[15] Charles Oulton, «South African Elections: Huddleston Casts His Vote and Rejoices», *Independent,* 26 de abril de 1994.

[16] Paul Taylor, «Historic Election Begins in South Africa», *Washington Post,* 27 de abril de 1994.

[17] N. M., *El largo camino hacia la libertad.*

[18] N. M., *The Presidential Years,* pp. 15-16.

[19] N. M., *The Presidential Years,* p. 15.

[20] Cita del juez Johann Kriegler como presidente de la Comisión Electoral Independiente; Peter Harris, *Birth: The Conspiracy to Stop the '94 Election,* Umuzi, Ciudad del Cabo, 2010, pp. 267-275.

[21] F. W. de Klerk, *The Last Trek - A New Beginning: The Autobiography,* St Martin's Press, Nueva York, 1999, p. 336.

[22] N. M., discurso tras la victoria del CNA en las elecciones de 1994, Carlton Hotel, Johannesburgo, 2 de mayo de 1994.

[23] N. M., intervención ante los asistentes a la celebración de la victoria del CNA, Carlton Hotel, Johannesburgo, 2 de mayo de 1994.

[24] Jessie Duarte, entrevista concedida a Tony Trew, Johannesburgo, 15 de julio de 2014.

[25] Chris Streeter, entrevista concedida a Tony Trew, Pretoria, 21 de enero de 2015.

[26] «Time Now to Begin Anew: Mandela Joins Peace Prayers», *Cape Times,* 9 de mayo de 1994.

[27] Jessie Duarte, entrevista concedida a Tony Trew, Johannesburgo, 15 de julio de 2014.

[28] N. M., *El largo camino hacia la libertad.*

[29] Walter Sisulu, «We Shall Overcome!», *Reflections in Prison,* editado por Mac Maharaj, Zebra Press y Robben Island Museum, Ciudad del Cabo, 2001, p. 85.

[30] Pixley ka Isaka Seme, «Native Union», *Imvo Zabantsundu,* 24 de octubre de 1911, de Sheridan Johns III, *Protest and Hope 1882-1934,* vol. 1 de *From Protest to Challenge: A Documentary History of African Politics in South Africa 1882-1964,* editado por Thomas Karis y Gwendolen M. Carter, Hoover Institution Press, Stanford, California, 1972, p. 71.

[31] N. M., *The Presidential Years,* p. 40.

[32] Sydney Mufamadi, entrevista concedida a Tony Trew, Johannesburgo, 30 de abril de 2015.

[33] *ib.*

[34] *ib.*

[35] *ib.*

[36] Barbara Masekela, entrevista concedida a Tony Trew, Ciudad del Cabo, 28 de agosto de 2014.

[37] N. M., discurso al pueblo de Ciudad del Cabo al ser elegido presidente de Sudáfrica, Ayuntamiento de Ciudad del Cabo, 9 de mayo de 1994.

[38] Jessie Duarte, entrevista concedida a Tony Trew, Johannesburgo, 15 de julio de 2014.

[39] N. M., discurso de investidura como presidente de la República de Sudáfrica, Union Buildings, Pretoria, 10 de mayo de 1994.

[40] Adrian Hadland, «Let's Build a Great SA», *Business Day,* miércoles 11 de mayo de 1994.

[41] «F. W. de Klerk: Mandela Held My Hand for All to See», *City Press,* 6 de diciembre de 2013.

[42] Adrian Hadland, «Let's Build a Great SA», *Business Day,* miércoles 11 de mayo de 1994.

[43] N. M., discurso en el almuerzo organizado tras su investidura, Ciudad del Cabo, 10 de mayo de 1994, archivo de la SABC, hemeroteca de la SABC, Johannesburgo.

CAPÍTULO CUATRO: LLEGADA A UNION BUILDINGS

[1] Jessie Duarte, entrevista concedida a Tony Trew, Johannesburgo, 15 de julio de 2014.

[2] Fanie Pretorius, entrevista concedida a Tony Trew, Pretoria, 11 de julio de 2014.

[3] Personal de la oficina del presidente, entrevistas concedidas a Sahm Venter, octubre de 1994.

[4] William Ernest Henley, «Invictus», *A Book of Verses,* Londres, 1888.

[5] N. M., *The Presidential Years,* pp. 27-29.

[6] N. M., *The Presidential Years,* pp. 22-23.

[7] Barbara Masekela, entrevista concedida a Tony Trew, Ciudad del Cabo, 28 de agosto de 2014.

[8] Ahmed Kathrada, conversación con Tony Trew y Joel Netshitenzhe, Johannesburgo, 2 de diciembre de 2014.

[9] Jakes Gerwel, documento remitido por la oficina del presidente a la Comisión Nacional de Control, 25 de septiembre de 1997.

[10] N. M., *The Presidential Years,* p. 19.

[11] N. M., *The Presidential Years,* pp. 19-20.

[12] Jakes Gerwel, entrevista concedida a Aziz Pahad, 21 de julio de 2010.

[13] Memorando del director general, oficina del presidente, gastos del Estado, noviembre de 1997, Gerwel Papers (colección privada).

[14] Jan-Jan Joubert, «He Could See the Essential Core», *City Press*, 8 de diciembre de 2013.

[15] Walter Sisulu, entrevista concedida a Sahm Venter, Ciudad del Cabo, octubre de 1994.

[16] Trevor Manuel, entrevista concedida a Tony Trew, Johannesburgo, 10 de septiembre de 2014.

[17] Nkosazana Dlamini-Zuma, entrevista concedida a Tony Trew, Durban, 26 de febrero de 2016.

[18] Mary Mxadana, entrevista concedida a Sahm Venter, Ciudad del Cabo, octubre de 1994.

[19] N. M., entrevista a Charlayne Hunter-Gault, *MacNeil/Lehrer NewsHour*, PBS, 6 de mayo de 1994, de *South Africa: Pres Elect Interview*, archivo de AP, cinta n.º W066632.

[20] N. M., *The Presidential Years*, pp. 4-5.

[21] Neal Chapman y Peter Wrighton, «Civil society: The Role of Business and the Churches in Facilitating Transition», de *South Africa at 10: Perspectives by Political, Business and Civil Leaders*, Human & Rousseau, Ciudad del Cabo, 2004, p. 29.

[22] Tito Mboweni, entrevista concedida a Tony Trew, Johannesburgo, 12 de septiembre de 2014.

[23] N. M., *The Presidential Years*, pp. 17-18.

[24] N. M., *The Presidential Years*, p. 18.

[25] Thabo Mbeki, entrevista concedida a Tony Trew y Joel Netshitenzhe, Johannesburgo, 17 de diciembre de 2014.

[26] N. M., *The Presidential Years*, p. 18.

[27] F. W. de Klerk, *The Last Trek*, extracto en N. M., *The Presidential Years*, p. 238.

[28] N. M., *The Presidential Years*, pp. 18-19.

[29] Trevor Manuel, entrevista concedida a Tony Trew, Johannesburgo, 10 de septiembre de 2014.

[30] *ib.*

[31] *ib.*

[32] *ib.*

[33] F. W. de Klerk, entrevistado por correo electrónico por Tony Trew, 13 de marzo de 2015.

[34] Valli Moosa, entrevista concedida a Tony Trew, Ciudad del Cabo, 8 de septiembre de 2014; Jessie Duarte, entrevista concedida a Tony Trew, Johannesburgo, 15 de julio de 2014; Trevor Manuel, entrevista concedida a Tony Trew, Johannesburgo, 10 de septiembre de 2014.

[35] F. W. de Klerk, *The Last Trek*, pp. 342-344; David Welsh, «Coalition Government, An Unwilling Marriage», en *State of the Nation*, 1997/98, Bertus de Villiers (ed.), HSRC, Pretoria.

[36] Tim Cohen, «Mandela's Saintly Reign a Case of Hit or Myth», *Business Day*, 11 de mayo de 1994.

[37] Kader Asmal y Adrian Hadland con Moira Levy, *Politics in my Blood: A Memoir*, Jacana Media, Johannesburgo, 2011, p. 193.

[38] N. M., *The Presidential Years*, p. 23.

CAPÍTULO CINCO:
LA UNIDAD NACIONAL

[1] Andries Nel, notas del día, 9 de mayo de 1994, colección privada.

[2] Trevor Manuel, entrevista concedida a Tony Trew, Johannesburgo, 10 de septiembre de 2014.

[3] *ib.*

[4] Tito Mboweni, entrevista concedida a Tony Trew, Johannesburgo, 12 de septiembre de 2014.

[5] David Welsh, «Coalition Government», en *State of the Nation*, p. 46.

[6] Nelson Mandela, entrevista para la BBC, octubre de 1993, grabaciones de la FNM, cinta M8 de la BBC, FNM, Johannesburgo.

[7] Padraig O'Malley, *Shades of Difference: Mac Maharaj and the Struggle for South Africa*, Viking Penguin, Nueva York, 2007, pp. 400-402.

[8] Constitución de la República de Sudáfrica, n.º 108 de 1996, capítulo seis: El Ejecutivo nacional, cláusula 89 (2).

[9] Jakes Gerwel, entrevista concedida a Padraig O'Malley, 8 de noviembre de 1994, archivo de O'Malley.

[10] Kader Asmal y Adrian Hadland con Moira Levy, *Politics in my Blood*, p. 137.

[11] Mangosuthu Buthelezi, entrevista concedida a Padraig O'Malley, 3 de octubre de 1995, archivo de O'Malley.

[12] N. M., entrevista concedida a Patti Waldmeier, Union Buildings, Pretoria, 1 de julio de 1994, entrevistas de Patti Waldmeier, archivo de investigación de documentos históricos, Biblioteca William Cullen, Universidad de Witwatersrand, Johannesburgo.

[13] Thabo Mbeki, entrevista concedida a Joel Netshitenzhe y Tony Trew, Johannesburgo, 17 de diciembre.

[14] «NP to Fare Worse than in 1994 Poll, Says Mandela», *The Citizen*, 26 de junio de 1995, SAPA.

[15] F. W. de Klerk, *The Last Trek*, p. 357.

[16] F. W. de Klerk, entrevista por correo electrónico con Tony Trew, 13 de marzo de 2015.

[17] Tony Leon, *Opposite Mandela: Encounters With South Africa's Icon*, Jonathan Ball Publishers, Johannesburgo, 2014, p. 97.

18 Archivo de AP, «South Africa - De Klerk and Mandela Make Up», reportaje n.º W019071, 20 de enero de 1995.

19 Archivo de AP, «Mandela Denies Rumours of De Klerk's Resignation», reportaje n.º 15992, 13 de octubre de 1995.

20 F. W. de Klerk, *The Last Trek*, p. 353.

21 N. M. a F. W. de Klerk, 26 de septiembre de 1995, Gerwel Papers (colección privada).

22 Graça Machel, entrevista concedida a Mandla Langa, Johannesburgo, 22 de septiembre de 2016.

23 F. W. de Klerk, *The Last Trek*, p. 353.

24 F. W. de Klerk, entrevista por correo electrónico con Tony Trew, 13 de marzo de 2015.

25 Thabo Mbeki, entrevista concedida a Joel Netshitenzhe y Tony Trew, Johannesburgo, 17 de diciembre de 2014.

26 N. M., discurso con motivo del debate presupuestario en el Senado, cámaras del Parlamento, Ciudad del Cabo, 18 de junio de 1996.

27 Jeremy Seekings, «Partisan Realignment in Cape Town, 1994-2004», documento de trabajo n.º 111, Consejo de Investigación Científica e Industrial, diciembre de 2005.

28 Mangosuthu Buthelezi, entrevista concedida a Tony Trew, Durban, 28 de noviembre de 2014.

29 Jakes Gerwel, entrevista concedida a Jan-Jan Joubert citando una entrevista de 2010, «Jakes Gerwel: Mandela Could See the Essential Core», *City Press*, 10 diciembre de 2013.

30 Mangosuthu Buthelezi, entrevista concedida a Padraig O'Malley, 3 de octubre de 1995, archivo de O'Malley.

31 Mangosuthu Buthelezi, entrevista concedida a Tony Trew, Durban, 28 de noviembre de 2014.

32 Mangosuthu Buthelezi, entrevista concedida a Tony Trew, Durban, 28 de noviembre de 2014; N. M. a Irene Buthelezi, 3 de agosto de 1979, de N. M., *Conversations with Myself*, pp. 170-172; N. M. al jefe Mangosuthu Buthelezi, 3 de febrero de 1989, de N. M., *Conversations with Myself*, p. 255.

33 Anthony Lewis, «Mandela the Pol», *New York Times Magazine*, 23 de marzo de 1997.

34 N. M., *The Presidential Years*, p. 36.

35 Mangosuthu Buthelezi, entrevista concedida a Padraig O'Malley, 3 de octubre de 1995, archivo de O'Malley.

36 Declaraciones del presidente Mandela con motivo de la retirada del National Party del gobierno de unidad nacional, 9 de mayo de 1996.

37 SAPA, «Government Failed SA Says Winnie», *Citizen*, 6 de febrero de 1995.

38 Comunicado sobre las disculpas de la viceministra Winnie Madikizela-Mandela emitido por la oficina del presidente, 14 de febrero de 1995.

39 Declaraciones del presidente Nelson Mandela sobre los cambios en el Ministerio de Arte, Cultura, Ciencia y Tecnología, 27 de marzo de 1995.

40 Archivo de AP, «South Africa: Winnie Mandela Resigns From Government», reportaje n.º 6108, fondo audiovisual, 17 de abril de 1995.

41 Comunicado sobre la reincorporación de Winnie Mandela emitido por el presidente en funciones, 12 de abril de 1995.

42 Declaraciones del presidente Nelson Mandela sobre los cambios en el Ministerio de Arte, Cultura, Ciencia y Tecnología, 14 de abril de 1995.

43 Bob Drogin, «Winnie Mandela Quits Post, Criticizes Estranged Husband», *Los Angeles Times*, 18 de abril de 1995.

44 *Sunday Telegraph*, 1 de mayo de 1994.

45 N. M., *The Presidential Years*, pp. 23-24.

46 Khulu Sibiya, «Truly, Truly Unforgettable», *City Press*, 15 de mayo de 1994, de N. M., *The Presidential Years*, p. 24.

47 *ib.*

48 Jerry Zremski, «Mandela Inauguration, Spirit of Reconciliation Thrills Houghton», *The Buffalo News*, 11 de mayo de 1994.

49 Marga Ley, «Wit, Swart Neem Mekaar as Gesinslede aan», *Beeld*, 11 de mayo de 1994, de N. M., *The Presidential Years*, p. 31.

50 Sarel van der Walt, «Goeie SA "kan kom uit wittebroodstyd"», *Beeld*, 11 de mayo de 1994, de N. M., *The Presidential Years*, p. 31.

51 Themba Khumalo, «Madiba's World Coup: Leaders Flock to Pretoria», *City Press*, 15 de mayo de 1994, de N. M., *The Presidential Years*, p. 31.

52 «Sowetan Comment», *The Sowetan*, 11 de mayo de 1994.

53 *ib.*

54 Ken Owen, «To Our Rainbow Nation Finally United in Peace», *Sunday Times*, 15 de mayo de 1994, de N. M., *The Presidential Years*, p. 32.

55 N. M., *The Presidential Years*, pp. 31-33.

56 N. M., notas, APNM, 8/2009, caja 7, carpeta 11, p. 48, FNM, Johannesburgo.

57 N. M., notas para preámbulo de una reunión del NEC, CNA LH, caja 4, carpeta 38, Johannesburgo.

58 Yusuf Mohamed Dadoo, «Why the South Africa United Front Failed: Disruptive Role of the Pan Africanist Congress», marzo de 1962, de *South Africa's Freedom Struggle: Statements, Speeches and Articles Including Correspondence*

with Mahatma Gandhi, Kliptown Books, Londres, 1990.

59 N. M., *El largo camino hacia la libertad.*

60 Graça Machel, entrevista concedida a Mandla Langa, Johannesburgo, 22 de septiembre de 2016.

61 N. M., discurso de celebración de cumpleaños con veteranos, Pretoria, 20 de julio de 1996.

62 N. M., discurso a veteranos en un banquete, State House, Pretoria, 23 de julio de 1994.

63 Jay Naidoo, *Fighting for Justice: A Lifetime of Political and Social Activism,* Picador Africa, Johannesburgo, 2010, p. 227.

64 Sydney Mufamadi, entrevista concedida a Tony Trew, Johannesburgo, 30 de abril de 2015.

65 Jay Naidoo, entrevista concedida a Padraig O'Malley, 14 de abril de 2003, archivo de O'Malley.

66 Mandela, discurso a veteranos en un banquete, State House, Pretoria, 23 de julio de 1994.

67 N. M., discurso ante la Asamblea Nacional, sede del Parlamento, Ciudad del Cabo, 28 de marzo de 1996.

68 *ib.*

69 Chris Liebenberg, entrevista concedida a Tony Trew, Somerset West, 1 de diciembre de 2015.

70 Alan Hirsch, *Season of Hope: Economic Reform Under Mandela and Mbeki,* publicado conjuntamente por University of KwaZulu-Natal Press, Scottsville y el International Development Research Centre, Ottawa, 2005, p. 93.

71 Trevor Manuel, entrevista concedida a Tony Trew, Johannesburgo, 10 de septiembre de 2014.

72 Graça Machel, entrevista concedida a Mandla Langa, 22 de septiembre de 2016.

73 N. M., respuesta en el debate presupuestario del Consejo Nacional de las Provincias (NCOP), sede del Parlamento, Ciudad del Cabo, 29 de agosto de 1997, archivos parlamentarios, cols. 1551-1552.

74 Sue van der Merwe, entrevista concedida a Tony Trew, Ciudad del Cabo, 8 de abril de 2015.

75 N. M., notas para una reunión del NEC, 19 de febrero de 1996, APNM, 8/2009, caja 7, carpeta 11, African Bank 1995 [sic], pp. 1-7, FNM, Johannesburgo.

76 N. M., respuesta en el debate presupuestario del Consejo Nacional de las Provincias (NCOP), 7 de agosto de 1998, debates del Consejo Nacional de las Provincias, archivos parlamentarios, del 3 de marzo al 12 de noviembre de 1998, cols. 1807-1815.

77 Trevor Manuel, entrevista concedida a Tony Trew, Johannesburgo, 10 de septiembre de 2014.

78 *ib.*

79 *ib.*

80 *ib.*

81 Ahmed Kathrada, conversación con Joel Netshitenzhe y Tony Trew, Johannesburgo, 2 de diciembre de 2014.

82 Sydney Mufamadi, entrevista concedida a Tony Trew, Johannesburgo, 30 de abril de 2015.

83 John Higgins, «Living out our differences: Reflections on Mandela, Marx and My Country: An interview with Jakes Gerwel», séptima tesis, vol. 115, n.º 1, Sage Publications, 2013.

84 «Unpredictable Madiba Kept Bodyguards on Their Toes», *City Press,* 8 de diciembre de 2013.

85 Toine Eggenhuizen, entrevista concedida a Mandla Langa, Johannesburgo, 10 de febrero de 2017.

CAPÍTULO SEIS: EL PRESIDENTE Y LA CONSTITUCIÓN

1 N. M., discurso de defensa desde el banquillo de los acusados, juicio de Rivonia, Tribunal Supremo de Pretoria, 20 de abril de 1964.

2 N. M., *The Presidential Years,* p. 30.

3 Johann Kriegler, entrevista concedida a Tony Trew, Johannesburgo, 2 de febrero de 2016; N. M., entrevista concedida a David Dimbleby, Oxford, 2002, grabaciones de la FNM, Johannesburgo.

4 N. M., *The Presidential Years,* p. 29.

5 Frene Ginwala, entrevista concedida a Tony Trew, Johannesburgo, 12 de septiembre de 2014.

6 Archivo de AP, «South Africa: Constitutional Court Ruling on Election Boundaries», reportaje n.º 14965, 22 de septiembre de 1995.

7 Comunicado de la oficina del presidente relativo al informe de la Comisión Browde sobre la Unión de Rugby Sudafricana, 26 de septiembre de 1997.

8 Archivo de AP, «South Africa: Mandela Testifies in Court», 19 de marzo de 1998.

9 N. M., *The Presidential Years,* pp. 29-30.

10 Comunicado de la oficina del presidente sobre el caso de la Unión de Rugby Sudafricana, 17 de abril de 1998.

11 N. M., discurso de apertura del debate presupuestario en la Asamblea Nacional, sede del Parlamento, Ciudad del Cabo, 21 de abril de 1998.

12 *ib.*

13 Andy Capostagno, «Black President for Rugby», *Mail & Guardian,* 22 de mayo de 1988.

14 N. M., *Bram Fischer Memorial Lecture,* 9 de junio de 1995.

[15] Kader Asmal y Adrian Hadland con Moira Levy, *Politics in my Blood*, pp. 108-109.

[16] *ib*, pp. 110, 125.

[17] George Bizos, *Odyssey to Freedom*, Random House, Houghton, 2007, p. 487.

[18] Nicholas Haysom, «Negotiating a Sustainable Political Settlement: Part 2 Legitimation - Lessons from the South African Transition» [ponencia en el congreso Hacia una Redacción Inclusiva y Participativa de la Constitución, 3-5 de agosto de 2004, Katmandú (Nagarkot)], p. 9; Hassen Ebrahim, *The Soul of a Nation: Constitution-making in South Africa*, Oxford University Press, Ciudad del Cabo, 1998, pp. 134 y ss.

[19] Valli Moosa, entrevista concedida a Tony Trew, Ciudad del Cabo, 8 de septiembre de 2014.

[20] Thabo Mbeki, entrevista concedida a Joel Netshitenzhe y Tony Trew, Johannesburgo, 17 de diciembre de 2014.

[21] Cyril Ramaphosa, entrevista concedida a Tony Trew, Johannesburgo, 6 de octubre de 2014.

[22] George Bizos, *Odyssey to Freedom*, p. 508.

[23] N. M., notas para un discurso ante el NEC, 23 de febrero de 1995, CNA LH, caja 3, carpeta 29, FNM, Johannesburgo.

[24] N. M., respuesta en el debate sobre el estado de la nación, 24 de febrero de 1995.

[25] Hassen Ebrahim, *The Soul of a Nation*, p. 132; *Cape Times*, 29 de abril de 1996; *Mail & Guardian*, 4 de abril de 1996 y 10 de mayo de 1996.

[26] N. M., discurso sobre la adopción de la nueva Constitución ante la Asamblea Constituyente, sede del Parlamento, Ciudad del Cabo, 8 de mayo de 1996, archivos parlamentarios, cols. 452-462.

[27] George Bizos, *Odyssey to Freedom*, p. 518.

[28] Langston Hughes, «Justice», de *The Panther and the Lash*, Knopf, Nueva York, 1967.

[29] George Bizos, *Odyssey to Freedom*, p. 518.

[30] Constitución de la República de Sudáfrica, 1996, capítulo 4: «Los tribunales y la administración de la justicia», cláusula 174 (2).

[31] George Bizos, *Odyssey to Freedom*, p. 519.

[32] N. M., discurso en la inauguración del Tribunal Constitucional, 14 de febrero de 1995.

[33] N. M., discurso en un banquete de Estado en honor a Corbett, presidente del Tribunal Supremo, 11 de diciembre de 1996.

[34] N. M., discurso pronunciado en su nombre por el ministro de Justicia en la cena del Colegio de Letrados de Johannesburgo en honor al presidente del Tribunal Supremo, Ismail Mohamed, 25 de junio de 1997.

[35] N. M., *The Presidential Years*, p. 29.

[36] N. M., discurso pronunciado en un banquete del Consejo General de Juristas de Sudáfrica, 28 de julio de 2000.

[37] Albie Sachs, *We, the People: Insights of an Activist Judge*, Wits University Press, Johannesburgo, 2016, p. 303.

CAPÍTULO SIETE: MANDELA Y EL PARLAMENTO

[1] Ingrid Jonker, «The Child Who Was Shot Dead by Soldiers in Nyanga», de *The Heinemann Book of African Women's Poetry*, editado por Stella y Frank Chipasula, Heinemann, Londres, 1995, p. 151, citado por N. M. durante su discurso del estado de la nación, sede del Parlamento, Ciudad del Cabo, 24 de mayo de 1994.

[2] N. M., discurso sobre el estado de la nación, sede del Parlamento, Ciudad del Cabo, 24 de mayo de 1994.

[3] Frene Ginwala, entrevista concedida a Tony Trew, Johannesburgo, 12 de septiembre de 2014.

[4] Essop Pahad, entrevista concedida a Joel Netshitenzhe y Tony Trew, Johannesburgo, 11 septiembre de 2014.

[5] N. M., *The Presidential Years*, pp. 20-21.

[6] N. M., discurso del presidente Nelson Mandela con motivo de la apertura de la segunda sesión del Parlamento democrático, sede del Parlamento, Ciudad del Cabo, 17 de febrero de 1995.

[7] Declaraciones del presidente Nelson Mandela sobre los retratos y obras de arte del Parlamento, 30 de enero de 1996.

[8] Graça Machel, entrevista concedida a Mandla Langa, Johannesburgo, 22 de septiembre de 2016.

[9] Frene Ginwala, entrevista concedida a Tony Trew, Johannesburgo, 12 de septiembre de 2014.

[10] Max Sisulu, entrevista concedida a Tony Trew, Johannesburgo, 15 de abril de 2015.

[11] Frene Ginwala, entrevista concedida a Tony Trew, Johannesburgo, 12 de septiembre de 2014.

[12] *ib*; Max Sisulu, entrevista concedida a Tony Trew, Johannesburgo, 15 de abril de 2015.

[13] Max Sisulu, entrevista concedida a Tony Trew, Johannesburgo, 15 de abril del 2015; Ben Turok, entrevista concedida a Tony Trew, Johannesburgo, 17 de marzo de 2015; Sue van der Merwe, entrevista concedida a Tony Trew, Johannesburgo, 8 de abril de 2015.

[14] Actas del NEC, 24 de abril de 1995, CNA LH, caja 5, carpeta 23, FNM, Johannesburgo.

[15] Mangosuthu Buthelezi, entrevista concedida a Padraig O'Malley, 27 de noviembre de 1996, archivo de O'Malley.

[16] N. M., notas para una reunión con la ejecutiva del CNA, APNM, 8/2009, caja 3, cuaderno 12, pp. 20-21, FNM, Johannesburgo.

[17] N. M., notas personales, APNM, caja 4, carpeta 2, pp. 11-12, FNM, Johannesburgo.

[18] N. M., notas para una reunión con la ejecutiva del CNA, APNM, 8/2009, caja 4, carpeta 2, pp. 1-2, FNM, Johannesburgo.

[19] Richard Calland, *Anatomy of South Africa: Who Holds the Power?*, Zebra Press, Ciudad del Cabo, 2006, p. 89.

[20] Andries Nel, entrevista concedida a Tony Trew, Ciudad del Cabo, 28 de marzo de 2015; SAPA, «Decision on Afrikaans in Army Slated», *Star*, 1 de febrero de 1996.

[21] *Sófocles, Fragmentos*, Gredos, 1983.

[22] André Brink, «Mandela a Tiger for Our Time», *The Guardian*, 22 de mayo de 1999.

[23] «The Day the Truth Hit Home», *Sunday Times* Heritage Project.

[24] George Bizos, entrevista concedida a Tony Trew, Johannesburgo, 30 de abril de 2015.

[25] N. M., respuesta en el debate presupuestario en el Senado, 1 de junio de 1995, archivos parlamentarios, col. 1341.

[26] Sydney Mufamadi, entrevista concedida a Tony Trew, Johannesburgo, 30 de abril de 2015.

[27] N. M., notas para una reunión con miembros del CNA tras sus declaraciones sobre el incidente de Shell House en el Senado, APNM, 8/2009, caja 4, carpeta 1, FNM, Johannesburgo.

[28] N. M., apertura del debate en la Asamblea Nacional sobre los acontecimientos que rodearon el tiroteo en Shell House, sede del Parlamento, Ciudad del Cabo, 7 de junio de 1995.

[29] N. M., discurso de cierre del debate en la Asamblea Nacional sobre el incidente de Shell House, sede del Parlamento, Ciudad del Cabo, 7 de junio de 1995.

[30] N. M., discurso en la última sesión del primer Parlamento elegido democráticamente, sede del Parlamento, Ciudad del Cabo, 26 de marzo de 1999.

[31] Joseph Chiole, segundo debate sobre la Ley de Comisión de la Remuneración de los Representantes, 14 de noviembre de 1994, archivos parlamentarios, cols. 4256 y 4259.

[32] N. M., discurso en la última sesión del primer Parlamento elegido democráticamente, sede del Parlamento, Ciudad del Cabo, 26 de marzo de 1999.

CAPÍTULO OCHO: LIDERAZGO TRADICIONAL Y DEMOCRACIA

[1] Pixley ka Isaka Seme, discurso en la conferencia de la fundación del CNA, Bloemfontein, 8 de enero de 1912.

[2] N. M., «Clear the Obstacles and Confront the Enemy», de *Reflections in Prison*, editado por Mac Maharaj, Zebra Press y Robben Island Museum, Ciudad del Cabo, 2001, p. 12.

[3] Christopher S. Wren, «Foes of Apartheid Hold Unity Talks», *New York Times*, 10 de diciembre de 1989.

[4] N. M., nota a Walter Sisulu, APNM 8/2009, caja 5, carpeta 5, FNM, Johannesburgo.

[5] N. M., participación de líderes tradicionales en CODESA, declaración realizada por el CNA, 17 de diciembre de 1991.

[6] N. M., discurso a la juventud, estadio KaNyamazane, Mpumalanga, 13 de abril de 1994.

[7] N. M., *The Presidential Years*, pp. 34-38.

[8] Allister Sparks, *Beyond the Miracle: Inside the New South Africa*, University of Chicago Press, Chicago, Illinois, 2003, p. 18.

[9] Grupo de trabajo para las elecciones locales, *Local Government Elections in South Africa 1995/1996*, ABC Press, Pretoria, 1997.

[10] Valli Moosa, entrevista concedida a Tony Trew, Ciudad del Cabo, 8 de septiembre de 2014.

[11] N. M., *The Presidential Years*, pp. 38-39.

[12] N. M., discurso en un mitin en Durban, 25 de febrero de 1990.

[13] Instituto Sudafricano de Relaciones Raciales, *Fast Facts*, marzo de 1997.

[14] *Véase* testimonio ante la Comisión para la Verdad y la Reconciliación de Daluxolo Luthuli, antiguo miembro de la MK que, tras recibir entrenamiento por parte de las fuerzas de seguridad del *apartheid*, se convirtió en comandante de los escuadrones de la muerte de Inkatha, en el informe final de la TRC, vol. 6, sección 3, capítulo 3, p. 351, presentado al presidente Nelson Mandela el 29 de octubre de 1998: Thula Bophela y Daluxolo Luthuli, *Umkhonto we Sizwe: Fighting for a Divided People*, Galago, Johannesburgo, 2005; *véase* declaraciones de Eugène de Kock ante la TRC, solicitudes de amnistía, Port Elizabeth, 29 de septiembre-3 de octubre de 1997; y el informe final de la TRC, vol. 6, sección 4, apéndice, p. 583, presentado al presidente Nelson Mandela el 29 de octubre de 1998.

[15] Sydney Mufamadi, entrevista concedida a Tony Trew, Johannesburgo, 29 de mayo de 2015.

[16] N. M., *The Presidential Years*, pp. 36-37.

[17] N. M., discurso en un mitin en Durban, 25 de febrero de 1990.

[18] N. M., conversación con Richard Stengel, Johannesburgo, c. 26 de abril-3 de mayo de 1993, CD 61, FNM, Johannesburgo.

[19] John Nkadimeng, emisión de Radio Freedom desde Adís Abeba, Etiopía, 18 de noviembre de 1986.

[20] Mzala, *Gatsha Buthelezi: Chief With A Double Agenda,* Zed Press, Londres, 1988, p. 64.

[21] N. M., conversación con Richard Stengel, Johannesburgo, *c.* 26 de abril-3 de mayo de 1993, CD 61, FNM, Johannesburgo.

[22] N. M., discurso en la fundación del Sindicato Democrático de Docentes Sudafricanos, 6 de octubre de 1990, Shareworld, Johannesburgo.

[23] N. M., notas para intervención en una reunión del NEC, 21 de enero de 1995, APNM 8/2009, caja 4, carpeta 2, pp. 174-175, FNM, Johannesburgo.

[24] N. M., *El largo camino hacia la libertad.*

[25] Walter Sisulu, entrevista sobre su cometido en la Fundación Albertina Sisulu, cintas del APNM, archivo audiovisual de la BBC, M18A, FNM, Johannesburgo.

[26] «Under Fire in an Inkatha Stronghold», *Mail & Guardian,* 5 de mayo de 1995.

[27] *ib.*

[28] N. M., discurso de cierre del debate presupuestario en la Asamblea Nacional, sede del Parlamento, Ciudad del Cabo, 3 de mayo de 1995, archivos parlamentarios, cols. 818-820.

[29] *ib.*

[30] *ib.*

[31] *ib.*

[32] *ib.*

[33] N. M., debate presupuestario en el Senado, sede del Parlamento, Ciudad del Cabo, 1 de junio de 1995, archivos parlamentarios, cols. 1139-1142.

[34] APNM, 8/2009, caja 5, carpeta 4, 7 de junio de 1995; «Can 1000 Troops Stop the Carnage?», *Mail & Guardian,* 25 de agosto de 1995.

[35] Sydney Mufamadi, entrevista concedida a Tony Trew, Johannesburgo, 29 de mayo de 2015.

[36] N. M., «Two and a half years of democratic government», preparado por el presidente Nelson Mandela para el NEC, noviembre de 1996, CNA LH, caja 6, carpeta 58, FNM, Johannesburgo.

CAPÍTULO NUEVE: LA TRANSFORMACIÓN DEL ESTADO

[1] Un ejemplo de N. M. hablando de sus «largas vacaciones de veintisiete años» se produjo cuando volvió el 15 de noviembre de 1993 a Howick, lugar en el que fue arrestado el 5 de agosto de 1962.

[2] Howard Fast, *Espartaco,* EDHASA, 2012; León Tolstoi, *Guerra y paz,* 1869; Dee Brown, *Enterrad mi corazón en Wounded Knee: Historia india del Oeste americano,* Turner, 2005; Edgar Snow, *Red Star Over China,* Victor Gollancz, 1937.

[3] Luis Taruc, *Born of the People,* International Publishers, Nueva York, 1953.

[4] Allister Sparks, *Beyond the Miracle,* p. 18.

[5] N. M., entrevista para la BBC, octubre de 1993, cintas del APNM, BBC M8, FNM, Johannesburgo.

[6] Zola Skweyiya, entrevista concedida a Padraig O'Malley, 30 de noviembre de 1995, archivo de O'Malley.

[7] N. M., notas sobre una entrevista con Nomavenda Mathiane, APNM 8/2009, caja 7, carpeta 11, p. 39, FNM, Johannesburgo.

[8] Ley del Consejo Ejecutivo de Transición, 1993; Barry Gilder, *Songs and Secrets: South Africa from Liberation to Governance,* Colombia University Press, Nueva York, 2012; Sydney Mufamadi, entrevista concedida a Tony Trew, Johannesburgo, 30 de abril de 2015; Barry Gilder, entrevista concedida a Tony Trew, Johannesburgo, 24 de noviembre de 2015; Siphiwe Nyanda, entrevista concedida a Tony Trew, Johannesburgo, 5 de noviembre de 2015.

[9] Graça Machel, entrevista concedida a Mandla Langa, Johannesburgo, 22 de septiembre de 2016.

[10] N. M., notas editadas para un discurso previo a una reunión con generales de la SAPS, 8/2009, caja 3, cuaderno 12, pp. 25-30, FNM, Johannesburgo.

[11] *ib.*

[12] *ib.*

[13] *ib.*

[14] Sydney Mufamadi, entrevista concedida a Tony Trew, Johannesburgo, 30 de abril de 2015.

[15] N. M., notas para una reunión con oficiales de la SAPS, 30 de noviembre de 1996, APNM/8, caja 7, carpeta 11, African Bank 1995, pp. 89-93, FNM, Johannesburgo.

[16] *ib.*

[17] N. M., *The Presidential Years,* p. 40

[18] Botha, Stephane, «Commissioner of Police to Retire», *Business Day,* 11 de enero de 1995; Sydney Mufamadi, entrevista concedida a Tony Trew, Johannesburgo, 30 de abril de 2015.

[19] N. M., *The Presidential Years,* pp. 40-42.

[20] Equipo de investigación, Sondeo de relaciones raciales 1993-1994, Instituto Sudafricano de Relaciones Raciales, Johannesburgo, 1994, de N. M., *The Presidential Years,* p. 42.

[21] N. M., *The Presidential Years,* pp. 40-43.

[22] N. M., *The Presidential Years,* p. 45.

[23] Ian van der Waag, *A Military History of Modern South Africa,* Jonathan Ball Publishers, Johannesburgo y Ciudad del Cabo, 2015, p. 287; Princeton Lyman, *Partner to History,* p. 163.

[24] Siphiwe Nyanda, entrevista concedida a Tony Trew, Johannesburgo, 25 de noviembre de 2015.

[25] Greg Mills, «The South African National Defence Force: Between Downsizing and New Capabilities», *Naval War College Review*, vol. 52, n.º 1, invierno de 1999, pp. 79-98.

[26] Siphiwe Nyanda, entrevista concedida a Tony Trew, Johannesburgo, 25 de noviembre de 2015.

[27] Archivo de AP, 11 de septiembre de 1994; archivo del *Beeld*, del 10 de septiembre al 4 de noviembre de 1994.

[28] N. M., APNM 8/2009, caja 3, cuaderno 12, FNM, Johannesburgo.

[29] N. M., APNM 8/2009, caja 3, cuaderno 12, FNM, Johannesburgo; archivo del *Beeld*, del 10 de septiembre al 4 de noviembre de 1994.

[30] Télex de Amrit Manga, del *New Nation*, a Parks Mankahlana, de la oficina del presidente, con el contenido de la transcripción de una entrevista al presidente Mandela, SANANMC, discursos: Día de la Juventud, 1996.

[31] N. M., notas para una reunión del NEC, 8-9 de diciembre de 1995, APNM, 8/2009, caja 4, carpeta 1, pp. 159 y ss., Johannesburgo.

[32] Siphiwe Nyanda, entrevista concedida a Tony Trew, Johannesburgo, 25 de noviembre de 2015.

[33] Gert van der Westhuizen, «Mandela kap voorstel teen Afrikaans», *Beeld*, 1 de febrero de 1996.

[34] *La defensa en democracia: Libro blanco sobre la Defensa Nacional de la República de Sudáfrica,* mayo de 1996, sección 51.

[35] Louise Flanagan y Chandre Gould, «What Modise Didn't Know About DCC», *Weekly Mail,* 17 de junio de 1994.

[36] N. M., discurso de apertura del debate presupuestario en la Asamblea Nacional, Ciudad del Cabo, 21 de abril de 1988.

[37] «Mandela Speaks to the Nation», *The Sowetan*, 11 de noviembre de 1996.

[38] Archivos de AP, «South Africa: President Mandela Praises Outgoing Military Chief», reportaje n.º 76476, 7 de abril de 1998.

[39] Trevor Manuel, entrevista concedida a Tony Trew, Johannesburgo, 10 de septiembre de 2014.

[40] Thabo Mbeki, entrevista concedida a Joel Netshitenzhe y Tony Trew, Johannesburgo, 17 de diciembre de 2014.

[41] N. M., discurso sobre el estado de la nación, sede del Parlamento, Ciudad del Cabo, 9 de febrero de 1996.

[42] Comité de Informes de Defensa, *Informe de Defensa de Sudáfrica 1998*, Departamento de Defensa, Pretoria, 1998; informe remitido por el defensor del pueblo, el auditor general y el fiscal general del Estado al Parlamento de la investigación conjunta sobre las medidas de defensa estratégica llevadas a cabo por el defensor del pueblo, el auditor general y el fiscal general del Estado, 13 de noviembre de 2001.

[43] Departamento de Defensa de Sudáfrica, informe anual del Departamento de Defensa 2001-2002, Departamento de Defensa (Pretoria, 2002), p. 62.

[44] Yvonne Muthien, «Democratic Consolidation in South Africa, 1994-1999», de *Democracy South Africa: Evaluating the 1999 Election,* HSRC Publishers, Pretoria, 1999.

[45] Charles Baudelaire, «The Generous Gambler», *Figaro,* 1864.

[46] N. M., el texto que encabeza las notas reza: «El Servicio Nacional de Inteligencia ha de informar sobre los siguientes asuntos al presidente y los dos vicepresidentes, así como a los ministros de Defensa y Seguridad, los generales Georg Meiring y Van der Merwe, a la mayor brevedad posible». APNM 8/2009, FNM, Johannesburgo.

[47] Constitución de la República de Sudáfrica, 1996, capítulo 11: «Servicios de seguridad», cláusula 198 (a).

[48] Sandy Africa, «The Policy Evolution of the South African Civilian Intelligence Services: 1994-2009 and Beyond», informe estratégico para Sudáfrica, vol. 34, n.º 1, mayo de 2012, p. 103.

[49] Barry Gilder, entrevista concedida a Tony Trew, Johannesburgo, 24 de noviembre de 2015.

[50] Antiguo miembro del equipo de la oficina de Jakes Gerwel, conversación con Tony Trew, Ciudad del Cabo, 8 de agosto de 2015.

[51] Barry Gilder, *Songs and Secrets,* p. 177.

[52] *ib.*

[53] Siphiwe Nyanda, entrevista concedida a Tony Trew, Johannesburgo, 25 de noviembre de 2015.

[54] Lansana Gberie, «Mandela's Struggles for Peace and Justice in Africa», *Africa Renewal Online,* diciembre de 2013.

[55] Barry Gilder, entrevista concedida a Tony Trew, Johannesburgo, 24 de noviembre de 2015.

[56] N. M., discurso en la inauguración oficial de la sede del servicio de inteligencia, 5 de diciembre de 1997.

[57] Zola Skweyiya, entrevista concedida a Padraig O'Malley, 30 de noviembre de 1995, archivo de O'Malley.

⁵⁸ Niël Barnard, entrevista concedida a Tony Trew, Overberg, 17 de noviembre de 2015.

⁵⁹ Jessie Duarte, entrevista concedida a Tony Trew, Johannesburgo, 15 de julio de 2014.

⁶⁰ Allister Sparks, *Beyond the Miracle*, p. 37.

⁶¹ Zola Skweyiya, entrevista concedida a Padraig O'Malley, 30 de noviembre de 1995, archivo de O'Malley.

⁶² Comisión de Planificación Nacional, *Institutions and Governance Diagnostic*, Comisión de Planificación Nacional, Pretoria, 2015, p. 11; y Geraldine Fraser-Molekei, entrevista telefónica concedida a Tony True, 29 de julio de 2016.

⁶³ Comisión de Servicio Público, *State of Representivity in the Public Service - Findings; A Strategic Framework for Gender Equality Within the Public Service (2006-2015)*, documento de consulta, Departamento de Servicio y Administraciones Públicas, 24 de noviembre de 2006.

⁶⁴ N. M. a Thabo Mbeki, 6 de junio de 1994, SANA, gabinete de prensa de Mbeki, caja 002, carpeta 1/1/11: Presidente, cerrado [*sic*].

⁶⁵ Zola Skweyiya, entrevista concedida a O'Malley, 30 de noviembre de 1995.

⁶⁶ Comisión de Planificación Nacional, *Institutions and Governance Diagnostic*, pp. 22-23.

⁶⁷ N. M., discurso sobre el estado de la nación, sede del Parlamento, Ciudad del Cabo, 24 de mayo de 1994; N. M., debate presupuestario («Discurso de los 100 días», sede del Parlamento, Ciudad del Cabo, 18 de agosto de 1994.

⁶⁸ N. M., discurso sobre el estado de la nación, sede del Parlamento, Ciudad del Cabo, 17 de febrero de 1995.

⁶⁹ N. M., discurso sobre el estado de la nación, sede del Parlamento, Ciudad del Cabo, 9 de febrero de 1996.

⁷⁰ Marion Edmunds, «Skills Crisis Knocks Public Service», *Mail & Guardian*, 15 de agosto de 1997.

⁷¹ N. M., discurso de apertura de la tercera sesión del Parlamento, sede del Parlamento, Ciudad del Cabo, 9 de febrero de 1996.

CAPÍTULO DIEZ: LA RECONCILIACIÓN

¹ Grabaciones de la FNM, colección M2 de la BBC, FNM, Johannesburgo.

² James Baldwin, *No Name in the Street*, Vintage Books, Nueva York, 1972, p. 130.

³ Indres Naidoo, *Island in Chains: Ten Years on Robben Island*, Penguin Group, Harmondsworth, 1982.

⁴ Michael Dingake, «El camarada Madiba», de N. M., *La lucha es mi vida*, Ediciones 29, 1988.

⁵ Mac Maharaj, «Profile», de *Reflections in Prison*, p. 5.

⁶ Nkosazana Dlamini-Zuma describe cómo «Tras la actuación del coro del CNA dirigido por Tambo, se produjo una tumultuosa ovación con el público en pie y el presidente de Zambia, Kenneth Kaunda, solicitó un bis», *ANC Today*, vol. 6, n.º 43, 3 de noviembre de 2006.

⁷ «Mandela: The Man, the Image, the Brand», *City Press*, 18 de julio de 2012.

⁸ Obadias Ndaba, «What Mandela's Critics Could Learn From Him», *Huffington Post*, diciembre de 2013.

⁹ George Bizos, *Odyssey to Freedom*, p. 278.

¹⁰ N. M., *El largo camino hacia la libertad*.

¹¹ N. M., encuentro con la comunidad afrikáner en Pretoria, 15 de abril de 1999.

¹² *Carta de la libertad*, adoptada en el Congreso del Pueblo, Kliptown, Johannesburgo, 25-26 de junio de 1955.

¹³ Zanele Mbeki, conversación con Mandla Langa, c. 1996.

¹⁴ N. M., entrevista concedida a Oprah Winfrey, *The Oprah Winfrey Show*, Harpo Productions, 2000.

¹⁵ N. M., discurso presupuestario en el Senado, sede del Parlamento, Ciudad del Cabo, 1 de junio de 1995.

¹⁶ N. M., discurso de clausura del debate presupuestario en el Senado, 1 de junio de 1995, archivos parlamentarios, col. 1279.

¹⁷ Archivo de AP, «South Africa: President Mandela Issues Stern Warning to Leaders», reportaje n.º 23868, 8 de marzo de 1996.

¹⁸ Alex Marshall, *Republic or Death! Travels in Search of National Anthems*, Windmill Books, Londres, 2015, pp. 259-260.

¹⁹ Actas de una reunión del Comité Nacional de Trabajo, 7 de septiembre de 1995, CNA LH, caja 14, carpeta 111, FNM, Johannesburgo.

²⁰ N. M., discurso en un mitin en Ciudad del Cabo a su salida de prisión, Ayuntamiento de Ciudad del Cabo, 11 de febrero de 1990.

²¹ Saths Cooper, «The Mandela I Knew: Prof. Saths Cooper», *Tributes for Madiba*, FNM, 12 de septiembre de 2013.

²² N. M., respuesta en el debate presupuestario en el Senado, 14 de septiembre de 1994, sede del Parlamento, Ciudad del Cabo.

²³ N. M., *Toespraak van president by geleentheid van 'n onthaal deur die Burgemeester van Pretoria*, 26 de agosto de 1994.

²⁴ Gert van der Westhuizen, «Mandela praat met Afrikaners "Om kommunikasie oop te hou"», *Beeld*, 29 de junio de 1995; Kevin O'Grady,

«Volk Meet Mandela», *Business Day,* 29 de junio de 1995.

[25] N. M., *Tydens 'n besoek aan die Afrikaanse Taal en Kultuur Vereninging (ATKV),* 17 de agosto de 1995; *Beeld,* 18 de agosto 1995.

[26] N. M., *Tydens 'n besoek aan die Ruiterwag-Saamtrek vir jong Afrikaner-Leiers,* 13 de enero de 1996; Willem Pretorius, «Kies SA óf Afrikaner-Nelson», *Beeld,* 15 de enero de 1996.

[27] N. M., preámbulo de un encuentro con organizaciones afrikáners, 29 de marzo de 1996.

[28] *ib.*

[29] Constand Viljoen, entrevista concedida a Tony Trew, Pretoria, 19 de septiembre de 2015.

[30] Constitución de la República de Sudáfrica, 1996, capítulo 14, epígrafe 6: «Disposiciones transitorias», sección 20, cláusula 5.

[31] Peet Kruger, «Geheime gesprek lei tot deurbraak Onderhandelinge oor nuwe grondwet op koers», *Beeld,* 20 de abril de 1996; Peet Kruger, «NP en VF se pogings het saam tot toegewing oor kultuurkommissie gelei», 24 de abril de 1996.

[32] Thabo Mbeki, debates con la comunidad afrikáner, Asamblea Nacional, sede del Parlamento, Ciudad del Cabo, 24 de marzo de 1999.

[33] N. M., «Clear the Obstacles and Confront the Enemy», de *Reflections in Prison,* p. 17.

[34] *ib.*

[35] Mandla Langa, conversación con Antjie Krog durante el congreso de escritores Cité du Livre, Aix-en-Provence, 1997.

[36] *SA Times,* Londres, 19 de julio de 1995.

[37] Constand Viljoen, entrevista concedida a Tony Trew, Pretoria, 19 de septiembre de 2015.

[38] *ib.*

[39] SAPA, 13 de diciembre de 1996.

[40] Niël Barnard, entrevista concedida a Tony Trew, Overberg, 17 de noviembre de 2015.

[41] N. M., entrevista televisada en *Face the Media,* 14 de diciembre de 1997, SABC, cinta 66676MT, archivo audiovisual de la SABC, hemeroteca de la SABC, Johannesburgo.

[42] Niël Barnard, entrevista concedida a Tony Trew, Overberg, 17 de noviembre de 2015.

[43] Informe definitivo de la Comisión para la Verdad y la Reconciliación, volumen 2, capítulo 1, prólogo del presidente Nelson Mandela, 29 de octubre de 1998.

[44] *ib.*

[45] N. M., discurso de apertura del debate especial sobre el informe de la Comisión para la Verdad y la Reconciliación, sede del Parlamento, Ciudad del Cabo, 25 de febrero de 1999.

[46] *ib.*

[47] Consejo de Investigación de Ciencias Humanas, *Sondeo sobre asuntos de prioridad nacional,* Pretoria, mayo de 1999, p. 55.

[48] N. M., discurso de apertura del debate presupuestario en la Asamblea Nacional, sede del Parlamento, Ciudad del Cabo, 15 de abril de 1997.

CAPÍTULO ONCE: LA TRANSFORMACIÓN SOCIAL Y ECONÓMICA

[1] Programa para la Reconstrucción y el Desarrollo (RDP), *Building the Economy,* cláusula 4.1.1, 1994.

[2] *ib.*

[3] Layashi Yaker, *Preliminary Assessment on the Performance of the African Economy in 1994 and Prospects for 1995 - End of Year Statement* [Valoración preliminar sobre los resultados económicos de 1994 y perspectivas para 1995: Informe de fin de ejercicio], presentado en la Comisión Económica para África, Adís Abeba, 15 de diciembre de 1994.

[4] Actas del gabinete, 11 de mayo de 1994.

[5] Conferencia Nacional del CNA, *Ready to Govern: ANC Policy Guidelines for a Democratic South Africa* [Listos para gobernar: Directrices políticas del CNA para una Sudáfrica democrática], Conferencia Nacional del 28-31 de mayo de 1992, unidad de política del CNA, Johannesburgo, 1992.

[6] N. M., discurso en el septuagésimo quinto aniversario del Partido Comunista Sudafricano, 28 de julio de 1996, SABC, archivo audiovisual de la SABC, hemeroteca de la SABC, Johannesburgo.

[7] Discusión del documento del comité laboral nacional del CNA: Subconsejo de Finanzas, 27 de abril de 1993, caja 14, 112, CNA LH, Johannesburgo.

[8] William Smith, entrevista concedida a Tony Trew, Pretoria, 11 de julio de 2014.

[9] N. M., discurso ante la Asamblea Nacional, Ciudad del Cabo, 28 de marzo de 1996.

[10] N. M., discurso sobre el estado de la nación, sede del Parlamento, Ciudad del Cabo, 24 de mayo de 1994.

[11] N. M., *The Presidential Years,* p. 52.

[12] *ib.*

[13] *Native Life in South Africa Before and Since the European War and the Boer Rebellion* (1916), Raven's Press, Johannesburgo, 1982, p. 21.

[14] *The Presidential Years,* p. 52.

[15] N. M., introducción del *Libro blanco sobre la Reconstrucción y el Desarrollo,* Boletín Oficial

del Estado, anuncio n.° 1954 de 1994, 23 de noviembre de 1994.

16 *ib.*

17 N. M., discurso sobre el estado de la nación, sede del Parlamento, Ciudad del Cabo, mayo de 1994.

18 Trevor Manuel, «Twenty Years of Economic Policymaking - Putting People First», de *The Oxford Companion to the Economics of South Africa*, editado por Haroon Bhorat, Alan Hirsch, Ravi Kanbur y Mthuli Ncube, Oxford University Press, Oxford, 2014, p. 29; Alan Hirsch, *Season of Hope*, p. 69.

19 N. M., entrevista para la BBC, grabaciones de la FNM, Iqbal Meer Collection, #1, FNM, Johannesburgo.

20 Actas del gabinete, 26 de octubre de 1994. «Transforming the Public Sector: The GNU' Contribution to the RDP», punto 7. 4. 2.

21 *ib.*

22 N. M., introducción del *Libro blanco sobre la Reconstrucción y el Desarrollo*, Boletín Oficial del Estado, anuncio n.° 1954 de 1994, 23 de noviembre de 1994.

23 Patti Waldmeir, *Anatomy of a Miracle: The End of Apartheid and the Birth of the New South Africa*, Rutgers University Press, 1998, p. 213.

24 N. M., campaña electoral, Lenasia, 19 de abril de 1999, cinta 66772MT, SABC, archivo de la SABC, hemeroteca de la SABC, Johannesburgo.

25 Actas del gabinete, 26 de octubre de 1994, «Transforming the Public Sector: The GNU's Contribution to the RDP», punto 7.4.2.

26 Christo Volschenk, «Nuwe komitee kom vandeesweek byeen oor mandate vir groeiplan», *Beeld*, 3 de agosto de 1995.

27 Actas del gabinete, 6 de diciembre de 1995, «Towards a National Growth and Development Strategy», punto 7.1.

28 Sagie Narsiah, «Neoliberalism and Privatisation in South Africa», *GeoJournal*, vol. 57, n.° 1, mayo de 2002, p. 3.

29 50.ª Conferencia Nacional del CNA: «Resolutions, Economic Transformation», Mafikeng, 16-20 de diciembre de 1997, cláusula 3.2.2.

30 N. M., *Southern Africa Into the Next Century*, 16.° Congreso de Singapur, Instituto de Estudios del Sudeste Asiático, Singapur, 6 de marzo de 1997.

31 N. M., *The Presidential Years*, pp. 47-49.

32 Richard Calland (editor), *The First Five Years: A Review of South Africa's Democratic Parliament*, Instituto para el Desarrollo de la Democracia en Sudáfrica (IDASA), Ciudad del Cabo, 1999.

33 N. M., *The Presidential Years*, pp. 52-53.

34 N. M., *The Presidential Years*, pp. 50-51.

35 *South Africa in Transition, Findings Regarding Households*, gráfico 6.1: *Changes in type of housing in which households live between October 1995 and October 1999*, Statistics South Africa, Pretoria, 2001.

36 Jessie Duarte, entrevista concedida a Tony Trew, Johannesburgo, 15 de julio de 2014.

37 Mandla Langa, conversación con Stephen Laufer, Johannesburgo, 16 de julio de 2016.

38 John Carlin, «ANC Boards the Gravy Train: John Carlin in Johannesburg on the Underdogs Who Have Become Fat Cats in a Few Months», *Independent*, 27 de agosto de 1994.

39 N. M., discurso con motivo del aniversario del alzamiento de Soweto, 16 de junio de 1994.

40 N. M., discurso en la inauguración oficial de la sede de la Fundación Rhodes de Mandela, 13 de abril de 2000, cintas del Centro de la Memoria Nelson Mandela, Iqbal Meer Collection, Oxford 1 & 2, FNM, Johannesburgo.

41 N. M., intervención en un congreso sobre el sida en Barcelona, 12 de julio de 2002, cintas del Centro de la Memoria Nelson Mandela, Iqbal Meer Collection #8, FNM, Johannesburgo.

42 N. M., intervención en un encuentro con editores, 9 de mayo de 1999, cintas del Centro de la Memoria Nelson Mandela, colección de la BBC, FNM, Johannesburgo.

43 Cita del presidente Mbeki en una misa en memoria del difunto Alfred Nzo, 22 de enero de 2000.

44 N. M., discurso sobre el estado de la nación, Asamblea Nacional, sede del Parlamento, Ciudad del Cabo, 5 de febrero de 1999.

45 Anne Kriegler y Mark Shaw, «Facts Show South Africa Has Not Become More Violent Since Democracy», *The Conversation*, 22 de julio de 2016.

46 Francois Lötter, «Wit koerante ignorer misdaadstatistieke - president», *Beeld*, 14 de septiembre de 1998.

47 N. M., *The Presidential Years*, p.62.

48 N. M., inauguración de la cumbre sobre valores morales convocada por el Foro Nacional de Líderes Religiosos, 23 de octubre de 1998.

49 *ib.*

50 Allister Sparks, *Beyond the Miracle*, p. 16.

51 N. M., intervención en el quinto congreso nacional del COSATU, 7 de septiembre de 1994, archivo de la SABC, hemeroteca de la SABC, Johannesburgo.

52 N. M., discurso sobre el estado de la nación, Asamblea Nacional, Ciudad del Cabo, 5 de febrero de 1999.

53 *ib.*

54 N. M., discurso en la última sesión del primer Parlamento elegido democráticamente, sede del Parlamento, Ciudad del Cabo, 26 de marzo de 1999.

CAPÍTULO DOCE: SORTEANDO A LOS MEDIOS

1 Cameron J., Holomisa contra Argus Newspapers Ltd., 1996 (2) S. A. 588 (W).

2 N. M., APNM 8/2009, caja 1, cuaderno 5, p. 17, FNM, Johannesburgo.

3 Thami Mazwai, entrevista concedida a Tony Trew, Johannesburgo, 7 de octubre de 2015.

4 André Odendaal, *The Founders: The Origins of the African National Congress and the Struggle for Democracy,* Jacana Media, Johannesburgo, 2012, p. 147.

5 N. M., *El largo camino hacia la libertad.*

6 *ib.*

7 Anthony Sampson, *Nelson Mandela: The Authorised Biography,* p. 147.

8 N. M., *El largo camino hacia la libertad.*

9 N. M., intervención en un encuentro con editores y formadores de opinión, Pretoria, 10 de mayo de 1999, cintas del APNM, BBC, FNM, Johannesburgo.

10 N. M., discurso en el Congreso del Instituto Internacional de Prensa, Ciudad del Cabo, 14 de febrero de 1994.

11 Rehana Rossouw, «Everyone Wants a Piece of the President», *Mail & Guardian,* 15 de marzo de 1996.

12 N. M., notas para un encuentro con editores de periódicos de KwaZulu-Natal, Ciudad del Cabo, 2 de marzo de 1995, Archivos Nacionales de Sudáfrica, comunicados/discursos de Nelson Mandela: marzo, abril y mayo de 1995; Wyndham Hartley, «Crackdown is No Idle Threat», *Natal Witness,* 3 de marzo de 1995.

13 Pamela Dube, «It Takes Two to Tango and Government is Learning the Communication Steps», *Sunday Independent,* 8 de julio de 2001.

14 Thami Mazwai, entrevista concedida a Tony Trew, Johannesburgo, 7 de octubre de 2015.

15 N. M., notas sobre una conversación extraoficial con el redactor jefe de *Die Burger,* APNM 8/2009, caja 4, carpeta 1, pp. 1-2, FNM, Johannesburgo.

16 Conversación entre Mandla Langa y Khulu Sibiya, junio de 2017.

17 Jakes Gerwel, «The Day Mandela Was in Hustler», *Rapport,* 9 de junio de 2012.

18 N. M., discurso en el lanzamiento de «Amigos de Canadá» en la Fundación Infantil Nelson Mandela, 25 de septiembre de 1998.

19 N. M., intervención en el Congreso del Instituto Internacional de Prensa, Ciudad del Cabo, 14 de febrero de 1994.

20 Khaba Mkhize, «Breakfast with Nelson Mandela», *Natal Witness,* 19 de agosto de 1994; Ray Hartley, «ANC Broadsides Against Press», *Sunday Times,* 4 de septiembre de 1994; Thami Mazwai, entrevista concedida a Tony Trew, Johannesburgo, 7 de octubre de 2015.

21 Se hace referencia a la entrevista televisiva en el artículo «Some Black Newsmen Rapped for Secret Agenda», *Business Day,* 3 de noviembre de 1996.

22 Guy Berger, «Los medios de comunicación y el racismo en la nación irisada de Mandela», Tolerancia, Periodismo y el Reto del Racismo, Congreso Mundial de la Federación Internacional de Periodistas, Bilbao, 2-4 de mayo de 1997.

23 N. M., entrevista televisada, 11 de noviembre de 1996, archivo de la SABC, hemeroteca de la SABC, Johannesburgo; «Some Black Newsmen Rapped for Secret Agenda», *Business Day,* 3 de noviembre de 1996; «Mandela Slams Some Black Journalists», *Citizen,* 13 de noviembre de 1996.

24 N. M., notas, APNM 8/2009, caja 4, carpeta 1, pp. 128-129.

25 N. M., discurso para la 50.ª Conferencia Nacional del CNA, Mafikeng, 16 de diciembre de 1997.

26 N. M., notas, APNM 8/2009, caja 4, p. 4, FNM, Johannesburgo.

27 N. M., notas de respuesta al informe político en la 50.ª Conferencia Nacional del CNA, diciembre de 1997, APNM 8/2009, caja 4, carpeta 1, pp. 1-2, FNM, Johannesburgo.

28 *ib.*

29 *ib.*

30 N. M., discurso en la sesión de clausura de la 50.ª Conferencia Nacional del CNA, 20 de diciembre de 1997, Mafikeng.

31 *The Sowetan,* 20 de noviembre de 1996; *Financial Mail,* 22 de noviembre de 1996.

32 N. M., *The Presidential Years,* p. 33.

CAPÍTULO TRECE: EL PANORAMA AFRICANO Y MUNDIAL

1 Harriet Beecher Stowe, *La cabaña del tío Tom,* Bruguera, 1984; Booker T. Washington, *De la esclavitud a la libertad,* Fontanella, S. A., 1962.

2 Asamblea de jefes de Estado y de Gobierno de la OUA, declaración sobre la situación política

y socioeconómica en África y los trascendentales cambios que acontecen en el mundo, 9-11 de julio de 1990, Adís Abeba.

[3] Asamblea de jefes de Estado y de gobierno de la OUA, anuncio del establecimiento del Mecanismo para la Prevención, Gestión y Solución de Conflictos, El Cairo, 28-30 de junio de 1993.

[4] N. M., discurso ante la Asamblea de jefes de Estado y de gobierno de la OUA, Túnez, 13 de junio de 1994.

[5] Nkosazana Dlamini-Zuma, entrevista concedida a Tony Trew, Durban, 26 de febrero de 2016.

[6] N. M., intervención en calidad de presidente de la Comunidad de Desarrollo de África Austral en la inauguración oficial de la cumbre de jefes de Estado y de gobierno de la SADC, Blantyre, Malaui, 8 de septiembre de 1997.

[7] ib.

[8] Cumbre de jefes de Estado y de gobierno de la SADC, Gaborone, 28 de junio de 1996.

[9] N. M., órgano de la SADC, 7 de septiembre de 1997, notas del APNM, caja 5, carpeta 3, pp. 74-86, FNM, Johannesburgo.

[10] N. M., notas sobre la cumbre de la SADC en Maputo, 2 de marzo de 1998, APNM, caja 4, carpeta 2, pp. 55-60, FNM, Johannesburgo.

[11] Quett Ketumile Joni Masire, Very Brave or Very Foolish?: Memoirs of an African Democrat, Macmillan, Botsuana, 2006, p. 279.

[12] Vicepresidente Thabo Mbeki, declaraciones ante la Asamblea Nacional sobre la situación en la República Democrática del Congo, sede del Parlamento, Ciudad del Cabo, 21 de mayo de 1997.

[13] ib; Aziz Pahad, entrevista concedida a Tony Trew, Johannesburgo, 1 de febrero de 2016.

[14] N. M., notas tras una reunión con el camarada Kabila, Genadendal, 15 de mayo de 1997, APNM 8/2009, caja 4, carpeta 2, pp. 1-4, FNM, Johannesburgo.

[15] Buthelezi, presidente en funciones, avances en Lesoto, intervenciones ante la Asamblea Nacional, 22 de septiembre de 1998, archivos parlamentarios, cols. 6763-6778.

[16] Actas del gabinete, 23 de septiembre de 1998.

[17] Archivo de AP, «South Africa: President Mandela Calms Concern Over his Health», reportaje n.º 89970, 27 de septiembre de 1998.

[18] N. M., discurso sobre el estado de la nación, Asamblea Nacional, sede del Parlamento, Ciudad del Cabo, 5 de febrero de 1999.

[19] N. M. en la Cumbre Económica de África del Sur del Foro Económico Mundial, Harare, 21 de mayo de 1997, cinta 71942MT, archivo de

la SABC, hemeroteca de la SABC, Johannesburgo.

[20] N. M., discurso en la cumbre de jefes de Estado de Mercosur, Ushuaia, Argentina, 24 de julio de 1998.

[21] N. M., discurso en la 49.ª sesión de la Asamblea General de la ONU, Nueva York, 10 de octubre de 1994.

[22] ib.

[23] N. M., discurso en la sesión de apertura de la 12.ª Conferencia de Jefes de Estado y de gobierno de Países No Alineados, Durban, 2 de septiembre de 1998.

[24] ib.

[25] N. M., discurso ante las cámaras del Congreso de EE. UU., Washington D. C., 6 de octubre de 1994.

[26] N. M., discurso en el Parlamento sueco, Estocolmo, 18 de marzo de 1999.

[27] «Mandela praises Gaddafi», delegación internacional del Sunday Times, 20 de mayo de 1990; Fritz Joubert, «Mense in VSA vies vir Mandela», Beeld, 24 de mayo de 1990.

[28] Khalil I. Matar y Robert W. Thabit, Lockerbie and Libya: A study in International Relations, McFarland & Company Inc, Londres, 2004.

[29] N. M., declaraciones sobre Lockerbie elaboradas y pronunciadas en Túnez, APNM 8/2009, caja 6, carpeta 8a, FNM, Johannesburgo.

[30] «SA Calls for Lifting of Sanctions on Libya», The Star, 22 de octubre de 1997.

[31] OUA, declaraciones y decisiones adoptadas en la 33.ª Asamblea de jefes de Estado y de gobierno, Harare, 2-4 de junio de 1997.

[32] N. M. visita Libia, octubre de 1997, cinta 66786, MT22, archivo audiovisual de la SABC, hemeroteca de la SABC, Johannesburgo.

[33] ib.

[34] Lyn Boyd-Judson, Strategic Moral Diplomacy: Understanding the Enemy's Moral Universe, Kumarian Press, West Hartford, Connecticut, 2011; Khalil I. Matar y Robert W. Thabit, Lockerbie and Libya.

[35] Lyn Boyd-Judson, Strategic Moral Diplomacy.

[36] N. M., discurso en el Congreso del Pueblo, Libia, 19 de marzo de 1999.

[37] Jakes Gerwel, entrevista concedida a Aziz Pahad, 21 de julio de 2010.

[38] N. M, declaraciones sobre las relaciones de Sudáfrica con la República Popular China, 27 de noviembre de 1997, cinta del archivo audiovisual de la SABC, hemeroteca de la SABC, Johannesburgo.

[39] «Taiwan's Minister Fails With Mandela», UPI, 4 de diciembre de 1996.

[40] N. M., charla en la Universidad de Pekín, Pekín, 6 de mayo de 1999.

[41] N. M., entrevista para TV realizada por Phil Molefe y Antjie Krog, «Farewell Interview With the SABC», emitida en directo desde Qunu, SABC, 20 de mayo de 1999.

EPÍLOGO

[1] Graça Machel, entrevista concedida a Mandla Langa, 22 de septiembre de 2016.

[2] N. M. a Winnie Mandela en la prisión de Kroonstad, 1 de febrero de 1975.

[3] Zelda La Grange, *Good Morning Mr Mandela: A Memoir,* Plume, Nueva York, 2015, p. 128.

[4] Respuesta de Mandela en una entrevista con varios periodistas a la pregunta formulada por Phil Molefe sobre cómo se sentía al dejar el cargo de presidente del CNA. N. M., entrevista televisada en *Face the Media,* 14 de diciembre de 1997, cinta 66676MT, archivo audiovisual de la SABC, hemeroteca de la SABC, Johannesburgo.

[5] N. M., discurso de clausura de la 50.ª Conferencia Nacional del CNA, Mafikeng, 20 de diciembre de 1997.

[6] N. M., campaña electoral, 31 de mayo de 1999, cinta 66717MT, archivo audiovisual de la SABC, hemeroteca de la SABC, Johannesburgo.

[7] N. M., discurso en la última sesión del primer Parlamento elegido democráticamente, sede del Parlamento, Ciudad del Cabo, 26 de marzo de 1999.

Agradecimientos

En 1971 Nelson Mandela escribió una carta desde la isla de Robben a su vieja amiga Fatima Meer en la que expresaba sus dudas respecto a las memorias: «¡Qué agradable eufemismo de presunción ha desarrollado la lengua! Autobiografía». Y, sin embargo, tan solo cuatro años después se embarcó en el borrador de *El largo camino hacia la libertad*.

Como Graça Machel señala en el prólogo de este libro, las circunstancias de la época y de la lucha motivaron su decisión de escribir *El largo camino* y posteriormente los primeros capítulos de esta obra. Dichas circunstancias determinaron que ambas obras tuvieran largos periodos de gestación, pues tardaron más de veinte años en publicarse.

Dado el largo periodo de gestación y la complejidad de su contenido, *El color de la libertad* exige infinidad de agradecimientos. La determinación de Graça Machel de materializar el proyecto y su constante presencia a lo largo del mismo fueron motivo de inspiración para nosotros. Mandla Langa hizo gala de una generosidad excepcional como escritor a la hora de volcarse con un exigente equipo. Joel Netshitenzhe y Tony Trew realizaron una extraordinaria labor de investigación y análisis, además de elaborar la narración preliminar a partir de los escritos de Mandela y de los contenidos del «archivo». Tony realizó una labor incansable a la hora de localizar multitud de documentos de archivo. A dicha tarea contribuyeron Janet Levy y el equipo del archivo de la Fundación Nelson Mandela: Razia Saleh, Zanele Riba, Lucia Raadschelders y Sahm Venter. Como siempre, el veterano del equipo de investigación, Sahm, fue una autoridad en primera y última instancia sobre la vida y la época de nuestro fundador. Nuestro director general, Sello Hatang, fue el nexo que cohesionó todo el proceso abriendo puertas y manteniéndolas abiertas. El apoyo que nos prestaron los albaceas del patrimonio del señor Mandela fue crucial. El juez Dikgang Moseneke merece un especial reconocimiento.

En las primeras fases del proyecto, Zelda la Grange fue la dinamo que mantuvo el empuje mientras el señor Mandela realizaba una ardua labor a mano. Su tarea también fue decisiva para retomar el proyecto bajo el patrocinio de la Fundación Nelson Mandela tras el fallecimiento de Madiba y mantuvo su disponibilidad para consultas de todo tipo hasta el final. Thembeka Mufamadi, ayudante de investigación, también colaboró en las primeras fases del proyecto.

Ha sido un lujo trabajar con nuestros socios editoriales. Expresamos nuestro especial agradecimiento a Geoff Blackwell, Rachel Clare, Kate Cooper, Jonny Geller, Cameron Gibb, Benjamin Harris, Sloan Harris, Ruth Hobday, Jenny Moore, Georgina Morley, Terry Morris y Andrea Nattrass. Andrea, entre otras cosas, aportó un profundo análisis del proceso de redacción de Mandla.

La Industrial Development Corporation contribuyó generosamente a financiar y respaldar el proyecto.

Tenemos una deuda contraída con numerosas personas (algunas mencionadas, otras no), que tuvieron la generosidad de aportar su tiempo y conocimientos en las entrevistas. Asimismo, es preciso reconocer la labor de los diseñadores y gestores de páginas web que han facilitado el acceso a registros históricos, así como la de técnicos de archivos que discretamente conservan la documentación y la facilitan sin poner trabas ni necesidad de favores. Y gracias también a Chris Williams por compartir su conocimiento sobre las fuentes.

En cuanto al trabajo de archivo que ha sustentado este proyecto, merecen especial mención ciertas instituciones y las personas que trabajan en ellas:

- Biblioteca del Parlamento, República de Sudáfrica (Sadeck Casoojee)
- Presidencia, República de Sudáfrica (Cassius Lubisi, Lusanda Mxenge, William Smith y Daphne Mhlongo)
- Archivos del CNA, Luthuli House (Zolile Mvunelo y Mandla Khumalo)
- Archivos del CNA, Centro de Patrimonio Nacional y Estudios Culturales, Universidad de Fort Hare (Mosanku Maamoe)
- Archivos Nacionales de Sudáfrica (Natalie Skomolo, Zahira Adams y Gerrit Wagener)
- Biblioteca Nacional, Ciudad del Cabo
- Unidad de Desarrollo e Investigación del Grupo Parlamentario del CNA (Mark Sweet)
- Biblioteca de la Universidad de Ciudad del Cabo, Colección de Estudios Africanos
- Corporación Pública de Radio y Televisión de Sudáfrica (Sias Scott y Moloko Maserumule)
- Documentos históricos, Biblioteca William Cullen, Universidad de Witwatersrand (Gabriele Mohale)
- Statistics South Africa (Pali Lehohla y Faizel Mohammed)
- Biblioteca Ipsos (Mari Harris)

En última instancia, por supuesto, este libro pertenece a Nelson Mandela. No habría sido posible sin la eterna inspiración de su vida y obra. Sin duda, estaría gratamente satisfecho por la labor de narración realizada por Mandla.

Verne Harris
Fundación Nelson Mandela

Agradecemos el permiso para reproducir los siguientes elementos sujetos a derechos de autor:

Páginas 26-27: extracto del poema «Prisa», extraído de la obra *Sagrada esperança*, de Agostinho Neto, copyright © 1974 Tanzania Publishing House; p. 140: del poema «Justice», extraído de *Scottsboro Limited: Four Poems and a Play in Verse*, de Langston Hughes, copyright © 1932 Golden Stair Press. Reproducido con permiso de David Higham Associates; p. 149: del poema «Die Kind», de Ingrid Jonker.

Muchos de los discursos citados a continuación están disponibles en la página web de la Fundación Nelson Mandela:

https://www.nelsonmandela.org/content/page/speeches.

Todas las entrevistas realizadas por Padraig O'Malley proceden del Archivo de O'Malley y están disponibles en la página web de Heart of Hope, albergada en la de la Fundación Nelson Mandela:

https://www.nelsonmandela.org/omalley/index.php/site/q/03lv00017.htm.

Todos los materiales citados están disponibles en la página web de la Fundación Nelson Mandela:

https://www.nelsonmandela.org/publications/entry/dare-not-linger.

Guarda delantera: Fundación Nelson Mandela, fotografía de Ardon Bar-Hama; imágen 1: Fundación Nelson Mandela, fotografía de Ardon Bar-Hama; imagen 2: Chris Ledochowski; imagen 3: Louise Gubb cortesía de la Fundación Nelson Mandela; imagen 4: AFP/Getty Images; imagen 5: Frans Esterhuyse; imagen 6: Tom Stoddart Archive/Getty Images; imagen 7: Denis Farrell/AP; imagen 8: David Brauchli/AP; imagen 9: Peter Turnley/Getty Images; imagen 10: Paul Weinberg/South Photographs/Africa Media Online; imagen 11: Nanda Soobben/Africa Media Online; imagen 12: Lewis Horwitz cortesía de la Fundación Nelson Mandela; imagen 13: Eric Miller cortesía de la Fundación Nelson Mandela; imagen 14: Foto24/Gallo Images/Getty Images; imagen 15: procedencia desconocida cortesía de la Fundación Nelson Mandela; imagen 16: Fundación Nelson Mandela, fotografía de Ardon Bar-Hama; imagen 17: Paul Weinberg/South Photographs/Africa Media Online; imágenes 18 y 19: Oryx Media Archive/Gallo Images/Getty Images; imagen 20: Obed Zilwa/AP; imagen 21: Mike Hutchings/Reuters; imagen 22: Fundación Nelson Mandela, fotografía de Ardon Bar-Hama; imagen 23: Walter Dhladhla/Getty Images; imagen 24: Henner Frankenfeld/Picturenet Africa; imagen 25: Adil Bradlow/Africa Media Online; imagen 26: David Goldblatt/South Photographs/Africa Media Online; imagen 27: Guy Tillim/AFP/Getty Images; imagen 28: Biblioteca Presidencial Clinton; imagen 29: Yoav Lemmer/Getty Images; imagen 30: Fundación Nelson Mandela, fotografía de Ardon Bar-Hama; imagen 31: Pool BASSIGNAC/BUU/HIRES/Getty Images; imagen 32: Eric Miller cortesía de la Fundación Nelson Mandela; imágenes 33 y 34: Julian Parker/Getty Images; imagen 35: Amr Nabil/Getty Images; imagen 36: Str Old/

Reuters; imagen 37: Media24/Gallo Images/Getty Images; imagen 38: Fundación Nelson Mandela, fotografía de Ardon Bar-Hama; imagen 39: Juda Ngwenya; imagen 40: Paul Grendon/Alamy; imagen 41: Ross Kinnaird/EMPICS/Getty Images; imagen 42: Oryx Media Archive/Gallo Images/Getty Images; imagen 43: Walter Dhladhla/Getty Images; imagen 44: Adil Bradlow/Africa Media Online; imagen 45: Louise Gubb/lugubb@iafrica.com; imagen 46: Louise Gubb/lugubb@iafrica. com; imagen 47: Benny Gool; imagen 48: Eric Miller cortesía de la Fundación Nelson Mandela; imagen 49: Eric Miller cortesía de la Fundación Nelson Mandela; imagen 50: Zapiro; guarda trasera: Fundación Nelson Mandela, fotografía de Ardon Bar-Hama.

Imagen de la guarda delantera: en el capítulo seis de las memorias de sus años presidenciales, Mandela reflexiona sobre su comparecencia ante el Tribunal Constitucional. Firme defensor de las nuevas leyes democráticas y del sometimiento de estas a la Constitución, escribe: «En la nueva Sudáfrica no hay nadie, ni siquiera el presidente, que esté por encima de la ley; debe respetarse el cumplimiento de la ley en general, y de la independencia del poder judicial en particular» (véase página 128).

Imagen de la guarda trasera: en un boceto inicial de las memorias de sus años presidenciales, Mandela describe la reacción mundial ante las primeras elecciones democráticas de Sudáfrica en abril de 1994: «El mundo, consciente de los enormes retos que afrontaba el primer gobierno elegido democráticamente, nos saludó como a una nación milagro y abrió de par en par sus puertas, antes bloqueadas, a todos los sudafricanos, sin tener en cuenta su raza o contexto social».

Índice analítico

Los números de páginas que aparecen acompañados por una «n» se refieren a notas al pie. Los números de páginas que aparecen en negrita se refieren a entradas principales del Apéndice B. Los títulos de artículos aparecen entre comillas angulares, y los de libros y publicaciones en cursiva. Los nombres comunes, los títulos consuetudinarios o tradicionales y los nombres de clanes aparecen entre paréntesis, allí donde sea posible.

kaBhekuzulu, rey Goodwill Zwelithini 21, 175,
177, 178, 181, **323**
Kabila, Laurent, 288, 289, 342
Kahn, Jacob Meyer (Meyer), 194, 195, 252, **323**
Karaha, Bizima, 289
kaSolomon, Cyprian Bhekuzulu, 165, 323
Kasrils, Ronnie, 223, 321
Kathrada, Ahmed Mohamed (Kathy) **324**
asesor presidencial, 72
conferencia de Lusaka, 14
encarcelamiento, 5, 324
liberación, 4, 5
sobre Mandela, 124, 156
Kaunda, Kenneth, 84, 110
Keller, Bill, 37
Kenyatta, Jomo, 6
Keys, Derek 88, 89, 92, 93, 249, **324**, 325
Khumalo, M. Z. 199
King, Martin Luther, 30, 295
Kleynhans, Amy, 43
Kodesh, Wolfie, 35
Kögl, Jürgen, 33
Kotane, Moses, 49, 52, 307, **324**
Kozonguizi, Fanuel, 114
Kriegler, Johann, 39, 40, 77, **324**
Kriel, Hernus, 46, 128, 193
Krog, Antjie, 235
KwaZulu-Natal
acercamiento de De Klerk a Mandela, 98
actitud de Mandela hacia los líderes
tradicionales, 174-176, 177, 178
discurso de Mandela en Durban tras su
liberación, 16, 21, 99
elecciones, 50, 100, 135
estatus del rey, 136
estrategia del gobierno para poner freno a la
violencia, 177, 180, 181
incesante violencia política, 44, 58, 98
Mandela amenaza con retirar la financiación, 178
Mandela recibe el Premio África de la Paz, 340
Mandela se reúne con Buthelezi a causa de la
violencia (1996), 341
Mandela visita el lugar de la masacre, 343
Mandela vota por primera vez, 340
nombre de la provincia, 137n, 346
postura de Buthelezi, 102
postura del IFP, 114, 134, 135, 170, 174, 178-
180
Rebelión Bambatha contra los impuestos
(1905), 254n
relación de Mandela con Buthelezi, 176, 177
sida, 263
tensión debida a la redacción de la
Constitución, 275
Unidad de Investigación, 180
visita de Mandela, 167

La Guma, Alex, 307
Laufer, Stephen, 259
Lekganyane, obispo Barnabas, 40, 199
Lekota, Mosiuoa «Terror», xv
Lembede, Anton, 307
Leon, Tony, 97, 109
Lesoto, intervención militar en, 290-292
Letsie III, rey, 342
Ley de Autoridades Bantúes (1951) 177
Ley de Estructuras Municipales (1998), 172
Ley de la Tierra (1913), 246, 247
Ley de Promoción de la Unidad Nacional y la
Reconciliación, n.º 34 de 1995, 58, 340
Ley de Restitución de los Derechos sobre la Tierra
(1994), 340
Ley de Supresión del Comunismo n.º 44, 1950,
xvii, 320, 335, **325**
Ley de Transición del Gobierno Local, 128, 143,
169
Li Peng, 80
Libia, xvi, 71, 297-299, 342
*Libro blanco de Defensa Nacional para la República
de Sudáfrica*, 200, 203, 204
Libro blanco sobre la Reconstrucción y el Desarrollo,
247
Liebenberg, Chris 92, 93, 119, 120, 324, **325**
Liga de la Juventud del Congreso Nacional
Africano (ANCYL), **325**
influencia, 81
liderazgo, xiv, 114, 165
miembros, 73, 105, 321, 327
postura de Buthelezi, 102, 176
postura de Mandela, 26, 102, 176
Liga de Mujeres del Congreso Nacional Africano
(ANCWL) 104, 313, **325**, 326, 334
Los Siete de Gugulethu, 4
Luthuli, jefe Albert John Mvumbi **325**
escritos, 183
esperanza en Sudáfrica, 173
homenaje de Mandela a, 49, 52
papel en el CNA, 30, 81, 173, 330
Premio Nobel de la paz, 30, 173
su idea de ser jefe, 173
Luyt, Louis, 129-131
Lyman, Princeton, 37

Mabandla, Brigitte 106-108
Machel, Graça (apellido de soltera Simbine),
325
como observadora electoral, 47
matrimonio con Mandela, 277, 343
recuerdo de Mandela, 153, 210, 304
relación con Mandela, 277, 341
Machel, Samora 12
Macozoma, Saki, 80
Madiba, Alpheus, 49

El color de la libertad de Nelson Mandela
se terminó de imprimir en enero 2018
en los talleres de
Litográfica Ingramex, S.A. de C.V.
Centeno 162-1, Col. Granjas Esmeralda, C.P. 09810
Ciudad de México.